周先慎先生
纪念文集

周　阅　段江丽　主编

国家图书馆出版社

图书在版编目（CIP）数据

周先慎先生纪念文集 / 周阅，段江丽主编 . — 北京：国家图书馆出版社，
2019.9

ISBN 978-7-5013-6845-7

Ⅰ.①周…　Ⅱ.①周…②段…　Ⅲ.①周先慎—纪念文集　Ⅳ.①K825.46-53

中国版本图书馆 CIP 数据核字（2019）第 206978 号

书　　名	周先慎先生纪念文集	
编　　者	周　阅　段江丽　主编	
责任编辑	王　雷　廖生训	
封面设计	耕者设计工作室	

出版发行	国家图书馆出版社（北京市西城区文津街 7 号　　100034）	
	（原书目文献出版社　北京图书馆出版社）	
	010-66114536　63802249　nlcpress@nlc.cn（邮购）	
网　　址	http://www.nlcpress.com	
排　　版	九章文化	
印　　装	北京科信印刷有限公司	
版次印次	2019 年 9 月第 1 版　2019 年 9 月第 1 次印刷	

开　　本	710×1000（毫米）　1/16	
印　　张	33.25	
字　　数	424 千字	
书　　号	ISBN 978-7-5013-6845-7	
定　　价	80.00 元	

周先慎先生（1935—2018）

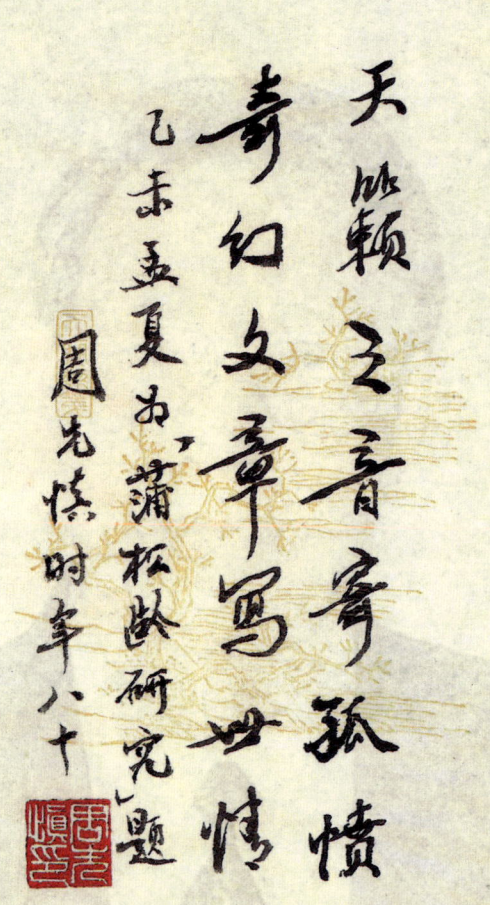

天眼觑之音音孤愤
奇幻文章写世情

乙未孟夏为《蒲松龄研究》题

周先慎时年八十

《蒲松龄研究》题词

钩稽史实　考索源流

回归文本　抉发精义

贺《曹雪芹研究》创刊

周先慎敬题

《曹雪芹研究》创刊题词

论文手稿　　　　　　　　　　信件手稿

1961年3月下放京西斋堂公社皇城峪猪场劳动

1961年北大中文系现代汉语教研室人员合影（前排左二林涛、左三朱德熙、左五姚殿芳、左六马真；后排左三陆俭明、左四周先慎）

1983 年 4 月与北大中文系向景洁先生、川大中文系杨明照先生于川大合影

1987 年 12 月博士论文答辩后合影（从左至右：范宁、吴组缃、李修生、沈天佑、周先慎、周强）

1998 年 6 月参加博士论文答辩后与林庚先生合影

1989年4月带留学生南下开门办学，摄于四川崇庆罨画池

暑期在北大给香港学生讲课

2000年1月北大中文系古代文学教研室老师新年聚会合影（前排左起：袁行霈、周先慎、费振刚、周强、冯钟芸、褚斌杰、沈天佑、孙静）

2010年1月24日应岑献青（左）之邀为《文学七七级的北大岁月》一书签名

2013年5月在北京植物园曹雪芹学会与段启明先生（左一）、张俊先生（左二）、吕启祥女士（右一）合影

与俄罗斯汉学家李福清先生合影

2001 年在国际学术研讨会上与
德国汉学家梅薏华女士（中）
等合影

2005 年 5 月与瑞典友人盖玛雅女
士合影于回龙观家后院

2000 年 1 月于燕北园

2011 年 3 月于江西婺源

2005 年 9 月川大中文系老同学入学五十周年合影

2016 年春与川大老同学于成都铁像寺

2012 年 5 月与夫人钟必琴的兄弟姐妹在重庆合影

2016 年与夫人钟必琴的兄弟姐妹在成都青城山合影

2011 年 11 月 25 日金婚纪念全家福

2012 年 6 月与姐姐周淑才合影

2015 年 7 月八十寿辰师门大聚会

2015 年 7 月八十寿辰，再传弟子给师爷爷献花后合影

2017 年 12 月 5 日最后一个生日，与夫人钟必琴（右一）、
女儿周阅（左二）、弟子段江丽（左一）合影

2018 年 3 月 31 日最后的合影：与夫人钟必琴在北大校医院
樱花树下

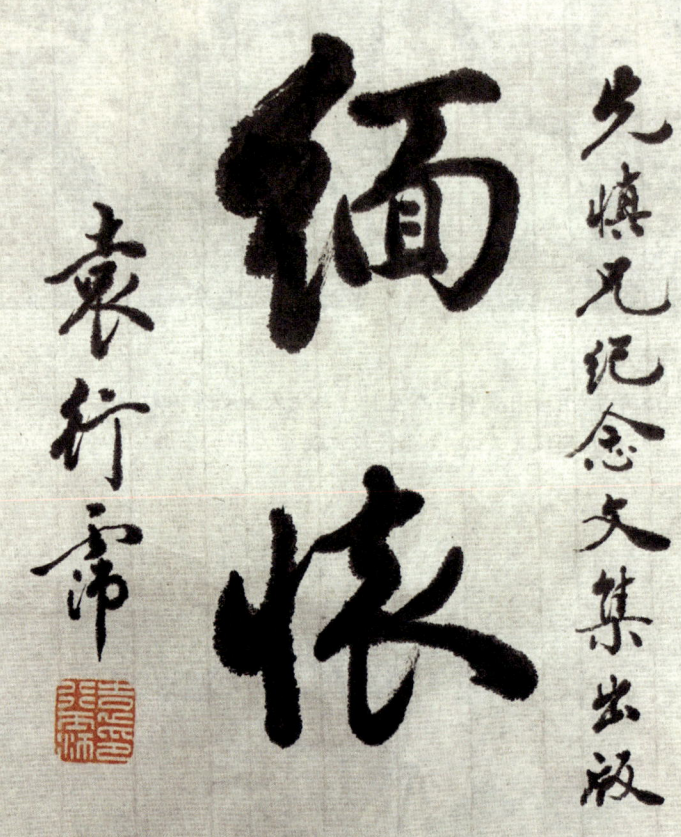

缅怀

先慎元纪念文集出版

袁行霈

袁行霈先生题词

目　录

周先慎先生生平简介

　　周先慎先生（1935 年 12 月 5 日—2018 年 4 月 20 日），四川省成都崇州市（原崇庆县）人，北京大学中文系教授，中国古代文学专业博士生导师。1959 年毕业于四川大学中文系。曾先后应邀在德国洪堡大学、泰国朱拉隆功大学、瑞典斯德哥尔摩大学、韩国外国语大学、香港树仁学院等校讲学。

　　周先慎先生长期从事中国古代文学，特别是宋元明清文学的教学和研究工作，学术视野开阔，不专注于一种文体，也不专注于一书一人，而是广泛地涉及诗歌、散文、小说、戏曲等各个方面，用力较多的是中国古典小说和古典戏曲，以及宋代诗歌和苏轼研究。周先慎先生的古典文学研究以微观为主，而又能与宏观的审视相结合；长于鉴赏，又能将考证、评论和鉴赏结合起来；论析精细，学风严谨，处处表现出敏锐的艺术感受力与冷静的理性思考相结合的特点。他的论著以深入独到的艺术分析见长，文笔简洁细腻，在学术界受到好评。

　　周先慎先生除了写作专著和学术论文外，还写作散文随笔，受到老一辈学者和广大读者的赞赏。20 世纪 80 年代初发表在《人民日报》上的文艺随笔《简笔与繁笔》，被选入高中语文课本、香港《新高中中国语文系列》及其他语文教材。

　　主要著作参见本书附录二"周先慎先生著作目录"。

特稿：未名湖畔奏弦歌　淡浮居中研稗史

——周先慎先生学术人生纪略

潘建国

一、由外而内：北大学术传统的融入与传承

1959 年，周先慎教授从四川大学中文系毕业，主动响应国家号召，填报了奔赴新疆工作的第一志愿。孰料，命运却给了这位踌躇满志的年轻人一份意外惊喜，他被分配去北京大学中文系工作。直至晚年回忆起此事，周先生仍觉得不可思议："我是服从组织分配才跨进北京大学大门的，没有经过争取，没有经过奋斗，应了一句俗语'得来全不费工夫'，这不是机缘是什么。"按照周先生的分析，机缘背后的原因或是：这一年北大文科由四年制改为五年制，没有自己的毕业生；受到政治风波的冲击，北大中文系年轻教师中有许多被错划为右派分子，师资队伍遭到严重破坏，亟待补充，故与周先生一起进入北大中文系的，还有来自南京大学、武汉大学、山东大学、南开大学、吉林大学、厦门大学等多所重点大学的十几位年轻人，"外校的毕业生一大批同时蜂拥进北大，这种情况，在北大中文系的历史上可以说是空前绝后的"①。有意思的是，对于

---

① 周先慎：《融进一滴水——为北京大学建校一百周年而作》，曾收入《青春的北大》，北京大学出版社 1998 年版；复收录于周先慎《未名湖畔的足迹》，北京大学出版社 2018 年版，第 3—4 页。

1959 年外校毕业生集中分配进北大，坊间另有一种说法，即当时相关部门希望采用"掺沙子"方式，来变革甚至重塑北大人文知识分子的队伍和传统。如果这种说法属实的话，那么它至少在周先生身上遭遇了彻底的失败，因为，作为一粒外来的"沙子"，周先生竟欣欣然"忘乎所以"，为未名湖的景致、中文系诸先生的风采以及北大自由、独立、包容、严谨的精神传统深深折服，日日浸润，久而久之，乃至全身心融入其中，成了一名百分百的资深"北大人"。

初到北大，周先生的身份虽然是教师，但他甘愿同时继续做一名学生，旁听那些他"心仪已久、闻名全国"的中文系名教授的课程，包括王力先生的"古代汉语"、游国恩先生的"左传研究"、杨晦先生的"中国古代文艺理论"、林庚先生的"唐诗"、季镇淮先生的"中国文学史"、朱德熙先生的"现代汉语语法研究"、王瑶先生的"鲁迅研究"等等，"他们渊博的学问，严谨的学风，诲人不倦的精神，甚至他们各具特色的教学方法，仪容风采，或平实或流畅或幽默的语言，都给了我极深的影响和感染。"[1] 其中，吴组缃先生对周先生的影响尤为重大，周先生不仅系统阅读了吴先生的文学作品和学术论著，也旁听了他的"古典小说研究""红楼梦研究""中国小说史论要"等课程，对于吴先生的学问人品，皆极为钦慕。受其熏染，周先生"于是就去找名著来重新读，细细体味，深入思考，便有了一些不同于从前的认识。又再去读金圣叹、毛宗岗和脂砚斋的批，也常常有会心之处。于是，慢慢地，就在吴先生的影响和指导下，开始了我的古典小说研究。后来调到古代文学教研室工作，又参与了吴先生牵头的《中国小说史》的研究项目，直接聆听教诲的机会就更多一些。""我在古典小

---

[1] 周先慎：《融进一滴水——为北京大学建校一百周年而作》，见《未名湖畔的足迹》，第 6 页。

说的研究方面，如果说还有些许成绩可言，还可以概括出几个特点来说一说，那都是受到吴组缃先生教育和影响的结果。"①周先生曾在《吴组缃先生的古典小说研究》一文中，总结了吴先生小说研究的三个突出特色，其一是"深透的历史眼光，丰富的历史知识，深刻的历史分析"，其二是"精细独到的艺术分析"，其三是"微观研究与宏观研究相结合"②。实际上，吴先生的这些研究特色，几乎都可移来概括周先生的小说研究，无论是研究的重心（譬如对于《红楼梦》《聊斋志异》的情有独钟），还是治学的方法（譬如对于小说思想艺术的精鉴深解），周先生深受吴先生的影响，并得其精髓而发扬光大（详参下文）；不仅如此，周先生在北大中文系讲坛耕耘数十载，春风化雨，泽被无数学子。如今，周先生有多位弟子从事中国古典小说研究，成绩斐然，诚可谓学术薪火代代相传，生生不息。

作为一名老北大人，周先生对于未名湖的草木水石莫不怀有深厚感情，他亦不断从中文系诸多师友身上，汲取精神养分，涵咏心灵，使之获得纯化与升华。周先生曾饱含深情地写道："回顾我在北大将近四十年的工作和生活，大约经历过了这样一个过程：从用眼睛观赏未名湖的自然景观，到用心接近未名湖所象征的精神，再到精神上融进了未名湖。我觉得我是从许许多多我的老师和我教过的学生身上感染、领受到北大的精神，进而从中吸取营养，然后自己也凝成一滴小水珠，再融入未名湖这一浩瀚的精神之海中去的。"③这种对于北大精神的虔诚皈依和

---

① 周先慎：《我的古典小说研究》，原载《北京大学学报》2008 年第 5 期，收入其《古典小说的思想与艺术·代序》，北京大学出版社 2011 年版，第 2 页。

② 原载《文学遗产》1995 年第 1 期，收入周先慎《古典小说的思想与艺术》，第 373—389 页。

③ 周先慎：《融进一滴水——为北京大学建校一百周年而作》，见《未名湖畔的足迹》，第 8 页。

自觉传承，在周先生身上，是如此的自然而又真切，读来令人动容。可以说正是北大精神与北大中文系的学术传统，导引着周先生步入燕园，优游其间一甲子，日滋夜润，由外而内，凝铸成其学术人生最为瑰丽的底色。

二、追寻文学经典：教学与研究的互动及旨归

检阅周先生出版的著述目录，可以发现一个显著的特色，就是其中较多以教材的形式面世，譬如《中国文学史参考资料简编》①、《简明中国文学史》②、《中国古代文学作品选注》③、《明清小说》《〈明清小说〉导读》④、《中国文学十五讲》⑤ 等。有些著作虽然并非作为教材编纂，但它的产生与教学实践存在密切关联，也可以说是教学心血的结晶成果，譬如《古典小说鉴赏》（1992 年，2003 年增订版）是周先生早期代表著作之一，在该书后记中，他说自己受到吴组缃先生的启发和影响，为北大中文系的研究生和高年级本科生开设了"古典小说鉴赏"课程，"选出若干篇古代优秀短篇小说的代表作，尤其是一些题材内容相近而意趣风格实不相同的作品，举行具体深入的分析和鉴赏。这本书的主要部分，就是在这门课讲稿的基础上整理、加工写成的"。再譬如《古典小说的思想与艺术》（2011 年）是周先生后期的重要学术论文集，而其中《〈三国演义〉描写战争的艺术》《从林冲看〈水浒传〉的人物描写》《潘金莲形象的悲剧意

---

① 下册，负责宋元明清部分，北京大学出版社 1989 年版。

② 与孙静合著，撰写宋元明清近代部分，北京大学出版社 2001 年版。

③ 与葛晓音合著，负责宋元明清部分，北京大学出版社 2002 年版。

④ 教育部人才培养模式改革和开放教育试点教材，前者为史论，后者为作品选注，北京大学出版社 2003 年版。

⑤ 大学素质教育通识系列教材，北京大学出版社 2003 年版；台湾五南图书出版公司 2006 年版改题为《中国文学的十五堂课》。

义》《西门庆形象的典型意义》《〈聊斋志异〉中的人才问题小说》《〈聊斋志异〉的诗意美》等重要论文，都是根据周先生在中国现代文学馆的讲座稿整理而成。《从林冲看〈水浒传〉的人物描写》一篇文末甚至还特别附有《听众的提问和作者的回答》，保留着现场讲座时与听众的互动记录。此外，周先生的著作《古诗文的艺术世界》（2002 年）、《中国四大古典悲剧》（1993 年出版，2014 年增订版），虽不是教材，亦非课堂教学的成果，但其架构、内容及旨趣，仍在于学术普及与经典传授，它们也颇为适合被当作教材使用。

需要特别指出的是，周先生著述的这一特色，乃根源于他教学优先于学术、研究辅助于教学的理念，实际上，这也是北大中文系的一个精神传统。

在周先生的自我身份认定中，首先是教师，然后才是学者。大学教师进行学术研究的根本目的，是为了服务于教学，提高教学质量，最终培养出高水平的学生。周先生曾多次坦言："我所发表的文章，多半都是先在课堂上讲授，而后加以整理、充实，才写成文章公开发表。"他积极地鼓吹和提倡"把科研和教学结合起来，用科研成果充实教学内容，支撑教学，提升教学"，"凡讲自己有研究心得的部分，课堂气氛就活跃，就能吸引住学生，给学生以启示，并当场就能得到跟学生的会心的交流。只有在这时，教师才能获得讲课的享受和愉悦"①。对于大学教学的意义，周先生有着极为深刻的理解，"它指的远远不止知识的传授，更重要的是指上一辈和下一辈之间，一种文化和文明的传承，一种精神上的交流和沟通"②。因此，每当他感到自己的学术、思想、精神与学生产生交汇融

---

① 周先慎：《文学史教学的活力和生气》，收入其《未名湖畔的足迹》，第 86 页。

② 周先慎：《当教师是幸福的——在八十诞辰祝寿会上的致辞》，收入其《未名湖畔的足迹》，第 55 页。

会，看到学生毕业后卓有成就，对社会做出贡献，为北大赢得了荣誉之时，周先生说，那一刻，他都会油然而生一种强烈的超越时空的幸福感。我想，只有体认了周先生的理念与思想，我们才能真正触摸到他渗透在讲稿文字背后的情感温度，并致以由衷的钦敬；而念及当前大学教育的种种乱象，普遍的重研究轻教学，于研究也是但问数字不问内涵，又不免令人感慨系之，扼腕三叹。

周先生进行学术研究的根本动力，来自于他所钟爱的教学事业，这一特色又决定了其著述文字的另一个特色，即始终聚焦于文学经典。众所周知，大学中文系课堂上讲述的文学史，是一部在精英价值观指导下构拟出来的文学史，其中涉及的文学作品，多为经受了时间考验的经典篇目和名家名作，因此，以教学为导向的研究，其重心就必然落在文学经典身上：谈先秦文学，必是《诗经》《楚辞》；谈六朝文学，必是《世说新语》、陶渊明；谈唐诗宋词，必是李白、杜甫、苏东坡、陆游、辛弃疾、周邦彦；谈戏曲，必是《西厢记》《牡丹亭》《桃花扇》《长生殿》；谈小说，则必是《三国》《水浒》《西游》《金瓶梅》、三《言》二《拍》、《红楼梦》《聊斋志异》《儒林外史》等等。阅读周先生的论著，念兹在兹者，大抵就在上述文学经典，故其总体学术面貌乃透露出正大醇厚的气象。当然，经典研究一般已呈饱和，欲有尺寸之进，亦殊为不易。因此，关于文学经典的学术著述，实际可从"守正""出新"两个层面来加以观察和评估。所谓"守正"，即指在细读文本基础上，广泛参考已有学术成果，以精准的概括和简练的语言，将某文学经典的思想艺术清晰有效地表述出来，提供给读者理解、掌握和传承。周先生堪称个中高手，其《中国文学十五讲》（2003年）、《中国四大古典悲剧》（2014年），以及收录于《古典小说的思想与艺术》（2011年）中诸如《〈莺莺传〉的文化意蕴和审美特征》《〈三国演义〉描写战争的艺术》《论〈水浒传〉的思想倾向和艺术构思》《孙悟空形象的时代精神和文化意蕴》《西门庆形象的典型意义》

《〈聊斋志异〉: 继承与总结》《琐碎中有无限烟波:〈红楼梦〉的欣赏》等论文, 皆为文学经典思想艺术的总体阐述, 题目和角度并不刻意求新求异, 乃从最正面、最常见之处切入, 但读者的感受, 却又毫无老生常谈的陈旧感, 总会被周先生曲尽其妙的文字所牵引, 酣畅淋漓地接受一次经典的熏染。究其原因, 这是因为周先生的论述, 并非学术综述, 而是在吃透了作品、材料以及前贤研究成果之后融会贯通的新创造, 或持以己意, 或出以己言, 娓娓道来, 层层展开, 自有一股"潮平两岸阔, 风正一帆悬"的充沛文气, 令人折服之余, 不得不予信服。我相信, 这样的文章, 于讲堂上听周先生亲口讲来, 在现场空间和声音表情的合力作用下, 一定更能突显文学经典的魔力。

所谓"出新", 即指在前人研究的基础上, 就文学经典的思想艺术做出某些独到的创新阐述。这种创新阐述, 可能并不是重大的颠覆性的, 但由于是关于经典的, 它往往会被赋予重要价值。就我个人阅读周先生论著的体会, 这样的创见新见是相当多的。兹略举数例:

譬如, 周先生在论述《赵氏孤儿》一剧人物设置时, 敏锐地发现它有别于元杂剧一般由正末扮演男主角并一唱到底的常规, 而是由数位人物接续构成, 第一折中是韩厥, 第二、三折中是公孙杵臼, 第四、五折中是长大成人的孤儿程勃, 周先生认为《赵氏孤儿》的这一匠心, 旨在表现该剧"主人公"并非某一个体, 而是一个群体, "一个体现了与邪恶势力相抗衡的代表正义力量的群体"①, 他们聚集在正义的旗帜下, 前仆后继, 联合抗争到底, 如此设置, 有效地增强了剧作的思想深度与悲剧力度。周先生的这一观点很有新意, 他借助元曲体制变异来挖掘剧作思想意义的方法, 也颇有启发性。

譬如在《雏形期小说的文体意义——以〈搜神记〉中的两篇小小说

① 周先慎:《中国四大古典悲剧》之《赵氏孤儿》, 漓江出版社 2014 年版, 第 43 页。

为例》一文中，周先生就《李寄》篇分析云：

> 在以搜神志怪为主要内容的《搜神记》一书中，这是比较特殊的一篇。全篇除了大蛇一定要吃十二三岁的童女并通过巫祝或托梦向人提出要求稍涉怪异外，基本上都是写实。作为主人公的李寄，她的言语、行为、思想，都是现实生活中的人所可能具有的，都是真实可信的。她的奇异之处在于，她的言语、行为、思想有其独异特出之处，尤其在那个时代的社会生活中，可以说是非凡的、杰出的。由此我们可以看到，所谓奇异，并非一定要写到鬼神怪异之事，同时也带有非同寻常的意思。这样的含义，对唐代传奇摆脱志怪的束缚而转向现实中的奇人奇事，是有启发和影响的。[①]

这段文字，极为精准地捕捉到了《搜神记·李寄》蕴含的文体意义，并引申出一个颇具学术价值的话题，即小说题材及其观念（何谓"奇异"）的转变，是否可能成为引发小说文体演进的一个内在动因？事实上，即便是面对性质相同的"志怪"题材，只要作家的小说观念和文体意识不同，也可写出不同文体风貌的文本。周先生曾在另一篇论文《〈聊斋志异〉：继承与总结》中，提出了对于《聊斋志异》小说"一书而兼二体""用传奇法而以志怪"的理解，他认为："这句话还不能仅仅简单地理解为蒲松龄是运用了唐人传奇的体制和手法（一种成熟的小说艺术形式和手法）来写志怪小说，更重要的是指他用小说家的创作精神来改变了传统志怪小说那种史家传录的基本面貌。"[②]在《小说家蒲松龄的艺术个性》一文中，

---

① 文载《古典文学知识》2010 年第 5 期，收入《古典小说的思想与艺术》，第18 页。

② 文载《文史知识》1995 年第 7 期，收入《古典小说的思想与艺术》，第 190—191 页。

周先生进一步阐述道："如果单从题材内容来看，《聊斋志异》可以归入志怪小说一类，但在创作思想和创作方法上却与六朝时期的志怪小说很不相同，它不是单纯的民间故事的笔录，而是熔铸进了蒲松龄本人的生活体验、爱憎感情和对社会生活的评价，因而不是传闻的实录，而是艺术的再创造。"① 这些闪耀着智慧光彩的文字片断，散见于不同时段的论著中，表明周先生对于这一论题有着较为长久的关注和思考，但他引而不发，将这些真知灼见无私地奉献给阅读他论文、聆听他讲座的人们，倘若有谁能够捕捉到上述信息，循着周先生的思路，或许也不难写出一篇从题材观念史的角度考察古代小说文体嬗变的好文章。

再譬如关于唐传奇《柳毅传》主题的探讨，通行的文学史或相关论著，大多认为其主题思想是通过神话的幻想情节，揭露和批判包办婚姻的不合理，肯定和歌颂青年男女的恋爱自由和婚姻自主的要求，周先生则借助文本细读，从小说人物设置、人物关系、人物性格、情节结构、细节铺伏等方面，抽丝剥茧，层层透析，令人信服地推出他对《柳毅传》主题的新提炼，即它是歌颂性的而非揭露性的，是以包办婚姻所造成的女性不幸遭遇为背景，描写和歌颂美好的人，美好的人与人之间的关系以及美好的人生②。与此相映成趣的，是另一篇论文《潘金莲形象的悲剧意义》（2007 年），该文讨论的重点是《金瓶梅》小说描写的"恶"。周先生并不简单地将潘金莲定性为十恶不赦的"淫妇""恶人"口诛笔伐了事，而是结合文本情节，细致剖析"她为什么是一个坏女人和怎样成为

---

① 文载《蒲松龄研究》1998 年第 4 期，收入《古典小说的思想与艺术》，第329—330 页。

② 周先慎：《人格美和生活美的热情颂歌——〈柳毅传〉鉴赏》，收入《古典小说鉴赏》，北京大学出版社 1992 年版。段江丽《严谨求实，博观约取——周先慎教授访谈录》，曾举引此例与周先生有过讨论，可参阅。段文原载《文艺研究》2011 年第 1 期，收入《周先慎先生八十寿诞纪念文集》，国家图书馆出版社 2015 年版，第 21—36 页。

一个坏女人"。周先生认为潘金莲是"一夫多妻制的男权社会所孕育出来的一朵恶之花",她的悲剧是"一个追求者的悲剧",她在追求中"灵魂被扭曲,人性被异化,孳生、发胀、膨胀了各种恶德秽行",并一步步走向堕落、犯罪和自我毁灭,而她追求的目标竟然是"稳稳当当地占据被男人玩弄侮辱的地位",这样的追求,实在"太可悲也太可怜",因此,小说所展现的潘金莲身上的罪恶,"不仅是做恶者的罪孽,也是做恶者的不幸,这恶里带着做恶者本人的痛苦和眼泪"[①]。很显然,不论是彰显《柳毅传》中的美好,还是揭示《金瓶梅》里的罪恶,周先生的笔端都流淌着温暖的人性,这温暖的人性又给了他温暖的目光,总是能够透过纸背,从文学经典所塑造的人物身上,看到一些别人未曾留意的东西,赋予同情之理解、悲悯之批判,挖掘出隐藏在文字深处的人性的幽暗彩珠。

当然,经典的"守正"与"出新"并非截然分开,它们时常会交织融会在一起,能否鉴知出其中的学术创见和启发,也与阅读者(听讲者)自身的知识素养有关,所谓"大叩则大鸣,小叩则小鸣"。我以为,周先生的论著乃是值得反复阅读、细细体味、越读越有收获的那种,而无论教学还是科研,周先生都秉承着一个共同的方向和旨归,即始终徜徉在追寻文学经典的道路上,因此,他的论著也必将获得更为恒久的学术生命力。

三、从方法到范式:古典小说鉴赏的探索与实践

周先慎教授素以"古典小说鉴赏"享誉学界,他在北大多次开设过极为叫座的"古典小说鉴赏"课程,早期代表作题名为《古典小说鉴赏》(1992年),后期代表作《古典小说的思想与艺术》(2011年)、《周先慎

---

① 周先慎:《潘金莲形象的悲剧意义》,收入其《古典小说的思想与艺术》,第146—166页。

细说聊斋》（2015 年），实即两部古典小说鉴赏论文集。周先生曾将吴组缃先生尊为"一位眼光敏锐、艺术感受力极强的古典小说艺术鉴赏家"①，事实上，作为吴先生的学术传人，周先生也是一位非常优秀的"古典小说鉴赏家"。周先生在《我的古典小说研究》（2008 年）一文中，曾将自己小说研究的特点，概括为"细""深""广"三个字，"细，主要是指对文本的细读，以及在细读和深思基础上对作品的深细分析"，"深，主要是指研究要有开掘，有深度，要通过表象发掘出作品的深层意蕴"，"广，是指视野、眼光要开阔，不要只看到一点，局限于一隅"，"要有广阔丰富的历史知识和生活知识"，"对作品要有整体的把握，要着眼于全篇的人物关系，揭示出情节与情节间，人物与人物间实际存在的内在联系"。这些自我概括十分精准，庶可视为周先生古典小说鉴赏研究的心得"秘诀"。而据我个人的粗浅认识，周先生在古典小说鉴赏方面的学术成就主要体现在以下几个方面。

其一，自觉探索古典小说鉴赏的理论方法。

对于周先生来说，鉴赏不仅是他研究古典小说的方式，更是一种学术理念，一种内化的学术思维，这既源自其对北大中文系学术传统的继承，周先生曾说："我到北大中文系工作以后，受到吴组缃、林庚、王瑶等先生的教育和影响，种下了一个很深的观念，要把文学当文学来研究。文学是审美的，把文学当文学来研究，就是要对文学进行审美的研究"②，也是基于他文学经典教学科研的需要，以及与自己个性特质相适宜的考量。周先生赋予了文学鉴赏较高的学术定位，认为它"是一种高层次的精神活动，一种在阅读和欣赏过程中的审美体

---

① 周先慎：《吴组缃先生的古典小说研究》，收入其《古典小说的思想与艺术》，第384 页。

② 周先慎：《适性》，原文刊载于《老年文学》（四川）2011 年第 9 期，收入其《未名湖畔的足迹》，第 126 页。

验"，"没有广博的知识，丰富的生活体验，以及深厚的艺术修养和敏锐的艺术感悟力，是很难写出优秀的鉴赏文章的"①。那么，如何有效地进行小说鉴赏？周先生很早就开始并且从未间断地在探索着这一命题，体现出可贵的理论自觉。

在1992年出版的著作《古典小说鉴赏》中，附录有一篇《怎样分析和鉴赏中国古典小说》，乃周先生对其古典小说鉴赏研究经验的一次理论总结。周先生认为文学鉴赏应紧扣文体特征而展开，"诗歌所创造的形象，一般都显得比较空灵，比较虚；把握一首诗的命意，主要是通过对构成诗歌意境或者意象的诸因素的具体分析才能达到"，但小说与诗歌不同，它是叙事文学，"是以创造人物形象为主要手段和主要任务的一种文学形式"，因此"分析和鉴赏小说，最基本的要从分析人物形象入手"，这一观点可谓切中肯綮。那么，如何鉴赏小说人物呢？周先生又结合具体小说文例，提供了若干具体指引意见："分析小说人物，首先要分析人物的思想性格，分析这种思想性格有什么样的思想内涵和社会意义"，"分析小说人物时，也必须注意人物与人物的关系，人物与周围环境的关系"，"分析人物，还必须注意作者对人物的态度，褒贬爱憎间也就寄寓了作者对生活的评价"，作者的这种态度，又往往是"通过细节和场面自然地流露出来"，故小说人物鉴赏需要特别关注细节。此外，古典小说鉴赏还可以从情节、艺术构思、结构、细节、语言等多个方面入手。其中，周先生似乎颇为偏爱艺术构思的鉴赏，他列举了《聊斋志异》中的《促织》《红玉》两篇，强调从小说文本艺术构思着眼，可以精准地把握作品的思想意义。由于《古典小说鉴赏》一书中收录有诸如《促织》《红玉》等篇的鉴赏文章，读者可以前后参照验看，揣摩领会，因此，周先生提炼的这

---

① 周先慎：《古诗文的艺术世界·自序》《后记》，北京大学出版社2002年版，第3、348页。

些关于小说鉴赏的方法原则，并非是空洞的理论，而是带有较强的操作指引功能，对于读者的帮助也是实质性的。

除了撰写类似的理论专文外，总结吴组缃先生、林庚先生，包括周先生自己的小说研究的特色和经验，也是周先生探索古典小说鉴赏方法的一种特殊方式。周先生在《吴组缃先生的古典小说研究》一文中，结合吴先生《论贾宝玉典型形象》《〈红楼梦〉里几个陪衬人物的安排》等论文，归结出吴先生小说鉴赏精要，譬如"冰山理论"，即从小说中描写不多的冰山一角（指文本中一些不为人注意的琐屑细节，如《红楼梦》中薛家进京后的住处等）入手，挖掘出"沉在水底下的整个冰山（指蕴含在琐碎细节之中的深刻思想意义）；譬如"台球效应"，即借助对小说中一些"次要人物"（如《红楼梦》中的甄士隐、冷子兴、刘姥姥等）的梳理分析，观察由他们联结带动的人物情节，逐步扩展开来，最终来探讨其对于整部小说"展开情节、塑造人物、表现主题"等方面的功能意义，吴先生将此比作台球高手击球，"打出一杆球，击中一个目标，同时碰动了旁边一个或两个球，而后从台沿上反击回来，又连碰一大串，使得满台的球都动；一杆打出去，可以得很高的分数"。周先生这些精准而又可感的归纳，是一名小说鉴赏家对另一位小说鉴赏家的默契神会，惺惺相惜，是传承也是弘扬。上述总结之中，大概也融进了周先生对于小说鉴赏的思考，特别是从文本细节着眼这一条，可以说既是吴先生的心得，也是周先生的心得。周先生曾在《我的古典小说研究》一文中，特意拈出一个"细"字，作为自己小说研究的首要特点，这一方面清晰地显示了周先生与吴先生之间的学术渊源关系，另一方面也充分地证明，从小说文本细节入手，堪称为古典小说鉴赏的不二法则，值得引起我们的重视。

周先生曾说："分析鉴赏任何作品都需要掌握和遵循一定的原则和方法，但只懂得原则和方法并不就会分析和鉴赏作品。重要的是文化素养、审美水平和分析能力的综合提高。唯一的途径，是在分析鉴赏中学会分析鉴赏。"① 这意味着他关于古典小说鉴赏的理论探索，或许已经最大限度地落实并呈现于其古典小说鉴赏的实践和相关成果之中。

其二，既富且精的古典小说鉴赏研究成果。

据粗略统计，经周先生精心鉴赏并结撰有专文的古典小说，有近百篇之多，从《搜神记》《世说新语》到唐人传奇、宋元话本，再到《三国》《水浒》《西游》《金瓶梅》、三《言》二《拍》、《聊斋》《红楼梦》《儒林外史》，大体覆盖了整部中国小说史。这些鉴赏文章，集中体现了周先生概括的"细""深""广"三个特点，几乎篇篇可圈可点，既富且精，堪为典范。

就我个人的阅读印象而言，最为深刻的乃是周先生笔下小说鉴赏与小说史研究的完美交融，它令人在欣赏古典小说艺术思想之美的同时，往往还能获得关于中国小说史研究的创见和启示。譬如，《聊斋志异》是周先生最为喜爱也是倾注时间最多的古典小说，他曾拟订过一个颇为庞大的鉴赏计划，即撰写四集《细说聊斋》，每集三十多至四十篇，合计篇数略近《聊斋》全书三分之一，基本囊括该书最精粹的作品②。可惜因为健康的原因，仅仅出版了第一集《周先慎细说聊斋》（2015 年），凡收录三十七篇鉴赏文章，作品则集中在《聊斋》前三卷；不过，倘若加上收录在《古典小说鉴赏》（1992 年）、《古典小说思想与艺术》（2011 年）中的十余篇，周先生撰写的《聊斋》鉴赏研究文章仍超过五十篇。这些文章，对于《聊斋》的艺术与思想作出了全面深细的阐述，其中有宏观的把握，譬如《奇异世界中的现实人生——〈聊斋志异〉的思想内容》《绚

---

① 周先慎：《怎样分析和鉴赏中国古典小说》，收入其《古典小说鉴赏》，北京大学出版社 1992 年版，第 351 页。

② 参阅《周先慎细说聊斋·后记》，上海三联书店 2015 年版，第 455—456 页。

丽多彩的艺术世界——〈聊斋志异〉的艺术美》《〈聊斋志异〉的诗意美》等；也有微观的品鉴，诸如《人间真善美的诗意呈现——说〈娇娜〉》《仙凡相通的一个美丽的精灵——说〈婴宁〉》《超越生死的知己之爱——说〈连城〉》等，周先生称得上是蒲公之知音，《聊斋》之功臣。而值得关注的是，周先生对于《聊斋》的文体问题，也一直怀有浓厚的学术兴趣。他在《〈聊斋志异〉：继承与总结》（1995年）一文中，将《聊斋》视为古代"短篇小说的总结"，系统阐述了其文体上的"集成"性：认为它首先继承了古代文言短篇小说的艺术经验，即兼容了志怪小说的"简括精炼"以及唐人传奇的"委曲丰赡"；此外，还汲取了史传文学的纪传框架和评赞体例、古典散文的手法和笔意，以及白话短篇小说的细节描摹和人物对话等诸多艺术营养，成为"一部名副其实集大成的带总结性的作品"，代表着"中国古典短篇小说发展的高峰"①。文中，周先生还对《聊斋》所谓"一书而兼二体""用传奇法而以志怪"等说法，发表了自己独到的见解（参阅前文关于周先生经典"出新"的论述）。这篇文章看上去篇幅不大，却包含着丰富的学术信息，有助于更好地认识《聊斋》的文体样貌。在另一篇文章《蒲松龄对志怪体小说的加工》（2010年）中，周先生又将《聊斋》的作品细分为三种文体，即传奇体、志怪短书及纪实性散文小品。不仅如此，在具体鉴赏《聊斋》作品时，周先生也引入了文体视角，撰写出《小说家的散文——说〈偷桃〉》《从笔记体提升为小说品格——说〈林四娘〉》《寓言＋杂文：相得益彰，别具一格——说〈黑兽〉》等文章。事实上，古代文言小说集内部的文体问题，乃小说研究中一个前沿的论题，作为文言小说集的最高峰，《聊斋》的文体问题无疑具有学术典型意义，因此，周先生对于《聊斋》文体的持续关注和研探，充分显示

①　周先慎：《〈聊斋志异〉：继承与总结》，收入其《古典小说的思想与艺术》，第189—194页。

了其敏锐而又深邃的学术眼光。

令我印象深刻的，还有周先生善于从文本细处入手又回到高处归结的小说鉴赏法。譬如周先生曾在《琐碎中有无限烟波——〈红楼梦〉的欣赏》一文中，从"映射""细节""语言"三个方面演绎了《红楼梦》的艺术魅力。此"映射"一语颇具新意。红学界原有"影射"之说，与周先生的"映射"虽仅一字之差，但其主旨趣味却大相径庭，"影射"的重点在文本之外，是一种关于小说人物事件原型的历史考据，其末流乃坠入胡乱猜疑的魔道；而"映射"则着眼于文本内部，是一种"独特的小说艺术"，"是指作家敏锐的眼光透过生活的表层，从内在关联中去揭示出发人深思的底蕴。他写一个人、一件事，其意义并不只是孤立地表现这个人、这件事本身，而是映射到其他人、其他事上面，在互相关联中从整体上显现出多方面深刻丰富的含义"①。周先生认为《红楼梦》是"运用映射艺术运用得最好的作品"。他举出第三十三回中的"聋老婆子"以及第七十七回中晴雯的嫂子"灯姑娘"为例，展开鉴赏分析。第三十三回，叙宝玉在挨打之前，盼望有人为他去向贾母报信，此时恰好来了"聋老婆子"，宝玉急切地对她说："快进去告诉：老爷要打我呢！快去，快去！要紧，要紧！"可是这位老婆子耳聋，把"要紧"听成了"跳井"，便以为宝玉是在说金钏儿跳井的事，立即回答说："跳井让他跳去，二爷怕什么？"又说："有什么不了的事？老早的完了。太太又赏了衣服，又赏了银子，怎么不了事的。"周先生认为，这个微不足道的"聋老婆子"的出场，除为王夫人贾母的出场做铺垫之外，曹雪芹是要借她之口重提金钏之死，借助她对于金钏之死的冷漠麻木，映射出多方面的意义，"包括贾政的虚伪，王夫人的文过饰非，薛宝钗的冷漠无情，以及整个贾

---

① 周先慎：《琐碎中有无限烟波——〈红楼梦〉的欣赏》，收入其《古典小说的思想与艺术》，第329—330页。

府视人命如草芥的罪恶等等"，而这些又都"一齐映射到主人公贾宝玉的身上，使他对金钏儿之死独异突出的感情和态度，没有花费更多的笔墨，便鲜明突出地显现了出来。"[1] 聋老婆子本是一个次要的小人物，很多读者根本不会留意，但曹雪芹乃有意将她安置在关联节点上，她的出场，她的言语，便因此具有了重要的文本功能。另外一个例子第七十七回中的"灯姑娘"，也是一名类似于"聋老婆子"的小人物，但同样引发了文本内部的涟漪，这就是"映射"艺术。周先生从两个小人物入手，归结上升至古典小说的"映射"艺术，他的细读妙解，不仅让我们领略了曹雪芹的艺术匠心和《红楼梦》的文学魅力，也对"映射"艺术及其功效，以及如何进行古典小说鉴赏，均有了感性的认知。顺便一提的是，周先生对于《红楼梦》小人物的关注，可能受到吴组缃先生《〈红楼梦〉里几个陪衬人物的安排》一文的启发和影响，不过，他又在吴先生的基础上有了新的思考，扩展提升为古典小说的"映射"艺术，这也很好地诠释了学术薪火相传的含义。

其三，堪为典范的古典小说鉴赏文章写作。

周先生曾说："没有广博的知识，丰富的生活体验，以及深厚的艺术修养和敏锐的艺术感悟力，是很难写出优秀的鉴赏文章的。"[2] 这段话道出了他数十年撰写小说鉴赏文章的深切体会，即"鉴赏文章"的重心乃在于"鉴赏"。面对一篇古典小说作品，必须首先细读文本，然后调动一切与作品相关的社会历史文化知识，辅之以理性思考和感性想象，对作品的艺术特色和思想价值，形成清晰的感知与精准的把握，才能动笔撰文。周先生的古典小说鉴赏实践和成就，已经充分证明：一名古典小说鉴赏

---

[1] 周先慎：《琐碎中有无限烟波——〈红楼梦〉的欣赏》，收入其《古典小说的思想与艺术》，第330—332页。

[2] 周先慎：《古诗文的艺术世界·后记》，北京大学出版社2002年版，第348页。

家，他同时也应是一名古代小说史的研究家。当然，即便出色地完成了"鉴赏"，也未必一定能够写出优秀的"鉴赏文章"，因为，如何写好鉴赏文章，实际上还涉及诸多文法章法和语言修辞方面的能力。

仔细阅读周先生的《聊斋》鉴赏文章，可以发现他往往特别留意《聊斋》小说篇首介绍男女主人公的寥寥数句中的一两个字词，并以此为突破口，梳理全篇艺术构思，进而挖掘文本的思想主旨。譬如《王桂庵》篇首介绍王桂庵句有"大名世家子"五字，周先生鉴赏云："'大名世家子'这五个字，实乃一篇纲领"，"'世家子'指世代富贵显赫的贵族子弟，王桂庵在以后整个爱情发展过程中的种种表现，他的言语行为的种种特征，都是由他的这种出身和家庭教养决定的。而基于他的这种思想性格与芸娘产生的种种矛盾，以及由这些矛盾构成的富于戏剧性的曲折生动的故事情节，都跟他世家子的身份地位有关。可以说，全篇的艺术描写，包括人物思想性格的刻画，故事情节的组织安排，乃至主题思想的表现等等，都在这开头的简单介绍中埋下了伏笔。"[①]周先生从"大名世家子"五字出发，捕捉到了作者的艺术构思，也就拿到了鉴赏《王桂庵》的金钥匙。有意思的是，周先生后来还在一篇谈论读书治学的散文中，举引了这个例子，交代了自己如何在细读中找到这个鉴赏点并最终写成文章的过程，尤有参考意义：

> 《聊斋志异》中有一篇叫《王桂庵》，开头有这么一句："王樨，字桂庵，大名世家子。"就简单的十个字。这部书是我精读的书，读第一遍的时候，我对这个开头没有什么特别的感觉，就是介绍一个人物嘛，《聊斋志异》里这样介绍人物的开头有的是。但是我读了一遍以后，再回过头来看这个开头就发现，这"大名世家子"五个字

---

① 周先慎：《〈王桂庵〉的艺术构思与人物塑造》，载《蒲松龄研究》2000 年第 3—4 期合刊。

里边有文章，不是随便写的。当时有这个感受以后，我就在"大名世家子"旁边批了两个字："着眼。"就是作者写小说的时候很重视这句话，是他构思的一个着眼点。那么，我们读小说的时候也要重视这句话，也要把它看作分析这篇小说的一个着眼点。这五个字为什么这么重要呢？因为"大名"是河北的一个府，在北方；"世家子"就是世代富贵显赫的富家子弟。这两点，既关系到这篇小说的情节发展，又关系到人物的思想性格。后来我就将这一想法生发开来，加以丰富、提高、深化，写成了一篇文章。①

这"一篇文章"，应该就是 2000 年发表在《蒲松龄研究》上的《〈王桂庵〉的艺术构思与人物塑造》。实际上，早在 1995 年发表的《〈聊斋志异〉：继承与总结》一文中，周先生在论及《聊斋》与史传文学的文体关系时，就举出了《王桂庵》的例子，很显然，他已从这个例证中，敏锐地看到了《聊斋》乃至整个传奇体小说与史传文体间的继承与创新这一更为本质的问题。周先生认为："在《聊斋志异》中，史传乃其形，而神气却完全是小说的。"史家纪传体的开头，一般介绍传主的姓名、出身、里籍、性格特点等，大多"千篇一律，殊无意趣"，但《聊斋》开头介绍小说人物，"却大有讲究，介绍什么，不介绍什么，如何介绍，总是立足于全篇的总体艺术构思，或跟人物性格的刻画，或跟情节的发展，或跟主题思想的揭示，都密切相关"，"这种立足于整体艺术构思的人物介绍，体现了与写历史有别的小说创作的精髓，是得之于史传文而又高出于史传文的。"②

---

① 周先慎：《书和读书人》，原载《秘书工作》2014 年第 7 期，收入其《未名湖畔的足迹》，第 109—110 页。

② 周先慎：《〈聊斋志异〉：继承与总结》，收入其《古典小说的思想与艺术》，第 192 页。

我以为，周先生关于《王桂庵》一篇的鉴赏，以及后来对于这种艺术构思（周先生采用清代冯镇峦的评语，称为"提笔作伏"）的思考和提升，产生了学术上的连锁效应，他似乎窥见了蒲松龄小说创作的某种习惯，掌握了一种鉴赏《聊斋》的秘法，并且屡试不爽。譬如《娇娜》一篇，周先生注意到篇首介绍男主人公孔生有"为人蕴藉"四字，联系全篇故事情节，意识到其中"蕴含着贯穿全篇小说的思想的血脉"，"蕴藉"一词，"揭示了小说人物的优美品格和人与人之间的美好关系，以及相应于表现这种品格和关系的文字的诗意特征。蕴藉美就是一种诗美"，确立了此鉴赏点之后，周先生结合小说情节，剖析作者是如何"营造出富于诗意的蕴藉美的"①，并将本篇鉴赏文章的题目拟作《人间真善美的诗意呈现》，可以说，这篇鉴赏文章的结撰，皆从"蕴藉"两字而来。譬如《王成》篇首介绍王成"平原故家子，性最懒"，周先生鉴赏云"王成性懒，成为小说借以组织情节的主要线索"②；《妖术》篇首介绍于公"少任侠，喜拳勇"，周先生鉴赏云："后面的情节，全由这段介绍，特别是'少任侠，喜拳勇'这六个字敷衍而出"③；《捉狐》篇首介绍孙翁"素有胆"，周先生鉴赏云："全文就在'有胆'二字上着笔，通过人与狐怪之间一场富于戏剧性的斗争，将人物的这一精神品格刻画得十分鲜明突出。"④周先生的这一小说鉴赏实践启发我们：从小说文本中揣摩小说家的创作习惯，寻找小说作品内部的文法章法，或许也是古典小说鉴赏值得重视的一个展开

---

① 周先慎：《人间真善美的诗意呈现——说〈娇娜〉》，收入《周先慎细说聊斋》，第90—92页。

② 周先慎：《天道酬勤更酬德——说〈王成〉》，收入《周先慎细说聊斋》，第139页。

③ 周先慎：《写幻如真，笔意灵动——说〈妖术〉》，收入《周先慎细说聊斋》，第108页。

④ 周先慎：《用笔精炼，摹绘如生——说〈捉狐〉》，收入《周先慎细说聊斋》，第44页。

路径。

毋庸讳言，文学经典的鉴赏难以做到篇篇出新，或许周先生也不能例外。那么，遇到这种时候，又该如何撰写鉴赏文章呢？周先生说，倘若自己所论"与通行观点近似"，辄会尽力争取"分析的方法、路数、表达"与别人有所不同[①]。换言之，即以"文章"之美，来呈现烘托经典魅力，"文章"之美，也是"鉴赏文章"价值的一个组成部分，其境界颇类似于《世说新语·文学》所谓"但共嗟咏二家之美，不辩其理之所在"。当然，这对于一个人的语言修辞能力是个巨大的考验。周先生1959年进入北大中文系工作时，最初分配在汉语教研室"写作教学小组"教写作课，负责人是著名的语言学家朱德熙先生。周先生后来回忆道："教写作的人首先自己的文章要写通、写好，这是朱先生对我们的要求。我后来能有一定的语文修养，文章写得还算文从字顺，明净而不芜杂，有一点点文采，就得益于在朱先生的指导下几年认真的写作教学。"[②]周先生说得非常自谦，其实，在我心目中，他堪称是一位文章"大手笔"。每次阅读周先生的鉴赏文章，都有一种酣畅淋漓五脏熨帖的惬意，觉得自己读小说时那些曾或浮在脑际滞在心头卡在喉间的话语，还有那些根本未曾留意的细节未曾触及的视角未曾抵达的思想，顷刻间都让周先生和畅带出，如水银泻地般层层道来，真有不可思议之魔力。这里，不妨节录《从林冲看〈水浒传〉的人物描写》中的一个片段：

　　这里写林冲杀人是很有讲究的。有这么几点：第一，他能分清主次，主要敌人是陆谦，我先不对付你，我先把两个次要的解决了，

---

① 周先慎：《周先慎细说聊斋》"序"，第2页。
② 周先慎：《融进一滴水——为北京大学建校一百周年而作》，见《未名湖畔的足迹》，第6页。

然后集中力量来收拾主要的敌人。这是一点，能分清主次。第二，不是不明不白地就把对方杀死，而是先问罪谴责，让他死也死得明明白白。刚才我讲的，他是发表了一篇革命宣言，表明他杀人是杀得光明磊落、理直气壮的。我为什么要杀你？你太坏了，背信弃义。第三，就是写他杀三个人是不一样的，用的武器不一样，杀法也不一样，详略也不一样。所以总起来说，林冲杀人杀得有身份、有性格、有思想、有章法。什么叫有身份？八十万禁军教头，武艺高强，有斗争经验。什么叫有性格？他很精细，很讲究策略。什么叫有思想？就是他是为复仇而杀人，为正义而杀人，不是不明不白、随随便便就把人杀了。什么叫有章法？就是像我们写文章一样，主次、详略都要搞清楚。哪个为主，哪个为次，哪个详，哪个略，先杀谁，后杀谁，有个安排，这就是章法。大家想想看，如果换成是李逵报仇，会是一种什么样的杀法？所以我们说，《水浒传》写人物完全是性格化的，写得非常好。①

读过《水浒传》小说的人，都会觉得林冲"风雪山神庙"这一节写得好，林冲在风雪中爆发连杀三名仇人，也让读者感到无比痛快。可是究竟好在哪里？好到什么样的程度？回答起来大概都有些模模糊糊言不尽意。但看周先生此文运笔如风，驱文如兵，文意层层叠叠，却布置停当，丝毫不乱；文气如江河下泻，则绵绵不绝，势不可挡。左右上下，闪展腾挪，真正是写得"有身份，有性格，有思想，有章法"，让人倾慕折服不已。读此一文，《水浒传》的经典魅力，当绕梁三日而不绝。所以，有时候我甚至觉得：周先生古典小说鉴赏的方法

---

① 周先慎：《从林冲看〈水浒传〉的人物描写》，收入《古典小说的思想与艺术》，第 117 页。

和思路，或还有学习效仿的可能，而他的这种"文章"之美则是无法企及和复制的。

四、诸体融通：文学史视野下的中国文学综合研究

周先生曾云："我不是专家，只是一个杂家"，"在中国古典文学的范围内，诗歌、散文、小说、戏曲，我都有涉猎，都有论著发表，但也都没有令自己满意的成绩。"[①] 这当然是他的自谦之语，不过，话语间也隐约透出些许快慰。毕竟，即便是在周先生那个年龄段的学者中，研究范围涵盖整个中国古典文学，并且诸体文学皆有学术论著发表的，亦不多见。回顾周先生的学术人生，他之所以能形成宽广的学术格局，除了其个人广览博学的因素外，或许也与他工作的北大中文系古代文学研究室的学术传统有关。该研究室自20世纪50年代以降，一直倾力于《中国文学史》及其配套《中国文学史参考资料》的编纂工作，这对于周先生文学史视野的养成，无疑有着积极的影响。而在周先生自己出版的著作中，也有《中国文学讲稿（二）》（1986年）、《中国文学史参考资料简编》（1989年）、《简明中国文学史》（2001年）、《中国古代文学作品选注》（2002年）、《中国文学十五讲》（2003年）等多种，凡此，皆有助于他逐渐形成一个中国文学的整体观。

周先生在古诗文方面的代表成果，结集为《古诗文的艺术世界》（2002年），收录了他从20世纪80年代以来撰写的、较为重要的古诗文鉴赏研究文章近百篇，诗文的年代大体集中在宋元明清时期，尤以宋代居多。与古典小说鉴赏不同，周先生认为：读者对于中国古典诗歌的接受，需要经过"三个层次，三种境界"，即"了解""感悟"及"联想"，

---

① 周先慎：《我的古典小说研究》，收入其《古典小说的思想与艺术·代序》，第1页。

其中"感悟""联想"都需要调动读者（或鉴赏者）的主观体验以及想象的参与，因此"艺术鉴赏绝不是一种被动的接受过程，而是一种积极的富于创造性的精神活动"①。譬如周先生在赏析陆游《雨》首联"映空初作茧丝微，掠地俄成箭镞飞"时，就曾融入了自己在故乡蜀地的生活体验："用茧丝来形容雨，不仅说明它很细，而且显示它的轻柔与飘忽。可是这雨在顷刻之间却又呈现出完全不同的景象：映空远看，是那样细柔、疏朗，及至落地细观，却变得如箭镞一样飞快而密集了。用'掠'和'飞'两个词来表示雨的动态和变幻，情景逼真。我们在四川成都或别的南方某个地方，不知见过多少次类似的春雨，读了这两句，才体会到自己也曾朦胧地感受过却不能清晰地说出的这雨所特有的神韵，诗人用两句诗就非常生动地传达出来了，因而不能不叹服诗人体察事物的深微和艺术表现的精妙。"②读了周先生的精彩赏析文字，我这个生长在江南看多了丝雨如箭的读者，也顿时心有戚戚焉。而在赏析苏轼《题凤翔东院王画壁》一文时，周先生又特别强调了"想象"对于艺术欣赏的重要性，苏轼此文仅寥寥三十二字："嘉祐癸卯上元夜，来观王维摩诘笔。时夜已阑，残灯耿然。画僧踽踽欲动，恍然见之。"记录了一次艺术欣赏活动——夜观王维壁画。也许是月色烘染，也许是王维绘摹如生，也许是苏轼太过投入，壁画上的僧人竟"踽踽欲动，恍然见之"。周先生认为此文形式上是一篇题跋，实质乃是对艺术欣赏普遍规律的一次文学概括，极富启发意义："真正的艺术欣赏在某种意义上也是一种创作活动，没有欣赏者自身艺术想象的参与，艺术品的生命就不可能在欣赏者的眼中和心中复活。"③

---

① 周先慎：《中国古典诗歌的意境与读者的接受》，收入其《古诗文的艺术世界》，第5页。

② 周先慎：《陆游〈雨〉》，收入其《古诗文的艺术世界》，第228页。

③ 周先慎：《苏轼〈题凤翔东院王画壁〉》，收入其《古诗文的艺术世界》，第292页。

很显然，这里，周先生既是在鉴赏苏轼的妙文，也是在探究包括文学鉴赏在内的一切艺术欣赏的发生机制问题。

阅读周先生的诗文赏析文章，其汪洋恣肆的才子笔力和丰沛敏锐的文学感悟力，给我留下了久久难忘的印象。他在赏析苏轼《纵笔》诗时抽丝剥茧、曲尽其意的文章气势，在赏析杨万里《闲居初夏午睡起二绝句》"梅子留酸软齿牙"句时对于"留"字的绝妙解读[①]，在赏析林逋诗歌时对其创作"过分地澄淡清逸，而不免欠缺点丰腴厚重"[②]的委婉批评，林林总总，胜义纷披，无不显示了周先生在古诗文方面的丰厚学术积累。

与古诗文相比，周先生在古代戏曲方面的论著数量并不算多，主要就是《中国四大古典悲剧》（1993年初版、2014年修订版）一书中所录关于《窦娥冤》《赵氏孤儿》《桃花扇》《长生殿》四剧，以及《中国文学十五讲》中关于《牡丹亭》的赏析论述。此五种戏曲皆为古典名剧，前人论著汗牛充栋，周先生却仍能举重若轻，融汇诸家，出以己貌，按照自己的思路和章法，要言不烦地将五剧的经典魅力阐述得十分到位。正如我在前文中所说的那样，周先生在"守正"之中也时有"出新"之处，譬如在《窦娥冤》的赏析中，周先生注意到了窦娥与蔡婆婆之间的性格冲突，指出"作者非常高明地在社会冲突中组织进了人物的性格冲突，这就丰富了悲剧冲突的内容，把戏剧情节推向更高的思想高度"[③]。这几句话看似随手拈出，但实际上对于探讨古典戏曲中的"戏剧冲突"设置，很有学术启发性；譬如在《赵氏孤儿》的赏析中，周先生注意到了"正末"

---

① 周先慎：《杨万里〈闲居初夏午睡起二绝句〉》云："'留'字完全是日常口头语，在诗人是信手拈来，毫不费力，却极生动地传达出品尝新梅时那种余酸不尽，既有点难受又欣喜无穷的独特感受，最真切，也最得神韵。"收入其《古诗文的艺术世界》，第247页。

② 周先慎：《林逋的山林隐逸诗》，收入其《古诗文的艺术世界》，第42页。

③ 周先慎：《中国四大古典悲剧》之《窦娥冤》，第12页。

设置非为固定一人而是一个前仆后继的群体，指出这一体制突破，有利于增强剧作的悲剧力量和思想深度（详参前文）；譬如在《长生殿》赏析中，周先生认为此剧在主题思想层面存在天然矛盾，即"如果要保持历史上帝妃关系的真实面目，就必然会冲淡或有碍于表现真挚爱情，强调了李杨之间的真挚爱情，就必然要改编或者美化历史上帝后间的真实关系"①，周先生进而分析了作者洪昇为解决这一矛盾而做的创作努力，有些处理成功了，有些处理则效果不佳，最后周先生总结道："实事求是地指出《长生殿》存在难以克服的思想矛盾，不是要否定他所取得的杰出成就。相反，倒是可以使我们从剧作者在克服这一矛盾所做的努力中，看到洪昇在创造性地改造这一传统题材时艰难地攀登上的新高度。"②这样的评估角度，公允而又精准，是我了解的《长生殿》研究中最为妥帖的。类似的闪光点和创新点，在周先生的戏曲论著中还有不少，不赘引。总之，周先生的戏曲研究成果可谓"少而精"，这大概也符合他从吴组缃先生那里继承而来的学术发表观吧！

需要指出的是，周先生对古诗文、戏曲、小说等文体均有相当出色的研究，它们既是各自独立的学术方向，但又都是中国古典文学的有机组成部分，因此，必然会产生一定的融通互鉴效应，正如周先生所说的那样："杂也有杂的长处，各种艺术门类，文学中的不同体式，有许多相异处，也有许多相同处。杂一点，眼界开阔一写，可以做到触类旁通，有时真有意想不到的创获。"③在这一方面，周先生有意识地进行了学术尝试。譬如关于艺术中的形神问题，他曾撰有《略说苏轼的传神论》，从苏轼三首题画诗入手，探讨书画艺术中的形神关系，而这一理论资源，后

---

① 周先慎：《中国四大古典悲剧》之《长生殿》，第93页。
② 周先慎：《中国四大古典悲剧》之《长生殿》，第95页。
③ 周先慎：《我的古典小说研究》，收入其《古典小说的思想与艺术·代序》，第1页。

来又被移用于讨论小说艺术，撰写了《中国古典小说人物描写对形神关系的处理》。周先生认为："从中国古典诗画创作和小说创作的艺术实践来看，对'形'和'神'的理解，不同的层面有不同的内涵"，具体而言，"形"包含两个层面，"第一个层面指的是人物的形貌或形体动作的外在表现"，"第二个层面指的是生活的形态，包括人物的语言、行动、人与人之间的关系，乃至人物所生活的环境等等"；"神"也有两个层面，"第一个层面指的是人物内在的精神风貌"，"第二个层面指的是人物内在精神更丰富具体的内容，包括性格特点、思想感情、情趣格调、理想追求等等，甚至还可以扩大到与这些内容相关联的生活的本质方面"，这是一切艺术内部都存在的"形""神"层次差异，两个层次间的"神"也可能发生融合，达到一个更为高级的境界。不过，周先生指出，作为再现艺术的小说和作为表现艺术的诗画，在"神"的表现程度和形态上，存在着明显区别：诗画艺术可以表现得"非常鲜明强烈，以至于可能突破常见的生活形态，产生像王维的雪里芭蕉那样的作品"，但在小说艺术中，"一般是以生活来的形态再现生活，作家的思想感情比较隐蔽，大都蕴藏在或者说是寄寓在他所创造的艺术形象之中，突破生活常态的情况也有，但相对于诗画艺术较为少见"[①]。正是基于与诗画艺术的比较分析，周先生精准地找到了古典小说人物描写中的形神表现机制，总结出"以形写神""遗貌取神"等艺术法则，可以说，这一学术成果的取得，乃得益于诗画小说等多文体的综合研究。

这种多文体综合研究的视野，在周先生喜爱的《聊斋志异》鉴赏中，也有多次成功的运用。周先生撰有《〈聊斋志异〉的诗意美》一文，文章开篇就专门论述了诗歌与小说的关系，认为"中国古典小说对诗歌的吸

---

① 周先慎：《中国古典小说人物描写对形神关系的处理》，原载《文艺研究》2007年第 7 期，收入其《古典小说的思想与艺术》，第 2—3 页。

收和融合，形成了一种艺术传统。诗与小说的结合有两种形态，一种是在故事中穿插诗词韵语，这是外在的结合，作品并不一定富于诗意；另一种是内质的融合，作品中可以有诗词的穿插，也可以没有，但作品创造了诗的意境，富有诗意，充满一种诗意美"。当然，小说作为叙事文体，它对诗意美的表现，乃主要依靠人物塑造和情节设置等手段，这又是与诗歌不同的。在此理论指导下，周先生详细地考察了《聊斋志异》小说"诗意美"营造与呈现的方式，主要包括三个方面，涵盖着小说之主旨、人物和环境三个要素，即"对真善美的赞颂是《聊斋志异》诗化小说最重要的思想特征"，"传神写意是《聊斋志异》诗化小说最主要的艺术手法"，"环境描写的诗化和艺术氛围的营造，是《聊斋志异》诗意美的一个重要方面和突出特色"①，周先生对于《聊斋》诗意美的概括，可谓把握住了这部小说最为重要的美学特质，其实，这也正是《聊斋》与一般志怪小说的本质差异所在。有意思的是，周先生还撰写过一篇短文《〈山花子〉与婴宁形象》②。《山花子》是蒲松龄《聊斋词集》中的一首小词，全篇不足五十字，却勾画了一位天真无邪自由不拘的少女形象，她有个标志性的特点"笑不休"，这自然让人联想到《聊斋》中的《婴宁》。周先生比较了两个爱笑少女的性格特点，文章的重心则落在了小说与词作为两种不同的文体在刻画人物方面的差异：毫无疑问，婴宁的文学形象要比《山花子》中的少女丰润得多、生动得多，不过，蒲松龄在这两个形象中寄寓的精神品格（即挣脱世俗的束缚，追求自由的人性）又是相通的。这一事实启发我们：一名作家完全有可能在不同文体的作品中表现同一的性格特点和思想倾向，换言之，当研究者去考察一名小说家的性

---

① 周先慎：《〈聊斋志异〉的诗意美》，收入其《古典小说的思想与艺术》，第289—309页。

② 附录于《仙凡相通的一个美丽的精灵——说〈婴宁〉》之后，收入其《周先慎细说聊斋》，第200—203页。

格特点时，也不应局限在他的小说，还需扩展到其他文体作品。周先生曾撰有《小说家蒲松龄的艺术个性》①一文，就是利用《聊斋》小说之外的诗文、八股制义、人物传记等资料，活泼泼地勾画出蒲松龄的艺术个性，如善于描摹刻画、富于幽默感等。这篇文章读来有一种举重若轻、左右逢源的流畅文气，颇有吴组缃先生《蒲松龄的生平及思想》②的味道。其成功的原因之一，或许就在于周先生所秉承的中国文学整体观，恰好还原了蒲松龄这样的古代文人的真实状态，即不论他为后人所知的身份（小说家或是诗人）是什么，实际上他始终生活在一个多体文学共读并作的时空里。

以上我们通过阅读周先慎先生论著文章的方式，追随他的学术足迹，走过了他的一生。人的一生很漫长，又很短暂，而这样的纸上纪略也未免匆促得有些残忍。我知道，我一定还错过了周先生许多难忘动人的生命瞬间，一定还没有将他生死相许的学术研究的精妙之处清晰准确地呈现出来。可是，正如周先生为《聊斋志异》所归结的艺术法则"遗貌取神"那样，我希望至少能够勾画出周先生学术人生的某些神采：未名湖畔奏弦歌，淡浮居中研稗史。"淡浮居"是周先生的斋名，大概是取"澹泊浮生"之意。在很多人的心目中，周先生似乎天生就是"淡浮居"中人，对于许多别人孜孜以求的东西，他都不甚措意，付之淡淡一笑。但他的心中实际也有极"浓"的另一面：譬如他对北大的情感，周先生从不隐藏自己的北大情结，他说自己愿意成为融进未名湖的一滴水，他将收录一生行迹的散文集定名为《未名湖畔的足迹》，这是多么浓的燕园情啊！譬如他对学术研究的喜爱，犹记得 2018 年初，我和刘勇强、李鹏飞三

---

① 周先慎：《小说家蒲松龄的艺术个性》，收入其《古典小说的思想与艺术》，第223—228 页。

② 吴组缃：《蒲松龄的生平及思想》，载《文学遗产》2014 年第 3 期。

个研究小说的同事一起去看望周先生，那段时间，他那颗八十多岁且已动过手术的心脏又出现了严重问题，几乎无法阅读和写作。周先生告诉我们，他咨询过主治医生，再次手术风险极高，很可能下不了手术台，但假如成功了，他就可以安稳地有质量地度过十年。十年，这是何等巨大的诱惑，他想着可以完成计划中的《细说聊斋》第二集、第三集、第四集，说不定还能开始撰写《细说红楼》。周先生说，他决定要冒这个险，赌一把。这是多么浓的学术情啊！浓的甚至超过了对生命的怜惜。那天，房间内阳光满屋，周先生笑容灿烂，我们也都在心中祝祷他能赢得这十年的赌注。可惜，天不假年，周先生的《细说聊斋》永远遗憾地定格在了第一集。我没有见到周先生的最后一面，但我相信他离开的时候一定很淡定，因为他喜欢的苏东坡给了他生命的达观，他喜欢的蒲松龄则无数次向他证明了人间和冥界其实咫尺相通。

后来，周先生的女公子告诉我，周先生立下遗愿，要将自己的骨灰撒回四川老家的河流，八十四年前他从那里欢快地流出，而今他又静静地流回，这应该就是周先生所热爱的"诗意美"吧。电影《寻梦环游记》中说，遗忘才是真正的死亡。如果这句话是真的，那么，我想，只要我们（还有我们的后代）阅读着周先生的文章，沉浸在他为我们营造的文学经典世界中，我们（还有我们的后代）就不会遗忘他，周先生也就因此获得了生命的永恒。

怀念先慎教授

段启明

每当我打开电脑准备看看、"写写"的时候，总会想起周先慎教授——因为，他是多年前最早"动员"我学电脑、用电脑的老朋友。而且他本人正是我熟悉的同代朋友中最早使用电脑者之一。然而，今天，我打开电脑要写的，竟然是悼念、怀念他的文字！悲从中来，心绪戚戚……

先慎教授心脏不好，前几年装上了起搏器，我是早就知道的。但是，今年4月，他永远地离开了我们，我至今依然难以相信！

先慎教授是四川人。我虽然是北京人，但我曾在重庆生活、工作过二十多年，那儿已是我的第二故乡了。因此，每与先慎相会，总有说不尽的关于四川的话题：巴山蜀水，民情风物，学人掌故，特别是那些幽默风趣的"龙门阵"……真是说也说不完。故而他常常戏称我是他的"假老乡"。

四川的学风，特别是在过去，有很多自己的传统和独特之处，故有"蜀学"之称。我学力浅薄，远远不能概括这蜀学的传统和特色，但我的肤浅的直觉的印象却是很深刻的，即古朴求实，重在博雅。先慎教授虽久居京华，深受北大熏陶，但从他的多种著述中，我似乎依然看到蜀学的根基。他研究古代小说，而且着重于作品思想艺术的探索，但其特点恰恰是牢牢把握版本、史料，以为论析之依据和基础，而绝无空泛之论。我想，这应该是小说戏曲研究领域值得倡导的学风与文风。先慎教

1

授之著作，可以说都是他认真严肃的思考与研究的产物，而非随意轻浮之作。因此，在我手边的他的有关《聊斋》《红楼梦》等古代小说的论著，尽管有的是几十年前的文字，但今天读来依然很有启发，深受教益。关于先慎教授学术著作的评价，已有不少论者做了具体的论述，兹不赘言。2013年，《成都师范学院学报》的朋友嘱我在北京为该刊约几篇专家学者的稿件，我首先想到的是先慎教授和首都师大的侯会教授。我知道，他们都很忙，但我受人之托，必须"完成任务"，于是与两位教授联系，获准。先慎教授提供的论文是《〈三国演义〉人物塑造的得与失》。他对我说，这是他思考了很长时间的一个论题，也看到过涉及这个问题的一些文章，但他感到还是有很多自己的想法，要说一说。我拜读后，深感其论述之细密，逻辑之严谨，的确写出了他"自己的想法"。文章发表后，受到了读者的好评。总之，我敬佩先慎的学问，我更敬佩先慎认真严谨的学风。在我的心目中，他是一位"才""学""识"三者兼具的可敬的学者。

先慎是一位可敬的学者，更是一位难得的好老师。在我的印象中，他在教学育人方面投入的精力，远远大于他个人的研究与著述。若干年前，我们的交往主要是在彼此培养研究生的工作之中，即相互审读研究生的论文并参与答辩。他每次嘱我阅读他的研究生的论文时，都会不止一次地与我通话，告诉我有关论文的内容与写作过程中的一些情况，使我深深体会到他对工作的认真负责的精神，对学生的关爱，以及他本人对学术问题的执着。正因为如此，我阅读过的他指导完成的论文，即使水平有高低之分，但都是符合学术规范的认真严肃之作。我想，这正是先慎教授严谨学风的传承。事实已经证明，近年来，他的高足如段江丽、詹颂等，秉承他的教诲，勤奋治学，都已迅速成长起来，作为青年教授和学者，以其优秀的成果，活跃在当今学术舞台。是的，她们的成就，无疑饱含着她们导师的心血……令我非常欣慰的是，先慎的高足如今也成为我的青年朋友，我见到她们，一如见到了她们的导师、我的老友先慎！

几年来，北京曹雪芹学会在重阳佳节都举办"雅集"，邀请红学、曹学界新老朋友欢聚。先慎教授都热情应邀出席，并在座谈时发表谈话。他总是愉快地畅谈他的读书治学的体会、心得，对红学、曹学发展的建议、希望……在去年的聚会上，他特别从学理的层面谈到"红学"与"曹学"的关系，坦诚而深刻，给大家留下了极深的印象。当然，一次次的"雅集"，更是我们这些七老八十的老朋友们聚首交谈、畅诉桑榆的难得机会。身体怎么样？家人都好吗？还在写什么文章？还有说不尽的往事……

然而，今年，重阳节如期而到，而在相聚的老朋友中却再也见不到先慎的身影了，再也听不到他的幽默的言谈了……

四十来年的交往，如今，化作无尽的怀念！

2018 年 12 月

细说红楼期天国

吕启祥

敬悼周先慎先生

昨天上午，忽闻周先慎兄逝去，虽知他久病，但离去何速，闻讯惊愕，不胜悼惜。

周先慎教授，我与之见面虽晚，闻名却早，为北大诸友中耳熟能详的一位，也常读他发在报刊上的文章。他曾赠我《中国文学十五讲》《细说聊斋》两本著作，其学术基础宽厚，论析精深可见。记得他在一次发言中强调要把《红楼梦》作为文学作品来读，尽显一位文学教授的本色和坚守。他还说文学要细品深研，已出《周先慎细说聊斋》一书，他也深爱《红楼梦》，若老天给予时间，发愿写一本细读红楼的书，只惜天不假年，这一心愿未能圆满。

前些年，记得他在电话中说："你可要来呀（指重阳曹会雅集），咱们见面不容易。"2016年重阳见了，还留下若干照片成为绝响。今后，再无见面的机缘了。呜呼！

周先慎先生一路走好。

吕启祥敬悼

2018.4.22 晨

（此为 2018 年 4 月 22 日黄安年博客受权发布吕启祥文：http: //blog. sciencenet.cn/blog-415-1110252.html）

时光倏忽，周先慎先生离开我们已大半年，日前他女儿周阅辗转联系到我，说将为父亲逝世周年编纪念文集，曾在网上见我当时之悼，更望有所怀念。父女情深，所望至殷，在我则谊不容辞。虽则我与周先生晤面仅数次，是近年的事，然而他的为文为人却给我以难忘的印象。

大约是在十多年前的 21 世纪初，我看到他为研究生段江丽君专著所写的序。序言理所当然地对段著的学术传承创新给予充分的也是实事求是的嘉许，之外，有很大篇幅（几乎及半）是叙述江丽的学术背景和人生选择的。江丽有 9 年的护士经历，由艰辛的业余学习、从教再读以至进入北大走上学术研究之路。周先生说每一个人的职业选择都离不开两个问题，"一个是社会需要我做什么，另一个是我能做什么或者适合做什么。""对人生抱一种严肃态度的人，有追求、有事业心、有社会责任感和爱国思想的人，总是将两者结合起来，而且又总是将第一个问题放在首先考虑的位置。""人生要讲得失，人生也还要讲境界；只考虑个人的小得失，就会跌落甚至失掉了人生应有的境界。"作为导师，他赞赏学生的选择和追求，当年能把护士工作做好，今天也一定能把学术工作做好。这其实也是周先生本人的境界和追求。在这里清晰地感受到一种教师的情怀、高尚的师德。

其时，我并没有见过周先慎先生，只是心怀敬意。要说渊源，他也是一位《红楼梦学刊》的老作者，早在 1982 年就发过《细节的容量》这样的文章；"秦学"火爆时，学刊编辑所访问约稿的学者中，就有周先生。到了 2012 年，他有一篇重要的文章《论张毕来"红学四书"》在《红楼梦学刊》揭载。张毕来先生是红学前辈，但人们对他这四本书关注不够，究其原因可能是写作的时期较早，主要在 1975 年以前写就，"文革"结束后才经过整理修改出版 [《漫说红楼》（1978 年）、《红楼佛影》（1979 年）、《贾府书声》（1983 年）、《谈红楼梦》（1985 年）]，这些著述不可避免地会受到时代思潮和政治形势的影响，比如阶级斗争的观点等等。

但是，周先生则以一种独到的眼光，紧紧地把握是否从事实出发，以小说的实际描写为据，以当时的历史生活为凭，用实事求是的原则分析问题，从而发现张著有效地避免许多局限，得出了许多不仅至今站得住而且比某些自诩高明的红学家还要平朴切实的见解。尤其是张著散文随笔式的写法令人感到平等亲切。周先生以为，几十年来，红学著作超过千部，许多是不必读的，而张毕来这几部是一定要读的，因为张著"有好的研究的态度、方法、学风和文风"，"对于我们来说，比他具体的研究成果还更有价值，更具启发意义。"

这就不禁使人想到了"授人以鱼，不如授人以渔"的道理，周先慎教授正是从这个意义上高度肯定了张毕来的红学四书，也告诉人们怎样去衡量学术成果的价值。而从周先生本人的为学为文中，可以分明看到他这种"授人以渔"的追求。他始终关注为学的态度、方法、学风、文风，指导研究生如此，面对普及读物亦如此，哪怕是一篇短文，是写给中学生看的也一样谆谆切切。人们知道周先慎教授很早就有一篇《简笔与繁笔》的文章长期入选中学语文，关于"写出差别"、词语使用、文化传承，无不为了"担起我们共同的责任"，文章优美、精神富有是他的期盼。近年我还惊喜地发现《中华读书报》上，周先生为一册解放区编写的小学《国语》课本撰文，珍惜为"遗落民间的文献"。在大学教授中，教师职责、家国情怀并不是人人皆有，因而显得可贵。

作为北大教授，周先生学术领域的贡献毋庸我来说。在学风和文风建设方面，他和北大同仁一道以自身求实、谨严的著述做出楷模，言传身教，拒斥学术八股。他写下的大量赏析、赏评、赏鉴的文字平实清新，深入浅出，影响广泛。在我，不论见于哪种报刊，只要看到，是必定会读的。

我与周先慎先生的会面，总缘于《红楼梦》与曹雪芹，他在一次会上的发言令我永记不忘，堪称对当下曹红之学的金玉良言。他说："我们为什么要研究曹雪芹，因为他写了一部《红楼梦》"，"曹学和红学原本是一家子"，"曹学主要是在书外做工夫，方向却是朝着书里去的。红学则主要是在书里做工夫，眼睛却是既在书里，也看书外，殊途同归。"

他郑重提出，我们必须共同遵守的是，第一，必须直接或间接地以《红楼梦》为研究的中心。不论着力于书里或书外，最后都要落脚到《红楼梦》本身。也就是说，路子可以不同，但《红楼梦》都应该是我们研究的出发点，也是我们研究的归宿。第二，《红楼梦》是小说，不是历史，这个界限必须非常清楚。小说是作家的艺术创造，是在他的生活体验的基础上经过集中概括而虚构出来的。即使是真的有原型，书中人物和原型也会有很大的差异，把书里书外的人和事，生硬地做比附，甚至完全等同起来，是违背文学的基本常识的。第三，必须遵守基本的学术规范。

周先生所言平实朴素，是常识，也是至理。这常识却被很多人忽视。

周先生深爱《红楼梦》，他积蓄已久的学术志趣是要写一部《细读红楼》，早就说过那平淡细微处有无限烟波。我深知此愿，也十分期待，惜乎天不假年，赍志而殁。呜呼，谨以俚句，致祭灵前：

精研聊斋存宏著

细说红楼期天国

2019 年 1 月 22 日

诚笃为人　严谨为文

——怀念周先慎教授

马瑞芳

　　惊悉周先慎先生飘然而去时，我凄然流泪，对朋友说：又走了位真学者！带走他的满腹学问和应该留给后世的更多锦绣文章！

　　此前一两年，我常跟先慎兄微信交流，我们之间的称呼跟三十年前相识时互称"同志"不同，我称他"师兄"，他称我"师妹"。我们原非一个学校出来，因先慎兄一直在吴组缃先生身边工作，最得吴先生真传，我也有幸得吴先生悉心指导、关怀，以私淑弟子自命，遂和先慎兄有了并非同校却相助如同门的交情。

　　1980年的一天，我们蒲松龄研究室突然来了位"外宾"，英国剑桥大学在读博士白亚仁，他正以《聊斋志异》做博士论文，到中国访学。金发碧眼的英国青年就是先慎兄带来的。这是我跟先慎兄第一次见面，他文质彬彬，办事认真细心，替白亚仁想得周到。白亚仁在我们研究室看了好几天资料。20世纪80年代初，教师不管什么职称，都可以带外国博士生做课题，也没什么相应待遇。那时带学生跟做研究一样，没什么名利因素，带学生是老师天职，做研究是教学之余个人爱好。学术界互相成朋友则因为"有同好焉"。后来校园像人民公社生产队一样，年底给教师"算工分"，算研究生数，算课时数，算什么级发表文章数，再落实绩效工资，按这套规则，真正出来好学者、好文章、好专著没有？天知道。

　　吴组缃先生主张，研究聊斋，要一篇一篇细读，才能读出韵味，大而空的所谓"高屋见瓴"的研究并不能读透《聊斋》。20 世纪 80 年代初，在吴组缃先生倡导下，北京大学主编一套《聊斋志异评赏大成》，主编是马振方，却是周先慎写了好几封信，苦口婆心动员山东大学的人加盟。我写了两卷赏析。先慎兄评赏聊斋的文章，继承吴组缃先生剖析古代小说的研究方法，从作品本身出发，不搞所谓"宏观"而其实是谈空式研究。先慎兄曾教过写作课，手里好像有把剖析佳作的庖丁解牛刀，注重细节，注重人物，注重语言，对作品总能切中要害，赏析文章写出了水平，写出了风格，给我留下深刻印象，这是他后来那本《细说聊斋》的前声。

也是在吴先生倡导下，先慎兄用很大力气，编了套《古代小说选》，在浩如烟海的中国小说之林中，挑选出真正的佳木，是件颇令人头疼的工作，而先慎兄眼光独到，披沙见金。后来我给研究生讲中国小说史，将这套《古代小说选》列为重要参考书。

写赏析文章和编书不过是先慎兄学术生涯微不足道的小事，他的宏篇学术论著更是出类拔萃。1986 年，大学评职称的试点在北京大学举行，先慎兄有了高级职称，4 月他写信对我这样说："职称评定工作，北京大学先行一步，已经得到校学衔委员会的正式通知，不过名称虽变，却依然故我，水平并未因此提高，相反，在一些没有评上的同志中确有才学出众的，此种事不可不求，也不可过于认真，如此而已。"这样的达观和雅量，不是每个学人都有的。

先慎兄为人温文尔雅，有时却锋芒毕露。有件事颇为有趣：2004 年中央电视台邀请我找几位《聊斋》研究同行，一起做"说聊斋"节目，我约请先慎兄等三位朋友，都是学术界的"腕"，共襄这件经典走向民众的事。他们欣然应允。先慎兄写出一份讲稿，传给《百家讲坛》一位编导。编导在电话里横挑鼻子竖挑眼，这不符合广大观众要求，那不符合雅俗共赏需要，应该如何如何，需要如何如何，不一而足。先慎兄耐心听了一会儿，终于忍无可忍给怼回去："你先好好读懂全本《聊斋》，再来跟我讨论！"编导后来对我说：这是他遇到的惟一一位对中央电视台编导毫不客气的学者。后来那个"说《聊斋》"节目由我一个人录成，并非因为先慎兄给电视台编导难堪，而是因为制片人从录阎崇年老师的节目创造出"经验"，原本"清十二帝"约请好几位专家讲，录制过程中发现，一个选题由一个专家讲，编导更容易协调，且能增加收视率。我告诉编导：你得把你们的决定告诉那三位专家。他们答应了，但我相信根本不会做。聊以自慰的是，这半途而废的合作，并没影响三位学长跟我的友好关系。此后他们一如既往帮助我，毫无芥蒂。

学术就是学术，不能哗众取宠，不能指鹿为马，是先慎兄多年为人为文的准则。刘心武"秦学"曾在社会上引起很大争议，我在《刘心武"秦学"始末》文章中引用先慎兄关于必须讲究学术规范的论述：

> 北京大学教授周先慎是古代小说研究名家，他首先强调"学术规范"。世间万千的行业行当，哪一行没有自己的规矩？连玩游戏都有游戏规则，如果刘心武"明言自己搞的不是学术研究，而只是一种娱乐性的猜谜活动，也就不会有人用学术规范去要求他了，但他既然把自己的研究成果称作'秦学'，那就表明他是明确地认定自己搞的是学术研究，那么，理所当然地就应该自觉地遵守学术规范"。"学术规范的起码要求，是立论要有根据，论证要合乎逻辑，不能爱怎么想就怎么想，想怎么说就怎么说"。而刘心武的"研究"呢？是"捕风捉影、牵强附会的，他将书中本来写得清清楚楚是出身寒微的秦可卿，硬说成是出身高贵的废太子之女，进而将《红楼梦》内容与清代康熙、雍正、乾隆时期宫廷的政治斗争联系起来，加以比附，得出一些与《红楼梦》的实际内容并不相干的结论"。

先慎兄身体欠安后，仍然执着于古代小说的研究和开拓，继续给古典文学研究界留下诚笃为人、严谨为文的榜样。前两年先慎兄在心衰境况下，一边求医问药，一边孜孜以求完成并出版《周先慎细说聊斋》，我给他鼓劲：师兄好好保养，完成《聊斋志异》八卷全部"细说"，再完成您必须完成的《细说〈红楼梦〉》！没想到，周先慎《细说聊斋》只完成四分之一篇目，即《聊斋志异》八卷本前两卷的细说。先慎兄笔无妄下，论点鲜明，文字俊美。准确的剖析，精彩的论述，体现出扎实深厚的功底和严谨治学态度。可惜天妒俊才，《聊斋志异》后六卷的细说，北京大学中文系名牌课程"周先慎教授聊斋研究专题课"全豹，我们再也看不到了，至于周先慎细说《红楼梦》，更是跟吴组缃先生讲《红楼梦》一样，成为文字版永远不能问世的课堂绝响。哀哉痛哉！

周先慎教授晚年的一个红学心愿

张 俊

我和周先慎教授是同龄人，我比他齿长几个月。我们是三十年前在大连一次明清小说研讨会上相识的。这之后，我们又多次一起参加有关学术会议，多次互相参加对方博士研究生的学位论文答辩，结下真诚友谊，成为好朋友。

在各自学校，我和先慎都讲授第三段中国古代文学史课（北大是宋元明清为一阶段，北师大是元明清为一阶段），都比较偏好明清小说。他尤其钟情《聊斋志异》，同时又喜欢《红楼梦》。他曾说过："在中国古典小说中，我最喜欢的是《聊斋志异》和《红楼梦》。这是我平日读得最多，也是读得最有兴味和最有心得的两本书。"（《周先慎细说聊斋·后记》）我则钟情于《红楼梦》，同时也喜欢《聊斋志异》。我们的研究领域相重合，学术志趣也很相近。这样，在交往中，我们谈学说文，便有了更多的共同话题，有了更多的共同语言。

时光如水，不舍昼夜。渐渐地，我和先慎已步入耄耋之年，垂垂老矣。我们已不再招收研究生，也很少离京外出参加学术会议。但在北京曹学会举办的学术活动中，仍可以经常晤面叙谈。朋友们都知道，先慎曾动过心脏手术，身体并不很好。他曾对我说，人年过八旬，便会感觉精力体力明显下降。我也有同感。但他却不断有新的学术追求，依然孜孜不怠，读书写作，笔耕不辍。一天，他告诉我，他晚年有一个《红楼》心愿……

那是 2015 年岁尾，周门弟子为给导师 80 岁生日贺寿，编辑、出版了《周先慎先生八十寿诞纪念文集》；同时，先慎的新书《周先慎细说聊斋》也由上海三联书店隆重推出。次年春，他将两本书一并签赠给我。3月 10 日，我给他打电话，表示祝贺和感谢。那天，他兴致颇高，通话中，我们说到《聊斋》稿本与刻本的关系、《红楼》脂抄本与程高本的关系、文献考据与文本阅读的关系，畅意相谈，有许多共识。谈到以后的写作心愿，他说，自己长期研读《聊斋》，积累很多资料，现在整理出其中一部分，辑集成《细说聊斋》一书，今后还要继续写下去。又说，他也积累了不少《红楼梦》资料，也计划整理出来，写一部《细说红楼》。并恳切对我说，你一直讲授和研究《红楼梦》，校注过程甲本，评批了程乙本，积累的《红楼梦》资料肯定更多，更应该把它整理成书。我们都已 80 岁，应该考虑为后人留点什么，不要把这些材料都"带走"。

我深深为先慎这番话所感动，"为后人留点什么"，表现出他的一种社会责任感。我告诉他，我正在梳理程乙本材料，想写点丛谈一类的东西。先慎的心愿，在他《细说聊斋》一书的"后记"里也有明白表述。他说："只要身体条件许可"，"《细说聊斋》将写出四集"；如果"还活得'好好的'，那就开始继续写作《细说红楼》"。我衷心祝愿他身体真真"好好的"，顺利实现他的心愿，企盼他的《细说红楼》早日问世，奉献给读者。

2016 年 10 月 9 日（农历九月初九重阳节），北京曹学会举办"重阳节曹学雅集"活动，主题是"曹学、红学研究的现状、反思、期待"。先慎在发言中，批评了红学界的一些乱象，并说到他的《红楼梦》写作心愿；我随即插话，说了我们 3 月 10 日通话时他讲的《红楼梦》写作计划。会后，大家兴致勃勃，漫步植物园中，悠然赏菊。层林尽染，菊花飘香。我和先慎两人，因年老力衰，步履缓慢，老态尽现；但心情很好，似乎仍然意犹未尽，不时笑谈红学那些事儿。后来，我们同车回家（他住回龙观龙腾苑，我住林萃路京师园），临别，互道珍重，相约来年"雅集"

再见。

去年 4 月 25 日，曹学会又在北京植物园举办春季"曹学雅集"，座谈"感悟红楼"。活动照例由段启明教授和我两人主持，我们照例约请先慎参加，聚首闲话。先慎答应了。谁知，那天他因偶感不适，未能应约而来。又谁知，今年 4 月 20 日，先慎竟因病溘然长逝，走得有点突然，离我们去年春季相约小聚，差五天满一年；而我们前年的重阳雅集、游园赏菊，竟是最后一次晤面了。抚今追昔，能不戚戚。而他的《细说红楼》，当然亦未能如愿面世，成为难以挽回之憾，不胜痛惜！

幸运的是，先慎在研治明清小说的过程中，也撰写有多篇红学论文，广为传播。今天重温这些文章，可以看出他明晰的红学理念和研红思路，是值得很好总结的。我想，如果将先慎的这些研红成果总结出来，则他《细说红楼》的写作虽然未能如愿，而喜欢他的读者当也会感到欣慰的。

比如，先慎发表在 1991 年第 9 期《群言》上的《琐碎中有无限烟波——〈红楼梦〉艺术漫笔》一文，当是他写得比较早的一篇红学论文。他借用明人袁中道评《金瓶梅》的一句话"琐碎中有无限烟波"作标题，点出《红楼梦》的总体艺术特色，切中肯要，非常精当。文章从映射、细节、语言三个方面举例，赏析《红楼梦》艺术，处处突出一个"细"字。后来这篇文章也曾刊载于韩国延世大学《人文科学》（1991 年第 81 期）、《名作欣赏》（2002 年第 1、2 期）等刊物上，产生广泛影响。

先慎对曹学与红学的关系，也有自己的理解。他在座谈会上的发言，撰写文章，一直在坚持自己的看法。我以为，这不是固执己见，而是一种学术自信。2013 年 1 月 25 日，北京曹学会在颐和园举办首次"红学沙龙"（后改称"曹学雅集"）暨 2013 年新春团拜会，与会专家学者就"曹学、红学研究现状"畅谈各自看法。先慎与北京市文联作家赵金九、赵大年围绕"曹雪芹为什么要写《红楼梦》"这一话题各持己见，展开了有趣对话。会后，先慎写了《书里和书外——关于曹学与红学的断想》一文①，系统阐述了自己的观点。文章开宗明义指出："我们为什么要研究曹雪芹？因为他写了一部《红楼梦》；要不是写了这部《红楼梦》，谁去研究他？研究他又有什么意义？"因此可以说，"研究曹雪芹就是为了研究《红楼梦》"，曹学只是正宗红学的一部分，它"不可能与红学分庭抗礼"。曹学和红学研究的路数和取向是不一样的。张毕来先生曾用"先从书里说出来，再从书外说进去"这样一句话来概括他研究《红楼梦》的方法，先慎很赞赏张先生这句话。他用"书里"和"书外"作文章标题，以之譬方红学与曹学关系，用词很形象，题旨很明豁。同年5月8日，曹学会在北京曹雪芹纪念馆举办第二次"西山曹学雅集"活动，我提议，将先慎文章题意"曹学与红学关系"作为座谈会议题之一，展开进一步讨论。会上，先慎讲了自己文章的观点，有些学者表示赞同。而赵大年、赵金九先生则从文学创作角度再次提出不同看法。赵金九先生认为，"为什么研究曹学，是因为有了《红楼梦》"这句话，也可以反过来说，是"因为有了曹雪芹，才有了《红楼梦》"。大家争论热烈，而态度平和，气氛轻松②。先慎的这篇文章，引起学界关注，后被收入张庆善任主编、张云任副主编的《纪念伟大作家曹雪芹逝世二百五十周年文集》中③。

此外，先慎晚年还写有《学术规范与学术品格——评刘心武的"秦学"及其论争》《圆融的自叙说给我们的启示——对〈红楼梦〉文学的研究的一点感想》《论张毕来"红学四书"》等红学文章④，表达了他对红学研究历史的思考、对红学研究现状的关注。其中，评述刘心武先生的"秦

---

① 刊载于《曹雪芹研究》2013年第1辑。

② 详见位灵芝、顾斌《"曹学""红学"路何方——第二期"西山曹学雅集"述要》，《曹雪芹研究》2013年第2辑。

③ 文化艺术出版社2014年版。

④ 以上三文，分别见《红楼梦学刊》2006年第2期、2006年第5期、2012年第1期。

学"及其论争时，提出了一个"学术品格"问题，这很重要。先慎说："只有坚持和遵守学术规范的研究成果，才能获得真正的学术品格"；如果"出于某种利益的驱动，学术是可以被扭曲，可以变味的"。所言甚是。回想当年红坛之所以一时乱象丛生，症结之一，就是因为真正的学术品格的缺失。及至今天，学术失范现象、学术不端行为仍屡禁不止，如何保持一种真正的学术品格，不要让学术被"扭曲""变味"，也还是需要时时警惕的。

还应提及的是，先慎晚年还有一个未曾公之于众的座谈会发言，亦当注意。2013 年 8 月，我和几位学生合作搞的《新批校注红楼梦》（程乙本）由商务印书馆出版。同年 12 月 15 日，商务印书馆与北京曹学会共同举办了"《新批校注红楼梦》暨第四期'曹学雅集'座谈会"。先慎在会上的发言，有两段直接涉及对《红楼梦》的评论，现摘引如下：

> 我过去给学生讲《红楼梦》，我就老用苏轼写西湖的诗句："西湖天下景，游者无愚贤。浅深随所得，谁能识其全？"这个给了我很大的启发。我常常跟学生讲，每个人都会体会、认识《红楼梦》，但是也只是一个方面。专家学者也是一样，没有一个人敢说，他把《红楼梦》都分析透了，认识全了。吴组缃先生说，他研究《红楼梦》，是跟普通读者一起读。我认为，这体现了学术著作、学术研究里面的群众观点。就是说，《红楼梦》是大众的《红楼梦》，不只是专家学者的《红楼梦》，不只是红学家的《红楼梦》。老实说，我看个别红学家的红学著作，他的口气，他的架式，就让人觉得《红楼梦》只有像他那样的专家学者才看得懂，别人看不懂。
>
> 第二方面，版本的研究和整理方面的价值和意义。我刚才说过，程乙本过去也出过，但是在学术界的看法是很不一样的。……到现在为止，在座的各位对后四十回也有不同的看法，而且这个看法是

很难统一的，将来也很难。但是，没有后四十回，没有程高本，《红楼梦》能像今天这样流传是不可能的。我在北大的老师吴组缃先生说，如果没有后四十回，就像一个人只有上半身，没有下半身，而后四十回就是两条假腿，总算能走路了。他这样来评价后四十回，我完全赞同。后四十回有两方面的意义，一个是文献的意义。什么版本最早，它的文献价值很高，它在校勘上的价值很高，但是未必在文献上就是最好的。如果作者不是有一定的水平，而且是非常严肃的，那么后出的版本，在文献方面往往就有优长之处。北大的赵齐平先生，他就认为程乙本的某些文字，它的水平超过庚辰本。我觉得，这个真的要采取一个客观的态度。①

先慎的这个发言，我以为，有这样三点值得思考。其一，他再次引用苏东坡《怀西湖寄晁美叔同年》诗句②，以之说明，《红楼梦》是一个巨大的存在，不同时代、不同文化层次的人，都可以接近它、欣赏它，都会从中获得不同乐趣，但任何人都不能说他已认识到《红楼梦》的全貌。其二，明白提出学术研究要有"群众观点"。这里引述了吴组缃先生例，六年前，他还引述过张毕来先生的一句话："我是要跟《红楼梦》的读者一起来读《红楼梦》这本书。"③强调说明，写作红学文章，要重视读者，尊重读者，与读者保持一种"平等的关系"。先慎自己确实也是这样做的。记得一次在扬州参加《红楼梦》研讨会，友人闲谈中，一位学人对先慎说：她读中学的儿子，很喜欢读周老师写的古代小说艺术赏析的文章，能看得懂，很崇拜周先慎老师。可见，先慎的文章，是老少皆宜的。其三，

---

① 《新批校注红楼梦》座谈会发言记录，商务印书馆陈洁女史整理。

② 他首次引苏轼此诗，是在其《琐碎中有无限风波》一文中。

③ 《论张毕来"红学四书"》,《红楼梦学刊》2012 年第 1 期。

他赞同吴组缃先生对《红楼梦》后四十回的评价，肯定了后四十回的文献价值。这种态度是平实的、客观的。

我们今天重新梳理、捧读先慎这些红学文字，可以清楚知道，他对《红楼梦》艺术、《红楼梦》版本、曹学与红学关系、红学研究历史和现状诸多方面都有涉猎，都有思考，都有文章发表。于是我想，若天假其年，依先慎的红学根柢，依他的学术自信，依他的坚毅精神，他的《细说红楼》写作一定会顺遂心愿，奉献给读者；他一定还会写出更多、更丰富的红学著作，为红学研究做出更大贡献。

怀念先慎老友。

2018 年 11 月 29 日于京师园

《聊斋》文本的细读

——周先慎先生治学一隅

赵伯陶

　　周先慎先生是北京大学中文系教授，主讲中国古典文学宋元明清一段，学术研究则以古典小说为主。由于众所周知的原因，周先生专心致志地开始古典文学的教研工作已经是 20 世纪 70 年代末了，诚如其《我的古典小说研究》一文所云："我是在 1959 年到北大中文系任教的，但在 1977 年'文革'结束以前的近二十年时间里，我并没有真正从事古典文学的教学和研究工作。"[①] 作为一位充满人生远大理想的大学中年教师，也许亟欲投入教学与科研的激情积蓄得太久，更容易喷薄而出，从而焕发出一往无前的精神动力。无论教学还是科研，周先生都全力以赴，在其后半生做出了令人称羡的业绩。

　　北大中文系文学七七级学长李矗先生曾这样为周先生画像："周先慎先生清癯斯文，待人亲近，每讲到得意之处，常以手推眼镜。"[②] 另一位七七级学长王景琳先生更满怀深情地回忆道："我至今记得周先慎老师在讲《水浒传》宋江临死拉李逵做陪葬时的情景，当时他一拍桌子，十分投入地说：'这是什么态度！'我不知道别的同学注意到了没有，当时我

[①] 周先慎：《我的古典小说研究》，载《北京大学学报》2008 年第 45 卷第 5 期。

[②] 李矗：《回眸北大师门——兼为文学 77 级授课先生画像》，岑献青主编《文学七七级的北大岁月》，新华出版社 2009 年版，第 103 页。

被周老师投入的神情震动了，这一幕到今天犹在目前。"① 在学术的春天来临之际，老师们倾力施教，众多学生则如嗷嗷待哺的婴儿，渴望知识有一种时不我待的紧迫感。周老师曾回忆那一段教学经历说："也许七七级的同学们至今没有人知道，给他们上课时，我刚调到古代文学教研室不久，是第一次讲明清文学史……在我教过的所有学生中，从整体上看，七七级的同学们是基础最好、水平最高的一届，同时也是学习最努力、最认真，最富于热情的一届。"②

笔者曾就读北大中文系文学专业七八级，因系里课程安排的限制，无缘得周先生亲炙，在校时与周先生也不熟识，甚至没有机会打招呼。然而毕业后由于笔者对《聊斋志异》研究逐渐发生兴趣，终于有了在相关学术会议上与周先生接近的机会。于是著述互赠，如琢如磨，算是结下了校外的一段师生情谊。周先生的治学路径多从鉴赏开始，探讨包括《聊斋志异》《红楼梦》在内的古典小说尤其得心应手，最能彰显其研究特色。诚如他在《古典小说鉴赏·前言》中所言："鉴赏不是对艺术对象的浮光掠影的观赏，鉴赏是一种发现。要有发现才能获得真正的艺术享受。"③ 从某种意义上讲，文学的研究有别于历史的研究，它说到底应该偏向于审美的研究，只有真正辨析领会了文学作品的美，才能触及到文学的灵魂；如果背离审美的规律，就不可能进入真正文学研究的殿堂。

在北大中文系，中国古典小说研究领域，吴组缃先生的典范作用显而易见，而且一直延续至今。吴先生擅长小说创作，既是小说家、散文家，又是古典文学研究家，他的《一千八百担》《天下太平》和《樊家铺》

① 王景琳：《一份抹不去的记忆》，岑献青主编《文学七七级的北大岁月》，新华出版社 2009 年版，第 213 页。

② 周先慎：《难忘最是师生情》，岑献青主编《文学七七级的北大岁月》，新华出版社 2009 年版，第 393 页。

③ 周先慎：《古典小说鉴赏·前言》，北京大学出版社 2004 年版，第 3 页。

等短篇小说，以鲜明的写实主义风格享誉海内，奠定了他在现代文坛的地位。吴先生的古典小说研究由于有小说创作的辉煌背景，因而熟稔创作甘苦，探讨明清小说艺术绝非隔靴搔痒，而是真正的个中人语，往往洞见症结，鞭辟入里。周先慎先生曾多次表明他古典小说的研究路数受吴组缃先生的影响最大，他说："吴先生以微观研究著称，但他并不反对宏观研究，他曾说宏观研究可以避免狭隘性，使我们站得更高一些；但他反对架空的宏观研究，认为宏观研究必须建立在扎实的微观研究的基础之上，离开对具体作家作品的认真研究，就不可能写出科学的小说史。他为我们做出了将微观研究与宏观研究相结合的范例。"① 的确，对于文学作品精细独到的思想艺术分析是建立在论者深邃的历史眼光的基础之上的，没有宏观把握的高瞻远瞩，就难以达到微观研究的引人入胜。周先生曾在一次访谈中总结自己的小说鉴赏研究特色："我的小说鉴赏要说有什么特点的话，可以概括为三个字：细、深、广。'细'，主要是指文本细读以及细致的分析。'深'，则指深思，以及在细读、深思基础上对文本深层意蕴的挖掘和发现。'广'，是指视野、眼光要开阔，具体包括两方面的内容：一则要有广阔丰富的历史知识、生活知识；二则要对作品做整体的把握，要着眼于全书（篇）的人物关系，不论是分析一个人物或是一个情节，都要瞻前顾后，左顾右盼，揭示人物与人物之间、情节与情节之间实际存在的内在联系。"② 古典小说研究，无论宏观把握还是微观探索，决不能离开文本，天马行空般地任意解读或诠释。周先生研究小说始终从文本出发，诚如其所言："尊重文本，阐发文本本身所包含的意蕴和价值，而不是在文本之外主观臆想，随心所欲地改变或甚至是歪曲

---

① 周先慎：《吴组缃先生的古典小说研究》，载《文学遗产》1995 年第 1 期。

② 段江丽：《严谨求实，博观约取——周先慎教授访谈录》，载《文艺研究》2011 年第 12 期。

文本。"① 尊重小说文本，正是文本细读的基础，否则郢书燕说甚至离题万里，就难以达到鉴赏的最终目的，甚至欲益反损，有违初衷。

何谓"文本细读"？据说这一提法源于英美新批评派的诗歌批评理论，并被中国古代文学研究者所借鉴，属于文化的"舶来品"。其实开始于明清时代的中国小说评点早开文本细读之先河，金圣叹评点《水浒传》乃至杂剧《西厢记》，艺术眼光敏锐，颇多真知灼见，三百年来脍炙人口。但无论中外，文本细读都须从文本出发，细读方能得其真义，实现文学鉴赏的目的，否则皆无从谈起。

中国古典文学的文本细读常常是以文献版本的异文校勘工作为基础的，它植根于文献版本，有一个从考据到义理的过程。具体到《聊斋志异》，由于其精准文言的巧妙运用，不同版本的一字之差往往谬以千里，可见比勘版本异文对于小说的艺术鉴赏往往有着不容忽视的巨大作用。《聊斋志异》版本众多，民国以前包括各种注本、评本，就约有 60 余种。手稿本系经作者蒲松龄亲自修订过，其价值不言而喻，但仅遗留半部，存文 237 篇，弥足珍贵。这半部稿本重新问世于 20 世纪 40 年代末，1955 年，北京古籍刊行社据原稿影印出版。青柯亭本则是《聊斋》的第一个刊刻本，其风行天下已经是作者身后半个世纪的事了。此前，《聊斋》多以抄本行世，如山东省博物馆藏康熙间抄本、北京中国书店藏雍正间抄本《异史》本、北京大学图书馆藏乾隆间铸雪斋抄本、四川大学图书馆藏乾隆间黄炎熙抄本、山东人民出版社藏乾隆间二十四卷抄本等等。这些抄本收文多寡不一，分卷或分册情况有异，文字歧异也互有优劣。1962 年，中华书局上海编辑所出版张友鹤辑校之《聊斋志异》会校、会注、会评本（学界简称"三会本"），有力地推动了《聊斋》研究。三会本曾于 1978 年经由上海古籍出版社出版新一版，但限于历史条件，辑

---

① 周先慎：《学术规范与学术品格》，载《红楼梦学刊》2006 年第 2 辑。

校者误判铸雪斋本的分卷编次与手稿本相同，无形中拔高了其版本价值，从而令会校出现偏差。随着康熙抄本、二十四卷抄本以及《异史》本《聊斋志异》的陆续发现，三会本的缺陷日益显露，于是由任笃行辑校的《全校会注集评聊斋志异》应运而生，2000 年由齐鲁书社出版。从编次分卷至校勘、会注、集评皆较三会本更上层楼。2016 年，人民文学出版社出版任笃行本的修订本，订正了齐鲁本校勘工作中的诸多错讹，堪称后出转精。此是后话。

鉴于三会本与齐鲁版任笃行本有关文字校勘的工作皆有所缺失或不足，欲做好《聊斋》的文本细读工作，就有必要对前人的相关工作再加审视，方能准确体味小说的精微奥妙之处。周先慎先生为此专门写有《〈聊斋〉的版本与〈聊斋〉的欣赏》一文，详细地讨论了两者的关系问题，他认为："版本的研究还有大量的工作需要我们继续去做，这就是在已有研究的基础上，进一步认真细致地比勘异文，将文献的研究和文学的研究结合起来，联系作品的思想和艺术进行分析，以确定不同异文的正误和优劣。"又说："对版本的研究，特别是对各本异文的比勘、校录和分析。看似琐细繁难，十分枯燥，但如果同作品的思想艺术结合起来，用文学欣赏的眼光去分析，也是一件饶有兴味的工作。"[①]

对于《聊斋》各本因字词歧异而引来文学欣赏的诸多问题，周先生对此有过很多细致深入的探讨。今仅举一例：

> 有的异文各本几乎完全不相同，稿本是否正确，也需要经过联系作品思想内容的分析后才能判断。如《神女》（三会本卷十，任校本卷七）："检得鲍庄体有重伤，生以谋杀论死，备历械梏；以诸未获，

---

① 　周先慎:《古典小说的思想与艺术》，北京大学出版社 2011 年版，第 211 页，220 页。原载《聊斋学研究论集》，中国文联出版社 2001 年版。

罪无申证，颂系之。""颂"字铸本作"禁"，青本作"讼"，二十四卷抄本作"项"，唯《异史》本与手稿本同，作"颂"。从字面上看各本似乎皆可通。但检手稿本，"罪无申证，颂系之"七字原作"姑存疑案"，涂后改。这一修改，意思就有了很大的区别："姑存疑案"指暂不能定案，从上文看可能与"诸未获"有关，但原因并不清楚；而"罪无申证"则明确指出没有确凿的罪证。因此各本文字的正误就应该依据修改后的"罪无申证"来判断。按"颂（音 róng）"为古"容"字，宽容的意思；"颂系之"，是指对罪犯虽然拘禁而取宽容态度，不加刑具。《汉书·刑法志》："年八十以上，八岁以下，及孕者未乳，师、侏儒当鞠系者，颂系之。"显然与没有明确罪证的意思是更为契合的。这一条，三会本在"颂"字下校云："青本作讼，抄本（此即指铸本）作禁。"参校本不全。任校本校云："手稿本原作'姑存疑案'，涂改，'颂'：铸本作'禁'，青本作'讼'。"但没有提及二十四卷抄本和《异史》本与手稿本相同作"颂"，是很重要的，遗漏了就不能使读者看出各本的完整面貌。①

周先生没有满足三会本与任校本校勘工作的既有成果，而是再加悉心比较诸本，通过字词的歧异探讨，从版本问题上升到作品的文学欣赏高度，充分体现了小说文本细读的价值所在。

对于《聊斋》中的名篇《红玉》，有论者认为这就是一篇爱情小说，周先生充分运用相关历史知识与生活经验，经过细读文本与深入分析，认为小说"通过一个乡村小知识分子的悲喜剧，来表现和歌颂现实生活中侠义精神的可贵"②。如此细读《红玉》，堪称穷究小说真义，探骊得珠，

---

① 周先慎：《古典小说的思想与艺术》，北京大学出版社 2011 年版，第 213—214 页。

② 周先慎：《我的古典小说研究》，载《北京大学学报》2008 年第 45 卷第 5 期。

不愧为作者蒲松龄的知音。细读《聊斋》名篇《婴宁》，周先生又上升到小说人物形象创造中形神关系问题处理的美学高度，宏观把握与微观分析相结合，更见真知。他说："把握中国古典小说人物描写处理形神关系的美学特征，对欣赏和正确评价作品的思想艺术都有着重要意义。"无论以形写神还是遗貌得神，都属于"中国古典小说人物描写对形神关系的处理，'以形写神'是常用的方式，'遗貌得神'是对'以形写神'的灵活运用"。"（婴宁）这个超尘拔俗的女性形象，显然熔铸进了作者蒲松龄的生活理想和美学理想。在表现这个形象内在的精神气韵方面，小说诗化的环境描写和对人物言行的着意渲染，达到了以形写神的极致"①。从文本梳理到美学观照，虽然仅仅体现了周先慎先生小说细读治学特色的一隅，但举一反三，仍可以概见他不慕浮华、实事求是的严谨学风。

《周先慎细说聊斋》一书，上海三联书店作为"独角兽公开课"丛书四种之一于 2015 年 7 月出版。作者选录《聊斋志异》中 37 篇作品（包括《聊斋自志》）分别加以赏析并附录加注的原文，其中既包括《娇娜》《婴宁》《画皮》《叶生》《聂小倩》等名篇，也有《偷桃》《地震》《李伯言》等不甚显赫的作品。可以说，这部著述集中体现了作者对于《聊斋》文本细读的不懈努力。诚如其自序中所言："真正的文学经典是需要细读，也经得起细读的。细读才能细说。只有在细读的基础上，才有可能抉幽发微，说出新意……《聊斋志异》是脍炙人口的文学经典，是值得细读，也是经得起细读的。"至于方法问题，周先生又说："细说细到极细之处，也不避逐句，甚至逐字详解。有时还吸收了传统小说评点的方法，对有关段、句、词的精妙之处，用一两个字或一两句

---

① 周先慎：《中国古典小说人物描写对形神关系的处理》，载《文艺研究》2007 年第 7 期。

话加以简要的提示或品评。"①

《娇娜》是《聊斋》中最为脍炙人口的名篇，刻画男女之间精神爱恋的相互交融与默会，淋漓尽致，栩栩如生。小说篇后"异史氏曰"中的"腻友"论，若仅就男方角度而言，类似于现代社会流行的"红颜知己"说。作者的相关描写具有"白日梦"般的缠绵与旖旎，前半属于"美女救书生"，后半则是"书生救美女"，与现代美国好莱坞电影中"英雄救美"或"美救英雄"的套路何其相似乃尔，这无疑反映了人类某种普遍的性心理因素，而非痴人说梦。海内研究《聊斋》的著名学者袁世硕先生认为："作者蒲松龄本人就是这样：他与家长主婚的刘氏结成夫妻，双方各尽其夫妻的义务，白头偕老，但由于妻子没有文化，也存在着精神生活的巨大差异，他在外边结识了友人之小妾顾青霞，听她吟诗，为她选唐诗，同情她的不幸，精神上有了共鸣，感情的琴弦发生了共振。《娇娜》之作恐怕就是浸透着他个人的生活体验。"②所论甚是。能够写出真感情的文学作品才是最动人的，读《娇娜》当知人论世，方能体会其间微妙之处。周先慎先生在其书中以《人间真善美的诗意呈现》为题细说《娇娜》："小说通过一系列的情节，对蕴藉美做了多层次、多方面的诗意营造，是为了表现作者一种超尘拔俗的重要思想，即青年男女之间，不仅可以有纯真的爱情，而且可以有纯真的友情；这种友情还可能比爱情更珍贵、更美。这种观念，在蒲松龄的时代，不仅是独异特出的，十分开放的，而且是超前的，非常进步的。这篇小说既写了爱情，也写了友情，却是以写友情为主，写爱情为辅。爱情只是作为友情的映衬和烘托而存在。"③这一分析深刻到位，极中肯綮，将小说主旨和盘托出，非细读就难以如此

---

① 周先慎：《周先慎细说聊斋》，上海三联书店 2015 年版，第 1—2 页。

② 袁世硕：《憧憬"灵"与"肉"的统一——〈娇娜〉背后的意思》，载《蒲松龄研究》2004 年第 4 期。

③ 周先慎：《周先慎细说聊斋》，上海三联书店 2015 年版，第 92 页。

娓娓道来。

从《世说新语》、唐宋传奇、明清话本、《聊斋志异》乃至长篇小说《三国演义》《水浒传》《红楼梦》等等，都留有周先生文本细读的印迹，然而最令周先生心仪的却只有一短一长两部小说。他曾不无动情地自我表白道："在中国古典小说中，我最喜欢的是《聊斋志异》和《红楼梦》。这是我平日读得最多，也是读得最有兴味和最有心得的两部书。"① 转眼间，周先慎先生辞世已经半年有余，笔者曾写有悼念周先生的一副挽联，谨以之作为这篇纪念文章的结束罢：

> 谙聊斋，亦谙红学，刮垢磨光，由来坦坦贞心者；
> 是教授，更是书生，传道受业，固属谦谦君子人。

2018 年 11 月 17 日于京华天通楼

---

① 周先慎：《周先慎细说聊斋·后记》，上海三联书店 2015 年版，第 454 页。

怀念周先慎兄

陈熙中

今年春天，听到先慎兄突然去世的消息，当时简直不敢相信，因为在此不久之前，我们刚刚见过两次面。

先慎兄与我是长达半个多世纪的老同事老朋友。他 1959 年从四川大学毕业后分到北大中文系，我则是 1962 年毕业后留系的，我们都在隶属于现代汉语教研室的写作课教学小组任教。因为当时中文系和文科各系都开设写作课，所以写作课教学小组的成员将近有 20 人之多（其中个别成员是从别的教研室借调的）。我保存有 1964 年 5 月 9 日现代汉语教研室教员到香山春游时的一张合影，那天参加者共有 22 人，除朱德熙、林焘和姚殿芳三位先生外，其余都是青年教师，他们是：卢甲文、张雪森、周先慎、符淮青、罗谦怡、陆俭明、马真、侯学超、刘烜、汪景寿、洪子诚、李庆荣、马振方、赵祖谟、杨必胜、陈熙中、傅镇岳、吴宗蕙（还有一人不能辨认）。这 22 人中，朱、林、卢、陆、马（真）五位是教现代汉语的，其他人都属于写作课教学小组，姚殿芳先生是组长。1965 年我被调到留学生办公室汉语教学组教越南留学生中文，1980 年又回到中文系，在文艺理论教研室教中国古代文学批评史。在我回系之前，写作课教学小组已经解散，先慎兄已到古代文学教研室教文学史了。

我们在写作教学小组同事的那两三年，与大部分中文系青年教员一起，都住在南校门附近的十九斋，真可谓是朝夕相处。从一开始，先慎兄给我的印象，就是一个文质彬彬、为人低调的儒雅书生。

当时我们这些教写作课的青年教员，普遍存在专业思想不够牢固的问题，觉得写作课是一门公共课，工作既辛苦（主要是改作文要花费很多时间），又没有专业方向，不能像教文学或语言专业课的老师那样做专门的学术研究。所以开会时，常常会谈到这个问题，以求端正态度，提高认识。有一次团支部开会，先慎兄发言说（大意）："最近看到从农村来学校烧暖气的临时工，他们在地下室的锅炉房劳动，光着胳膊，满身满脸的煤灰，十分辛苦，真叫人同情。与他们相比，自己的工作条件、生活待遇优越多了，所以觉得自己应该一心一意做好本职工作，不该闹专业思想问题。"不料一位同事接着发言，很严肃地批评说："你这种对农民临时工的所谓同情，是错误的，实质上是资产阶级人道主义的表现。他们本人作为劳动者，只会有自豪感、光荣感，根本不需要别人的同情。而你觉得他们值得同情，说明在你心目中，他们是些可怜和不幸的人。这正反映出不同的阶级立场，决定了不同的思想感情。"其实，在现实生活中，由于各种原因，一些劳动者可能处于工作条件较差、收入较低的弱势地位（至今犹然），对他们表示同情，乃人之常情，不能简单地认为这种同情就是资产阶级瞧不起劳动人民的表现。

没有经历过只讲阶级性革命性而不讲人道人性的年代的人，也许很难体会到人与人之间的理解和同情之可贵。我的同乡著名文艺理论家钱中文先生在"文革"中被打成"反革命分子"，他在《往事与反思》一文中回忆说："当时我失去了自由，虽然本来就没有什么自由，我被玷污了人格和尊严，被污辱得只少一个地洞钻进去才好。在干校，别说同事，就是对他们的四五岁子女我都害怕，只有（钱）钟书先生除外，他是唯一的人性地对待我的人。"在那个年代，像有钱中文先生这样的遭遇和感受的人是很多的。刘烜兄和我在"文革"中也先后在"学习班"中被隔离审查过，在当时那种高压的气氛下，有少数同事不避嫌疑地对我们表示同情和安慰，说问题总会搞清楚的，不要悲观消沉。哪怕话不多，也使我们倍感温暖。先慎兄就是这些同事中的一个，我们至今都对他心存感激之情。

说来也巧，当年写作课教学小组的同事中，先慎兄、振方兄（我大学同学）和我三人后来都主要从事古代小说研究。在这方面，我们可说都是在吴组缃师的教导和影响下起步和成长的，所不同者，是他们二位深得师传，早已登堂入室，而我则犹在门墙之外。

从先慎兄写的《吴组缃先生的古典小说研究》和《重温吴组缃先生论〈三国演义〉》两篇文章中，可以看出，他对组缃师研究古典小说的特色有十分深入透彻的领会把握。先慎兄在《我的古典小说研究》一文中，曾真切而翔实地介绍了他如何在吴组缃先生的教育和影响下，逐渐形成了自己研究古典小说的特点：细、深、广。他说："这三个特点不是孤立的，是互相关联、不可分割的。没有细和广，难于达到深；而达不到深，细和广也就没有意义。因此，当我在谈'细'和'广'的时候，实际上也就同时在谈'深'；反过来，当我在谈'深'的时候，也同样离不开谈'细'和'广'。"先慎兄的《古典小说鉴赏》《古典小说的思想和艺术》《周先慎细说聊斋》等论著，都体现出细、深、广的特点，他对古典小说名著的思想艺术所作的精到细致的分析鉴赏，广为学界和读者所称道。先慎兄论述古典小说的文章，还有一个特点，那就是美。我这里指的是文辞之美。先慎兄的文章，正如他所称颂的吴组缃先生的学术论文那样，在语言上也做到了"自然美与凝练美"的相结合。总之，先慎兄传承和发扬了以吴组缃先生为代表的北大中文系古典小说研究的优良学风和文风，在中国古典小说研究领域取得了丰硕的成果，也为北大中文系古典小说的教学科研工作的发展做出了杰出的贡献。

20世纪90年代，先慎兄和我都在北大燕北园（骚子营）住了六七年时间。后来彼此住处相距远了，平时见面机会不多。但最近十多年来，我们两人常常应邀参加中国红楼梦学会或北京曹雪芹学会组织的一些活动，所以每年大概总能相聚两三次。今年元旦前后，我与先慎兄和必琴嫂连续见了两次面，记得一次在校医院，一次在中文系。原以为今年见面次数会多于往年，万万没有想到，这两次见面竟是我们俩最后的话别！言念及此，不禁悲从中来。

2018 年 12 月

深切缅怀周先慎老师

程郁缀

十多年来，我已经养成了一个习惯，除了出差，每天早饭后到办公室；到办公室的第一件事就是打开电脑，浏览一下校园网上信息，特别是与中文系有关的信息。2018 年 4 月 23 日周一一早到办公室打开校园网，中文系办公室发的讣告赫然在目：北京大学中文系周先慎教授因病不幸于 2018 年 4 月 20 日 22 点 50 分逝世，享年 82 周岁。这实在太突然了，噩耗传来，一时难以接受。大约在这之前、新学期开学后不久，也就不到两个月前吧，我见到我们古代文学教研室青年教师程苏东老师，还问起他知不知道周先慎老师的近况，他说他们教研室几个老师不久前刚去医院看望过周老师，情况还挺好的；我跟他说，如果教研室老师们再去看望，一定提前告诉我，我也一起去。如今却再也没有看望的机会了，我禁不住悲从中来。而且讣告上还说：周先慎先生家属拟遵从先生的生前意愿，丧事一切从简，不举办送别仪式，特此奉告诸师友知悉。这让我连向他老人家遗体告别的机会也没有了，以至于我都追忆不起此前与周老师最后一次见面的日期和情景。人生无常如斯，令人不胜唏嘘叹息也。

周老师 1959 年毕业于四川大学中文系，同年 9 月至北京大学任教，基本上是在古代文学教研室致力于宋元明清文学研究与教学。我是 1975 年留校任教的，和周老师同在古代文学教研室，他由我的老师变成了我的同事，但我始终对他和其他老师一样地敬重，谨执学生之礼，见面时必称周老师。周老师身材偏瘦，衣着整齐，动作利索；为人厚道，待人温和，很少疾言厉色，脸上总是笑意盈盈，很好相处。在我从事教学工作刚走上讲台时，得到了他不少的指导和帮助；记得开始给外系外专业本科生讲授明清文学史时，就曾经将周老师和孙静老师合作主编的《简明中国文学史》作为案头必备的参考书，时不时地翻阅，摘抄有关观点，从中获益匪浅。

21世纪初，我们还有过一次友好的合作。北大出版社组织出版"教育部人才培养模式改革和开放教育试点教材"，一套四本，中国古代文学专题研究之一是褚斌杰老师所著的《诗经楚辞》，之二是我所著的《唐诗宋词》，之三是李简老师所著的《元明戏曲》，之四就是周老师所著的《明清小说》。我们合作得十分愉快，在商量统一体例、篇幅分量和具体撰写的过程中，我向周老师、褚老师学到了很多如何做科研的方法和经验。周老师乐把金针度与人、提携后学的精神，给我留下了极深的印象，永志难忘。

1992年我协助系主任孙玉石老师担任中文系副系主任，负责科研和研究生工作。每次在招收研究生的事情上，周老师都积极配合，诸如命题、阅卷、面试、录取，以及后期的培养方案的制定、必修学分的学科分配、论文送审和答辩等很多环节上，周老师都一如既往地支持我的工作，宽容我的这样那样的不足，至今仍然心存感激。

我从2004年到2017年，受命担任《北京大学学报》（哲学社会科学版）主编。一开始，我就要求编辑部同仁把精力重点放到约稿组稿上，约学术质量高的好稿，找学术造诣深的好作者约稿，特别是向我们北大的教授约稿；周老师自然被列入我们敬请赐稿的主要作者之中。周老师对宋元明清的文学史有着十分广泛的研究，诗词散文方面都有自己的创见新解；尤其是在对古代小说名著思想艺术的深论妙解、精鉴细评方面，一直为学术界所称道，在同行中口碑甚好。2013年周老师赐稿《形式的结合与内质的融合——论中国古典诗歌对小说文体与艺术的影响》，文章指出：诗歌对小说文体和艺术的重大影响，是中国文学史上一个突出的现象。散韵结合的叙事方式，在发展中不断被突破而产生多样化的特色；特别是诗歌与小说文体内质的融合而产生的诗性小说，是诗歌对小说影响的高级形态。我们检索了一下，对这一问题的如此深入的研究，是前所少有的，在古代小说研究方面，具有开创性和研究范式上的示范作用。

文中关于《红楼梦》中诗词歌赋成就和地位的论述，尤为精警深刻："诗词歌赋在《红楼梦》中不再是一种形式，一种表现手段，更不是可有可无、可多可少的程式化的点缀和摆设，而是变成了被艺术化地表现的生活内容本身，是小说全部情节不可分割的有机组成部分。有的小说，去掉了那些程式化的诗词，会显得更简洁更凝炼；而《红楼梦》，如果去掉了那些诗词，就等于去掉了小说的血肉，甚至是抽掉了小说的灵魂。"——此诚乃切中肯綮之论。

论文在《北大学报》2013年第4期发表后，被人大复印报刊资料转载，在学术界引起了较为广泛的关注。前两年，有高校学术机构请我作《红楼梦》诗词艺术方面的演讲，我就参照周老师的这篇论文的基本观点，参考并引用了其中精彩的论述。原来我还想什么时候见到周老师时，一定跟他老人家报告一下，当面表示谢意，谁曾料到现如今竟然天人永隔，欲诉无门了。

周老师毕生著述丰富，在古典小说特别是明清小说研究方面成就卓著。其《古典小说鉴赏》《明清小说导读》等著作，被很多高校列为中文专业课程教材或必读参考书目。周老师尤其在小说的艺术鉴赏方面，不但十分精细，烛幽发微，而且独具慧眼，见解独特。诸如对《三国演义》中"赤壁之战"的赏析，对《水浒传》中"林教头风雪山神庙"人物性格发展的赏析，对《红楼梦》中"宝玉挨打"的赏析，对《聊斋志异》中《阿宝》《婴宁》《青凤》《崂山道士》等篇目的赏析，都发人之所未发，令人心悦诚服。其中有一些分析和见解，说是达到了后来人难以逾越的地步，恐怕也不为过。周先慎的名字，已经鲜明地镌刻在中国古典小说研究的丰碑上。

深切缅怀周先慎老师！

2019 年正月于燕园东南最高楼

怀念周先慎同志

段宝林

周先慎同志已经离开我们了。但是他亲切的、精干的形象总是离不开我的脑海。

在我的印象中，周先慎同志干什么都是非常认真的。他是个非常精干的人。

周先慎同志是我的好友，是我在北大中文系接触最多的同事之一。

1959 年北大中文系没有毕业生。他从四川大学毕业，由教育部分配到北大中文系。同时一起来的共有三位同志，后来调走了两位，只留下了他一位。

周先慎同志教写作课，我搞民间文学，平时各干各的，交往不多。只是到颐和园游泳时，在一起。那时颐和园东岸有一个游泳区。我们一路步行去颐和园，一起游泳。在那里学会了游泳。

在"文化大革命"中，我们的关系更密切了。这也是一种机遇，时代的赐予。

周先慎同志追求进步，干什么都非常认真。在北大社教和"文革"初期，我们都是积极参加的。

1966 年秋天，北大革命群众组织分裂为两大派，造反派互相打内战，在大字报、广播台上互骂对方是老保（保皇派、保守派、保刘邓陶、王关戚、陆平、黑帮等等）。

我们虽然分在两派之中，但是都对打内战不感兴趣，就联合起来一起去大串联。我记得，一起去的还有唐作藩老师、符淮青同志、刘烜同志、洪子诚同志、严子其同志、吴宗蕙同志连同周先慎同志和我一共八个人。这里有新北大公社保聂元梓的，也有北大井冈山的反聂派，不过都没有什么派性。

大串联是当时全国推动"文化大革命"的一种新形式，其目的是发动北京和外地的革命师生互相串联，交流经验。

国家规定我们可以不用买车票，在大学甚至旅馆中，免费吃住。这就不用带行李，只要背一个书包，带一个饭碗，就可以跑遍全国。这实际上也是免费旅游。所以我们跑了许多地方。

一路上，我们和周先慎同志一起，先到南京、上海、杭州，然后又到了南昌、武汉、长沙、韶山、重庆，最后还到了贵阳、昆明。一直到12月初，停止大串联了，才从昆明返回北京。每个地方一般停留两三天，先是到大学看大字报，然后也顺便去有名的风景区观光。我们觉得这种旅游对我们搞文学教学和研究都是有好处的。

这一两个月都在旅途中度过，常常在火车上找不到座位，就四个人挤一个位子，有人甚至坐在椅背上，或者就睡在椅子底下。有一次，在一个硬卧隔子里，三层铺上都坐满了人，上上下下一共挤了28口人，睡不好，是很累的。我们身体好的，还不在乎，疲劳了睡一觉就好了。周先慎同志身体不是太好，当时虽然累，还睡不着，失眠是相当不舒服的。

但是，周先慎同志做什么事都非常认真，虽然失眠还是坚持和我们一起出去跑学校，看大字报，还认真地做一些笔记。

1970年，我们都到了鲤鱼洲江西分校劳动锻炼。

周先慎同志在劳动中，也是非常刻苦认真的好同志，这在我们七连是有名的。他在扛200斤重一麻袋的大米时，闪坏了腰，插秧还是插得很好。特别是在"双抢大忙季节"，一面紧张地收割早稻，一面抓紧插秧。周先慎同志都积极干活，走在前面，我们一起挑秧苗，有时就小跑。插秧时，拼命往前赶，累得直不起腰来成了断腰协会的会员，但是他插秧插得又快又好，有一次还获得了冠军；张少康同志在用水泥打瓦的工作中，有突出的成绩，表现很出色；我本来是留在北京搞大批判的，因为我开过大批判的课，写过批吴晗的文章，登载在北大校刊编的小册子第一篇，但是我对大批判已经不感兴趣了，就主动要求离开北大大批判组到鲤鱼洲劳动锻炼。于是，驻七连的工宣队、军代表认为我们都是表现比较好的，就指定我们三个人组成一个小分队，到附近的部队、农村进行开门办学的调查试验活动。

我们一起到过附近的部队，学习他们写小评论的经验。《江西日报》曾经介绍过他们的经验。我们去了解到更多的情况。周先慎同志对写作课更是内行，提出了许多非常实际的问题，使我们收获颇丰。我们三个人还跑了不少地方，一路上都非常融洽、愉快，满载而归。

后来，鲤鱼洲招收了第一批工农兵学员，中文系有30名，分为三个班，每个班都有三个"五同教员"和学员同吃、同住、同劳动、同娱乐、同学习。周先慎同志、袁行霈同志和我被分在一班；乐黛云、张雪森、严绍璗同志在二班；冯钟芸、陈贻焮、张少康同志在三班。

周先慎同志和我又在一起了，我们和工农兵学员打成一片，他负责讲写作课，这是工农兵学员最主要的课程。我发现周先慎同志工作特别认真，帮学员改作文十分仔细，讨论时也积极发言，对学员帮助确实很大，是深受他们爱戴的好老师。

1971年秋我们去井冈山开门办学，解放牌大卡车在鄱阳湖大堤上翻了车，张雪森同志和工农兵学员王永干同志不幸遇难。我们俩都在那辆车上，侥幸逃过了这一劫。在这里，周先慎同志和我结下了生死之交。我们可以说是生死兄弟了。

不久，我们又一起参加"千里野营到安源"的拉练。所谓"拉练"，就是背着背包长途行军。我们北大分校的全体师生行军千里，到达安源。

中文系又行军二三百里，沿着毛主席上井冈山的路，行军上了井冈山。边行军，边讲课。周先慎同志还教写诗，他写了一些诗，我记得其中有"一路风雨一路歌，满身泥水满身花"的句子，真实地反映了当时行军的情况。是有历史价值的。

到改革开放以后，我干了两届文学专业党支部书记。都是全票当选，说明大家和我关系很好。我们很重视发展党员的工作。在我的印象中，周先慎同志一贯追求进步，要求入党，是我们的发展对象。后来我不当支书了，不知什么时候他加入了民盟。

2012年夏，贵州的朋友陆景川同志主持召开一次高规格的学术研讨会，希望我推荐北大的教授参加，于是我和周先慎同志联系，希望他支持边疆文化，他欣然同意，专门写了一篇关于《红楼梦》的文章，这样周先慎同志和我都带着夫人一起去贵州开会。他的文章在会上受到热烈欢迎。会后，我们一起还到黔东南的苗族村寨和黄果树大瀑布参观游览，大开了眼界，玩得非常开心。

能够一起参加这许许多多活动，关系这么好，在中文系我的同事中是不多的。周先慎同志确实是我在中文系的好友，最亲近的同志之一。

回想过去和周先慎同志在一起的愉快日子，想到他如今已经仙逝，再也不能和他一起出游了，再也不能见到他了，不禁黯然伤神，潸然泪下。

我永远忘不了周先慎同志那认真、精干的形象，一定要好好学习他认真对待一切工作的崇高精神，为人民多做一些好事。

2019年2月7—10日于北大

追念周先慎老师

葛晓音

近十几年来，北大中文系古代文学教研室的大部分前辈老师都陆陆续续地走了，周先慎老师是硕果仅存的几位先生之一。今年年初，在校医院门口遇到他和师母，交谈了一会儿。他说心脏做了支架以后，二尖瓣的问题，仍非常难受。医生说只要各项指标合格，就可以用手术彻底解决病痛。他决定等开春复查合格以后，就去做手术。周老师晚年多病，但非常坚韧，常常能捱过难关。当时听他这么说，也认为他做完手术一定会好的，没有多想，只是祝他一切顺利。春节期间，我们又加了微信，都说以后联系就更方便了。谁知到四月中旬，噩耗突然传来，说周老师手术后昏迷了，此后一直没有醒来。这个结果实在令人无法接受，我总在想，如果他不做手术呢？但是听说周老师手术前曾对医生说，他还想写一本书，医生告诉他，手术成功他还可以写十本书，这该是周老师执意要手术的原因。他要的是有质量的生活，是还能工作的生命，所以才甘愿冒这么大的风险。他在昏迷前还是信心满满的，离去时可能不会感到任何失望和痛苦吧？这或许是对生者唯一的安慰了。

周老师走后，每当想起他，我的眼前就立刻浮现出 50 多年前，和他一起在小红门公社龙爪树生产大队参加"四清"运动的情景。1965年，我还在北大中文系读本科三年级。当时参加"四清"的主要是六二和六三两个年级，六二级和系里部分老师去了江陵。我们六三级和部分老师被派到北京东郊，充当"四清"工作队员。龙爪树大队有七个小队，第一、二、三小队同在一条小街上，工作人员的住处离得最近。记得唐作藩老师和胡双宝老师在一小队。我们三小队和二小队的男老师住在相邻的两个院子里，周先慎老师在二小队，从我们队男老师的住处就经常可以看见他。我知道周先慎老师是教写作课的，但没有上过他的课。当时北大中文系很重视学生的写作训练，专门设有写作教研室。洪子诚、刘烜、马振方、赵祖谟等年青老师都在这个教研室，当时洪子诚老师是我们六三（3）班的班主任，马振方老师是六三级的年级主任。写作课一般由本班班主任教，所以我没有机会听周老师讲课，但是因为"四清"的缘故，我们很快就熟悉了。

那时周老师大概还不到 30 岁，和学生相处没有一点架子。虽然工作不在同一个小队，但是每当要到公社或者片区的集合点大红门去开会的时候，我们常常一起走。周老师有一辆旧自行车。我们这三个小队的工作人员只有我一个女生，年纪最小，也比较娇气。周老师为了照顾我，总是让我坐在自行车后车架上，捎我去公社。那时的大红门和小红门公社，到处都是庄稼地，道路也大多是土路，交通十分不便。而我们这些参加"四清"的女生，大概是因为吃多了棒子面窝头和贴饼子，大部分都像吹了气似的迅速发胖，我的个子又高，体重至少有一百四十斤。周老师很瘦弱，驮着我骑车非常吃力，看着他弓起背在土路上用劲蹬车的样子，我心里非常过意不去。每当上下坡时，我就赶快跳下来走一段。但是周老师毫不在意，有时还和我开玩笑："把你驮到大红门去，可以卖个好价钱！"因为大红门是当时有名的屠宰场，当地人如果说别人肥，就说驮到大红门去。在龙爪树的十个月里，只要公社有会，周老师总是招呼我上他的自行车："到大红门去啰！"引得大家开心地大笑一阵。多少年过去了，周老师费力蹬车的背影在我的脑海里始终是那么清晰。

1966 年 5 月，"四清"还没结束，"文革"就开始了，之后到 1968 年底毕业前，学生和老师们基本上不再来往。毕业后更是不通音问。直到1978年我考上回炉班，1979年又考取古典文学研究生，才回到北大。此时原来教写作的几位年青老师都各自去了不同的教研室，写作课也取消了。周老师进了古代文学教研室，主要从事宋元明清文学的教学和研究。我的学习方向是魏晋南北朝隋唐文学，所以在读研期间，向周老师请教的机会很少。留校以后，和周老师成为同事，在教研室的政治学习和业务讨论会上，才常常见面。

80年代和90年代初期，文学史的教学和研究扭转了五六十年代的教条主义和简单化的倾向，转向重视文学本身的美感和价值。我们古代文学教研室的袁行霈老师、周先慎老师都在这方面率先做出了成绩。加上教研室开会时，讨论最多的是教学的改革，老师们最重视的也是课堂教学。对于在文学史基础课上如何让学生多读经典作品，大家想了不少办法。这也促使老师们非常关注经典作品的阅读和鉴赏。赵齐平老师曾负责为当时一本著名的刊物《阅读和欣赏》组稿，邀我和周老师发表文章。我这才有机会拜读到周老师的大作，很佩服他分析作品的细致深入，尤其文字的干净精致，给我留下很深的印象。他对文章的规范性和文字表达的要求很高，难怪他的文章《简笔与繁笔》能被选入高中语文课本。平时和周老师聊天，也常听他对报刊的文字发表意见，尤其《北京晚报》的错字病句之多，屡屡被他诟病。有一次他注意到我分析韩愈《谒衡岳庙》诗的一篇小文，对我鼓励有加，让我很受鼓舞。在后来的研究中，无论是写论文还是鉴赏，我都非常注意文字表达，写一篇文章总是要反复修改多次。除了林先生、陈先生的言传身教之外，周老师对我的影响也是不小的。

周老师擅长分析作品的特点，使他走出了一条独具特色的学术路子，形成了自己的学术个性。80年代中期以后，学界掀起一股赏析热，出版了大量鉴赏辞典，太多了自然难免泥沙俱下。不少人以为鉴赏很容易写，殊不知这类文章最能见出评鉴者的悟性、眼光、学养和文字功力。

鉴赏类文章虽然充斥市面，但有真知灼见的实在是凤毛麟角，周老师的鉴赏就是少见的精品。他的多种代表作都是以鉴赏为主的，如《古典小说鉴赏》《中国四大古典悲剧》《古诗文的艺术世界》《明清小说》《古典小说的思想与艺术》《中国文学十五讲》《细说聊斋》等等。他提倡对文本的细品深研，因而从不人云亦云，常常能在鉴赏中提出与众不同的新颖见解。同时他也没有停留于单篇作品的分析，而是对文学史有整体的观照，能在大量细读作品的基础上，深入联系作家生平思想、广阔的历史背景和丰富的社会生活知识，写出许多具有独到心得体会的学术论文。如论《三国》有《从〈赤壁之战〉看〈三国演义〉的战争描写》《〈三国演义〉描写战争的艺术》，论《聊斋》有《论〈聊斋志异〉清官作品的思想基础》《〈聊斋志异〉：继承与总结》《论〈聊斋志异〉的意境创造》《奇异世界中的现实人生》《〈聊斋志异〉的艺术美》《蒲松龄的劝世婆心》等系列论文，都能将作品研读中的体会上升到更高的理论层面。除了《三国》《水浒》《聊斋》《红楼》等几大古典名著以外，他还广泛涉及六朝笔记、宋元话本、明清小说，并打破文体壁垒，跨入诗歌领域，对大诗人苏轼和陆游也颇研究有得。可以说他的研究成果全是由细研作品的体会积累提炼而成，因而具有相当的广度和深度。时至今日，面对古代文学研究界很多后学者忽视文本、读作品缺乏感觉的困境，才能见出像周老师这样既有敏锐细腻的文学感悟，又能以准确精辟的文字剖析作品的能力是何等难能可贵。

90年代初，教研室为了解决课堂教学抄黑板费时的问题，让学生们多读一些作品，决定编选一部《中国文学史参考资料简编》。指定由我编注先秦到五代段，作为上册。周老师编注宋元明清到近代段，作为下册。北大教研室在五六十年代原来编过先秦到魏晋南北朝的文学史参考资料三种，编选和注释质量极高，部头也较大，中华书局出版后，在全国高校中文系很受欢迎。我在本科上文学史课时，就是以此为教材的，可惜到唐代就没有了。这次编选"简编"，就是仿照这套参考资料的体例，但是还要考虑本专业和外专业及外系课堂教学的不同需要，作品自然也少了很多。两册选目全部由林庚先生敲定，上册请陈贻焮先生审定，下册请赵齐平先生审定。我们各自花了一年的时间完成任务。相比之下，周老师的工作量要比我大得多，因为我编上册，先秦到魏晋南北朝部分有教研室原来出版的参考资料作依据，我只须把主要精力放在唐五代部分。周老师编注的部分，基本上是草创，而且涉及各种文体，搜集与作家作品相关的评论资料也不如唐诗方便，但我从未听见他有过一丁点抱怨。资料出版后，90 年代一直作为课堂教学的课本使用。本世纪以来，一批年轻教师成为文学史教学的主力，PPT 逐渐普及，有些老师开始感到作品选不够讲，这部资料也就慢慢停用了。周老师觉得可惜，多次和我商量做一次增订，请出版社再版。但因为销量的问题，出版社一直比较犹豫，便搁置下来。现在回想起来，这可能是周老师最遗憾的一件事，毕竟他曾经为这本教材费了这么多心血。

周老师为人正派、性格爽直、待人热情，处事认真。看问题有自己的见地和原则，从不随声附和，有不同意见一定会直言不讳地说出来。但他脾气很好，在教研室里是最随和的一位老师。从 80 年代后期到 90 年代，每年春节的初一上午，教研室的中青年老师都会到老先生的家里去拜年，自然形成一个拜年团。沈天佑、周强、周先慎三位老师是核心，陈贻焮先生、袁行霈老师和费振刚老师也常常参加。我们这些晚辈常常跟随在后。一般先到燕南园的林庚先生家，出来后向北，经过结冰的未名湖，先后到朗润园的吴组缃先生、季镇淮先生家，老系主任向景洁先生家也是必去的。一路上大家不分辈分，说说笑笑，有聊不完的各种话题。冬天的阳光照在身上，格外温暖。记得每年此时，周先慎老师总是最愉快最活跃的。如今老先生们大半凋零，这样美好的时光已经一去不复返了！

　　古代文学教研室上一辈老师们的情谊可能是今天的许多学者无法理解的。这不仅仅是一辈子共事的缘分，更是共同经历了 40 年风雨甘苦的生死友情。这是我在读了周先慎老师回忆我的导师陈贻焮先生的文章之后才体悟出来的。他在《学问与童心——忆念一新先生》一文中说："一新先生是一位学者兼诗人。但说来奇怪，我和他接触最多因而对他作为学者和诗人的一面有比较深入的了解，却不是开始于教学岗位，而是开始于'文化大革命'中的五七干校，在一个蔑视知识、扼杀学问和诗性的特殊的时期与环境之中。""我们每天起早贪黑一起打柴，朝夕相处，无话不说，汗水洒在一起，共同体验着劳动和生活的艰辛，因此对他的为人、他的学问和性情有了深入的了解，彼此间建立起真挚的情谊。"陈先生去世后，很多去过江西鲤鱼洲的老师在怀念他的文章中都提到过这段生活，其中使我最震撼的是周老师对陈先生一场大哭的描述："在一个雨天，我们教改小分队的师生几十个人，乘汽车到南昌去教学实习，明知非常危险，却谁也不敢冒活命哲学的罪名建议把队伍带回去。结果有一辆汽车翻到了大堤下，当清华的战友们来帮助把汽车掀起来时，发现有一位老师和一位同学遇难。一新先生本人也是被扣在车底下的，当他爬出来时，看见眼前的景象，竟面对着辽阔的鄱阳湖，放声痛哭起来，没有顾忌，没有节制，那情景，真像是一个失去亲人的孩子，他哭得那么动情，那么真挚，那么富于感染力，直到如今，那哭声犹萦绕耳际。"我想，这场痛哭岂止是对眼前遇难者的哀悼，更是为当时知识人的命运放声一哭。我相信陈先生哭出了所有鲤鱼洲老师们的心声，所以才使周老师如此难忘。这样刻骨铭心的经历，不但使周老师和教研室老师们结下了深厚的友情，也促使他在不惑之年回到校园后，更加珍惜时间，发愤著书，不顾病痛，直到生命的最后一息。

　　周老师去了！因为没有机会向他作最后的告别，潜意识中一直觉得他并没有走。最近北大出版社寄来了我和他合作的《中国古代文学作品选注》的版税，要我把其中的一半转交给周老师家人，我才痛切地意识到周老师真的已经不在了！从90年代我们合编的《文学史参考资料简编》出版后，每次领稿费版税，都是周老师招呼我一起去出版社。他做事的认真细致与他的学风完全相同，所以我向来只是甩手跟随，从不操心。后来从《简编》选出一部分作品，编成我们两人署名的《作品选注》。因为我经常在海外教学，每次领版税都是周老师负责，等我回校时他托人转交给我，近几年则改用转账，每次还都附上出版社"稿费审批计算表"的复印件，以及他分配版税的计算表，一丝不苟，清清楚楚。十几年来总是麻烦他，我几乎习以为常了，从来没想过这事有一天会转交到我手上。当我盯着出版社编辑用微信传过来的稿费计算表时，泪眼模糊中，似乎又看到了50多年前周老师用自行车驮我去大红门的背影。忽然想到：受到过周老师这么多的关照，为什么从来没有答谢他的任何表示？难道是因为太熟了？如今想要表达我对他的深深谢意，却再也来不及了！

愿周老师和教研室的前辈们能在天上重逢，完成他还要写十本书的心愿。

怀念周先慎

洪子诚

周先慎去世我完全没有料到，他去世的两个多月前，我们还通过电话，讨论心脏瓣膜置换手术的问题。他当时乐观地说，虽然这么大岁数，身体还有其他疾患，做这样的手术有风险，医生也有些担心；但是与其日子过得这么辛苦艰难，走不上一百米就气喘吁吁难以为继，还不如就试试。我劝慰，但其实也很有信心地对他说，这个手术现在已经很成熟，应该不会有问题。这是我们最后一次的谈话。

周先慎 1959 年从四川大学到北大中文系任教。我 1961 年毕业留校，他在中文系已经两年。我们都分配教"写作"。从 1961 年起直到"文革"结束，我们都在一个"单位"：开始是写作课教研组，"文革"期间是同一"战斗队"，到了江西"五七干校"，也在一个班。我们曾一起讨论教学问题，一起经历难以尽言的各种政治运动，一起在农村、干校参加劳动，一起和写作组其他教师比赛从香山饭店跑到鬼见愁再跑下来，也多次一同到颐和园游泳——那时昆明湖南岸划出一块做公共游泳场。记得 1969 年秋天我们被通知要去"五七干校"，那时强调的是要长期在农村"落户"。似乎有一种要永远离开北京的感觉，在谢冕的倡议下，有一天，他、我和周先慎三人，骑自行车从学校进城，到所谓北京地标——天安门、北海、天坛等地照相留念，用的是 60 年代仿苏的国产 35mm 机。回来后我和周先慎还在严绍璗 16 楼的宿舍，用他的放大机放大冲印直到凌晨。我和周先慎原本都住在 19 楼单身集体宿舍，后来钟必琴从四川调到北京，他就搬离 19 楼，有了像样的"家"。他们多次请我和其他老师去他家吃饭，周先慎烧得一手四川风味的好菜，特别是红烧胖头鱼。70年代后期写作课取消，我们各自另选专业。他去了古代文学教研室，我则选择了"当代"，我们的联系不如以前那么多了。不过，他有新的论著出版，我总会收到他的题签本。

周先慎为人正直，乐于助人。在生活、教学、处世为人的原则上，我从他那里学到很多。他比我大四岁，给我很多的帮助，不仅教学上，还包括个人生活方面。他对朋友的关心是真诚的。我毕业留校开始上课还不满 23 岁，对教学一无所知。那时他已经有两年教学经验，便主动帮助我，讲解课程要求，可能遇到的问题，如何选择"范文"，以及文章分析、作文批改的方法，让我能尽快适应这个工作。那个时候，写作教学归属汉语教研室，负责主持教学小组的是教研室副主任朱德熙先生。我们一起多次听过朱先生文章分析的"示范课"，如对毛泽东、赵树理、朱自清和汪曾祺文章、小说的讲解，深深为他的语言敏感折服。当年，写作训练强调要让学生掌握写作"基本功"，文通字顺，篇章结构，掌握叙述文、说理文和说明文写作的"要领"。周先慎和我觉得这些要求固然必要，但我们"出身"文学专业，加上年少气盛，总想给写作教学增添"文学"、想象力的分量。曾一起想把诗、小说等纳入"范文"范围，他还计划从《聊斋》《红楼梦》中摘选一些段落。我也提出应该包括外国文学的译文，甚至如曹禺剧本的一些部分。但这些设想当时没能获得认可，很是有点懊恼。不过，后来我们都承认，这一段偏于遣词造句为中心的写作教学，让我们获益甚多；至少是明白一件事情可以有多种表达方式，而不同的叙述方式也改变了事情的面貌。

和周先慎在一起，感觉最深的是他的执着、认真。我用这两个词不是随意的。在许多时候，我有点马马虎虎、无可无不可的样子，因此，对他的不达目的不放弃的执着，印象十分深刻。那种要把自己坚信的事实、观点讲清楚，也让对方信服的神情，和他对你陈述、说服时急促的语调，至今难忘。我在一篇谈谢冕的文章（《"知情人"说谢冕》）中谈到，在"文革"初期，尊重事实胜于选择立场和表明态度，这种理念让我们走到一起。这里的"一起"，就包括周先慎：他在这方面的情感比我要更强烈。我多次见到他对政治斗争中那些理直气壮捏造事实、散布谎言、颠倒是非的人和情境的厌恶、气愤。

在六七十年代，尽管生活的环境令人在精神上很压抑，但周先慎认为，这不应该成为放弃自我约束的借口，成为怠惰、纵情任性的托辞。不管什么样的日子，人总要活得高尚，对得起自己和亲人、朋友。所以，在"文革"中，在"五七干校"，他总是在可能条件下，做一个严格要求自己的人。1969年10月我们到江西南昌县的"五七干校"，中文系、图书馆系和校医院合编称第7连。开始两个多月，我和他都在"打柴班"。刚到"干校"的几个月，不知道什么原因没有煤炭等燃料供应，需要自己到附近荒地砍一种已枯萎的一年生的高大灌木当燃料。那时，他和陈铁民（后来离开北大到中国社科院文学所，是著名唐代文学研究专家）是班里的"一等劳力"，总是干最重的活。后来在挖稻田的排灌渠、烧砖、搭盖当宿舍的大草棚、平整土地、插秧施肥收割等的劳作中，都是尽自己的能力抢在前面。

有一个"细节"是我难忘的。刚到"干校"还没有宿舍，全连100多人住在大仓库里。一天晚上在晒谷场开会，正好带拖斗的拖拉机运来大米。因为路没有修好，需要人扛进伙房——这段路有五六十米。这时，有几个人抢先走过去，坐在我旁边的周先慎就是其中之一。我却没有动身，原因是我知道难以承担这样的重量。160斤的稻谷麻包我没有问题，但将近200斤的大米，我曾经试着扛过，只能勉强走几步。当时我看到扛着麻包的周先慎走到临近伙房的时候两腿开始摇晃，幸好从旁边经过的胡双宝扶了他一把，才没有跌倒。前些年，我在校医院看病，碰巧遇到周先慎。他的腰直不起来了，说是脊椎受损。我当时立刻想起他扛麻包，以及挑砖、挑稻谷总是要比别人更多的那些情境，心里有无法说清楚的难受……

2018 年 10 月

先慎学长的境界

刘　炬

　　周先慎教授送我大著，都称我为"学长"，平实而亲切。我们并不是同班同学，他来自川大，我却出身本校。我和先慎学长真正相识，有缘于种菜。1960 年冬突然显现经济困难，我刚毕业留校正在开"文学概论"课，突然决定让我下放一年，到北大刚组建的种菜办公室参加组织种菜、养猪、养鱼等副食品生产。次年开春举行一次种菜会议，突然见到先慎学长，他担任中文系的种菜负责人。他是业余的，当时称社会工作。会议结束后，他找我问会议发的种菜知识是如何编成的，参观苗圃情况，又要求去我的宿舍，清点猪场猪的数量。最重要的问题是，追问北京存粮不多是否是事实。我们本来也沉溺于报纸上的"放卫星"，亩产万斤，甚至几万斤，此时只得相对默然。先慎学长儒雅内向、善于思考。以后我们一起克服过层层困难，青菜丰收，仿佛都得过表扬。

　　1963 年秋，新一届本科生进系，热烈、隆重。前辈杨晦系主任亲自发布迎新会上欢迎词，传达了"高等学校教学制度 60 条"，其中明令重视"基本理论、基础知识、基本技能"，实际上是要纠正"大跃进"对教育制度的破坏。接着，加强写作课（或称"大一国文"）成为共识，连外系文科师生纷纷要求开设。此时的先慎学长正是写作课的骨干教师，我被派去"支援"写作课一年，属新手。写作课教学小组正盛，朝气蓬勃，生龙活虎。现存一张到西山旅游的照片，共有 22 人，儒雅清秀的先慎学长特显眼。正好我们共住 19 楼，时常向他请教。他给我看一些"秘密材料"，是叶圣陶先生谈写作的小册子，还有具体的习作评改，使我震撼。

一次，先慎学长脸涨得很红，在楼前散步，我趋前问候，他动情地讲写作课的"苦处"，因为有时一上午只改两本作文，他得开夜车改本。他采用传统方法：精批细改。我看过他改过的本子，有总批、眉批、改错、圈点，一应俱全。他自信地说，全是从叶老处学习得来的。导师要紧的是一个"导"字，引导学生走上健康、正规的写作之道，亦即走正人生之道。他改作文，不但改错，还指出学生的进步在什么地方，这很不容易。他的专业精神达到很高的境界。我强调他的专业精神，想连带指出一个实际情况：中文系教师的判分，从西南联大到北大，特别是近三十年来教师打分越来越高了。形成这种风气的动力甚多，比如教师可以高喊"对学生有感情""正面鼓励为主"。学生写回忆录自吹得高分当成"风流韵事"，盛行的民调重统计等。先慎学长重职业操守，以自己的辛苦顶住压力，有反潮流的勇气。确有人认为不放分"吃力不讨好""没有话语权"。我从先慎学长处看到叶圣陶的著作，我最被打动的是叶老"实在作文，老实做人"，此八个字能上升到"圣"的境界。北大中文系有精研叶圣陶的学者，写出了最有分量的得奖著作，但系内对叶老的人格和文风关注度不大，十分遗憾。而令人高兴的是，先慎学长的做人、作文的平实很有叶圣陶的风度。

这里又自然联想起一件事。由于北大中文系1955级起学制从四年改为五年，1959年本系没有毕业生，又由于反右斗争中文系青年教师右派分子划得多，一时缺人，于是从外校调进不少年轻助教，我估计近20人。经过岁月的变迁，其中大部分人调离了。其原因各种各式。细看先慎学长，他处不同部门，却是如水随形，显示了顽强的生命力。1965届，即"文革"前最后一届本系写作课是周学长主讲的。

"文革"未到，北大折腾得早，到天翻地覆的日子，我和先慎学长一度同在一个战斗队。当时都自由组合。那时真忙碌。每天上午"天天读"

之后，学习"两报一刊"社论，交流信息，分析形势。先慎学长认真细致，展开讨论时，他特别分析重要文章的"编者按"，关注按语的分量，令人震动。奇怪的是这样的理性很难写出大字报，因为信息常互相矛盾。况且，一个风浪刚过，新的风浪又到。那个战斗队本名"迎风浪"，旁观者风趣地说，"迎风浪"其实是"避风浪"。不料，他顺利避过了风浪，我却被揭发为参加了全国性的反革命阴谋集团，在中文系有上线与下线。校领导宣布学生以阶级斗争为主课。我被单囚审查，或称隔离审查。每听到厉声嘶叫才低头开门，走向"课堂"，听完加倍的嘶叫声。唯一能去的地方，是到商店购物，但发现过有人跟踪，以便教训我明白"人民群众的天罗地网"。一次，我低头走进商店门口，忽见先慎学长从旁走来，飞快问我："身体好吗？"我赶紧回答："可以。"他又飞快地说："好，好，保重。"我很快走向门口迈台阶。回头望，他还在马路那边看着我。我立马挺胸抬头，闪身进了门。他送我的四个字特别重要。每当万千吐沫从口号声中飞来的时候，这四个字就成了我维护人格尊严的盾牌，以及维护我相信人类还有人格尊严的信心。

只有接近先慎学长的人才会明白，他度过颠倒是非的岁月，承受巨大的压力。但他的成功是因为他有宽阔的人生境界，他机灵而不投机，执着而不呆板，理想而不盲从。他的人生境界是感悟诗歌境界的基础，或者说诗的境界丰富了他的人生境界，也许两者兼而有之，构成了他性格的坚强。

改革开放迎来了学术研究的新天地。先慎学长从自己的兴趣、性格和学术准备出发，集中研究中国古典文学。当时趋时的做法是将西方的后现代理论派别分别套用于中国古典文学的研究。所谓"走向世界"，其实主要瞄准的对象是北美中国古代、现代文学研究，习称"西论中用"。由于环境不同、教养差异，生拉硬扯、张冠李戴，本属难免。更为尖锐的是西方理论发展到"理论爆炸""理论终结"的时代，再用来套中国文学，就令人哑口无言了。实际上已经产生的有西方中国学家掩盖自己的西方理论上的主张。更进一层说，口口声声"走向世界"，对欧洲汉学"语文学"传统的认真细致、对日本汉学的精深与广阔、对俄罗斯汉学的独特传统视而不见，达不到真正的"国际视野"。其实如何对待中国自己的传统，1934 年朱自清在《中国文学系概况》中曾恳切提出："不要忘记自己的本来面目。"[①] 与朱自清上大学时共用过同一课桌的杨晦前辈，长期担任北大中文系系主任。他致力研究"中国文艺思想史"，揭示中国人独特的审美经验，1959 年开课，使人耳目一新。

我有幸在 20 世纪的最后 6 年成为先慎学长的邻居。在燕北园，他住 305 楼，我住 306 楼。两楼中间有一花坛，旁砌一水泥坐凳，夏天发烫，冬天冰凉。所以，站着说话是燕北园一景。回忆那时的海阔天空，至今仍然神往。先慎学长的著作是一砖一瓦辛苦砌成的。我书架上的《古诗文的艺术世界》是有时代特色的大作。本书从创作和欣赏两方面揭示中国人的审美经验和内心世界。作者选用经典名篇，直面文本，独立进行研究，看似平实，实际难度很大。作者的视野涵盖中国古诗文的整体，又将重点收缩到唐宋。宋代是中国文化的高峰。作者在高峰上又特别关注苏东坡和他的家族。中国古代散文有八大家之称，而苏门父子两代就占三席，堪称历史奇迹。他提倡吟诗，反复品味，以感受到诗的境界为上。作者应将自己的审美体验传达给读者，又特别关注读者追求境界的主动性。神职人员总是说，他是人与上帝之间的沟通者，从未被确证过。先慎学长沟通人与诗歌境界却是读者可以亲身感受的。这是一本为读者着想的书，是一个引导人生活在诗意境界中的导航。从中国文学研究的发展说，这是从政治解读转为审美解读过程中的坚实战果。很多同辈人引为骄傲。

---

① 《朱自清全集》，江苏教育出版社 1993 年版，第 8 卷，第 416 页。

2017年中文系为教师检查身体，要求在5—7月间任选一天自行前往。我去那天人很多。我用拐杖，身后有保姆帮助，行动慢。转过几间屋，先慎学长先从保姆处了解我的起居、工作，以后抽空坐到我身旁聊天。他开口说："看到你神情轻松走出诊室就明白你挺健康。"一句话使我感到兄长般的温暖。岁月的风霜没有改变他的儒雅。以后海阔天空说了好久，落脚点是"但愿人长久"。现今猛然醒悟，人生是暂短的。正因为人生暂短，才明白生命珍贵。我因"歪墙不倒、漏船不翻"，今天倒过来写悼念学长的文字，品悟到"人生苦暂短，境界传百代"。

平淡的绚烂

——回忆周先慎老师

刘勇强

自 1985 年 9 月入学北大攻读博士学位起，我就有机会聆听周先慎老师的教诲。1988 年 3 月留校任教以后，请益的机会就更多了。早先教研室每学期都有好几次在一起开会学习、议事，后来又经常共同参加研究生的招生、开题、答辩等等。1994 年我招收了第一位硕士生，次年 4 月就受派赴东京大学讲学，这个学生就转由周老师指导。周老师出国时，也曾将一位硕士生委托我做完后续的工作。这种日常教学上的交往平淡实在，似乎没有什么可以特别被记住的。有时无意翻出一张旧时的工作合影，往日的情景才又浮现眼前。《论语》上说："君子有三变：望之俨然，即之也温，听其言也厉。"在我的印象中，周老师的君子之风却总是"即之也温"的，即便是痛陈时弊，他也不是疾言厉色的。然而在不疾不徐之间，又往往能感到一种沉稳的力量。

周老师的学术研究也是如此，他在古代文学诸多领域都卓有建树，出版各类著作 20 余种，其中如《明清小说》印刷 24 次，总印数超过 26 万册；《中国文学十五讲》印刷 14 次，累计印量达 6 万余册，从一个侧面说明了周老师的学术成就与影响。然而，周老师却从不张扬。每发一文，必有新见，但绝不故作高深。行文之间，始终保持着自然谦和的态度。周老师经常说起吴组缃先生对他的影响，在《我的古典小说研究》一文中，他说："这种影响同样是自然的，非刻意的。无声，但深细、绵远，'随风潜入夜'似的，是一种浸润。"其实，周老师的治学也是如此。无论长篇大论，还是单篇赏析，看不到半点虚张声势，有的只是娓娓道来、循循善诱的平实风格。

苏轼在《与侄书》中有一段名言："凡文字，少小时须令气象峥嵘，彩色绚烂。渐老渐熟，乃造平淡。其实不是平淡，绚烂之极也。"我以为，周老师的为人与治学，正是在平淡中见绚烂的典范。事实上，我们现在能找到的周老师最早的学术论文，可能就是他1959年初执笔完成的《论苏轼和他的创作》。此后的半个多世纪，周老师写了几十篇有关苏轼的文章。说苏轼是周老师一生的精神寄托，恐不为过。

记得还是留校工作不久的时候，有一天与周老师闲聊，周老师问我在古代作家中最喜欢谁，我答以苏轼。周老师说："你现在还年轻，苏轼作品的思想情感有些可能还体会不了。等你能体会了，会更喜欢。"我当时口不择言地问："可是苏轼写作一些经典作品时的年龄并不很大，难道也要等到上了年纪才能理解吗？"周老师笑道："不单是年龄问题。比如苏轼说'以爱故坏，以舍故常在，岂不然哉'，年轻人正处于追求和积累的阶段，对这样的说法可能不以为然，也应该不以为然。不过，等到有了丰富的阅历，说不定就更能体会到其中的哲理。"我一时不知苏轼此语的出处，回家后才发现见于《东坡志林》的《故南华长老重辨师逸事》。之前，《东坡志林》我是看过的，但对此语却没有印象，而对其他一些条目可能更感兴趣。可见周老师所说的我当时对苏轼作品思想情感有些还体会不到，是我自己并没有意识到的实情。由于苏轼将那个道理提升到"一切法"的高度，所以，经周老师指点，我也便记住了这一警句。时过境迁，好像对其中的意义体会得确实不一样了。

以后，在不同场合，也常听到周老师说起苏轼，有些与做学问有关，我曾在一篇论文中引证明人经常以"举朝之士皆妇人"批评官场萎靡和国势疲软的现实，周老师告诉我："苏轼的《教战守策》已有'今者治平日久，天下之人，骄情脆弱，如妇人孺子，不出于闺门'。这样的批评并非明代独有。"还有一次好像是在研究生的论文开题时，周老师对在场的学生说："现在有的人研究古代作家，就只看这个作家的集子，这是远远不够的。苏轼流放到儋耳时，十分孤寂，案头只有陶渊明、柳宗元的书，他把陶、柳'目为二友'。我们要了解这时的苏轼，至少也要和他一样，仔细读读陶、柳的集子。"这些提示都让我警惕，时人研究往往各治一经，不瞻前顾后，妄发议论，难免自陷孤陋。

有些时候，周老师信口提到苏轼，与学问并没有直接关系，却同样可见他对苏轼的熟悉。有一次，因为研究生论文答辩时间长了，晚餐不得不推迟，我随口说了句"晚食以当肉"，周老师笑着引《东坡志林》中的话说，苏轼认为"晚食以当肉，安步以当车，是犹有意于肉与车也。晚食自美，安步自适，取其美与适足矣，何以当车与肉为哉"。虽是笑谈，却让我从一个生活细节中体会了苏轼境界之高。

周老师很看重做人的品德节操，他几次引苏轼给苏辙信中说的"子由为人，心不异口中，口不异心，心即是口中"，批评一些人口是心非，缺乏诚意，不够正派。所以，他提到莫言获诺贝尔奖时的演说时，还称赞他是"一个说老实话的农民的儿子，值得我们尊敬。但是，看来说真话的人，在当今中国不太受权势者的欢迎"。

退休以后，周老师仍笔耕不辍，佳作迭出，每获赐赠，都大受教益。我既由衷钦佩他的老当益壮，但看到他逐渐佝偻的身躯，不免感叹毕竟年岁不饶人，也曾劝他不要过于劳累。周老师又引苏轼在惠州写给程正辅的一封信中的话说："我现在的研究正如苏轼所谓'不必作，不必不作也'。"直到今年年初，我和几位同事去金手杖养老公寓看望他时，他还说，开春要做手术，否则什么也做不了。周老师很清楚手术有风险，仍决意要试试，其中不只有对高质量生活的期待和信心，也有一个学者毕生治学所形成的淡然随意而又欲罢不能的精神习性和风貌。

周老师退休以后，还喜欢摄影，有一段时间经常可以收到周老师群发的电邮，附有他精心制作的照片 PPT，从风景到花草，无不表现出周老师对生活的热爱。可惜这些 PPT 我没有都保存，但有一个我保存至今，那是 2016 年 2 月 14 日的，周老师在与师母共同署名的电邮中说：

> 从 2015 年 12 月 10 日到 2016 年 1 月 17 日，我们到三亚旅游休养了一个多月。这段时间，正好躲过了北京连续的雾霾。在三亚，除了每天可以到海滩散步，呼吸新鲜的空气，接受温暖的阳光，聆听悦耳娱心的涛声，这一组梦幻般的清晨与黄昏的绚丽景象，是最大的收获。特制做成幻灯片，给亲朋友好和摄影同道分享。

电邮幅短神遥，闲散冲和，恰如苏辙称道苏轼晚年诗作"精深华妙，不见老人衰惫之气"。我猜想，周老师在苏轼的海南，又一次感受到了坡仙安闲自得的风神韵致，并热情将这种体会分享给亲朋友好。这个 PPT 有 110 多张照片，题为《三亚湾的清晨和黄昏》，照片捕捉了三亚湾清晨和黄昏瞬息万变的精彩景象，无论是清晨，还是黄昏，都闪耀着夺目的金光，但那光芒并非如今人习用的美图软件刻意美化出来的，它就是每一天日出日落的自然状态，而摄影者也仿佛苏轼那样，"独立斜阳数过人"，既平淡，又绚烂。我相信，拥有这一底色的生命，是永远不会褪色的。

2018 年 12 月 8 日

先慎的为人为学和敬业精神

——悼念先慎老弟

陆俭明

2018 年 4 月 20 日，先慎老弟静悄悄地离我们而去了。我虽时常说"人固有一死，或迟或早"，但如今老哥送老弟，哀伤之情我还是难以抑制。在安贞医院太平间与先慎遗体告别时我禁不住失声痛哭了。

先慎是 1959 年从四川大学中文系毕业后分配到北大中文系来任教的。他刚来时分配到汉语教研室现代汉语教学小组担任助教工作，作现代汉语课的辅助性工作。我和马真其实跟先慎一样都 1955 年上大学，但由于北大从 1955 级开始实行五年制，所以先慎来北大工作时，我和马真还是中文系五年级的学生。我们于 1960 年毕业后就留校任教，也分配到汉语教研室现代汉语教学小组，这才与先慎相认识。他不怎么说话，开教学小组会时也很少发言。当时给我的感觉是"他是一个内向的人"。后来我才慢慢知道，当时让他做现代汉语助教真是苦了他了，因为他对现代汉语一点感觉、一点兴趣都没有，又觉得自己普通话也说不好，十分苦闷。后来系里成立写作教研室，他就报名去了那里任教，心情松快了许多。后来写作教研室解散后，他就去了古代文学教研室，从事中国古代文学史第三段宋元明清文学的教学研究工作，这对他来说如鱼得水。后来我们成为好朋友之后，他每每说起这一段经历，总是说得有声有色，他那复杂的情感变化全然表现在脸上。

我们和他们家的交往，是从 20 世纪 70 年代开始的。1969 年 10 月，我们中文系百分之七十教职员都去了江西鲤鱼洲"五七干校"劳动，进行"思想改造"。我、马真和先慎都在其内。当时是按部队连排编制，起先我们中文系跟俄语系、图书馆学系为一个连，后来所有外语系合编为九连，我们中文系又跟图书馆学系和校医院合编为七连，分三个排，我们中文系是一排。大概由于我能干活儿，先是让我担任班长，后来又让我担任打瓦班的班长，后又让我任七连一排排长。"五七干校"的活儿大多是重活，劳动强度很大。诸如加固堤坝，在一大片茅草地上开辟出整整齐齐七亩一方七亩一方的稻田，修筑田埂，开挖水渠，自己盖住人的茅草屋棚，开春灌水犁田耙田插秧，秋季割稻脱粒晒场装包入库，等等。当时，裘锡圭、张少康、左言东、陈铁民、杨必胜和我等都算是壮劳力（当时称为"一等劳力"），先慎身子骨不壮，属于二等劳力。我们刚去鲤鱼洲时，先慎跟陈贻焮、马真等分在打柴班，后又派去修筑田埂，进入春耕大忙后，又被分配下水田插秧，后又跟我、张少康、黄修己、左言东等一起进入打瓦班，三班倒日夜制作水泥瓦，以供整个农场盖砖房使用。但他特别会干活儿。他修筑的田埂又直又平整；他插秧插得又快又笔直，插秧比赛得了冠军；他打瓦动作利索，很规范，打出来的瓦很少出次品。大家送了他一个"巧克力"的美称。我和先慎也就是从那时开始互相了解的。

　　1971 年初夏，为修订《汉语成语小词典》[①]将我先期调回学校。先慎托我两件事，一是要我将他一时用不上的东西带回家，二是看望一下她的爱人钟必琴和生病的孩子。我当然一一照办了，并从此认识了他的爱人钟必琴和他的丈人、丈母娘，后来我们就跟着先慎的孩子叫二位老人为"爷爷""婆婆"。但我们跟先慎他们真正结下深厚友情，那是在 1976 年唐山大地震之后。

---

　　① 该词典原是 1958 年由北大 1955 级语言班集体编写的。

　　地震前我突然患严重的无痛尿血，撒出来的尿全是鲜红的血，甚至带有血块。正要按预约时间去北医三院住院进行检查诊治，唐山大地震了，北京市所有医院要接收地震受伤人员，一般病人不能再住院诊治。唐山大地震后，由于我们家住的是楼房，不让回去住了，所以我们先是跟中关园杜彩云家一起在园子里搭地震棚，吃饭就在杜彩云家，晚上就住在地震棚里。是年8月底，经系里"军宣队""工宣队"批准，同意我去上海诊治血尿（我父母和大哥、二哥都在上海），而天气也开始逐渐凉了，先慎他们就主动让马真和我们的孩子陆征吃、住在他们家。当时他们一家六口人（他们上有婆婆和爷爷，下有两个孩子）住在燕南园一间不大的平房内，房内搁了三张从学校借来的上下铺的床，烧饭的煤炉就搁在房门口过道里。马真和孩子住进她们家无疑会让他们增添很大的困难。我们两家的关系从此也就更进一层了。那以后我们和他们之间都随孩子称呼——他们叫我们"陆叔叔""马阿姨"，我们叫他们"周叔叔""钟阿姨"。

　　80年代后，他们搬到了两间一套的蔚秀园，我们也从筒子楼搬到了两间一套的燕东园。两家离得远了，关系则更近了，彼此走得更勤了。他们的爷爷、婆婆对我们特别热情。特别是爷爷，我们每次去他们家，就天南地北地聊开了，他爷爷总是拿个小板凳坐在房门口，不说话，只是静静地听我们聊，脸上不时露出满意的微笑。每到除夕夜，他们总是叫我们过去跟他们一起吃年夜饭，一起观看春晚节目。我们都是看完节目听完12点的钟声之后才冒着震耳欲聋的鞭炮声骑车回家。80年代前期，粮食还比较紧张，还用粮票。秋季白薯上市的时候，我和先慎曾连续三年骑着自行车去香山农民家用粮票换白薯。我和先慎都是1935年出生，而他比我正好小一个月，所以在80年代后，他叫我"老哥"，我叫他"老弟"。后来，他们越搬越远，先是搬至颐和园北面的燕北园，后又搬至更远的回龙观龙腾苑。虽然除夕之夜我们不可能再到他们家一起吃年夜饭了，但互相走动还是很勤。"钟阿姨"做得一手绝味四川凉面，咸、甜、麻、辣适中，再配上先慎足见刀工的亲手切的黄瓜丝儿和心里美萝卜丝儿，口感之美难以言表。可以毫不夸张地说，北京市面上哪一家四川馆子，包括西单西绒线胡同的老字号四川饭店，所做的四川凉面都比不上"钟阿姨"的四川凉面。进入21世纪之后，我和先慎的生日就常常在一起过。

我们两家在一起主要就是聊天。当然也会谈到国事。先慎对80年代以后社会上上下下的贪污腐败之风深恶痛绝。记得在2013年7月初我们去他们家，进门坐下来他就对我说："你是共产党员，你注意到习近平书记最近的讲话没有？习书记说'要把权力关进制度的笼子里'，'老虎苍蝇都要打'。这个话说得太好了！真要能这样做，我们国家就会大有希望。"这反映了他心怀祖国的赤子之心。不过我们聊得最多的还是教学与研究。

先慎对教学一直非常敬业，不仅备课、讲课十分认真，对学生也是非常关爱。他常说"老师一定要对学生负责"。在这一点上我们和他的观点完全一致。他很受学生欢迎和好评。

说到研究，他和我们很不一样——他研究文学，我们研究语言。他自己说，对语言研究不只望而却步，甚至到了望而生畏的地步。他说他曾看过1961年朱德熙先生在《中国语文》上发表的《说"的"》一文，很佩服朱先生严密的逻辑思维，但实在看不懂，更主要是丝毫引不起兴趣，甚至有一种畏惧感。但他说到文学研究时，总是兴致勃勃，侃侃而谈。他主要从事明清小说研究，最擅长对文学作品的鉴赏，撰写了大量赏析的论著。他有一部专著的书名就是《古典小说鉴赏》。他所撰写的鉴赏论著，其特点是严谨，触笔细腻，深入，文章颇有让人意想不到的新意。学界有些人很瞧不起鉴赏，以为那不算"研究"，以为"文献考证才算学问"。先慎则不以为然。他每每跟我说起此事，总是心情激动，并严肃认真地说，"瞧不起鉴赏是完全错误的"。他说，文献考证是学问，对文学史研究来说固然需要，但如果停留在文献考证上，不重视甚至不会鉴赏，说句实在话，这种文学研究"不能真正登堂入室"。我曾问过他："为什么说不重视甚至不会鉴赏，这种文学研究不能真正登堂入室？"他对我解释说，文学研究归根结底是审美的研究，离开审美不可能真正进入文学研究的层面；文学鉴赏的特点就在"细、深、广"三字，而这也正是审美的真谛。这使我茅塞顿开，受益匪浅。不过我当时插了一句："好像还应该加个'新'字，鉴赏应贵在'发他人之不察'。"他欣然同意我的看法。他擅长撰写鉴赏的文章，"细、深、广、新"正是他鉴赏文章的风格特点。而从他的多次谈话中我体会到，他擅长写鉴赏文章，而且能做到"细、深、广、新"的特点，是源于两方面的影响：

一是受吴组缃先生治学的影响。这方面他向我谈过吴先生如何精心分析文学作品，治学如何严谨做到一丝不苟的许多具体事例。记得他曾告诉我，吴先生每写一篇文章要扔掉好多稿纸——有时开头写了一两句，不满意，就将稿纸一团扔了；有时都写了两三段了，觉着不合意，又把稿纸揉了扔进了字纸篓。足见吴先生对自己文章要求之严。先慎还说了这么一件事，也给我留下了深刻的印象。1983年，民盟中央请吴组缃先生做了一个有关《红楼梦》艺术分析方面的报告，大家听了都觉得很精彩。根据录音整理成稿后，民盟中央准备作为民盟《丛书》第七辑将吴先生的报告正式出版，吴先生则以"这内容讲过多次，并与发表过的文章内容多有重复"为由，坚决不同意出版。在吴先生的坚持下，主办方只好将书稿撤下来。这充分说明了吴组缃先生崇高的品格和高尚的学风。

二是受朱德熙先生的影响。他常说起在写作教研室时朱先生有关写作问题所作的报告对他影响极大。朱先生强调"文字必须简洁、清新"。这句话先慎一直牢记在心。他告诉我，他那一篇发表在《人民日报》上的、被吕叔湘先生推荐作为高中语文课文的《简笔与繁笔》，就是受朱先生思想的影响而写成的。

先慎心地善良，对家人、对朋友都极为关爱。先慎父母早亡，有个姐姐，在四川老家工作、生活。他和他姐姐的感情非常深厚。谈起姐姐对他的关爱与照顾，有时双眼会饱含泪花。他几乎每年都要回四川去看望他姐姐。在先慎去世前一个月，他姐姐病重，他很焦虑，可自己正住在校医院，他就叫他的女儿前往四川看望探视。

上面说到，先慎在鲤鱼洲"五七干校"只是个二等劳力，但他身体不错，只是力气小。他后来患上心脏病，很可能是跟1996年春的一次一氧化碳中毒有关。1996年2月，台湾元智大学中文信息处理学者罗凤珠老师到我们北大计算机语言研究所访问，洽谈合作共建中国历代语言知识库事项。当时北大计算机语言研究所由计算机系的俞士汶教授和我负责。考虑到与台湾元智大学合作共建的是中国历代语言知识库，所以决定请周先慎教授参与。有一天我们请罗凤珠老师一行到海淀东来顺分店共进晚餐，品尝涮羊肉。可那天正巧停水，没有暖气；店主为了让顾客取暖，在每个餐室放了一个很大的炭火盆。吃饭进行到中间，大家纷纷一氧化碳中毒，餐厅当即呼叫急救车将我们送至海淀医院，经检查确诊为一氧化碳中毒，接受高压氧舱治疗。先慎中毒比较严重，从那以后，先慎就患上了心脏病。曾先后安装过起搏器和支架。后心脏病逐年加重，难以正常生活，无奈，先慎老两口都进入了在北京昌平温都水城北边的金手杖养老院。这就离我们更远了，乘出租单程得有四五十公里。虽然远，我们还是隔一段时间去看望他们一次。每次去我们都在他们养老院食堂一起共进午餐。"钟阿姨"总是说，"你们看，你们一来他的精气神儿就马上来了，成了另外一个人"。

去世前一个多月，先慎的心脏病越来越严重，得整天吸氧，不能进行正常的读书、思考、写作。"钟阿姨"马上陪他去安贞医院诊治。大夫说，得马上住院，但安贞医院当时没有床位，得等着。为防意外，先慎暂时住进了校医院。他思想包袱很重，我们去看望他时，他直言内心很痛苦。为什么痛苦？前面说过，他深受吴组缃先生的影响，尤其在《聊斋》研究方面。他研究《聊斋》始于20世纪80年代。1986年他就实际负责主编了《聊斋志异欣赏》[①]。90年代后写了不少有关《聊斋》的赏析文章，颇受学界重视与称道。然而，这仅仅是他研究《聊斋》的开始。对于《聊斋》，从思想到艺术，他有很多独到的想法与见解，也曾做了不少读书笔记，可他又是一个要求完美的严谨学者，不轻易成文，他还要深入研究，细细推敲与琢磨。他于2015年出版了《周先慎细说聊斋》，完成了计划的四分之一。他当时所以痛苦，就是他的心脏病严重阻碍了他继续阅读与思考，更谈不上成文了。他一见我面就说，对于《聊斋》他还有很多想法，很想写出来留给后人，可是现在不能看，不能想，更没法写，这样活着有什么意义？他还认真地说了这样一句话："我不完成这研究会终生感到遗憾的。"这充分反映了他的事业心、他的社会责任心。我曾反复劝解他，叫他先别想那么多，宽心养病要紧。但我自知我那劝解的言辞是苍白无力的，难以解除他的思想包袱，更难消除他思想上的痛苦。

他的心脏病主要是二尖瓣反流。不做手术治疗，生命可延续几年，休养得好甚至可延续十几年，但无法恢复到正常生活，可能就得远离阅读与研究，远离做学问；做手术治疗，如果成功，那当然好，可以继续正常阅读、研究、书写，但手术的风险很大很大。到底做还是不做手术治疗呢？这就成了摆在先慎面前，也成了摆在他的亲朋好友面前难以抉择的大难题。最后他自己决定做手术。

过不了几天就接到安贞医院住院通知。大家还是很高兴的。可是不知为什么，手术后，先慎突发心脏骤停一直处于昏迷状态，直至静静地

---

① 北京大学出版社出版，不过正式出版时并未署他自己的名字，而署上"吴组缃等著"，足见风格之高。

离开了我们。

手术后他虽已丧失了知觉，但我想他一定是带着深深的遗憾离开人世的，因为他很看重的《聊斋》研究未能如愿以偿。

先慎走了，但他的事业，他的《聊斋》研究，我们想他的弟子一定会根据他的意愿去很好地完成的。

老弟，安息！

忆念与追怀

——痛悼先慎兄

马振方

先慎兄小我两岁，却早我三年大本毕业。1959 年北大没有毕业生，他作为川大毕业生的佼佼者被北大中文系选中，而我那时刚读本科三年级。1962 年我毕业留校，认识了先慎兄。我们同在汉语专业的写作组，又同住十九楼单身宿舍。不过，当时住单身宿舍的并不全是单身汉，已成连理只待分房而暂作牛郎织女者大有人在，先慎兄就是其中的一位，而且一住竟达四五年之久，我们因此也就有机会见到并认识了他的夫人——时在红旗大学后转至语言大学执教的钟必琴老师。那时，十九楼前有个乒乓球台，每到傍晚，大家就在楼下聊天，打球。先慎兄也是打球的积极分子，球艺虽不算高，起初却高过我，我常是他手下败将。后来我练得多了，似乎又高过了他。

1963 年以后，我作班主任，多次带学生下厂、下乡，搞"四清"（先慎兄好像去了江西）。回到学校，就进入"文革"的非常时期。堂堂北大成了各种文斗、武斗的试验场。教师们多不习惯这种陌生的环境，又不安心当逍遥派，就各自成立名目繁多的群众组织。原写作组和中文系的部分教师最终组成了"二最"（"最新最高指示"）学习班，以学习与宣传最新最高指示为目的，反对分两大派，更反对武斗，主张大联合。先慎兄就是这个组织的重要成员，他的家有时就成了学习班骨干成员的碰头之地。需要说明的是，先慎兄在单身宿舍等了多年之后，终于分到一间燕南园的房。南近十九楼，北接当时中文系所在地的二院，来去都很方便。"二最"除了组织学习、讨论（似多在二院或十九楼），还分期刻印一份 8 开的小报——《战报》，在系里发放。担任刻蜡版的是刻字规整又美观的几位（恕不一一列名），先慎兄肯定是其中的一位。无论在其家开碰头会，还是刻写小报，他都很热心，钟老师也大力支持。在那些日子里，大家深深增进了了解与情谊。在这段生活结束的时候，有人（忘了是哪位，或不只一人，也有可能是细心的先慎兄）提出由我将《战报》保存起来，我随后就将至少十几份小报装订成册，放进我珍藏早期撰写的小说未发表稿和已发之文的小箱子里。经过四次搬家，小箱子均未失落；至第五次搬家——从燕东园公寓迁往承泽园——竟将这个被置于吊柜最里面的小箱子给忘记了，第二天（或第三天）想起就匆匆去找，新主人一口咬定："没看见。"我自然毫无办法再让他说"看见了"。小箱子里没有一件值钱的东西，却使我有一种难以言说的失落感，每一想起，就很不痛快，当然不只为了那《战报》。今天忽又想起，倒只是为了《战报》，就算我向先慎兄道一声歉，同时也向健在的"二最"诸公作个交代。

在此以前，又经过多次上山下乡，我忽然得了肝病，住进校医院。同时又忙着搬家（第二次搬家，从六公寓搬到燕东园耳房），我顾不上，听妻说，那天，亏得早年与我在十九楼住同屋的刘烜兄（可能还有别人）帮了大忙。事后，先慎兄得知我刚搬了家，特地从燕南园来到燕东园，帮我整理书架上的书籍。一个多月后，我才出院，看到家中整整齐齐，甚是感激。又过了些天，先慎兄与夫人又双双来到燕东园，一是来看我的病况，二来专给我们送些瓜菜（妻还记得：内有一棵很大的洋白菜，不知他们是怎么弄过来的）。他们考虑到我才出院，妻又每天上班，买菜有些困难。夫妇那次远道送菜，深深印在我们心中，永难忘怀。

"文革"结束后，中文系人事变化很大，取消了写作课和写作组，毕业于文学专业的教师因此得以回本专业。先慎兄进入古代文学教研室，一步到位，如鱼得水，安心搞起第三段文学史，重点是明清小说，《聊斋》更是其重中之重。我先归当代文学教研室，教一阶段"小说创作论"；后被调到文艺理论教研室，因教"概论"的人较多，就让我单教小说理论。我读大学四、五年级时，吴组缃师为我们开设了"中国古代小说研究"课程，一下提起我对古代小说的兴趣，特别是研究《聊斋》艺术的兴趣。1981年秋，北大出版社为《〈聊斋志异〉欣赏》一书集稿，编者就是先慎兄。他除拟收入我发表的一篇《"异史氏曰"琐议》，还要我再撰两篇。我怕到时交不了卷，只应一篇，由于越写越长，最后还是分为两篇。如此搞来搞去，便于1983年上半年给中文系文学专业开设了专题课："聊斋志异的小说艺术"（后出书改名《聊斋艺术论》）。这样，又与先慎兄交叉进入同一教学和研究领域。原来还顾虑两课会否有较多重复，后经听课，打消了顾虑。不知什么时候，先慎兄从吴组缃师那里学得精细剖解古典小说的妙法真传，听其"《聊斋志异》研究"，颇感细而有味；后来发展为"细说聊斋"，师味似乎就更浓些。解读《聊斋》各篇，有此功夫，别人就难与之重复。这不仅是我个人的感受，山东大学的马瑞芳教授也多有称道，对其倏然离世不胜叹惋。笔者与先慎兄共同好尚"聊斋学"三四十年，研讨有伴，切磋相傍，多次共赴淄博参加柳泉公盛会，乐莫如之。1991年，我受漓江出版社之托，编辑《〈聊斋志异〉评赏大成》，先慎兄带有较多研究生，又有系里的教学任务，竟慨然独承第七卷全卷39篇"评赏"，届时交稿，易目细阅，竟无字句可更动者。先慎兄应下的稿件，必能准时或提前完成，保质保量，无须挂心。我几乎忘却，"评赏大成"乃单篇赏析的集合体，此正先慎兄拿手之强项也。

从先慎兄搬出北大宿舍区，住进较远的回龙观小区，两家人渐行渐老，交往也就少多了，常是在校医院匆匆一面，说说彼此的病况，又各回自家。先慎兄的心脏病时好时差，拙荆的帕金森症日益凸显。此前，先慎兄与钟老师都曾邀我们去回龙观家中看看，我们先是因路较远而拖延，后来则是老伴心有余而力不足了。我和先慎兄有时就在电脑上谈谈《聊斋》中的什么问题。2015年9月，他送我一本新出版的《细说聊斋》，并披露了以后的写作计划，说他准备"以写作养生"，细水长流，掌握合适的"度"，撰写后三本《细说聊斋》（出版的只是四册之第一册），而后如果还"没有倒"，再写细说《红楼梦》。我看了很受鼓舞，觉得他的病况有所好转，所以鼓励他进行这种合"度"的写作。不久，他将我俩在电脑上讨论的问题整理成文发了出去。又半年后，他在邮件中虽说身体"不大好"，却仍在讨论如何自费出书的问题。而到去年6月，就告诉我，他与夫人已住进金手杖养老公寓，并介绍养老院的好处：不仅自己得以养病，还可解除夫人忙于每天买菜的辛苦，并劝我也考虑这种养老途径。其时，拙荆早已不能下楼，更不能外出，却还可以扶着桌椅之类在屋里活动。我一则羡慕有条件的老师敢为天下先，捷足先登，早得其乐；同时又左顾右盼，畏首畏尾，觉得自己还能在这大房子里做点什么，故不想太早就考虑进那迟早要去的养老之所。先慎兄与夫人既已先行一步，健康状况或不如前，我决定个人去金手杖看看二位。坐上出租，司机也不知怎样走，后靠导航，10点左右才到温都水城。见他们已在楼下等我，有说有笑，才放宽心。可万没想到，那竟是我最后一次与先慎兄觌面长谈！

我们随意聊了一个多小时。其间，二位特别谈及明春才会进行的手术。我当时虽然还不知道那是一种怎样的手术，却感到它给予患者很大的期望。而今得知，那是技艺大为提高，能在体内进行血液循环并已有了不止一个成功之例的新型心脏手术。人们在不知其对年老体弱患者尚有怎样未知风险的情况下，倍受病痛之苦的患者、家人及亲朋好友是很容易对它寄予过高期望值的。

先慎兄，从我离开金手杖到兄进入安贞医院手术室之前两小时与我轻松通话，其间经过二百几十天的漫长时光，您自己、家人、亲朋好友，也包括我，对手术结果讳莫如深却又大都成竹在胸，期望那术后而愈的一刻尽早到来……

先慎兄，安息吧。

2018 年 9 月 16 日于蓝旗营

追忆周先慎老师

钱志熙

　　周先慎老师是著名的文学史家、古典小说研究专家，我很早就闻其大名，但有机会正式接触，拜领他温其如玉、文质彬彬的风采，则是在1990年博士毕业留校之后。那时候教研室的老一辈著名学者，即学术界所说的第一代学者，除游国恩先生早在1978年就已去世，无缘瞻仰之外，林庚先生、吴组缃先生、季镇淮先生、冯钟芸先生都还健在，但并不参加教研室会议。这些先生，都只有正月初一随费振刚、周强等老师挨家挨户拜年，或偶尔举行的教师聚餐那样的时候才有机会拜见。赵齐平先生因为身体的原因，也已不参加教研室活动，但一直都在带研究生。除了上述这些先生之外，每次教研室开会，从我的导师陈贻焮老师和褚斌杰老师、袁行霈老师之下，都是全体人马参加的。大家挤在五院北厢楼上仅有十五六平方米的一间屋子里，讨论各种教研室工作的例行议题。我从1992年评上副高职称以后，就参加每年的硕士阅卷，仍然是挤在那间小屋里。不过陈、褚两位先生不参加，袁老师好像也很少参加。主要是孙静先生带着老师们批卷。那几年，大概每年报考古典文学的考生都在30名左右，要改整整一个半天。我能和周老师攀谈，主要是在上面这些场合。我的印象中，在老一辈的几位先生中，发言较多者是褚老师、袁老师。周强老师也是属于会说的。沈天佑老师在讨论培养学生的问题时，常是慢悠悠地说，老北大讲厚基础、宽口径的，至今记忆深刻。葛晓音老师那时在同辈中独领风骚，学术上成就突出，教研室会上，发言也是比较多的。相对来说，周老师则是属于较少说话的。至于我们年轻的几位，除程郁缀老师、夏晓虹老师、张鸣兄年长且资深外，我和李简、于迎春则是真正意义上的小字辈，属于纯粹的聆听者。李简老师留校也比我早。

我和周老师纯属个人接触的事情不太多。有两件事可记：我留校后好多年，一直住筒子楼，家里有孩子，没法写作，所以都是"独占"着教研室的。当然都是提着书包去，又提着书包回家的。整个黑沉沉的院子里，有时只有北厢房里一盏灯。久而久之，大家知道是我在那里。陆俭明老师一次跟我说：系里老师晚上来五院，看到楼上一个房间有灯火，那就是钱志熙在那里。这话让我暖心了好多年！一天下午，周老师来教研室，我们就攀谈起来，他说：我看了你的几篇论文，你不错的！不错的！这是他第一次对我的鼓励，我永远铭记在心。还有一次，他问起我现在居住的情况，知道我仍住筒子楼后，就说："我家里有一个煤球炉，现在不用了。你如果需要，什么时候来取吧！"因为那时已经用了简易的煤气灶，我后来也没到周老师家里去取。后来的一件事，是请周老师帮我写申报北京社科奖的推荐书。那时我报了《唐前生命观和文学生命主题》这本书。当时需要两份专家推荐书，我请周老师和北京语言大学的彭庆生老师，他们都爽快地答应了。我先到彭老师家去取，记得是带了一点伴手的小礼物去，却被彭老师很坚决地谢绝，大体的意思是说，我们是决不搞这些的。现在想起来还有些脸红！但也见识了老辈一毫不取的高尚品格，值得终生学习。我去周老师家取推荐书时，是空着手的，但又有一种失礼的感觉。周老师热情地接待了我，将早已写好的推荐书交给我，还随例说了一些赞扬的话。《唐前生命观和文学生命主题》后来获得北京市哲学社会科学优秀成果奖一等奖，自然与两位前辈先生的鼎力推荐分不开。现在彭老师、周老师相继作古，而当时蒙他们奖掖的情景还历历在目，思之令人感伤不已！

周老师乐于教学、勤于著述。和许多前辈学者一样，他的著述与教学是紧密结合的。他在 1992 年出版的《古典小说鉴赏》和 2002 年出版的《古诗文的艺术世界》，都曾亲笔签名赐我学习。签名的字体是极漂亮讲究的。第一本书有陈贻焮先生的序，指出周老师鉴赏古典小说的四大特点。第一点是，"对作品的鉴赏，不是囫囵吞枣，浮光掠影，而是求深细，作具体的剖析。不仅讲出作品有何特点，而且力求讲出何以具有这样的特点，并从审美的角度对之加以评价"。第二点是，周老师的这本书，在选目上含有向读者揭示小说史脉络的意趣，"除了考虑和揭示每篇作品的特点，还适当地照顾到中国古典小说的历史发展，力求能体现出中国古典小说的发展的轮廓或脉络，使读者对中国古典小说的民族传统和艺术特色得到一些初步的具体感受"。第三点是，"在艺术鉴赏中，力求有新的发现，不仅讲出'人所共见'，更努力讲出一些'人所未见'来"。这三点，不仅准确地概括了周先慎老师在小说鉴赏方面的深厚造诣，而且也可以说是文学作品鉴赏的金律。在我个人看来，在求深细、具体剖析，明其所以然，并做审美评价这一方面，周老师的许多鉴赏可以说是经典性的。读他的鉴赏文字，不仅普通读者收获很大，就是熟于小说史、熟于具体作品的专家，也能感到解说深细新颖，感到又重新领略了这些经典作品，得到了新的体会。总之，鉴赏文字虽然以普通读者为主要的阅读对象，但其应有的境界，则是让行家、同好们读来觉得处处餍心切理，处处有共鸣，常常有收获。这样鉴赏，就具有了很高的学术价值。遍观学林，真正能够达到这个境界的，可以说是少之又少！这样的学问，当然是专家之学、名家之学！

学问贵在弘通。周老师平常在这方面虽不多表襮，但我们学习他的著作，发现他不仅打通小说、戏曲与诗文三个领域，而且无论是对小说的研究还是对宋代诗文的研究，都力求具有全史的视野。这从他的《明清小说》《中国古典四大悲剧》《中国文学十五讲》等著作中可以看出来。我觉得这也是北大几辈学者的学风，像浦江清先生、林庚先生、吴组缃先生，都是诗文、小说、戏曲等领域兼通的。重艺术、有史裁、打通不同的文体、雅俗并重、贯通前后的时代、建立全史观念，这几点也许可以理解为北大古典文学研究的特点——如果说我们也有学派，这就是我们的学派特点。当然我这里说的还是很粗浅的，我们需要对此做一番研究，从北大古典文学的第一代、第二代学者中勘察学术脉络，总结学术经验，将之弘扬。我愿以此来纪念已故的前辈先生们，并与现在正从事于兹的同仁们共勉！

2019 年 1 月 17 日

难得的人格美

——纪念周先慎同志

孙　静

先慎同志是我的老同事、好朋友。一提起他，我的脑海里就浮现起香山卧佛寺对床夜话的情景。那是 1986 年，我们俩都被聘为中央广播电视大学《中国文学》课的主讲教师，要承担编写古代文学部分的教材，准备会议就在卧佛寺举行。我们俩住在一个房间里。刚一睡下，我就对他打招呼说，我睡觉是打鼾的，让他有点精神准备。躺下好一会儿，不见动静，我忍不住问他，你还没睡吗？他回答，你还没打鼾呢。我当时是想等他睡着之后我再睡，免得鼾声搅扰他不能成眠。结果，他在等我的鼾声，两个人都白耗了时间。这自然是一件琐事，却也能体现出那个时候同事之间的关系，相互体贴，相互谅解。

教材的古代部分以唐、宋为界，一分为二，我承担唐以前，他承担宋以后，都由北京大学出版社出版，即《中国文学（一）》《中国文学（二）》。后来，又应广播电视大学的要求，编写直接广播稿，名为《中国文学讲稿》古代部分一、《中国文学讲稿》古代部分二，仍由北大出版社于 1986 年出版。

此书一出颇受读者欢迎。因为它既有古代文学发展的简明清晰的脉络，又有名篇佳作的具体分析，既便于掌握古代文学发展的悠久历史，又能具体体认美作佳篇艺术创造的奥妙。出版了一段时间后，一些读者买不到此书，来信询问。出版社提议将二书合而为一，定名为《简明中国文学史》，于 2001 年再度印刷发行。我写了《前言》，他写了《后记》。

原本是两本书，各署作者。现在合二为一，便有个署名先后问题。先慎同志对此没有任何计较，即按所写内容的时代先后署名，我在前，他在后。我想他这也是发扬中国士子的传统美德，尊长，我比他早生四年。这部书到了 2015 年印行第二版，还是维持这样格局。这时我发现，我写的部分没写唐五代词，应当补写一节。这自然会增加全书的字数。我提出这个问题，先慎同志以为合理，支持补上。

先慎同志历来如此。为人正直，讲求公平、公正，合情、合理。对人不虚美，不阿谀，实事求是；自己也从不高傲，不骄人。浑身洋溢着"实"，做人真个称得上"实实在在"。我喜欢他这种为人，也从心里敬重他。

我俩的相遇，本来较早。1959 年夏，我毕业留校任教，进入古代文学教研室。同年，他从四川大学中文系毕业，分配到北大。当时，中文系设有写作教研室，朱德熙教授任主任。先慎同志文笔好，他的文章曾收入中学课本，因此来系后便被分配到写作教研室。教师主要以教研室为活动单位，教研室不同，就很少直接接触，彼此了解不深。后来，写作教研室撤消了，他才来到我们教研室。这是系里最大的教研室，人多的时候有 26 位教师。管辖的课程时段很长，历来分为四个小组。第一段秦汉组，游国恩教授任组长；第二段魏晋南北朝隋唐组，林庚教授任组长；第三段宋元组，吴组缃教授任组长；第四段明清近代组，季镇淮教授任组长。先慎同志进入我们教研室，是在写作教研室撤消之后，已经是很晚时候的事。以其专长自然属于宋元明清段。

1988 年我做了教研室主任，先慎同志成为我直接支配的一员大将。我发现，他是最好支配的一位老师。那时，我们承担的课程很多，有本系本专业的文学史；有本系外专业（如古典文献专业）的文学史；还有外系（如西语系）的文学史。对于承担课程，先慎同志从来都是听从分配，不挑肥拣瘦。一般来说，人们喜欢开专题课，因为可以结合备课进行科学研究。他从不争抢专题课，有需要时则开，没有需要不开，也从不计较。

我曾招收一个香港在职兼读的博士生，毕业论文答辩我就提议请先慎同志做答辩委员会主席。我欣赏他的正直公正。当时中文系古代文学教研室与香港树仁大学曾合办硕士课程研究生班，先慎兄曾到香港为这个班上课，我的这个博士生也听过他的课，也都认识。答辩进行得很圆满，论文得到切实公正的评语。

先慎同志的身体不太好，有心脏病，身上置有起搏器。但他兢兢业业，除了教学，还不停地著述。这也是使我敬佩他的一个方面。

后来，我退休了。不久，他也退休了。退休之后，我们再没有来往。可以说，我们相遇不晚，相处不多，来往不密，但他却留给我不可磨灭的印象，就在于他的为人处事所呈现出来的人格美。我由衷地敬重他的为人，感佩他的人格。他的不幸早逝，令人伤感。如果真有来世的话，我仍愿意再遇上他，与他共事，与他交朋友。

2019 年 1 月 14 日

周先慎教授二三事

温儒敏

周先慎老师离开我们快一年了，我不时会想起他，那熟悉的面影、熟悉的话音。仿佛他并没有离去，有时还会回来系里，还会在校医院碰到他拿药，我们总会说上许多话。

我和周老师不在一个教研室，他教古典文学，我讲现代文学，平时交往并不很多，但总感觉很熟悉，是那种可以无话不说的熟悉。也有一两次交往是较密切的，回想起来，如同昨天。

一次是去烟台大学教书。那是 1990 年秋，我和他受北大委派，到烟台大学"支教"。当时北大、清华支持兴办烟台大学，北大中文系承担了组建烟大中文系的任务，孙庆昇老师担任烟大中文系的系主任，有些课还要招呼北大的老师去讲。我和周老师就一起坐了十几个钟头的火车到了烟台。住进教师宿舍，我们住隔壁。记得那时蚊子很多，要挂蚊帐。晚上找周老师聊天，推门进去，见他正赤膊坐在蚊帐里头看书呢。周老师很认真，每次上课都要仔细准备。我说，讲那么多遍了，还得重新备课呀？他说怕有错漏，再说学生情况也不一样，希望能讲得更有针对性。我没有听过他的课，但学生反映说，周先慎讲课深入浅出，比较贴近学生阅读写作训练的需要，收获很大。我有时碰到古代文学方面的问题，也会向他请教，从他那里学到不少东西。我们在烟台住了一个多月，经常一起去海边散步。天已经很凉，他还敢下海游泳。那时他也才50 出头吧。

另一次较密切的交往是 2003 年，我主持北京大学出版社出版的《名家通识讲座书系》，即《十五讲系列》的组稿，请的大都是人文学科各个领域拔尖的学者，为大学生撰写讲座式的书，介绍相关学科知识。我知道周老师的课讲得好，擅长艺术鉴赏，就请他来写《中国文学十五讲》。周老师二话不说，爽快地接受了稿约，并且在很短时间内交稿了。他这本书不算厚，却要"打通"从先秦到清代的文学史，又要尽可能让非中文系的年轻读者能喜欢，也真不容易。但周老师做到了。这本书很受读者欢迎，至今已多次印刷，还被一些大学指定为通识课教材。周老师写这本书可以说是举重若轻，因为有厚实的学术积累，文笔又很好，当然，也因为他心中始终有读者。我想他写这本书时，是会时常想着读者是否喜欢的。

2006 年冬，我和周老师又有了第三次密切交往。当时我应重庆出版社的邀约，要编一套《大学语文》。坊间的大学语文教材已经不少，许多学校还有自编的语文教材，重庆出版社想新编一套，叫《中国语文》，也是有些设想的，希望能通过我找一些北大的老师来编，来一套高标准的。我就找了周先慎老师，还有何久盈、吴晓东、孔庆东等几位老师一起来编。我们在重庆一间郊区温泉宾馆讨论了一两天，周老师很投入，出了不少主意。他领衔编了其中一本"理科版"的《中国语文》，编得还真有些特色。教材分为"古代文""现代文""古今诗歌"和"西文中译"四个板块，周老师和何九盈先生分工负责古代诗文部分，下了很大功夫，注释都是重新考订的。从学术质量来说，《中国语文》明显高出于坊间许多互相"克隆"的同类教材。我再次领略了周老师治学的扎实和认真。可惜出版社推广不力，这套教材"淹没"在众多大学语文教材之中，未能发挥更大的影响。

周先慎老师几次和我说起，他当年是"阴差阳错"从外省大学分配到北大中文系的，似乎感到有些特别的幸运。其实周老师的学问很有特色，他的努力也为北大中文系争了光。周老师的研究集中在小说，特别是《聊斋志异》，如《论〈聊斋志异〉清官作品的思想基础》《〈聊斋志异〉的艺术美》等论文，在学界都是获得好评的。他对古典诗歌的研究，特别是诗词鉴赏的研究，也有贡献。

周老师的研究有两点很突出，一是艺术感觉很好，艺术分析非常到位，很是灵动，读来引人入胜；二是文笔优美流畅，是文章高手。周老师对此似乎也是很自豪的。在他去世前不久，他还打过电话给我，说起有人误解甚至无端指责他的一篇有名的短文《简笔与繁笔》，让我注意一下。这篇文章曾经选入高中语文课本，是当作一篇范文来展示的。可惜后来因为教材编写体例的限制，没有再选收这篇美文。这是很遗憾的。

2019 年 1 月 6 日

永恒的朋友周先慎

谢 冕

周先慎夫妇住进位于昌平的养老院以后，先后与我电子邮件和短信联系多次，除了介绍那里的环境和费用等，还发来他亲自拍摄的照片。因为这所养老院与我现在的住宅距离很近，他当然希望我也能住进这家可以接受的、品味不低的养老院，希望我们成为一起养老的邻居。我们约好见面的日子，他们在女儿的陪同下来访。于是有了难忘的、也是一生中最后一次的会面。那天的见面是欢愉的，当然谈及健康、人生以及往昔的记忆。先慎虽虚弱，然而思路清晰且反应敏捷亦如往昔。

先慎蜀人，毕业于四川大学。我们相识在20世纪50年代末，那年北大开始实行五年学制，当年没有应届毕业生，于是从川大引进了许多中文系的应届毕业生，以补充师资的匮缺。同为1955年入学的先慎于是就成了北大的老师，而我还没毕业，还是学生。过了一年，我也留校任教，我们就成了同事。那年月，政治运动频仍，"大跃进"之后是大饥饿，大家饥肠辘辘，竟日仓仓皇皇，很难进入学术研究的境界。北大是包容的，从不"排外"，我们和外校来的新同事很快就融成了一片。

我和先慎成为知交和挚友，是在往后的岁月。60年代中叶，大动荡起于域内，学校停课，传单和大字报铺天盖地。"文斗"之后是"武斗"，有的学校成了"战场"，有的学校成了"空城"。正如昔日所言，中国之大已安不下一张平静的书桌。更要命的是，几乎所有的人都要在两派对立中"选边站"。就在这样的严重对立中，出现了一批不想"选边站"的人，我和先慎都不愿被卷入派别斗争。当时出现游离于二者之中的通称的"逍遥派"。中文系的几位同事自发组织大批判小组以自保，这样，我们就自然地"逍遥"到一起了。我和周先慎，还有几位好友（其中就有洪子诚）就这样在"大批判"中朝夕相处。

这些陈年旧事，后来者可能很难理解我们当年的苦衷。大批判者，"批判"文艺界的封、资、修是也。这在当日是"大方向"，相对而言比较安全。其实，我们也是百无聊赖的选择，教学和科研都不能做了，无聊寂寞中，找些可以做的事来混时光。当日我们的"工作"，是阅读那些"有问题"（其实是除了浩然以外的所有的作家作品都有"问题"）的作品，写批判文章。当然这一切也都是昧心的和言不由衷的。在共事中，我不仅发现先慎的人品——矜而不骄，柔而能决，慎思而刚正，自重而独立，而且发现了他的智慧和文采。这位来自异乡他校的新同事，一切都让我倾心。

在烽火岁月中，我欣慰自己结识了这样一位可信赖的朋友。先慎有很高的文艺修养和悟性，他文笔清新秀逸，艺术分析细腻深邃，一篇作品在他眼中几经刨剥，丝毫毕现，且言之成理，这在漫天高喊口号而普遍忽视艺术的年代是罕见的，这也令我如遇知音。这样，由于"志同"，加上"道合"，我们就成了莫逆之交。在大动荡的日子里，这种纯真的友谊足以安慰我们慌乱不安的心灵。

尽管环境恶劣，前路渺茫，但我们毕竟年轻，仍怀有失望中的希望。我们设想并期待着正常秩序恢复的一日，我们依然"相信未来"。那时我正考虑北大当代文学学科的建设，我有心邀请先慎参与未来的这项工作，我曾向他提出。先慎是有自己的抱负和主见的人，尽管他看重我们的友谊，但还是婉拒了我的邀请。我有点怅惘。尽管如此，我对他还是虽不能至而心向往之的，我们依然是心心相印的好友。

空前的动乱终于在我们的期盼中结束，我们迎接了迟到的学术的春天。我们在各自的业务岗位上开始正常的工作。我任教于新建立的当代文学教研室，先慎则在名家辈出的古代文学教研室。隔着数千年遥遥的文学时空，我们彼此凝望。在此后的岁月中，先慎果然不负自己的初衷和抉择，他以自己独特的学术风范得到前辈和同辈的认可和敬重。他在学术积蕴深厚的古典文学领域卓然自立，并取得了成功。他教书育人，培养了众多晚辈学人；他著作丰盈，如今准备汇集出版的十卷本文集便是明证。他的古代小说研究涉及史论、注释、考证和鉴赏，他是一位全方位的学者。俗云隔行如隔山，我于古代文学所知甚少，但我还是阅读了他关于中国古代小说的一些著作，关于明清小说，特别是关于《聊斋志异》的若干名篇的艺术分析，都令我爱不释卷。我惊喜地发现，当年我印象中先慎的治学功力，终于在他所热爱的专业得到全面的发挥和开展。

因为共过患难，因此相知甚深。"文革"结束之后，我们均忙于各自的业务，相聚是相对地少了，但却彼此不忘，时有音问。我们分享着彼此家庭的苦乐。日子是显得平静了，先慎此间先后育有三个子女，我们共享着欢愉。而且基于对我的信任，他每次都要我为新生的孩子命名，我也乐此不疲。首先出现的是女儿周阅，由于特殊的原因，她的名字非"阅"不行，我只好把自己的儿子谢阅的名字照搬给她，先是谢阅，后有周阅，我们两家的子女名字是相同的。偶有聚会，一声"小阅"，往往应声者二，于是大乐！

此事开了头，便不可复止。先慎如同一名严厉的考官，总是试探我的"文才"。第二个女儿问世（后来不幸夭折），我以"周闻"应对，夫妇俩欣然认可。接着是又一次"考试"，来者生于闰月，我应声曰：周闰。阅、闻、闰者，均同为汉字"门"之偏旁也。这在我们的交往中，是欢乐而有趣的一页。

先慎和必琴晚年甚是安乐，他们结伴远行，时有摄影作品见赠。后体衰，远行遂止。住进养老院后，他们力邀我们偕往，以为长久的邻居。

我们是有些心动的。世间万象，知音者稀，我们看重的是相识于患难中的可信赖的友情。远亲不如近邻，有此芳邻互相照料，实为人生之幸。鲁迅赠瞿秋白联云："人生得一知己足矣，斯世当以同怀视之。"此之谓也。但时光无情，时不我待，留下的是永远的遗憾和伤痛。

2018 年岁末，北京奇寒不雪，这难道是上天在为我失去的挚友哀悼？

2018 年 12 月 31 日于北京昌平北七家寓所

周先慎先生印象

乐黛云

我跟周先生认识很久了，我跟他是很好的朋友，因为有一段时间我们都住在燕南园 58 号。"文化大革命"以后把汤用彤旧居的一些房子分给了大家，我们住一部分，周先生他们也住一部分。这样，跟中文系其他的教师相比较，我们有更深入的交流与来往。我们接触的机会也比较多，我觉得周先慎是一个非常忠厚老实的人，和我的脾气很相合。那时候，其实做了教师以后，我觉得大家经常是各做各的事情，互相来往比较少，中文系在一起生活和吃饭的机会很少，很少来往，可是跟周先生呢，一方面是邻居，一方面是品性比较相投，所以来往还是比较多的，他是我交往比较多的一个朋友。

周先生做学问很扎实，在研究中国小说的人还不多的时候，他就开始了系统、细致的研究，而且一直延续到后来。他研究中国古代小说在我看来具有开创性意义。有些人研究中国古代小说经常是随便说说，但他科学地整理了中国古代小说，而且还理出一种中国小说史的发展线索，所以我很看重他在这方面的创造性。我们那时候，做中国文学的人往往是比较封闭的，都是沿着老路走，他能开创一些新路子，我觉得他做得很不错。

他做中国小说史，可以说是非常超前的。那时候很少有人研究真正的中国小说，更不会把它作为一个"史"来思考，周先生非常早地看到了这一点，并且在其中投入了大量的精力。我觉得他做的东西很有意义。

他有先知先觉，有创造性，不想走老路。我还记得那时候在中文系主要还是研究《诗经》《楚辞》，所以在那个时代有人敢于开创小说研究，而且还把它写成史，这是很少有的。当然后来这样的研究很多了，但在那时候真的是需要勇气和毅力的。所以我觉得他是一个很有创造性的人。因为那时候我跟他交往比较多，从他那里也学到了很多中国小说的历史知识。而且那时候我也在编一套丛书，是关于中国近代文学研究的丛书，这里面小说史是很重要的一部分，周先生应邀也来帮我的忙，当然后来这套丛书没有出成，无疾而终了，但我非常感谢周先生的热心帮助。

对我而言，周先生给我最深的印象还是他对中国小说史的发掘。我们当时还准备出一套《神州文化丛书》，是为中国的草根和大众写的文化普及读物，当时很多人都不愿意写，后来我找到周先生帮忙写中国小说部分，他很乐意，他不是那种计较名利地位的人。虽然《神州文化丛书》后来因为资金和大家都很忙等原因，有很多本都没有出版，但周先生听说这是对全中国的文化普及，他就答应写，他有热情来帮忙。

没想到周先生因心脏病手术遽然离世，我觉得非常遗憾，听到他去世这个消息我觉得很震惊，我觉得他应该还有很多东西要写。

（乐黛云先生口述，张锦、周阅整理）

怀念老友先慎

张少康

先慎走了，是那么突然，我心底涌起一股无尽的悲哀。

先慎和我同年，他比我大几个月。我们也是同一年（1955）上的大学，他在川大，我在北大。不过当时川大是四年制，北大是五年制，所以他比我早一年毕业。他 1959 年毕业后分配到北大中文系，记得和他一起分到北大的还有武汉大学的罗谦怡等，因为北大是从 1955 年开始改五年制，以前也是四年制，所以那一年北大没有毕业生，从外校调入的老师比较多。当时先慎和谦怡都被安排在写作教研室。我毕业留校后，和先慎在同一个教师共青团支部。先慎为人忠厚朴实，平易谦逊，和大家相处十分融洽，我们是非常好的朋友、同事。后来系里撤销写作教研室，先慎被分配到古典文学教研室，我虽然一直在文艺理论教研室，不过因为我的专业是古代文论，所以和古代文学教研室的同事交往很多、很熟悉。先慎处事极其稳重，对同事十分关心，考虑问题非常周全，这些特点也体现在他的学术研究中。他喜欢古典小说，不过，他对整个文学史都是很有研究的。先慎的古典文学研究是很扎实、很有深度的。他的著作观点稳妥，资料丰富，论证充分，细腻深入，绝无偏激、空洞之处。我们读他写的文学史，读他注释的古典小说，读他的艺术赏析文章，读他的研究论著，都是如此。不管做什么事，做工作还是做学问，先慎历来是兢兢业业，一丝不苟的。只要他答应的事情，他一定会做得很好，什么事情托他帮忙，就可以完全放心。诚恳、真挚、热情、和善，他永远给我一种十分亲切的感觉。

　　"文革"期间，我们同属于出身不太好的人，所以先慎也十分谨慎。我们一起到鲤鱼洲农场，是那个劳改农场的难友。我记得当时中文系和校医院、图书馆和图书馆系合编为七连，中文系是一排，排长是陆俭明，下设三个班，我和先慎同在二班。因为我们都是比较年青的教师，是大田干活的主力，所以，我被安排为班长，先慎被安排为副班长，一直在一起劳动，还曾一起被安排到瓦班去干最辛苦的重活。在七连的新草棚盖起来后，我们每人有一块木板作为床铺。但是这些木板是很窄的，每一块都紧紧连在一起，成一大排。我们班的张仲纯不仅是"十级大高干"，而且身材高大魁梧，他和甘世福紧挨着，可是张仲纯的褥子比木板宽，铺下后就占了甘世福一寸多木板，于是甘世福就不干了，说张仲纯占了他的地方。木板本来就很窄，一个人睡要翻身也不容易，何况再窄一寸多，甘世福自然就有意见了，张仲纯则说他的褥子就那么宽，有什么办法呢？两个人就吵起来了，谁也不让谁。我和先慎商量不知该怎么办。先慎就说他刚好在甘世福旁边睡，就让甘世福也占他一寸多吧，问题就这样解决了。这是一件很小的小事，不过我记忆深刻，它体现了先慎一贯严于律己、宽以待人，宁可自己吃亏，总是把方便、好处先留给别人。在鲤鱼洲，先慎的体力并不是很强壮的，但是每次有重活、苦活，他总是毫不犹豫地抢在前面去干的。后来他被连里调去当"五同"教员，在那次翻车事故中幸而无恙，我一直为他庆幸。

　　"文革"以后那些年月，我们忙于各自的教学和科研，交往比较少，但是每次相见，不管是开会还是参加研究生的论文答辩，都是非常之愉快的。我知道他的心脏不太好，他也每次告诉我吃药治疗状况，不过从外表看，他一直是非常精神的，所以我也没有在意，真没有想到他会走得这么快。退休之后，由于我们住得比较远，见面的机会就很少了。特别是我自2002年秋去香港树仁大学教书，更没有机会见到他。记得有一年冬，系里在海淀一家酒店开全系迎新年团聚会，我见到先慎，他告诉我身体状况，还是在治疗心脏方面疾病。从那次以后，我就再也没有见到先慎。2017 年 7 月我结束在香港树仁大学的教学，回到北京，本以为可以有机会见到先慎，但是我回京后身体一直不好，肺炎、支气管哮喘连续来袭，也很少到系里去，始终没有机会见到先慎，没想到竟成永诀。

先慎是一位好老师、好同事、好朋友，我们一起在系里同事 50 多年，我从来没有见到他和谁有过争吵，他总是严肃又带有微笑地出现在各种场合，循循善诱地对待各种不同的学生，谨慎妥善地处理一切事情，他和所有的同事都相处得特别好。先慎去世后，因为怀念故人，我常常重复翻阅先慎送给我的书，每次看到他端庄的签名，我都无比感慨，斯人已去，风范长存，我只能默默回忆他的音容笑貌。先慎笑容可掬的和善形象永远活在我的心中。

美于至善

——读《未名湖畔的足迹》

董炳月

　　《未名湖畔的足迹》一书出版于 2018 年 5 月初，而著者周先慎先生却在两周前的 4 月 20 日离世。送给我这本书的，是周先生的千金周阅女士。送书之前她在微信里说："这是父亲的最后一本散文集，为配合北大建校 120 周年，在'五四'校庆时出版的，父亲自己没能看到……"这本书，就是这样沉甸甸地来到我的手里。周先生为这本书写的《序》定稿于 2017 年 7 月 15 日，写《序》的时候，他不会想到自己的生命会在 9 个月之后结束于一场普通的手术，不会想到这本书会成为他的遗著。人生无常。

　　所幸，他的"足迹"留在了这本书里，留在了未名湖畔，他的生命留在了等身的著作里。

　　周先生是北京大学中文系教授，我有幸在北大中文系读过 3 年硕士。不过，他是古代文学专业的老师，我是中国现当代文学专业的学生，没有选过他的课。我喜爱诗歌，硕士论文又是写现代诗歌理论，所以那时古典文学方面的课只选了袁行霈先生的唐诗研究，听课笔记保存至今。读研时对周先生的了解，主要来自同届古代文学专业研究生的介绍、赞誉；见到周先生的机会，也仅仅是在北大五院（中文系办公地）的相遇。30 多年已经过去，我依然记得他温和、机敏的面容。现在，读《未名湖畔的足迹》，我走近了周先生，并且再一次"走进"了北大中文系。

周先生在该书的《序》中说："我的这些'琐细零碎'的类似笔记的记录，对于研究北大的校史、中国现代教育史，以及研究知识分子的生态和心路历程，甚至对研究这个时代社会思潮的某些侧面，或许都不无小补。""琐细零碎"是自谦之辞，这些记录的研究价值确实很大。周先生的个人史镶嵌在北大中文系的历史乃至那个时代的历史之中。书中的文章分为八辑，包括自传、治学、教学、回忆师友、生活等不同方面的内容。其中学术方面的文字须静心研读，慢慢领会。现在，最让我感慨的是周先生的品格与人生态度。

周先生生于 1935 年，和那一代知识分子的大多数一样，承受了许多无法逃避的苦难。在川大读书时遭遇反右，学校拔"白旗"、批"白专"道路，他当过"白专道路"的典型。在北大工作的前 20 年间（1959—1979）居无定所，"文革"之初随中文系教师下放到江西鄱阳湖畔的"五七干校"，食不果腹，劳动改造，背两百斤重的麻袋，腰险些被压断，留下终身病痛。尽管如此，杖朝之年回首人生的时候，他却自认"命好"。先生说："我的一生只是简单的六个字：平凡，平淡，平安。平凡是出自本色，平淡是基于事实，平安是因为我的命好。"这种自我认识的深层，是周先生善良的品格。这种善，决定着周先生在社会上、在北大中文系的生存方式。

《未名湖畔的足迹》第二辑"感怀与纪念"中的《世事沧桑话住房》一篇，讲述的是周先生自己 40 年间的生活。在先生笔下，那个贫困的年代也有许多温馨。买了一台牡丹牌收音机，与邻居打招呼时先生会说："我们家买了一台收音机，有什么好听的音乐节目的时候过来坐坐啊。"花三个月的工资买了一辆自行车，先生是那样欣喜、珍惜。文章写到他搬离蔚秀园的时候，头发斑白的新住户在他们搬离的那天来看房子，抑制不住欣喜的神情。看到新住户的神情，周先生却"不禁心里一酸，想哭"。他有悲悯之心。在《草棚大学纪事》一文中，他写到那个在他即将被两百斤重的麻袋压倒的时候出手相助的不知名战友，在《难忘最是师生情》一文中，他写到中文系七七级的学生在课堂上用绿色军用水壶为他准备的开水。

1998年，北京大学建校一百周年之际，周先生在纪念文章《融进一滴水》中说："做教师是幸福的，在北大做教师尤其是幸福的。"不过，他所谓的"幸福"，并非来自教师身份或"最高学府"的地位。在弟子们为他举办的80华诞祝寿会上，他说："在北大当教师的幸福感主要是指：我在北大半个多世纪，是一面做老师，一面又做学生，从多方面接受教育，接受北大的思想和精神传统的熏陶。所谓一面又做学生，不是空的，包含了三方面的具体内容：第一方面是指，那时还健在而且还活跃在教学第一线的老一辈的著名的学者，听他们的课，接受他们的指点，特别是接受他们的言传身教。第二方面是指，接受北大学术环境、氛围和学风、文风的濡染和熏陶，使我在教学和学术上从一开始就走上一条健康的路。第三方面是指，从我所教的学生的身上也学到了很多东西。我今天要侧重谈的，是第三个方面。"接着，他举了两个例子，说明自己从学生那里学到的知识。实际上，周先生所谓的三方面，说的都是如何做"学生"，如何以"学生"的姿态学习知识、提升自己。关于刚到北大中文系工作时听游国恩、杨晦、吴组缃、朱德熙、王瑶等老先生的课，他在《融进一滴水》中写得很详细。身为青年教师时听老先生的课是正常的，成为资深教授之后谈自己从学生那里受到的教益，就难能可贵了。这就是周先生高贵的"学生境界"。在《未名湖畔的足迹·序》中，周先生说自己作为川大毕业生能够愉快地在北大任职40年，"是受惠于蔡元培校长所开创的北大兼容并包的历史传统"。周先生本人也继承并发扬光大了这种传统。做人、做学问皆如此。

在周先生这里，"命好"或"幸福"是一种事实，更是一种人生态度、一种境界。这种人生态度、境界，也投影在他的学术研究上。他在《〈聊斋志异〉欣赏·前言》中这样评价蒲松龄："蒲松龄的眼光不只是注视着社会黑暗罪恶的一面，他还敏锐地摄取并集中了实际生活中美好的东西，加以提高升华，使人在黑暗的现实中也能充满希望和信心。"汉语中有"道德文章"一词，在该词中，"道德"在前"文章"在后。按照我的理解，这是因为一是道德比文章重要，二是道德会影响文章的档次。周先生可谓"道德文章"的典范。人品高，所以学问好。他在《书和读书人》一文中说："真正的读书人，除了知识丰富以外，最主要的就是要有良知，有社会责任感。"他显然也是这样要求自己的。

《未名湖畔的足迹》记述周先生本人的故事，也记述了北大中文系的许多旧事。我读相关文章，30年前的记忆被唤醒。书中写到的吴组缃、季镇淮、金开诚等先生，我都曾有幸与同学一起登门拜访、聆听教诲。在吴组缃先生家里，听老先生讲现代文坛的掌故，对某些现代作家作品有了更深入的理解。老先生讲价值的相对性，既生动又形象："皮袍子好不好？好！冬天穿着暖和。夏天还好吗？不好了。热，不能穿。"与同学拜访金开诚先生的时候，金先生尚住在蔚秀园。两居室，狭窄，书多。金先生在阴面的小房间里与我们谈话，转身不便，我们坐下就不敢动了。那天，金先生讲了同一份资料的不同用法，我受益甚多，至今记忆犹新。《未名湖畔的足迹》还写到几位名师的我所不知道的旧事：林庚先生在地震中的镇静、固执，裘锡圭先生读书时的专注，陈贻焮先生在同事遇车祸身亡时对着鄱阳湖的放声痛哭……在周先生的记忆中，诸位先生是那个样子。这种讲述本身，也在展示周先生自己的品格与心态。他用善良的眼睛看到了一个好世界。

曾经就读于北大中文系，却未曾上过周先生的课，可谓擦肩而过。所幸，后来与他的千金周阅相识，专业相同，多有交往。都在北大中文系读过书，有共同的老师，周阅因此称我"师兄"。周阅的名字是谢冕先生取的，而谢冕先生是我读硕士时的两位导师之一。周阅记得与我第一次见面是在乐黛云先生家里，而乐先生是我读硕时的恩师之一。我正式发表的第一篇文章，是上乐先生"小说分析方法"课的作业，乐先生推荐给杂志发表的。课堂作业得高分并且公开发表，我信心倍增，在当时，30元稿费对于我这个穷学生来说也是一笔巨款。那份乐先生亲笔写下批语、分数的作业，我珍藏至今。上面这两件事，让我觉得自己与周阅有缘。现在，读了《未名湖畔的足迹》，我知道，那也是我与周先生的缘。有缘的人，即使曾经擦肩而过，最终也会相遇，只是换一种相遇的方式罢了。因为周阅，因为这本《未名湖畔的足迹》，我在从北大毕业32年之后，与周先生相遇。不仅如此，读《未名湖畔的足迹》，我对周阅的了解也多了一些。她的善良、谦逊、勤奋、认真，首先是来自周先生的家教。在做人与做学问两方面，她都确实是周先生的"女儿"。这一定是远在天国的周先生感到欣慰的。

2019 年 3 月 22 日写于寒蝉书房

一封令我终生受教的回信

李桂奎

2019 年 1 月 19 日，寒假伊始，我从济南赶到临沂。每逢这个时节，通常会有三两故交一起小聚。当晚，王京凯将我众里寻他千百度的一封信还给我。这是当年周先慎先生回复我考研成绩核查的信。2006 年我匆匆忙忙举家南迁上海时不小心遗落，被一个文化程度不高的亲戚夹在旧书刊里卖掉了。冥冥之中，我有了重新得到这封信的机缘——此信传奇性地被王京凯买到。王京凯是我刚刚参加工作时教过的学生，现任临沭县组织部长，一直保持着文人情怀、爱书情结，闲暇时间喜欢逛逛旧书市场。前两年，他在逛旧书市场时无意中发现了这封信，基于对周先生地位的了解，就花 2 元钱买了下来。而今，我再次双手捧着这封宝贵的信，睹物思人，不仅深念周先生当年对一个素不相识的晚辈后生的热心回复和殷殷指教之恩，而且激发出写一点纪念性文字的感动。于是，第二天一早就赶紧联系段江丽教授，期望能够将写下的这点滴纪念文字收入周先生逝世周年即将出版的《周先慎先生纪念文集》。

遥想 1991 年，我大学刚刚毕业不久，尚处在青葱懵懂岁月，在沂蒙山区的一所师专教书之余，为一圆研究生之梦，便好高骛远地决定奋力一搏，报考北京大学。考试结束后，自认为专业课回答得较为圆满。不期次年 3 月成绩公布后，竟然发现与自己预估的有较大距离，就匆匆忙忙地冒昧接连给周先慎先生写了两封信。不久，就接到周先生认真的回信。记得先生除了宽慰我不要气馁之外，还提出了一系列诸如注意全面、创新之类的话。我结合这些指教，反思自己存在的问题，恍然大悟，只是凭死记硬背一些知识点是不够的。至今清晰记得有一道题是"论述《儒林外史》的讽刺艺术"，我按照游国恩本《中国文学史》一五一十将四个要点都背上了，感觉很全面完整，殊不知这种毫无自己新思考的做法，得分并不高。从此之后，我较为清醒地意识到，为学之道不应只是凭着死记硬背，而应该有自己的独立思考；不应该只是生吞活剥文学史，而应该扎扎实实地从文本细读、深解做起。

这封信的内容一直烙印在我的脑海里，一直启迪着我在为学之路上不断求实创新。然而，几度想重温这封信的内容，却翻箱倒柜，再也找不到。不期今天，这封信可惊可愕地让我失而复得了！因此，我可以将其中的内容原汁原味地复述在这里，与广大朋友们分享周先生当年的谆谆教诲了。

在信的开头，先生就告诫我："考试成绩不够理想，不一定准确地反映出一个人的实际水平，所以大可不必懊丧和悲伤。任何时候，尤其在遭受挫折的时候，必须保持充分的自信心，这才能继续前进，才能在事业上取得成就。希望你能正确对待此次的挫折。"这种教诲不仅是对我学业追求中的一种安慰和鼓励，更是一堂精彩的人生教育课，对而今的广大青年朋友们同样具有普适性。

信的正文一一解释了每道题应该如何回答，并为我的缺失找到了原因所在。就五个名词解释来看，先生说只有"建安风骨"一个我得了满分，而"人境庐诗草"全错，其余三个都存在"或不准确，或不全面，或不完满"等问题。例如，关于"元和体"，我只知道指唐代元和年间出现的一种新体诗，而周先生告诉我，"应指出有广、狭二义，狭义主要指元白诗中次韵相酬的长篇排律和包括艳体诗在内的流连光景的短篇杂体诗"；再如，关于"明清传奇"，周先生也说，我也没能指出"是由宋元南戏发展而来，在音乐、结构（长篇）、角色分配等方面的特点"；关于"套数"，周先生说我"还要指出同一宫调的两支以上的曲子相联，以及必须一韵到底等特点"。对这些当年教科书上不够明确的，我要么回答不来，要么只知其一不知其二，因而都被扣了分。至于论述题，周先生特别提醒我："不仅看内容正确不正确，全面不全面，还要看是否丰满、深刻，还要看文字表达。"这些提醒和告诫对于一个刚刚起步的年轻人来说，是多么重要啊！最后，周先生勉励我"不要灰心，也不要放弃读研究生的理想，继续努力"。

在一个人求学、为学之路上，难得有如此教诲。虽然我当年名落孙山，但周先生的回信意义深远。一路走来，注意"正确""丰满""深刻"以及文笔精美等观念一直烙印在我心头，让我受益永远。这是周先生对我的学业、治学以及人生的教导，相信对当今正在追求上进的广大青年朋友也会有参考价值。

当然，由于当年还没有电脑文字编写条件，周先生满满两页纸、近乎七百言的回信是不厌其烦地亲手书写的，字迹清晰，显示了先生对一个年轻人热心、耐心的言传身教风度。今天读来，仍然令人感动不已！敬爱的周先生，后学永远感谢您、怀念您！

纪念我的周爷爷

刘　乐

　　我是 2017 年 9 月份与周爷爷相识的，爷爷当时因"心力衰竭"住院，我是他治疗组的一线大夫。爷爷对我特别和蔼可亲，没有因为我年轻而轻视我。病房里也经常有他的学生来看望他，他也很开心地给我介绍。记得有一次，周爷爷介绍说，这是我的研究生，现在美国一个大学工作。脸上洋溢着自豪之情。爷爷还经常和我聊天，聊文学与医学的关系，说文学给予人们的是心灵的慰藉，医学是祛除人们身体的痛苦，两者有相通之处，在行医的过程中，医师如果能够不仅祛除患者的痛苦，同时给予患者更多的心理慰藉，那就会成为一个好医生。爷爷的话我一直铭记于心，它也一定会深深地影响我以后的行医生涯。

　　当得知我也喜爱文学时，爷爷立刻把他那本最近出版的《周先慎细说聊斋》送给了我，还给我签了名。后来我才知道爷爷那时写作已经非常困难了，写作时间长一点就会出现心慌心悸，身体的疾病让他无法安心写作，情绪也开始变得焦躁起来。可以想象爷爷是克服多大的困难才完成了这本书。现在每当我拿起这本书的时候，都可以想象周爷爷当时写作的辛苦。书完成后，本应该继续写这个系列的下一本书了，可是这时爷爷却心衰加重住院了，这样后面的书也就无法写下去了。

　　不能继续工作对爷爷来说是不能接受的，尤其对一个工作了近 60 年的人来说，这等于失去了人生的目标。爷爷也跟我提起："死亡已经不那么重要了，重要的是活着还能把自己的一些东西整理出来，对社会有贡献，那才是有价值的。"这种感觉我也曾经体会过，考研的时候，人生的目标就是考研，但当这场考试结束的时候，并没有感觉到解脱，而是感到内心空荡荡的，突然觉得人生的目标就没有了。但爷爷和我们不一样，我们马上进入人生的下一个阶段，一个新的目标就出现了，让我们能够继续充实起来。爷爷却是丧失了自己的工作能力，以后再也无法从事自己喜爱的写作，这等于就是失去了人生最大的意义。可以想象他当时内心是多么痛苦。

当他听说一种新的治疗方法出现的时候，像小孩子一样对未来充满了期待，甚至都想去申请当第一例试验者。怀揣着对未来生活的憧憬，爷爷鼓足勇气接受了手术。手术前，我去看望他，他开心地说这个新手术已经成功完成1例了，述说中他仿佛又找回了往日工作的激情。然而他人的成功却没有在爷爷身上再现。住院1周后，爷爷手术成功的消息一直没有传来。我突然有一种不祥的预感，赶紧询问了钟奶奶，奶奶说爷爷已经在3天前完成手术了，但是术后一直未醒。我赶紧打开电脑，查看爷爷的病例记录。"心脏骤停"几个字出现在我眼前，对一个心内科大夫来说这是与"死亡"最接近的词了，尤其在一个80岁的老年患者身上。但我还是期望有奇迹出现，我想爷爷人这么好，吉人一定会有天相，爷爷一定会挺过来。接下来几天，我的心情也随着爷爷的指标而波动起伏，当看到爷爷超声心动图，心脏重新恢复跳动，二尖瓣的反流面积减少时，我感到欣慰；但接着，爷爷突然一下子肝肾功能指标骤然升高，让我感到惊慌，甚至都不能接受这是他的指标，认为这是化验出现了误差。看着他逐渐撤掉了生命辅助装置，我想应该快好了吧。就这样一天天过去了，我们隔着电脑进行"无声"的交流。8天后，不好的消息还是传来了。当我打开爷爷的脑部CT时，一下子瘫软下来了，"大面积脑梗"，那一瞬间所有的期待都变成了泡沫。我久久凝望着爷爷的CT，从未感到如此绝望。

爷爷就这样匆匆地走了，我们相识不到 1 年，却都把彼此当作亲人一样。爷爷还有好多故事没给我讲，送我的书也还没有看完。有时候遇到烦心事，也想去找爷爷倾诉一下，可如今只能去"未名湖"看望爷爷了。但有时候想想，"人生啊，哪能尽如人意"。爷爷也许就存在于那未名湖中，像他的《细说聊斋》中那样幻化成湖中的一滴水，水上的一只鹅或水中的一条鱼。也许他还能听到我们对他说话，但只是无法再回应我们罢了。

2018 年 12 月 31 日
于北京安贞医院宿舍

南国的雪
——忆念周先慎先生

王中忱

冬日无雪，却会想起前人咏雪的诗文，特别是鲁迅先生《野草·雪》里所写的江南雪：滋润而美艳。不知为什么，这时候，我会想到周先慎先生，这位如南国的雪一般高洁温润的师长。

我无缘受教于周先生，专业领域也无直接的交集，回想最初的结识，讲不出学林逸话类的故事，却很有让人不能忘怀的温馨色彩。20 世纪70 年代后期，我妻子分配到北京语言大学（当时称学院）工作，和周先生的夫人钟必琴老师同一个教研室。那时候，学校安排老教师一对一地帮助新入职的教师，从教课内容到教学方法都给予指导。钟老师不是我妻子的指导老师，但她对每位青年老师都很关心，且性格热情明朗，让人既敬又亲，她们的来往很快就多了，并且从工作自然地延伸到生活，当然都是钟老师关照我们。现在还记得她喊我们去北大看电影，当时北大放映的电影比北语多，新的电影也来得快。而每次去，都先到她家里去坐坐，然后从家里搬出小马扎去电影院——准确地说是大饭厅，那时才知道北大的大饭厅周末竟然无桌无椅，许多学生打了饭后端着在校园边走边吃，曾成为一时风景。这样的餐厅转换为看电影的场地倒很方便，可谓是那个时代的多功能厅。多少年后，周先生和钟老师的女公子周阅已经成长为优秀的学者，见到她时，我眼前还常常浮现起当年那个搬着小马扎跑在我们前面的小学生身影。

那时候还没有咖啡厅茶室一类的公共场所，相互来往都要到家里，当然是年轻老师叨扰老教师的时候多。到钟老师家是最不拘束最放松的，这是因为周先生。其实我们更习惯称他周老师。周老师举止儒雅，谈吐温文，接近了就让人感觉亲近，听他谈话更是如沐春风，既是师长，又像兄长。所以，只要有什么需要到北大办的事，我们总是去麻烦周老师，而周老师总是热心又耐心地帮忙。1993年春，我妻子受邀去日本的岩手大学教书，对方希望她除了现代汉语之外，还要承担一点古代汉语音韵学方面的教学，而后者不是她的专业，自然有些心慌，于是便找周老师。周老师不仅给了一些建议，还联系了何九盈先生和另外一位青年老师，亲自陪着去拜访求教。现在想想，那时的我们真是"少不更事"，完全没有想到周老师也有繁重的教学和研究工作，就这样去占用他的宝贵时间。不过周老师自己也有"责任"，因为他一点也不让我们感觉到受扰之烦。那时我们只是感佩周老师在北大的同事之谊，无论老教授还是青年教师，虽不在同一专业，却都对他那么信任那么热情，我们也跟着受惠。

因专业不同，我和周老师的直接来往不多，但每看到他的新著，都会买来学习。先是因为知其人而读其书，后来自然就因读其书而更知其人。就我的阅读印象而言，周老师既是严谨的学者，也是文章高手，如收在《未名湖畔的足迹》①里的随笔，平实蕴藉，隽永感人，尤其是记人（包括记叙他自己）叙事的几篇，我都反复读过，每次都感觉余音不尽。周老师1955年考入四川大学，1959年到北大任教，一直工作到退休，可谓是在共和国教育和学术体制里成长起来的一代学人，也和同时代知识人一样经历了风风雨雨，周老师把自己的人生归结为"平凡，平淡，平安"六个字，按照他本人的解释，自然不无道理，因为他"没有

---

① 北京大学出版社 2018 年版。

被恶浪卷走，淹死，而只在身上溅上了几点泥水"①。但所谓"溅上了几点泥水"，其实也不可能不造成创伤，不能不留有伤痕，周老师的低调自谦，与其说是对历史经验的描述，毋宁说是他人生态度的一种表述。人不能不置身于一定的社会潮流之中，各自的应对方式却有所不同。据我的观察——当然主要是从他的著述文字观察，周老师显然不是随潮起舞者，他更多是以平常心态，淡定地面对所谓时代潮流，善意地去理解人和事，同时坚守着自己的学术研究，以此为志业，也以此为志趣，乐在其中，其他的世俗得失自然就不在关心之内了。他把自己放在平凡的位置上，脚踏实地，勤恳耕耘，日积月累，其实获得了不凡的成就，他的著述就是证明。

对周老师的学术业绩，我没有能力评价，不敢随意置喙。但作为读者，我特别喜欢他对中国古代小说的解读。周老师直接受教于吴组缃先生，也自觉继承吴先生的研究路数，可谓是吴先生的学术传人，他的文学史著述都建立在作品细读的基础上，而他的广阔文学史视野也使作品细读达到了一般人难于达到的精深。现在说到"细读"，通常都会想到欧美新批评或结构主义叙事学，想到文本、视点、聚焦等概念，周老师很少使用这些术语，他一直执着于小说的思想和艺术分析，我觉得这并不是因为他不了解所谓的新理论，而是因为他有自己的坚持。他显然没有把小说作品看作是孤立的语言自足体，而是在关注作品内部结构的同时，也重视作品和作家的关系，重视与作品相关的历史脉络乃至不同时代的读者反应，所以，他的小说细读，既进行版本甄别、词语考释、人物和情节、细节的分析，也从文学史、社会史、思想史的视域进行考察，同时融进自己的人生经验和社会关怀，可谓是一种综合而又立体的解读。这境界，需要深厚的文史功力、艺术修养和相当的人生阅历，并不是随

---

① 《足迹》第 1 页。

意操弄几个理论概念就能达到的。

周老师晚年出版的《细说聊斋》[①]凝结着他多年探索的心得，为小说细读提供了独具特色的典范。书名"细说"，似乎也有深意存焉，因为细读毕竟是研究者的个人行为，如何把细读的所得讲出来，讲得好，同样是他的关心所在。细读这本《细说》，可以看到，每篇解读文字的问题怎样提出，所评析的作品内容如何转述，哪些文字必须直接引用，何处应该以设问的方式提醒注意，都寓含着著者的细心考量。读周老师的书，你感觉得到他处处都在为读者着想，如同在课堂上和学生们的融洽互动。读周老师的书，你会感觉他没有离我们远去，他那不急不缓娓娓道来的语调，就萦回在书的字里行间。

---

① 上海三联书店 2015 年版。

读《简笔与繁笔》有感

——纪念周先慎先生逝世一周年

吴　刚

又值 4 月，记得去年的这个季节，在微信里看到信息，周先慎先生去世了，我猛然间想起那篇《简笔与繁笔》，快速地在手机上搜索——我的记忆没有错，这是周先生写的文章。

十多年前，我在东北小城教高中语文，教材里的这篇《简笔与繁笔》给我留下了深刻的印记。"简笔"与"繁笔"，这对辩证关系，引人深思。《简笔与繁笔》之所以给我深刻的记忆，是因为在那时候教学、写作，以及在后来的学术研究中，我都越来越感觉到文字功底的重要性。

高中语文教学往往存在这样一种现象，基础弱的学生，学得吃力，费了很大劲儿，作文分数也不高，因此往往不愿意在语文学习上下功夫。当时，学生写作一般存在两种情况，一种是无话可说，文章干瘪；另一种是啰里啰嗦，文章臃肿。《简笔与繁笔》切中学生作文要害。周先生在文中举出施耐庵、鲁迅运用简笔与繁笔的例子：在《水浒传》中，一方面是"武松打虎""林教头风雪山神庙"用字俭省之传神，另一方面是"鲁提辖拳打镇关西"描摹细致有神韵；而鲁迅，一方面讲究文字精炼，另一方面也不惜笔墨，如《社戏》对环境、气氛的细致描绘。施耐庵、鲁迅的这些文章都是初高中语文课文，周先生举出这些例子，让学生感到亲切，易于接受，能够感受到文学大师是如何在同一部作品中处理简笔与繁笔的，这对于学生学习写作意义颇大。

　　《简笔与繁笔》提到文学创作的趋长现象："也有长而优、非长不可的，但大多数不必那么长，确有'水分'可挤。"这种文章臃肿的创作现象，即便当下也比较普遍。作家的写作不同于学生作文，对文章繁简的驾驭能力应该是比较强的。如果处理不好，或许存在两种情况，一种以长为优，储备不足，"水分"增加；另一种思想境界不足，找不准繁简适当的语言。

　　通读《简笔与繁笔》，其写作目的主要是针对文学创作，但实质上，其意义不仅局限在文学创作，对学术研究也具有意义。有的学术文章往往存在简则语言干涩、繁则堆砌材料的问题。学术研究也要处理好繁简关系。从事学术研究的人，也该读一读《简笔与繁笔》。

　　《简笔与繁笔》中提到的"繁简适当"，是运用简笔与繁笔的理想境界。如何理解"繁简适当"，周先生说："文章的繁简又不可单以文字的多寡论。言简意赅，是凝练、厚重；言简意少，却不过是平淡、单薄。'繁'呢，有时也自有它的好处：描摹物态，求其穷形尽相；刻画心理，能使细致入微。有时，真是非繁不足以达其妙处。这可称为以繁胜简。"这句话把文章的繁简说得十分透彻，的确不能以文字多寡来论繁简。

　　周先生这段论述体现了繁简的辩证关系。"繁"与"简"是对立的，但又是统一的。对立统一在一篇文章当中，这在《简笔与繁笔》所举的《水浒传》《社戏》中已经体现出来了。也就是说，该繁则繁，该简则简。繁则不惜笔墨，用墨如泼；简则字斟句酌，惜墨如金。这才是驾驭文字的高手！

　　对繁简的辩证关系，写作中难把握的就是"简而淡，繁而冗"。文章该简处自当要"简"，但如何避免"简而淡"？文章该繁处自当要"繁"，但又如何避免"繁而冗"？也就是说，认识到文章该简之处，未必就能达到"简"之目的；认识到文章该繁之处，未必就能达到"繁"之效果。这是写作中最难之处。

　　如何做到繁简适当，周先生说："只要来自生活，发诸真情，做到繁简适当并不是一件太困难的事。"我认为，这是思考繁简适当最基础的一步。无论文学创作还是学术研究，首先要切合生活实际，这应该是思考繁简适当的逻辑起点。切合实际，思考繁简适当，就是要把你所要表达的内容研究透彻，无论创作还是研究，都需要这一条。写小说，对主题、对人物没有透彻的理解；搞研究，对研究对象没有深入的调查与思考，如何去达到繁简适当？只有对创作与研究对象下一番调查与思考的苦功夫，真知灼见才有可能出来。于是，何处点到为止，何处着力笔墨，才会了然于胸，文字的多寡也就自然调适了。

　　"言简意赅"自然是好，而"言简意少"则限于平淡，为何会"言简意少"？实质还是对写作与研究对象缺乏深入的调查与思考，也就是所谓的脑子空虚；如果有必要用繁笔，"以繁胜简"，也自然是好，但很多时候却达不到这种效果。周先生讲："作品写得过长，原因很多，首先是对生活的提炼亦即艺术概括的问题，但艺术手法和语言表达的欠洗练也是不容忽视的一条。"概括能力本质上也是思维能力，思维能力是通过语言表达能力呈现的。

　　若想提高思维能力，就该学点儿哲学，它往往能提高我们的思想认识水平，认识水平提高了，面对创作与研究对象，自然就会有一番新的领悟。不过，我们也见到一些文章，读起来看似理论水平比较高，但却让人一头雾水，这归根结底，还是没有深入到创作与研究对象的本质中去。对创作与研究对象若有深入的领会，自然会运用深入浅出的语言来表达；如果对创作与研究对象缺乏深入的研究，自然要用云山雾罩的语言来遮掩认识的不足。

　　此外，我们还要对文章反复修改。对创作与研究对象深入调查与思考之后，把这种调查思考所得落实到笔端，这还有一个对文字反复酝酿修改的过程。文字是魔方，只有把它放在最恰当的位置，才会发挥出最大效力。文字、词语、句子、段落、篇章，重视这些由小到大的生成过程，对文字有尊崇感，才会赋予文字以生命力！重视字词句章，给文字以生命，文章才会有生气！达到这一点，就需要对文章反复修改，这方面警语很多，"语不惊人死不休""批阅十载，增删五次"。只要刻苦修改，必然会带动深入思考，这样对创作与研究对象的理解也自然会逐步深入，文章的逻辑关系也就自然会更加紧密，思想自然也更加深刻！也就是说，刻苦修改，会带来一系列的能力水平的提高！未经刻苦训练，不去百般雕琢，对文字缺乏足够的尊崇之心，心中没有繁简适当的标准，则很难达到文字运用的理想境界！文字是有生命力的，在我们的笔下，要让它跳跃起来、鲜活起来，这是我们写作的追求！

　　周先慎先生致力于古典小说研究，在研究之余，他所作这篇《简笔与繁笔》文艺随笔却有着另一番影响力，这也许是周先生写作之初没有想到的。"繁简适当"值得深思，这是我们思考的起点，而非终点，并且永无终点。在周先生逝世一周年之际，谨以此文表达悼念之情！

2019 年 4 月 5 日清明节

想念北大的周叔叔

吴晓都

周先慎叔叔是家父吴庚舜先生在四川大学读书时的同窗好友，北京大学中文系的著名古典文学专家。1959 年，他与家父一同被分配到伟大的首都北京工作，周叔叔到北大，家父到中国科学院文学所。尽管他老人家也是我们成都人，当年是从崇庆县考入川大的，是我们家最亲近的四川同乡长辈之一，但我总是把亲爱的周叔叔与北京大学、与我光荣的母校联系在一起。这可能不仅与我最初知道周叔叔的身份是北大老师有关，还与周叔叔和我在北京大学这个环境里共同经历过 80 年代初期有关，而且，更由于我少年时代第一次领略燕园之美是因为周叔叔邀请的缘故。就这样，在我心中，周叔叔的音容笑貌就与北京大学永恒地定格在我美好、亲切而难忘的记忆中……

那是 1976 年的金秋时节，刚刚粉碎了"四人帮"，大家的心情很舒畅，长辈们老同学之间聚会比以前多了一些。秋风送爽的一个周末，我们全家应周叔叔和他夫人钟阿姨（也是家父同班同学）的邀请到他们北大家中做客，那是我人生中第一次到北大这个青少年向往的全国最高学府。那时，周叔叔家还住在著名的燕南园，与大家熟悉仰慕的大学者周培源、冯友兰、朱光潜、陈岱孙、王力、王瑶等教授们相邻而居。回想起来，真得感谢周叔叔，是因为他的邀请，我才能还在中学时代就得以参观典雅美丽、古色古香的北大校园，才能在这么高雅的人文环境中开启自己最早的人文观相。记得那次在周叔叔家，他勉励我好好读书，争取将来有机会来北大上学。虽然，其时还是在我国大学的"工农兵学员"历史时期，但由于已经除掉了人民痛恨的"四害"，知识界和教育界对大学教育改革充满生机的前景普遍报以热望与期待，满怀美好的憧憬。

4 年以后，当我获得北京大学俄语系的录取通知书后不久，周叔叔和钟阿姨就到我们在天坛东里的家中来向他们的老同学道喜祝贺。在校 4 年中，叔叔不仅关心我的学习情况，还经常邀请我到他蔚秀园的家里做客。记得 20 世纪 80 年代初期电视里刚刚恢复播放苏联当代影片，我还到周叔叔家欣赏了经典故事片《这里的黎明静悄悄》，并与知识渊博、文艺视野宽广的叔叔交流阅读俄苏文学的感想。

20 世纪 80 年代初期，周叔叔与钟阿姨作为中国的汉语专家，应邀到德意志民主共和国讲学，当他们第二年回到北京时，我和母亲一起到北京站去迎接他们。那次出国讲学，他们是经贝加尔湖和莫斯科去柏林的，几乎穿越了整个欧亚大陆。周叔叔后来在北大的家里，风趣地给我讲了他们途经苏联前往民主德国途中的所见所闻及一些令人忍俊不禁的趣事，增加和丰富了我这个俄语专业学生对当代苏联东欧社会经济文化实况的了解。今天看来，周叔叔是中国进入改革开放新时期以来，出国宣讲中国文化，讲好中国故事最早的一批杰出学者，他为中外文化交流、增进中外友谊、特别是在促进原社会主义阵营国家了解当代中国的工作中做出了贡献。

回想起 20 世纪 80 年代在北大的读书生活，我有许许多多美好的记忆，但也有一些遗憾，遗憾之一就包括没有机会和时间去听周叔叔在中文系的精彩课程。尽管，我毕业后曾经读过周叔叔的《中国文学十五讲》及其他一些古典文学的著述，特别是对他选入中学语文课文的那篇《简笔与繁笔》印象深刻。周叔叔对古典小说深入浅出、精细入微的文本解析，不仅加深了读者对小说作者叙事才华的多维理解，而且给人在阅读原著的基础上又增添一种格外愉快的审美享受。受周叔叔学术研究的启发，在攻读硕士学位期间，我开始对中国古典小说的解读感兴趣，读过张毕来先生的《红楼佛影》一书。我从张毕来那本专著中增长了不少关于佛教汉传于中国的历史知识，特别是对张先生在专著中坚持中华民族文化自信的态度颇为欣赏。从张先生的书中，我知道了佛教传入华夏之初，是传教者受中华文化的启发，智慧地利用了先秦时代华夏的文化元素再结合自己的教义，逐渐向中原传播的这一历史过程。我十分喜欢这种在宏大历史语境中超越文学文本框架采用文史互证的研究与阐释方法。多年以后，在重读周叔叔的学术论著时，欣喜地发现，周叔叔对我由衷佩服的张先生的"以史证文，以史论文"的治学方法也是高度评价的。周叔叔在《论张毕来"红学四书"》中指出：张毕来先生"使用的是他所说的'再从书外说进去'的方法。……把问题放在两百多年以前，联系着千百年的传统情况研究，看看清初士大夫而当和尚者，当时是如何做，如何说，如何想的，用历史事实来说明问题"。"以史证文，以史论文，从书里说出来，又从书外说进去"的这种方法颇具特色。周叔叔充分肯定了张毕来先生的历史眼光和渊博知识以及坚持辩证唯物主义和历史唯物主义的科学态度。我在《红楼佛影》中受到启发的首先是张先生对自己民族的文化自信，老先生告诉我们这些后辈学子，虽然东汉以后佛教文化逐渐融进中原文化，成为汉文化博大精深的组成部分之一，但我们中华文化自古以来就有自己独立的文化起源，佛教文化还是借用了先秦文化词汇才得以顺利地被华夏古人接受的。张先生的这些以史实为依据的讲解，客观上就驳斥了那种所谓"印度文化是大哥哥我们是小弟弟"的文化上自卑的历史认识偏颇。

周叔叔也特别注重历史语境的文学解读，他强调，张毕来先生虽然解读的是两百年前的古典小说，但他却并不局限在清朝一个历史时期，而着眼于"联系着千百年的传统情况"来分析文学问题和阐明问题。周叔叔重在总结和概括前辈学者的研究方法和经验，而不仅仅停留在个别文史结论上。比如，他看重的"联系着千百年"的研究视野的这个特点，实际上，就与刘勰的"思接千载视通万里"的方法，与巴赫金的"经典都是在长远时代写出"的文论观点相契合了。周叔叔对张毕来专著的点评，从文学史论和作品研究的界面上升到理论方法总括的高度，显现出史论文论打通的高超的学术功力。周叔叔在概评张毕来先生红学专著时感慨道，读先生的论著，"犹如读生动有趣的散文随笔，轻松愉快"，"读完后，我们禁不住感叹：原来学术著作还可以是这样一种写法！这种写法在我们获得知识和思想启示的同时，还能获得语言文字美的艺术享受"。周叔叔不仅是这样认识前辈的经验的，而且也是亲力践行的，他的古典小说赏析文章不也颇得前辈的神韵吗？又如，在《古诗文的艺术世界中》解析苏东坡《前赤壁赋》时，周叔叔注重还原作者寄寓在景物风情中的佛道仙韵，"这声音，好像含着深沉的怨恨，又好像寄托着执着的思慕追求，像是在低声呜咽，又像是在细雨倾诉；箫声停了，可是余音不绝。好似轻柔不断的丝缕"。周叔叔赏析的文字解读了东坡泛舟赤壁的思想情绪，也再现了东坡文字的形象塑造感。每当读到周叔叔形象生动的作品赏析论著，我总是想起苏联文论家、著名的巴赫金研究专家、俄罗斯科学院文学研究所的谢尔盖·鲍恰罗夫高级研究员所提倡的"作为文学的文艺学"的诗学观念。"东海西海，心理攸同，南学北学，道术未裂"，切近文学本质特征的文学研究与阐释方式总能获得更广大的文学读者的喜爱与认同。显而易见，周叔叔在这个领域谙熟中外文学研究与阐释的这些规律。

20年前，周叔叔在写给我们北大的一篇散文《融进一滴水》中感慨："而更重要的是，当感受到自己的学术、思想、精神都同广大的教师和学生产生交汇，融合，成为北大精神和传统的一部分时，心中便不禁涌起一种作为北大教师的幸福感。"周叔叔作为北大知名教授，作为我亲近的长辈，虽然没有直接教过我，但是，我与他老人家的多年接触中，在聆听他的教诲时，在拜读他精彩古典文学学术论著的过程中，也常常自然而然地产生了叔叔所感到的那种北大精神与传统的"交汇和融合"，由衷地体会到了同为北大人的幸福感。

周叔叔以他卓越的品学融进了北大精神和传统，而我作为北京大学的一个普通学子常常想念北大的周叔叔……

魂兮魂兮归故乡

杨 黎

2013 年 10 月，时逢崇州市委、市政府外宣杂志《罨画崇州》创刊，杂志的《我们》栏目策划采访崇州籍在京老乡，首选了在北大中文系任教的周先慎教授。初冬的北京，阳光明媚，碧空如洗。29 日，我们来到周教授位于昌平区回龙观的寓所。故乡来客，78 岁的老先生非常开心，亲自到小区门口迎接我们。

老先生的家朴实素雅，小花园里一棵柿子树挂满红彤彤的柿子，窗台上也放了几枚熟透的，周老说那是特意留给孙女儿的，说话间满含笑意。柿子在故乡崇州是常见的东西，几乎家家户户种植，周老师特意在花园种下的这棵柿子树，或许寄托着对故乡的一种情怀。

周老先生给我们说起母校崇庆中学，回忆起母校的老师们，即便几十年过去，高中老师们的姓名，周老还能一一记得。特别是老校长周毅强给他的毕业赠言"文学是人学"这句话，在后来漫长的学习和工作中，对他都有很大的启发和影响。周老说，母校不仅给了我知识，更给了我健康的人格。

我供职的《蜀州报》（后来更名《今日崇州》）在创刊十周年时辑选了一本文艺副刊《罨画池》，其中收录了周先慎教授撰写的《乡音·乡酒·乡情》一文，我们由此说起家乡的小吃，周老兴致勃勃说起天主堂鸡肉、荞面，有的美食比如锡灯竿的肉粽子是我们这些年轻人都不知道的。说到激动处，周老特意到书房拿出珍藏多年的一瓶"蜀泉酒"，他说，这瓶酒我珍藏了好久，在我心里，他是比名酒更好喝的美酒。

按照周老的安排，在家里聊一会儿天后，就带我们去北大他工作的地方看看，并体验品尝一下在北京高校中颇有名气的北大食堂的饭菜。可是，见到老乡的亲切，让大家都忘记了时间。访问告一段落后我们发现，中午已经过去了。老教授依然沉浸在对故土、故人深情的怀念中。

2014 年春节，赴京拜访周老的第二年，周老返回崇州探亲，特意邀约我一起在滨河路一茶铺茶叙，并赠送我新近出版的宋元明清文学研究专著。那天我意外发现，周老的一个亲侄子，竟是我小时候的邻居叔叔。

周老一直有个心愿，有生之年，要为家乡的历史文化发掘做一些工作，比如出生于崇州街子镇（古味江镇）的唐代"隐逸诗人"唐求，陆游与崇州清代名将杨遇春等等，都值得好好研究。可是崇州一别，等到的却是老先生仙逝的噩耗。我记得周老曾在一篇文章里写到："'美不美，故乡水；亲不亲，故乡人'，这通俗的谚语，我真正懂得，却是在离开家乡几十年之后。"现在想来，周老应该会魂归故里，化作一股文脉了吧。

缅怀周先慎教授

袁千正

去年4月22日早上，老友周先慎教授的女儿周阅教授给我发来微信，告诉我，她老爸已于20日晚上10点50分去世。说实在的，对先慎的去世，我感到悲恸，但因有思想准备，却没有特别震惊。

大约七八年前，先慎兄及其夫人钟必琴教授曾和我讨论过心脏手术问题。不知为什么，我对先慎做心脏手术感到恐惧，以为风险太大，既然眼下还能维持现状，就不必去赌它一把。先慎夫妇也持这个看法。七八年来，他就是这样走过来的。他受了些罪，还总算平安吧。

但病情也在发展。去世前半年的时候，他的心脏病是二尖瓣脱垂，经常引起严重的心律紊乱，已经到了痛苦无法忍受的程度。他决定做手术。我感到，赌一把的意味已经再明显不过了。当然，安贞医院根据他的病情和身体状况，也确认他还能手术。医院很先进，医生很高明，且信心满满，谁知术后进入 ICU 病房不久，他心跳骤停。虽经抢救，但昏迷 11 天后还是离开了人世。

我在千里之遥的武汉，没能和他作最后的告别。但我为他祈祷，愿他一路走好！

我和先慎的交往和友情，超过了半个世纪。使我受益的方面很多，其中有他的学问和文章。这位著名的明清小说研究专家，每出版一种著作，都会立即寄赠给我，如《古典小说鉴赏》《古典小说的思想与艺术》《周先慎细说聊斋》等等。我早年在北京师专时，曾教过一年元明清文学。他的研究著作使我感到亲切，也深受启发。他自己曾谈到他的研究有细、深、广的特点，这是合乎事实的。陈贻焮先生指出："他对作品的鉴赏，不是囫囵吞枣、浮光掠影，而是求深细"；在揭示作品特点时，"力求能体现出中国古典小说发展的轮廓或脉络"；又"力求有新的发现"；且注意学术性和通俗性，能深入浅出，雅俗共赏，还"努力将作品放到一定的历史条件下进行分析，阐发在历史上的进步意义和时代特色。他那严肃认真地做学问的精神，字斟句酌、精益求精的态度，实在堪称学者的典范。

他曾多次在央视《百家讲坛》讲中国古代文学。他是从学者的视角作评价的，不追求收视率，不哗众取宠。我对后来一些学者的作派有所不满，曾与他交换意见。他坦率地说，第一，不能把学术讲坛娱乐化；第二，不能随心所欲，主观武断，曲解传统文化。他表示，如果急功近利，将传统文化当"心灵鸡汤"去研究，那是很糟糕的。

先慎的鉴赏文字，不仅内容扎实，有细、深、广的特点，而且逻辑严密，文辞整饬，谋篇布局也几乎无可挑剔。这都是一般学者难于做到的。这得益于他多年的写作课教学的历炼。鉴赏作品，需要有对作品的感悟力。他的这种感悟力，往往就来自这个过程之中。

学问和文章能照见人品。可以说，先慎有良好的文章，更有良好的人品。他的文章反映了他的人品，即所谓文如其人。他的文章真诚，人也真诚。我在北京工作和生活了7年。1969年7月，中苏关系紧张，我被动员随爱人单位外迁西安，去接受工人阶级的再教育。一天上午，北京气温达到38度，酷热难耐。即使如此，我也得抓紧时间，进行搬迁准备，收检家什，打包托运……没想到先慎这个文弱书生，离开他北大燕南园的家，换乘两三次公交，来到右安门内大街我的住所。他一副搬运工的装束，汗流浃背，站在我的面前，说是帮我搬家来了。我眼含泪水，直直地望着他，一时不知说什么好。

他对我热情，太实在了。几十年过去了，我至今还没有忘记当年的情景。我想，他那个"壮举"，一定得到了贤惠夫人的支持。我要同时感谢她才是。

北京7年的时光，可纪念的场景这里无法一一提及。无疑，先慎一家，包括其子女，是我和我的一家接触最多、结交最深的人。"文革"时，他们住在北京燕南园，那是我去得最多的地方，这不仅是因为先慎一家待我热情、真诚，还因为在北大能感受和目睹"炮打司令部"之后所掀起的浩劫狂潮。

我和我的一家离开北京后，还是和先慎夫妇保持着密切联系，友谊也与时俱增。只要我有机会到北京，都会去看望他们，也会得到他们的热情款待，他们甚至尽可能地为我安排一些令人高兴的活动，比如看体育比赛和组织朋友聚会等等。我从西北大学调到武汉大学后，因为参加了整理闻一多遗稿和新编闻一多全集的工作，从1984年开始，几乎每年都会多次到北京，与闻一多的亲属和门生见面。闻家骊、季镇淮等先生在北大，先慎那里我是非去不可的。有时，先慎主动充当向导，领我去见北大相关的一些先生。之后，他还要招待我。

先慎先后在北大燕南园和燕北园居住过。不必说，我都去过无数次。我没离开北京时，称得上是他家的座上客。但后来他迁居回龙观，我只去过一次。从2009年起，我每次到北京，都住在丰台区我儿子家里。回龙观在北五环外，是个相当远的地方。六七年前的一天上午8点，我和老伴在南四环花乡站乘公交，经过70多站，费了4个多小时，到了回龙观他家。他老俩口早早地为我们订了餐，一直焦急地等着见面。见面后，我不断重复感叹："不容易、不容易，70多站，站站都停，都堵车，几乎和到广州差不多了！""但到底见到你们了！"大家一阵笑语，好像见到了亲人，都流露出了无法形容的高兴！

我注意到，先慎面带笑容，一副健康的样子；但想必是著书立说过于操劳，表情上也透露出几分疲惫。

午餐很丰盛，这是他们的热情和友谊。我们边吃边聊，餐后又在他家继续聊了一个多小时。他和夫人送我们上了公交，并目送良久才返回。

此后，我们也有电话、电子邮件和微信联系，但那次回龙观与先慎的见面，竟成了最后与他的诀别！

3年前，先慎和夫人住进了北京金手杖养老公寓。他们对这个公寓十分满意，认为可以在这里安度晚年。他们详细地介绍了公寓情况，包括位置、环境、交通设施、服务、医疗、伙食、费用等等，还特意发来视频，鼓动我们也住到那里去安度晚年。我和老伴确实为之心动。这是因为：第一，这公寓相当理想，收费也还可以承受。第二，我的儿子、儿媳妇、孙女，都在北京定居。第三，我和老伴都在北京工作和生活过六七年。第四，有先慎夫妇为邻。但是，当先慎夫妇住进金手杖的时候，我老伴在武汉的家里摔成骨折，成了一个瘫痪在床、生活不能自理的人。自然，住北京金手杖公寓的念头也就完全不复存在了。

阴阳两隔，我们再也不可能在北京和其他地方见面了！但是，先慎兄的音容笑貌，他的友情，他的学问、文章和人品，我将永远铭记在心！

忆念周先慎先生

张白丽

几个月前收到周先生去世的消息后久久不能平静，作为一名医生，早已在工作中看淡了人情冷暖，也明白不是亲人无法去感同身受那种别离的痛苦。但收到消息后我仍想劝慰周先生的女儿及夫人，希望他的家人从阴霾中慢慢走出来。虽只是短暂的两次接触，但周先生及其家人仍给我留下了深刻的印象，并且也带给了我很大的帮助。

2017年12月我正在心内科病房忙碌工作，应上级医师要求接管了这样一位患者：只见一位老爷爷穿着灰色外套，戴着暗红色格子围巾，步履蹒跚，旁边是一位老奶奶搀扶着他走进病房。虽然一副长期生病的憔悴面容，但是仍能看出优雅的气度和博学的气质，这也在接下来的问诊过程中有所体现。更让我印象深刻的是陪伴而来的老奶奶：整洁干练的穿着，短发虽已斑白但梳理得整整齐齐。她搀扶着老爷爷坐在病床上后，不一会儿就将带来的物品收拾妥当。我问诊的过程也是相当轻松顺利，老爷爷对自己的病程记忆清晰，老奶奶也将整理好的病历资料都交到了我手上，全然不像已经80岁的老人。慢慢地我了解到老爷爷名叫周先慎，人如其名，十分儒雅，陪伴而来的奶奶是爷爷的妻子，多年来一直陪伴着看病，体贴入微，恍惚间让我想起了很多文章中提到的周恩来和邓颖超的形象和故事，平凡中透露着深情。我想所谓的相濡以沫只有在病魔来临时才能得以体现吧！

问诊及查体结束后回到办公室整理了周先生的病例，是一位患有瓣膜病的病人，发现疾病也有一段时间了，周先生眼神里闪着光芒看着我说："我就是总想在家读读书并继续从事写作工作，但这病影响很大，所以这次来想治好这病。"当时我特别佩服眼前这位老人，像我们这样的年轻人学习的动力尚且有限，更不用说一位80多岁的老人了。作为一名医生，我明白高龄瓣膜病患者选择做手术这一条路风险极高，能否顺利进行完手术尚不可知，但这样的事实又实在不忍心对这样一位可爱的老人说出口。从一旁老奶奶担忧的眼神和话语中我也明白，周先生的家人也都是理解手术的危险性的。有时"希望"对一个人来说真的很重要，它可能是这个人支撑下去的动力。周先生微笑着说自己咨询过安贞医院心血管方面的专家，他这样的年龄做好手术评估后是可以进行瓣膜手术的，这无疑就是老人家来到这里的希望。整理好病例资料，几位上级医师讨论后决定，待检查化验结果出来后再做下一步计划。

每天去病房看周先生，他有时在睡觉休息，我看过监测后便不再打扰；大多时间老先生在看书，偶尔会和我聊上几句，得知周先生一家都从事文学，我的内心除了敬佩，也希望这样优秀的人能健康快乐地生活；有时周先生的爱人送来可口的饭菜给老人吃，我也会跟两位老人聊聊最近的检查结果和治疗方案。可事情总是没有想象的那么顺利，在冠状动脉检查中发现周先生心脏的冠状动脉狭窄超过90%，这也就意味着老人家随时面临着心脏衰竭的危险。最后和周先生的家人商量了下一步治疗方案，虽然事情没有像最初预想的方向发展，但也为周先生排除了隐患。在周先生回家休养前，我欣喜万分地收到他和他女儿写的书，作为一名医生的满足感莫过于患者对自己的肯定了。从一开始自己经手，去了解老人的病痛和希望，渐渐地投入了感情和关注。我深知自身仍有很多不足，但每每想起周先生叫我张大夫时的笑容，我就觉得自己的付出和辛苦全都值得。

我工作的时间并不长，但也接诊过形形色色的病人，大多数带着病痛而来的患者和家属都带着情绪和不解，甚至是无理取闹。而周先生却不同，他给予了我们更多的鼓励与理解。世间的日子正是这样暗淡与鲜亮交替轮回，正如村上春树所说，看海看久了想见人，见人见多了想看海。周先生就是我工作中的那片海吧，他一直提醒我，所付出的还是会有人感念。

2018年的2月份又在医院见到来复诊的周先生和家人，短短相见没想到却是最后一面，现在距这次相见已有一年时间，我在工作中经历了更多的磨砺，但却鲜少遇见周先生这样暖心的患者。2019年春节我在急诊工作中日夜颠倒熬坏了身体，深陷重感冒中久久不愈，我想也许只有自己切身感受到病痛才会真正理解患者。现在每每忆起周先生时，总会想到他提及的自己未完成的书稿，写到此，我最大的希望是周先生的家人们可以走出失去亲人的痛苦，不要沉溺于悲伤，继续健康快乐地生活。

"骨会作尘心不朽"

——悼北京大学教授周先慎先生

周文良

    2018 年上半年，天府之国的历史文化名城成都崇州市先后失去了两位本地籍的当代文化名人。一位是 3 月 28 日因病去世的旅居加拿大多伦多的 20 世纪中国文坛"新锐刊物"《青年作家》副主编、知名作家榴红先生（原名王振华）；另一位是 4 月 20 日在北京去世的北京大学中文系教授、博士生导师、中国古代文学研究专家周先慎先生。

    巧合的是，两位先生均是崇州市崇庆中学（国家级示范高中）的初中和高中前后校友，先慎老师当年还担任过崇庆中学学生会副主席。作为同乡晚辈的我，有幸忝列两位乡贤之后，成为他们的校友和学生，并与他们认识长达二三十年，深感荣幸之至。

    我和先慎老师的交往始于高中语文课本上的一篇课文。

    20 世纪 80 年代初期，刚从师范毕业的我，仗着年轻气盛，为了高中语文教材上的一篇课文《简笔与繁笔》中的一条注释，我壮着胆子，给作者周先慎先生写了一封求教信。让我感到意外的是，信发出去不到一个月，我就惊喜地收到了周先生的回信，并得到周先生的亲切指导和热情鼓励。

    此后，在我和先慎老师交往的 30 余年中，他的渊博学识，精细做事，真诚待人，对事业和生活永葆一颗赤子之心的学者和良师风范，一直成为我学习和工作的强大动力，激励和鞭策着我跋涉在人生的路上。

125

2014 年 6 月，先慎老师回过一趟老家崇州市。

记得那是一个风和日丽的午后，我忽然接到先慎老师的电话。先生说，他已经回崇州了，正在滨河路喝茶、小憩，等我去。我喜出望外，当即叫了一辆出租车，匆匆往滨河路赶去。路遇堵车，等我到达目的地时，比我在电话里给先生说的时间晚了十多分钟，一向惜时如金的先慎老师，已经急切地在路边站着等我了。到了目的地，车还未停稳，我一眼就望见先生清瘦、背有些弯曲的熟悉的身材。我急忙下车，跑步上前，紧紧握住先生的手，连声道歉。先生一边安慰我，一边把在场的家人和亲戚向我一一做了介绍。为了不影响我和先生的谈话，在场的亲友们都热情地为我们让座。我和先慎老师就在旁边的藤椅沙发上，促膝聊起天来。

一阵寒暄过后，先生很快就把话题转到他不久前第一版第九次印刷的力作《中国文学十五讲》上来。那天，先生谈兴很浓。他开门见山，对我说："你当了多年的校长和教育局长，一直从事基础教育工作，基础教育是我国教育事业的奠基工程，肩负着对青少年进行素质教育的特殊使命。《中国文学十五讲》的两次再版，其初衷和期望就是，要让读者、特别是广大青少年读者在读完这本书后，不只是得到一些有关中国古典文学的具体知识，更重要的是要在思想和文化素养上，在对文学作品的分析鉴赏水平上，能有明显提高。"

"那么，周老师，您认为怎样才能让我们的学生在学习中国传统文化的过程中，潜移默化地得到综合素养的提高呢？"我急不可耐地向先生讨教。

先慎老师呷了一口家乡枇杷茶，习惯性地用手抬了抬眼镜，继续说道："通过中国古代文学的学习，首先，可以使青少年学生进一步系统了解中国古代灿烂辉煌的文学遗产的一些基本知识，提高我们的民族自豪感和民族自信心。其次，还可以通过对传统的文学精华作品中人物和情节的品鉴，触摸和感受强烈的爱国主义精神和改革社会的强烈责任感和高度热情"；"一个人能品鉴美，追求美，自己的灵魂也可以经过艺术的熏陶而变美"。说到此处，先慎老师慢慢抬起头，深情地凝望着远处。两片白色镜片的后边，闪烁着期待和沉思的微光。

作为这些年在中国古代文学研究领域卓有成效、著述丰厚的学者，先慎老师治学严谨、精细，真正做到了一丝不苟、殚精竭虑。

临别时，先生送了我一本早已准备好的《中国文学十五讲》（2003年第一版，此时该书第二版正在付印中）。在该书的扉页上，先慎老师工整地题写了赠言：

文良指正

周先慎

二〇一四年六月于崇州。

当天晚上，我翻阅先慎老师的赠书，发现该书第 99 页和第 226 页上分别有先生亲自订正的痕迹。正楷书写，笔迹是红色的，一笔一划，工工整整，让我肃然起敬。

时隔三四个月，大约在 2014 年国庆节前，先慎老师又和我通了一次电话，他说最近正在忙《中国文学十五讲》第二版的事。等新版出来后，要再送我一本。老版本（2003 年版）由于校对的问题，有一些讹误，他不甚满意。先生还特别提到，明年还要送我一本即将出版的关于细说《聊斋志异》的专著。先生一生致力于中国古代文学的教学和研究工作，尤其钟情于《聊斋志异》和《红楼梦》。这两部书，也是他平日读得最多，读得最有兴味和最有心得的古典文学作品。先生有一个保留了数十年的好习惯——读书时，"每有心得体会，就在书眉或行间写上几句批语，有时也做一点笔记"（《周先慎细说聊斋·后记》）。久而久之，集腋成裘，收获颇丰。

由于年龄和身体的原因，在他晚年的一次学术研究会上，先生曾公开为自己定了两条底线：一是不接受硬任务，二是不为自己设置大目标。但其实先生心里一直都揣着一个"不朽"的愿望——他曾不止一次地对我提到，如身体状况许可，细说《聊斋志异》将出四集，每集三四十篇，之后，他还要着手写《细说红楼》。先生在病中曾经对女儿周阅说过，他早就订好了写作计划，而且已经"成竹"在胸。如果这些思考不写出来，就会随着他的生命而永远带离这个世界。

2018年4月上旬，他的主治医生充满信心地对先慎老师说："我不但让你把后边的三本书写出来，我还要让你再写十本书。"就这样，2018年4月9日下午，先生的家人们带着满满的期待和信心，把先生送进了手术室。

手术"顺利"完成。孰料，当天晚上先生心脏骤停，经医务人员多方抢救一直没有苏醒。直至4月20日22：50分，周先慎先生走完了他83年的人生历程，依依不舍地，永远地，离开了他无比眷恋的亲人和朋友。

中国古代文学研究领域失去了一位成就卓著的著名专家！

天府之国的百年名校崇庆中学失去了一位杰出的校友！

我失去了一位终身难忘的良师和益友！

痛哉，痛何如哉？！

八百多年前，曾经在先慎老师的故乡蜀州（今崇州市）担任过通判的南宋著名爱国诗人陆游，写过一首《悲歌行》，诗中有"即今埋骨丈五坟，骨会作尘心不朽"。而今，正如陆游所言，我心存敬仰和感激的先慎老师，尽管已经"埋骨""作尘"，魂留燕园，然而他的"不朽"之心和"不朽"之作，将永远成为激励我生命不息、奋斗不止的巨大精神力量。

先慎老师永垂不朽！

2018年12月13日 于成都崇州

我和周先慎先生

周益锋

周先慎老先生仙逝很快就满一年了。就北京市平均寿命而言，他不算高龄。在人生的最后一段时间，他住过几次院，也接受过一些检查和手术。但客观地讲，至少那段时间，他并没有遭受到巨大的疼痛（并非病痛），也算是不幸中之万幸。

事实上，我对于传统文学无感，仅有的接触也仅限于小时候看过的《三侠五义》《聊斋志异》和《水浒传》《三国演义》《西游记》《红楼梦》这四大名著。其中《聊斋志异》看过两次，不过就是图个好玩，当成光怪陆离的"动画片"对待。今年翻阅《周先慎细说聊斋》一书，才发现原来在周先生的解读中，每一个人，每一句话，每一个词都是有隐而未显的深层意蕴，也许这就是古代文学艺术的美。从我的角度看，周老先生的细小入微的思考和理解，时时流露出的感悟和真情，不由得让人感受到一位品德高尚和真正潜心学术的文学大家的风范！

周老先生患有心脏疾病，且随着年龄增长逐渐出现呼吸困难的症状，这严重困扰和折磨着他。我作为内科大夫参与他的治疗，是为了改善心功能和手术之前进行综合评估。由于二尖瓣脱垂造成的血液反流，肺部出现淤血症状；同时合并严重冠心病，又造成了心脏供血的不足。这两项情况使得周老先生耐力明显下降，只能静养和轻微体力活动为主。每次查房时，老先生很少向我们吐露出自己的不适。交流病情时，我们只要说一次，老先生就能明白自己的情况。考虑到年龄较大和手术风险较高，我们建议他先内科微创手术治疗冠心病防止突发心脏事件，老先生很快就同意了这一方案并成功手术。

对于知识分子来说，自己的思想传承可能远远比自己的生命来得更珍贵。周先生希望在有生之年能尽快完成已构思成熟的四部书，但是在他刚刚完成第一部《周先慎细说聊斋》之后，由于瓣膜反流的问题无法解决，老先生无法进行写作，《周先慎细说红楼》迟迟未能动笔，这让他感到焦虑。我是极力反对他接受外科手术的，从我的角度出发，他可以内科药物保守，放弃工作，虽然生活质量不佳，但能活下去。然而他不愿意，他期望的不是存活，他宁愿接受风险，只要能有完成自己工作的机会……

我经常和身边的同事谈起周先生，碰到相关专业的熟人和朋友也会一起谈起周先生。我心目中，他是幸福的！

从樱桃园到未名湖

——怀念学兄先慎

陈文辉

前记：我非学术界人士，本未拟参与先慎学兄周年祭《纪念文集》。日前网上偶见中国人民的老朋友老布什的国葬典礼。这个广受赞誉的感人葬礼上，四位悼念者讲的竟然多是老布什生前的生活琐事，甚至他的缺点、"糗事"。会场既有伤感的眼泪，也有会心的笑声。遂引发我写作此文。

先慎成为未名湖的一滴水了。这个"诗意"之沉重，是我们难以承受的。

1959年川大毕业时，我送几个同学的照片，都题用了契诃夫《樱桃园》的台词"别了，旧生活！新生活万岁！"或"新生活万岁！"意在祝愿同学告别旧我的小樱桃园，创造新生活。只有先慎的回赠照片仍题那句《樱桃园》台词："新生活万岁！"（至今仍存）后来我分在乌鲁木齐，他最早来信，说："我很受你的赠言'新生活万岁！'的感染。而且我相信，写这句话的人也会创造自己的新生活。"

从1955年9月上川大，就和先慎同班、同宿舍，靠窗对铺。入学不久他就当上了班长。说起来他"家庭出身"并不好，但人好，聪颖有才，诚朴谦和，还有风趣，我一直尊他为兄长。近两年的朝夕同窗，至今都自然有种亲切感。点点滴滴多少事，虽然淡淡，却难忘。有两件事叫我高兴，有件事让他和他女朋友都笑了。

一天上课回来的路上，先慎对我说：昨天榴红（青年作家，《红岩》编辑，先慎同乡朋友，上过川大）来玩，说到他处理一篇小说来稿，稿中几次提到"306"教室。问我中文系有没有个某某，我说就在我班。他说，写得还不错。他是不轻易夸人的。其实我早已收到《红岩》的退稿，信中说："你的小说前后风格不统一，前半有生动的细节描写和心理剖析，后半则多是概括叙说。"退稿后我再没尝试重投，但听先慎这样一说，我还是很高兴。

暑假，先慎想了个点子："我们寝室回家的都带点土特产来尝尝。"尝的结果，他的评议是："西充的狮子糕最好吃！"夸我家乡的土特产，我当然乐了！

一次，他的女朋友、丙班钟必琴来我们宿舍，拿个纸卷，展开一看，是临摹的铅笔画，卷发的外国小女孩头像，画得细致可爱。我羡慕（也学过，不成样）地脱口说："哟！学画画得这么好，真不简单！"必琴笑了。先慎望着她，看到女朋友的"内秀"，也笑了。多年后聚会时，我突然想起，问必琴："你原来学画画得不错，现在还画吗？"先慎一听："哎哟！我第一次听到有人夸她画画得好！"我反驳："怎么第一次？你忘了，当年在宿舍就夸过！"两人大笑。老两口的笑容，仿佛又使人回到多年以前。

1957年。那个"不平常"的春天来了，人们并未觉察到有什么"不平常"。大家还是和和睦睦，心情平平静静。日本反战影片《二十四只眼睛》（一个山村女教师和十二个小学生的故事）在我校放映后，片中有两首插曲《乌鸦为什么会哭？》和《打铁歌》（《歌曲》登过），我很喜欢，有时听先慎也用他带点鼻音的腔调有节奏地哼唱："叮叮、当当，轻快、打铁，越呀、越打、越有力！"这部影片前半亲和欢快，后半则是二战后剩余"眼睛"的凄凉与沉重。而先慎只着重感受到前半的欢快。他的下铺朋友，是个调干生，川大学生会宣传部长（后来竟被打成"右派"）。一天在宿舍上自习，他望着窗外，好像自言自语地说："我喜欢白杨树，许多小叶片，风稍微一吹，就沙、沙、沙地响。"

"整风"开始了！5月的风阵阵吹，大家像吃错了药，突然亢奋起来，大鸣大放、大字报，铺天盖地。但是更"不平常"的夏天来到，"反右"运动从天而降！开始，重点是反击社会上大右派。不知怎么说起来，我们办起一个反右小报《思潮》，先慎指定我"主编"（可能因为我是"室长"），并在班上欢迎投稿。《思潮》报创刊号很快出来，主要刊登了先慎供稿的一封长信，是一个外地同学写给他的，内容是反击大字报上一些人对党的攻击，举事实，说道理，颇有说服力，尤其带着强烈的感情。我为这封信加了推荐性的"编者按"。（小报发出后还引起了一些反响，有人索要。）两天后，班党小组宣布班上办一反右报《铁锤》。一听这名称，《思潮》自行消失。可《铁锤》好像也没时间办。

川大"反右"运动急剧升温，如暴风，如骤雨。我们宿舍七人就有两人被打成"右派"，一个还是"极右"，全班"右派"达4人。"文革"后，同学间都认识到这是时代的错误、历史的悲剧而取得谅解，但心理上的创伤仍然岁月留痕。"反右"后接着又是批判"白专"道路（其实是"反右"的继续），先慎竟成为走"白专"道路的"典型"。后来的政治鉴定，据说，他被荒唐地定为"中右"。他既爱边疆，又有"自知之明"，在分配志愿上也填了"新疆"。（虽说当年年级的同学曾掀起过"到新疆去！到石河子去！"的小高潮，但后来仍视分配到新疆的不少人为"发配"。）不过，系上、班里还是看重他，他是全优生，毕业前能在《川大学报》上发表论文。毕业时分配他去北京。后来他回忆说："在反右斗争中，在拔白旗和批判白专道路的运动中，我们自己成了批判对象，我们也批判过别人，而不管批判别人还是批判自己，我们（想来大多数同学也一样）都是真诚的。""当然痛苦和困惑也是有的，但怀疑的总是自己。"（见先慎文《四十年苦短》）再后来他也反思过这种"真诚"。50年代大学生的普遍特点是：理想主义，爱党爱国，组织纪律性强，但是，驯服，不免盲从。如果说，十年"文革"大动乱引发改革开放的思想大解放，可以说，1957年大鸣大放、大字报、反右运动，则开启了思想解放的闸门之缝。

"反右"、批判"白专"道路的运动呼啸而过。1959年9月12日，夜，先慎踏上奔驰的列车北上。他，新生活开始了！未名湖的灵气和"未名"之名激励着他，北大传统、深厚、博大的人文底蕴滋润着他。先慎掸去身上的浮尘、"痛苦与困惑"，"三十年河东，三十年河西"，终于迎来改革开放的新时代。他既有"仰望星空"的理想，又有"脚踏实地"的坚定，一步一个脚印，严谨求实、兢兢业业地从事教学与科研，向他人生的高峰前进。

"文革"中的1968年，我曾流落北京。虽说古来"贵易友，富易妻"者不少，我还是首先去了先慎家。那时北大两派武斗，他临时住家燕南园58号。我在他家住了一夜，第二天他陪我绕未名湖转了一圈才送我出校。那是我第一次见到心仪的未名湖。"文革"重灾区北大校园的未名湖未免有些荒芜，冷清，缺乏生气。到了2000年，我路过北京，参加同学聚会，必琴一见面就叫我猜她是谁。我一犹疑，她却说她是某某。我更惊疑变化之大，她才说出："我是钟必琴！"看先慎也是，过了一会儿，才觉得他还是他。真是"树犹如此，人何以堪！"（庾信）本来约了去燕北园他家的，因到时公用电话未联系上，又要按期赶往无锡，就只匆匆地再次参观了已焕然一新的北大校园，未名湖的波光又恢复了她的秀丽与灵动。2005年在江安川大新校区大聚会时，我劝他参加后续的川西名胜游，他说还要留蓄精力参加中学的同学聚会。见他精力已不如前，不免有些担忧。后来在成都易园的甲班同学会上，他的一番话语惊四座，足见他并非深居学术研究的象牙之塔，对中国社会问题有着深入的思考和期待，至今言犹在耳。

同学大聚会停办后，我僻居新疆，和他就只有新年致贺。我祝愿他"全家康乐，享盛世之繁华，观风云之变化"。他曾豪言："九十岁不够，要活到一百岁！"所以 2016 年元旦，我祝他"百岁野心，梦想成真！"他高兴地立即回祝。但 2017 年元旦我祝福他："愿时光放缓，故人常在。"没有回音。我不敢再打电话，因为有次打电话到他家拜年，只是必琴接电话："先慎在住院，我给你转过去。"我拜年后，顺便向先慎请教一个关于"艾子"的问题，发觉他语音偏低，较弱。不禁感慨：他奋力拼搏，殚精竭虑精神之可贵，但代价太大，他可曾是甲班三个运动健将之一、川大长跑队队员啊！写到这里，我要用一句老话：愿先慎兄安息。

2018 年，直到 10 月，噩耗传来，使人震惊。《周先慎先生纪念文集》稿约的相关介绍，又令我悲喜交集。以前我只读到他两本书，现在我们终于看到先慎多年心血结晶的长长的著作列表，了解到他在中国古代文学学术界独树一帜的煌煌成果，甚感钦佩、慰藉。《文艺研究》上推介的那篇《周先慎教授访谈录》，我全文下载，反复阅读。《访谈录》应答 30 多问，涵盖三个方面，炎炎一万五千余言，不觉繁冗，只感厚重，直叫我"少见"而"多怪"。可以说，这是古典文学研究中系统、精辟、严谨而有创见的一种治学经验总结。

《访谈录》配发的"周先慎先生像"简直使我惊喜望外：红光满面，仍带书卷气，端庄含笑，仪表相当堂堂，神气可谓十足。尤其那双眼睛：睿智、含蓄、自信、和善。对照大学毕业时的留影，判若两人，真是"相由心生"。联想到当年影片《二十四只眼睛》后面所剩"眼睛"流露的木然与凄凉，对比先慎和我们一代大学生，真是时代不同啊！

先慎说他能在北大起飞是"机缘"，这并不错。大家知道，1957 年全国被划"中右"者甚众且可悲。而一个被荒唐地划为"中右"者竟能分配到北京大学并能任教，不说是"阴差阳错"，也要算是"凤毛麟角"。此非天意乎？我认为，他应是：其素质、才能与精神大于机遇。只有能自带阳光、指针的人才能穿越寒冬，走出围城，无论在川大，在北大。

先慎谢绝追悼会。他一生的奉献已书竹帛，无愧于国家，无愧于母校，无愧于北大。他具有百年来许多北大学者所具有的智慧、厚重、博大、坚毅与忧国忧民。终其一生，盖棺论定的结论、荣誉固然重要，但更重要的是他自强不息、踏石有印、抓铁留痕、跋涉登攀的过程与精神。

最后，回到当年提及的《樱桃园》。契诃夫《樱桃园》剧末，远处传来斧子砍伐树木的声音震动人心，那象征着俄罗斯封建制度的崩溃，贵族地主阶级的没落和人们对旧生活的告别。而由两个年青人向旧樱桃园、对旧生活告别，又标示出作者的信念：解放了的人们将会建造出更多更美丽的樱桃园来。（见《契诃夫精选集》李辉凡序言）

我们可以说，先慎成了未名湖的一滴水，也可以说，先慎当年告别了自己旧我的小樱桃园，终于建成了新的更美丽的樱桃园。可以想象：春天，淡红色、白色的樱桃花开朵朵，成串、成簇，像雾、像雨，繁花如锦；夏天，樱桃满枝、满树、满园，鲜红、剔透，微酸香甜。待到万山红遍，樱桃花开烂漫时，他在丛中笑。

2018 年 12 月 25 日于乌鲁木齐

点点滴滴忆先慎

葛　鹏

一

去冬今春，我有几位好友接连离世，去了天堂。其中，有著名小说作家榴红（本名王振华），著名明清文学专家、北京大学博士生导师周先慎教授。榴红、周先慎与我是四川大学校友。榴红是我们两人的学长，早我们三年毕业。榴红与我曾在《四川文学》编辑部共过事。"文化大革命"中又同在一个群众组织，浮浮沉沉的经历遭遇基本相似。而榴红与周先慎又是同乡，都是四川崇州人。我仿佛记得，在大学期间，先慎曾写过一篇评介榴红的短篇小说《新校长》的文章，发表在什么报刊上。他们之间的友谊大概就是从此开始的。

榴红从成都《青年作家》副主编岗位退休后，于 1997 年与四川省文联、作协几位老友倡议举行定期的茶会，聚聚谈谈，我一直是积极的参加者之一，与榴红的友谊日益加深。先慎退休后，多次回川返蓉参加同学会活动，我们大学时同班同组相交相知的友谊也得以延续、深化。他与夫人钟必琴曾到我家作客，我也专门去过他姐夫家拜望他的姐姐、姐夫和他夫妻俩。

我非常敬重我这两位好友。我觉得榴红与周先慎这两个崇州同乡好友，一个从事文学创作，一个从事文学教学与研究工作，都有出色的创造和卓越的成就，声名远播，影响很大。著名诗人流沙河曾极口称赞榴红写小说是"天才"。《榴红幽默讽刺小说》和《榴红小说》是榴红有代表性的中短篇小说合集，沉甸甸的，脍炙人口，川渝人尤其喜爱。周先慎在北大中文系教过的学生，可谓桃李满天下。从 1985 年起招收的中外硕生、博士生就有 20 多位。这些"周门弟子"毕业后，大部分在中外大学任教做研究，一部分在其他部门、行业不同岗位工作，均有不菲的业绩。周先慎的文学研究著作异常丰富，多姿多彩。既有《古典小说的思想与艺术》《古典小说鉴赏》《明清小说》《中国文学十五讲》《中国十大古典悲剧》《古诗文的艺术世界》《周先慎细说聊斋》等若干专著，又有众多古典诗、词、曲、赋与散文的作家作品研究论文，不胜枚举，我有幸得到过他赠予的几本著作。

我想，可不可以说，榴红与周先慎两人称得上是当代四川崇州在文学方面的"双子星座"，互相携手，彼此辉映，成为蜀中天府一道靓丽的景观呢？

榴红与周先慎都十分珍视友谊，重情重义。榴红旅居加拿大，以他的仁爱心、亲和力，在身边聚集了不少朋友。在国内四川省文联、作协参加定期茶会的老朋友，每人每年的生日都会收到他祝贺生日快乐、问暖问寒的远洋电话或微信。而周先慎退休后也积极参加北京、成都举办的同学聚会。在大学同学中，患有较严重心脏病的周先慎却是回川返蓉次数最多的同学。我们同学会设有活动基金。周先慎也是捐资较多者之一。

今年春天，榴红病重住院，周先慎从"一个不落"微信群（榴红是群主）得知后，即发微信焦急地探问详情。我发微信告诉他，他随即发微信祝祷榴红早日康复。不料十几天后榴红病情急速恶化，在 3 月 29 日去世。我向先慎通报，他即刻发出吊唁文字，高度赞扬榴红的创作才能和成就，表达沉痛的悼念和深深的惋惜。真没有想到，时隔二十余天，周先慎自己也重病不治而离开人世。后来我了解到，其实，在周先慎密切关注、牵挂榴红病情，十分焦急担心之时，他自己当时住在医院病情也同样十分严重。可是，他想得很多的不是他自己，而是榴红。难得！真是难得！

榴红与周先慎，学养深厚，才华横溢，卓有成就，惺惺相惜，真可谓联袂来到人世，又联袂升了天堂。哀哉！痛哉！我的两位可尊敬的好友！你们不会寂寞。愿你们在另一个世界无忧无虑，快乐永远相随相伴！

二

周先慎在四川大学读书时，与我既同班又同小组。在我的记忆里，他是一个爱学习、肯钻研、勤思考、善总结、喜写作、很会学习的人。大学第一个学期，一个偶然的机会，我看到了他的马列主义基础课的笔记，记得非常好，字迹清楚，内容完整，又把握了重点。后来，我看到他的专业课笔记也记得很好。慢慢地我还知道，他不仅课堂笔记记得好，而且看参考书都要写阅读纪要。阅读纪要把读过的书或文章的重点和精彩之点记得十分清楚。他的笔记本有一个特点，每页右边自上而下划有一条线，分割出约 3 公分宽的地方，在此处写下他的感想、思考、点评的文字。翻开我当年的日记本，记有我看了他的课堂笔记和阅读纪要后，称赞他"记得真好"，激发我"向他学习"，"心里想，要加紧努力，才不致落人之后"的内容。我后来在记日记之外，开始专门记"知识就是力量"札记，把阅读文艺作品、文艺期刊和学术专著的内容摘要与心得体会记入我的札记，可以说就是从周先慎那里学来的。

周先慎把读书与写作联系得很紧密，在大学期间颇喜欢写文章，既巩固、深化了知识，又锻炼了笔杆。我记得的就有：为纪念鲁迅先生，他曾写过《鲁迅与青年》的文章给我们年级办的《晨刊》；纪念十月革命，学校举办壁报比赛，他写过《纪念十月革命，捍卫文学的党性原则》；还给四川省级文艺月刊《草地》写过作品评论文章。他的外国文学论文《巴尔札克和现实主义的发展》，题目很大，很难把握，要有点敢想敢作的胆量，也需要一些知识储备、思考和见识。他选了这个论题，写了，写得很好，得到指导老师的好评。

我今天在想，周先慎日后成为北京大学的博士生导师，在指导攻读硕士、博士学位的弟子时，告诫他们要遵循"踏实""严谨""兼容并包""读书—思考—写作三环紧扣"的治学准则，与他自己当年在四川大学求学时期作读书笔记，写阅读纪要，写阅读感想、思考、点评，显然存在某种内在的联系。可以说，这是他毕生学习专业、研究学问的实际经验的总结。而那些"周门弟子"不忘先慎导师的教诲，在自己的教学研究学术活动中深受其益，因而能做出不菲的业绩与贡献，也就是自然而然的事情了。

20世纪50年代，我们共和国初创，奉行"一边倒"的政策，一切都向苏联学习。各类高等学校均采取苏联的口试与笔试相结合的方式，考察学生的学业成绩，分为优、良、及格、不及格四个等级。1956年，毛主席发出"向科学进军"的号召。次年，毛主席又在会见留苏学生和实习生的讲话中，要求青年学生要努力做到"学习好、身体好、工作好"。全国各类各级学校为激励学生"向科学进军"，树立先进榜样，普遍开展评选"三好"积极分子和其中拔尖的优秀生的活动。由于周先慎头脑聪明，记忆力很好，分析能力与理解能力也很强，又有良好的学习态度与学习方法，以及胸怀成名成家的远大抱负，因而他的学习效果非常好。在大学第一年的考试中，他各科学业成绩都是优等。同时，他先后担任我们甲班的班长、团支部书记，对工作热心负责，政治上也有强烈的进取心，靠拢党组织，多次表达了要求入党的愿望，要求自己严格，群众关系好，各个方面全面发展。因此，在小组里和全班都以高票被评选为优秀生，最后还成为整个年级近90个同学中的佼佼者，两个优秀生之一。同学们都觉得周先慎是值得学习的榜样。我在日记中也表示"要向他好好学习"，还"希望他成为我们年级第一批入党的党员"。

谁知 1957 年大鸣大放、反右派运动的政治风暴突然袭来，周先慎因同情班上一位当时被错划成右派分子的同学，附和、支持这位同学的某些观点，就被作为"犯有严重政治错误"的重点对象，被责令在班上检查并接受批判。而在接下来的 1958 年"向党交心、红专辩论、典型批判、整党整团、拔白旗、树红旗"等一连串政治活动中，周先慎更被当作"只专不红""走白专道路"的资产阶级个人主义突出典型，被要求在班上反复作自我检查，深挖个人主义的阶级根源、思想根源，并进一步遭到更加严厉的批判。记得 1958 年 5 月 17 日，四川大学召开全校大会，由 6 位同学发言，自我检查揭发批判自己的个人主义。周先慎就被安排第一个发言，检查批判自己"追求个人成名成家"的"高尚的个人主义"，成了全校"个人主义""只专不红""走白专道路"的典型人物。次日，周先慎对我说，他"先前对自己的个人主义认识不够，鄙弃、痛恨不够，经过同学们的分析批判，现在已经有了深刻认识，感到追求成名成家的个人主义思想，是非常肮脏、丑恶和反动的"，"今后一定要好好改造思想，把自己的一生献给党"。当时的周先慎是多么的真诚啊，显得多么的轻松啊，仿佛他已经得到新生似的。但是，尽管这样，在整团后期组织处理阶段，周先慎还是最终受到团内警告处分，并被撤销了团支部书记的职务。这对周先慎是一个多么巨大而沉重的打击！

周先慎因此消极颓废、沉沦崩溃了吗？没有！完全没有！他挺住了，继续向前走。暑假期中，他担任队长，带领着由我们甲班 14 位同学组成的小分队，精神抖擞地参加了全校数百人在金堂县修建成都钢铁厂的劳动。再后来去华阳县中和乡参加人民公社化运动，又走在同学们的前面，挖深耕田（要求 1.5 尺至 2 尺深），挖得又快又深，农民见了夸赞道："好得行！"写到这里，我想说，周先慎在《草棚大学》里记述的在鄱阳湖畔鲤鱼洲参加劳动，扛上 200 斤大米在泥泞中奔走伤了腰，成为"鲤鱼洲断腰协会"会员的往事，前后应该是有内在关联的。我也想用华阳农民的话夸他一句真是"好得行！"

那不堪回首的雾霾一般的历史翻过去了。时代变了，前进了；党和国家变了，前进了；人们的思想、观念、生活也变了，前进了。在当年严酷的政治环境、政治氛围、政治高压下制造出来的种种大大小小的政治帽子不再存在了，一风吹掉了。我们如今走在改革开放的中国特色社会主义的大道上，正朝着更加美好的未来奋勇前进。我们应当从走过的曲折道路中，从我们经历过的历史变迁发展中，认认真真地深刻地总结、汲取历史提供给我们的经验教训，才能更好地面向未来，走向未来，创造未来。

2018 年 10 月 23 日

"文学的角度""文学的眼光"

——周先慎教授对中国古典小说的赏析

龚翰熊

周先慎教授是中国古代文学研究的名家，在中国古典文学研究的多个方面均有卓越建树，今春溘然病逝，消息传来，他的同学、朋友无不叹惋。

在先慎留下的大量著作中，名著鉴赏是一个十分重要、极富特色的部分，其中又以对经典小说的鉴赏最为引人注目。近来，我重温了他这方面的一些著述，在眼前的字字句句中，我又见到了他的身影，听到了他的声音；他的学识，他的智慧、细密，乃至他的文风在字里行间闪光，他似乎并未远去。

一

先慎一贯主张在文学研究中，特别是在文学赏析中，应该从文学的角度、以文学的眼光对名著进行具体深入的审美分析。

较之诗歌、散文和戏剧文学，小说是一种更自由、艺术手段更为丰富的文学形式。正因为这样，人们可以从不同的视角（如政治、史学、社会、道德伦理、心理学等等）切入文学研究，从不同的角度进入文学研究可以丰富文学研究，但先慎强调："要把文学当作文学来研究"，"文学研究归根结底应该是审美的研究，离开审美，不可能进入真正文学研究的层面。"① 由于中国古代小说传播的历史文化条件，在我们传统的小说研究中还存在一种文献学的视角（如作品的版本研究），文献考证被公认为文学史研究的基础。但先慎认为，即使在文学作品的文献考证中，仍然需要从"文学的角度用文学的眼光"去审视。② 比如，文献研究的一个重要工作是确定不同版本的时代、真伪，根据它们和原稿接近的程度认定不同版本的文献价值，这是毫无疑问的，但"具体到不同的异文，就还需要一条一条地进行认真的比勘，并联系到作品的思想艺术进行细致的分析，才能判定其正误与优劣。"③

在谈到"审美的研究""审美的分析"同时，先慎提到了"鉴赏"。在《圆润的自叙说给我们的启示——对〈红楼梦〉文学的研究的感想》一文中，他就说过："所谓文学的研究，也就是鉴赏的研究，审美的研究"，"文学的研究，或者说鉴赏的或审美的研究，就是要探索作家的经验如何在作品中得到复合错综的映现，并且具有怎样的审美特征。"④ 后来，在一次接受访问时，他又重申："对于文学研究来说，鉴赏是非常重要的、不可或缺的一个维度。要把文学当作文学来研究，如果没有鉴赏，或者不会鉴赏……那就还没有真正地登堂入室。"⑤ 可见，在他看来，"文学的研究""鉴赏"和"审美的研究"的含义是十分接近的，"鉴赏"是对文学进行"审美的研究"的应有之义。

我们下面所说的"鉴赏"包括对具体作品的审美的研究，也就是先慎所说的"从作品的艺术表现去发掘它的思想，从思想如何得到表现去

---

① 《周先慎先生八十寿诞纪念文集》，国家图书馆出版社 2015 年版，第 26 页。

② 周先慎：《聊斋的版本与聊斋的欣赏》，见《古典小说的思想与艺术》，北京大学出版社 2011 年版，第 210 页。

③ 周先慎：《聊斋的版本与聊斋的欣赏》，见《古典小说的思想与艺术》，第 210 页。

④ 《古典小说的思想与艺术》，第 348、349—350 页。

⑤ 《周先慎先生八十寿诞纪念文集》，第 26 页。

品评它的艺术。"①但更多的时候是实指鉴赏（或赏析）类文章，后者应当是文学研究的一个重要部类。

综观先慎大量研究成果就会发现，"对名著进行具体深入的审美分析"的著述占了很大部分。除了先后发表的100多篇作品鉴赏文章，他还特别指出："我的著作《古典小说鉴赏》和《古诗文的艺术世界》都主要是对作品进行思想和艺术的具体分析的。新近出版的《古典小说的思想和艺术》，中心也还是对名著进行具体深入的审美分析。"②他的鞭辟入里、别开生面的鉴赏、分析，把读者引进了美妙无比的文学经典！

在一些研究者眼中，作品鉴赏类的文章似乎初学者亦可为之，不能与那些以丰富的历史文献为基础的、深奥的著述相提并论；同时，一段时间以来，在我们的学术园地中，多种因素催生出了大量以鉴赏为名的文章、论集，其中虽然不乏有价值的论述、分析，但也确有不少文章见识平常，缺少新意，浮光掠影，论析粗糙，这种情况就使那些小视作品鉴赏的看法更有理由。其实，真正的文学研究归根结底就应该是审美的研究，而离开对具体的文学经典的审美分析，也就是鉴赏，所谓"审美研究"又必然落空成为虚有其表的空言泛语，不但不可能进入真正文学研究的层面，还可能离"审美"越来越远。

和那些平庸的"文学鉴赏"不同，先慎视鉴赏为对文学美的一种"发现"，他说："鉴赏不是对艺术对象的观赏，鉴赏是一种发现。要有发现才能获得真正的艺术享受。"③这里所说的"发现"既是对作品的艺术美的发现，也是透过作品的艺术美去发掘它们的思想，即是说，也是对"完成了内容"的发现，也就是要"从思想如何得到表现去品评它的艺术"。④

① 周先慎：《我的古典小说研究》，见《古典小说的思想与艺术》，第5页。
② 《周先慎先生八十寿诞纪念文集》，第26页。
③ 周先慎：《我的古典小说研究》，见《古典小说的思想与艺术》，第6页。
④ 周先慎：《我的古典小说研究》，见《古典小说的思想与艺术》，第5页。

如此的鉴赏绝非花拳绣腿，而是文学研究的"真功夫"。

先慎曾以"细、深、广"三字来概括他古典小说研究的特点。我们不妨也用这三个字来阐释他对古典小说的鉴赏。他说：细，主要是指细读文本以及在细读和深思基础上对作品的精细分析，只有这样才不为陈说所囿，"避免人云亦云，提出真正有根据的对读者有启发的看法"；深，主要是指研究要有开掘，有深度，要通过表象发掘出作品的深层意蕴；广，是指视野要开阔，"要有广阔丰富的历史知识和生活知识"，"对作品要有整体的把握，要着眼于全篇的人物关系，揭示出情节与情节，人物与人物间实际存在的内在联系"①。可以说，"细、深、广"既是他对自己古典小说鉴赏的要求，也是他撰写的大量鉴赏性著作的特点。

《红楼梦》和《聊斋志异》这两部作品在思想和艺术上"都达到了中国古典小说发展的高峰"②。下面我们就通过先慎对它们的研究、赏析来说明他对古典小说名著的审美分析。

二

作为显学的"红学"，专著、论文早已汗牛充栋，可车载斗量，不能不使人联想到西方的"莎学"（莎士比亚研究），但"红学"的风光未必就能表明它的真正成就。至今，有关《红楼梦》的许多重要问题仍未解决，一些捕风捉影、牵强附会的观点还很有市场，特别是，"这些年，从鉴赏的、审美的眼光研究《红楼梦》的文章也发表了不少，但真正在艺术上有新的发现，给读者留下深刻印象的文章并不很多"，"我热切地期待，我们的红学研究，能真正回到文学的轨道上来，用文学的眼光，按文学的规律来进行研究"。他认为，从文学的角度对小说文本的深入解读，

---

① 周先慎：《我的古典小说研究》，见《古典小说的思想与艺术》，第2—8页。
② 周先慎：《〈聊斋志异〉：继承与总结》，见《古典小说的思想与艺术》，第188页。

即"阐发文本本身所包含的意蕴和价值"① 还任重道远。

在先慎研究中国古典小说的众多著作中，不乏从"文学角度"，以"文学的眼光"分析经典小说里大布局、大场面、大景观（《〈三国演义〉描写战争的艺术》等）的著述，但更多的则是从一些重要的、但却往往被读者忽略的情节、细节入手展开分析。

《琐碎中有无限烟波——〈红楼梦〉的欣赏》就是这样一篇"由表及里、以小见大"的佳作。先慎认为："要很好地欣赏《红楼梦》，就要首先把握它在艺术上的总体特色。"中国古典长篇小说，从《三国演义》到《金瓶梅》，在题材和风格上都有巨大的变化，"这就是从历史题材转向日常的家庭生活；风格上的传奇色彩减弱了，惊心动魄的情节也退居到十分次要的地位，而转向更贴近生活的细腻描写。写实手法与风格的成熟和趋于细腻，标志着中国古典小说的现实主义艺术发展到一个新的阶段"②。人们自然会问，在贵族之家琐碎的日常现实中，没有跌宕起伏、步步惊心的故事，小说的宏大主题又如何安身立命呢？其实，生活的常态本来就是如此，只是，只有像曹雪芹那样的作家才能在"平淡无奇"的情节、细节中发现历史的滚滚浪涛，发现它们隐藏着或妙趣横生或牵魂动魄的故事。

先慎对细节在小说中的意义有非常精到的论述。他说："细节是生活的血肉，也是小说的血肉。离开细节，就谈不上逼真地反映生活，尤其对以家庭生活为题材而缺少惊心动魄的传奇情节和宏大场面的作品更是如此。在某种意义上甚至可以说，没有细节描写就没有小说艺术。中国古典小说现实主义艺术的成熟过程，跟小说细节描写的由少到多，由粗

---

① 周先慎:《圆融的自叙说给我们的启示》，见《古典小说的思想与艺术》，第350、344 页。

② 《古典小说的思想与艺术》，第328 页。

到细，由简单到丰富，由浮浅到深刻的演进分不开。"① 这就是说，就文学性讲，细节是小说的一个本质性的属性，也正因为这样，它成了人们观察小说艺术是否成熟的一个重要的维度。先慎高度肯定《红楼梦》的细节描写，认为"《红楼梦》不以情节的曲折紧张取胜，而以细节描写的丰富、细腻、生动、深刻见长。这同样体现了这部古典名著'天然图画'的总体艺术特色。《红楼梦》的细节描写，精雕细琢，却又十分真实自然，不露一丝人工斧凿痕迹；含义丰富，却又出以平常，能于小中见大，细中见深，最能体现出'琐碎中有无限烟波'的艺术特色"②。

在这篇文章里，先慎对"宝玉挨打"的分析就是"小中见大，细中见深"。

贾政平日里对宝玉这个"不肖子"的诸多不满早就积压在心头，碰上忠顺亲王府的长史官来索要琪官，又听贾环说金钏儿投井和宝玉有关，这就引发了三十三回描写的"不肖种种大承笞挞"。贾政先是气得"满面泪痕"，王夫人听到儿子被毒打的消息慌忙赶来，大哭求情，贾政不但怒气未消减半分，反要亲自勒死宝玉，王夫人连忙抱住，哭道：老爷"既要勒死他，快拿绳子来先勒死我，再勒死他。我们娘儿们不敢含怨，到底在阴司里得个依靠"。说毕，爬在宝玉身上大哭起来。"贾政听了此话，不觉长叹一声，向椅上坐了，泪如雨下"。王夫人见宝玉被打得不成体统，大哭宝玉命苦，忽又想起贾珠来，"便叫着贾珠的名字哭道：'若有你活着，便死一百个我也不管了。'"贾政听到王夫人呼唤贾珠，"那泪珠更似滚瓜一般滚了下来"。……贾政先是"满面泪痕"、继之"泪如雨下"、最后更是忍不住"泪珠更似滚瓜一般滚了下来"，这些细节放在洋洋数十万言的《红楼梦》中，是极易被一些读者轻易翻过的，但先慎却透过对这

---

① 《古典小说的思想与艺术》，第 333 页。
② 《古典小说的思想与艺术》，第 333 页。

些细节的层层解析揭示了贾政彼时极其复杂的情感、心态，他说，贾政的三次流泪，一次比一次伤心，"却又没有一丝一毫因对宝玉一时生气打重了转而后悔心疼的感情；相反，王夫人越是劝慰越是哭闹，他就越发逞威，毒打尚嫌不足，还要拿绳索来勒死，'以绝将来之患'。仔细阅读思考，就能体会出其中含蕴的丰富深刻的社会内容。原来，贾政一心将振兴家业，'光宗耀祖'的希望寄托在宝玉身上，而宝玉却不肯好好读贾政为他规定的那些书，不肯走为他指示的人生道路，因此使得他在宝玉这个不肖逆子面前，不仅感到愤怒，而且感到后继无人的绝望和悲哀。这就是为什么王夫人提到贾政是有意'绝'她和哭珠儿时，那么深地触动了他的原因"。认为这一连串细节，无情地揭示了贾政"灵魂深处的另一面，即悲哀和绝望的一面。而愤怒和悲哀，威严和虚弱这两个方面，又是如此矛盾而又合乎逻辑地统一在一起，深刻地表现了贾政这个力图使行将败落的贵族大家庭能够存亡继绝的封建正统派代表人物思想性格的完整复杂的内涵。曹雪芹在细节描写上的笔力，达到如此深度，不能不令人感到惊叹。"① 先慎这番分析的精辟处在于：揭示了在《红楼梦》"平淡无奇"的日常生活画面中，在那些琐碎的细节中竟蕴含着的如此深刻、丰富的社会内容！

这篇文章还分析了《红楼梦》中另一些更不"显眼"、更易被人忽视的细节。例如，七十七回里病中的晴雯被王夫人逐出贾府后宝玉如何去看她，她的嫂子灯姑娘又如何偷听他俩在屋子里说话，然后突然"笑嘻嘻掀帘进来"把宝玉拉进里间假意挑逗，被宝玉推开，最后她才对宝玉说了心里话："可知人的嘴一概听不得的……如今我反后悔错怪了你们。既然如此，你但放心。以后你只管来，我也不罗皂你。"读者都知道，王夫人之所以把晴雯赶走是因为她认定是晴雯把宝玉勾引坏了，而同为奴

---

① 《古典小说的思想与艺术》，第335页。

婢的袭人也赞同王夫人，说晴雯"轻佻""不安静"。对这段情节，先慎分析说：它先是映射到王夫人和袭人，然后又映射到晴雯和宝玉，"曹雪芹是特意写了一个'不洁'的女人灯姑娘，来证明晴雯的无辜和她跟宝玉关系的纯洁美好。这一笔，赞美了晴雯，赞美了宝玉，同时又起到了对赶走晴雯并置之于死地的冷酷无情的王夫人的揭露和批判的作用，是非常有力的"。他还进一步指出：正因为曹雪芹对生活有深切的体验而又眼光敏锐，看到了生活的内在联系并在作品中揭示这种联系，因此，阅读和欣赏《红楼梦》这样的作品，"就需要瞻前顾后，左顾右盼，善于联想，在联想中去发现和体会作家深入揭示生活内在联系的艺术匠心"①。

他分析的另一个细节在第二十八回里。元春端午节给贾府各位亲人送来礼物，宝玉的跟宝钗的一样，黛玉的跟迎春三姊妹的一样，可宝玉就是不信给他的会和给黛玉的有别，以为是传话传错了。他叫丫头把他得的那份礼物送到黛玉那里去让她挑，这正好触动了黛玉的心事，她偏偏不要，什么也没有挑，后来见到宝玉时还话中带刺地说："我没有这么大福经受，比不得宝姑娘，什么金什么玉的，我们不过是草木之人！"急得宝玉赌咒发誓。接着写宝玉见到了宝钗，就要看元春给她的礼物红麝串子，恰好宝钗腕上就笼着一串……这些细节可说十分琐碎，极易被读者忽视，但先慎指出它们虽然"琐碎"却意味深长：宝玉为什么那样看重他和黛玉的礼物是不是一样？黛玉的反应为什么会是那样？宝钗又为什么一得到礼物马上就笼在腕上？他认为小说正是通过上述那些琐碎的细节透露了人物彼时极其复杂、微妙的心理：宝玉在思想深处是希望元春给他的礼物会和给黛玉的一样；黛玉因为不一样被触动了心事；而宝钗从自己得到的礼物和宝玉得到的一样看出了元春对她态度，暗中得意……经过先慎的发掘，人们见到了这些琐碎细节所蕴含的丰富意义。

①《古典小说的思想与艺术》，第333页。

先慎接着谈到紧接其后的一段描写，认为它更为深刻：宝玉要看元春给宝钗的礼物红麝串子，因宝钗生得肌肤丰泽，一时褪不下来，宝玉在一旁看着那雪白一段酥臂，不觉动了羡慕之心，暗暗想道："这个膀子要长在林妹妹身上，或者还得摸一摸，偏生长在他身上。"在爱慕中夹杂着遗憾，竟至失神，"不觉就呆了"。他指出：

> 这是一个具有典型意义的细节，包含着丰富的社会内容。一方面，从送礼这样细小的琐事上，已反映出元春对宝玉同黛玉的关系和宝玉同宝钗的关系的不同看法与处理，而这种看法与处理，同宝玉本人的态度是尖锐对立的。这不是小矛盾小冲突，而是关联到全书悲剧结局的大矛盾大冲突的一次闪现。另一方面，又表现了贾宝玉对林黛玉的爱情绝不是一见钟情，而是有一个比较和选择的过程，是他经过长期深思熟虑的结果；而他选择的标准，已不再是中国传统小说戏曲中写滥了的那种郎才女貌，而是内在的思想意趣和精神气质的相投。[1]

有精细入微的审美感觉，才能从平淡、琐碎之中发现曹雪芹的妙笔；先慎发现了，他又从那些平淡、琐碎的细节入手，一步步引导读者去认识、欣赏《红楼梦》的艺术和它承载的深刻的内容；不仅如此，这种抽丝剥茧，由表及里的分析必能培养、增强读者对文学性的敏感，提升他们的文学鉴赏力。

在《周先慎细说聊斋》的"后记"中先慎曾说，待他全部完成细说《聊斋志异》之后，他将"开始继续写作《细说红楼》"。他用了"继续"一词，说明《细说红楼》的写作实际上早已开始，至少他已做了许多前期准备工作。

---

[1] 《古典小说的思想与艺术》，第 334 页。

三

先慎对《聊斋志异》的鉴赏用力最多，成果最丰，也更具特色。

1992 年 12 月《聊斋志异评赏大成》①出版。该书包括《聊斋志异》12 卷 494 篇作品的原文及评赏、白话译文三部分，其中的卷七含 39 篇，全由先慎撰写。2013 年由上海三联书店出版了《周先慎细说聊斋》；事实正如书名：与《聊斋志异评赏大成》中先慎撰写的部分比较，《周先慎细说聊斋》更个人化，鉴赏更"细"。此外，该书增加了《聊斋志异评赏大成》没有的注释，减了白话译文，这应该是一种更好的设计，因为它引导、帮助读者直接阅读原文。在"后记"中先慎谈到了自己晚年的学术愿景：按计划，细说《聊斋志异》将陆续推出四集，每集 30 多至 40 篇，这样，四集《细说》的篇数将略近于《聊斋志异》全书的三分之一，基本上囊括了《聊斋志异》的精华。

《周先慎细说聊斋》（以下简称《细说》），是先慎《聊斋》鉴赏的一个重要里程碑。

《细说》的主旨是对所选作品的审美研究。先慎在该书《序》中曾说："先师吴组缃先生曾多次诲示：对古代的短篇小说不能只作综合的研究，还应该一篇一篇地加以分析，才能充分地阐明每一篇作品不同的思想个性和艺术性。""对于《聊斋志异》，我们应当一篇一篇加以分析评论。因为每一篇作品都是一个有机的艺术整体，各有各的生命；我们必须逐篇研究，探求其内在的精神和艺术特色。"他还提到，吴先生在北大《古典小说研究》专题课中讲《聊斋志异》时，除了在引言部分对《聊斋》作了全面介绍以外，就是"一篇篇地、深入细致地分析作品，细到几乎一

---

① 马振方主编，漓江出版社，上、下册。

句一句地导读，使学生得到极大的思想启示和艺术享受"①。先慎撰写《细说》，从动机到具体构想显然都受到吴组缃先生的启发。

《细说》选文 37 篇，它们多是公认的名篇，也有少数篇目虽不为人们特别看重，但先慎却认为它们在思想内容上或艺术上确有独特之处值得细说，也选入了。所选的作品反映了那个时代广阔的社会生活，具有丰富的思想意义：或是抨击政治黑暗，揭露统治阶级的罪恶，如《潍水狐》《李伯言》；或是赞美和呼唤真挚的爱情，如《青凤》《婴宁》《聂小倩》《阿宝》《林四娘》《连城》等；或反映科举制度下底层知识分子的辛酸命运，如《叶生》；或热情讴歌普通人的种种美德和情操，如《捉狐》《王六郎》《水莽草》《侠女》《张诚》《于江》《庚娘》《雷曹》；或是具有道德意义的训诫故事，如《三生》《翩翩》。此外，还有纪实性的《商三官》《地震》《口技》。

在《细说》的各篇鉴赏文章中，除了开宗明义的简要介绍外，先慎都围绕所论作品的主要特点，提纲挈领，条分缕析，步步深入，关键处更详加阐释，每有新见，必细说原由。他很强调"细"，"细说细到极细之处，也不避逐句，甚至逐字详解"②。通览《细说》，深感它评析透彻细腻，新见迭出，行文严谨而潇洒自如；蒲松龄写得有声有色，先慎在一旁论得隽永有味。

如果说，先慎解读《红楼梦》的过程是反复琢磨文本，不忽视任何细节，"瞻前顾后，左顾右盼，善于联想"，以发现和体会"局部"与小说总体构想的关联，发现和体会作家深入揭示生活内在联系的艺术匠心，那么《细说》则有更多的着眼处，他的鉴赏、分析事实上涉及了小说叙事中更多的方面。其中，给我印象最深的是它对"真幻并存"、小说人物

---

① 《周先慎细说聊斋·序》。

② 《周先慎细说聊斋·序》。

刻画和对小说结构的分析，它们最能体现先慎对《聊斋》的审美的把握，是他《聊斋》鉴赏的独到之处。

1. 对《聊斋》中"真幻并存"的阐释

《细说》首篇选文是《聊斋自志》，它近于蒲松龄的自序，《商三官》《地震》《口技》是"纪实"，没有虚幻成分，其他作品则多述由人、鬼或狐共同演绎的故事。其间，艺术想象之离奇、丰富在世界各国的小说（不管是拉伯雷汪洋恣肆般的小说还是后来的视想象为"自由"和"深度"的浪漫主义小说）中都极罕见。有的作品虽未涉及鬼狐，但故事诡异，如《画壁》《黑兽》。显然，真幻并存的人、鬼、狐的故事是《聊斋》世界的核心部分，迥异于《红楼梦》的艺术世界。

故事是小说的基本面，有故事才能吸引读者，故事生发出小说的思想意义，也决定了小说的艺术走向。因此，从反映现实的层面说，从审美的意义说，应该更深入地阐释《聊斋》里的真幻并存。

先慎认为：《聊斋》"虽然写的大多是一些花妖狐魅的故事，但它却深切地反映了现实的社会人生，反映了广大人民群众的思想感情"[①]。这一点应属共识。值得进一步探讨的是，"奇思异想"明明拉开了《聊斋》和现实生活的距离，这使它和"严格按照现实生活本来的样子来反映现实"的作品（即通常人们所说的现实主义作品）显然有别，那么，奇思异想、真幻并存是否会干扰小说反映现实的社会人生呢？它们又有何意义？

我们知道，文学艺术本来就属于"假定"，即使是刻意反映现实的文学作品也不同于现实本身。我们可以把文学作品中的艺术世界视为作家建构的"第二世界"，无论是《红楼梦》还是《聊斋志异》都是如此；但进一步说，《红楼梦》和《聊斋》中的"世界"又大不相同，这是普通读

[①] 《奇异世界中的现实人生——〈聊斋志异〉的思想内容》，见《古典小说的思想与艺术》，第 236 页。

者也会感受到的。阅读《红楼梦》的时候，我们可能常常忘了它出自作者的建构，我们可能产生"错觉"，我们似乎不是在阅读而是在直接面对客观世界本身；但在阅读《聊斋》时，我们的感觉大不相同：一方面我们会感到客观存在的现实世界中绝不会有如此离奇的故事、情节，那是蒲松龄的建构；但另一方面，我们又强烈地感受到，由他建构的这个小说世界虽然神奇诡异，明明出于幻想，而且是最大胆的幻想，却又和现实世界息息相通。后一种感受从何而来呢？先慎分析说：一个原因是，虽是超现实的幻想，表现出来的却是非常现实的社会内容。《聊斋志异》虽多写非人类的花妖狐魅，但却是用他们来写人，写人与人的关系，花妖狐魅们"多具人情，幻想的艺术形象而富于现实内容，表现出浓厚的生活气息"。[1]确如所言。读者从《聊斋》中见到的鬼、狐一改传说中面目狰狞的形象，他们善良、诚挚、美丽，有人情味，甚至有丰富的情感世界，读者完全可以把他们视为焕发着人性光辉的另一种"人"。他们的命运其实正是现实中人的命运，这样，他们的故事才使人们感到亲切，才激起人们的共鸣。其次，也如先慎指出的，《聊斋》故事虽然融入了大量幻想成分，但写法却"基本上采用了现实的形式"，连阴曹地府、狐魅世界都显然是以"人的世界"为参照变化出来的，即使细节也往往如此。他以《画皮》为例说：《画皮》中厉鬼作画皮披身，化为女子，后又脱皮复变为鬼，其动作、动作时发出的声音都如现实中事，"虽为幻笔，一举一动，都是生活化的，读来如在眼前"，"都是因为充满生活的气息而使幻笔显得栩栩如生"[2]。

但是，不管蒲松龄的描写有时候如何"逼真"，人们还是很容易发现好些故事中有不少不合逻辑、不合情理的"破绽""漏洞"，先慎在《说〈侠

---

① 《周先慎细说聊斋》，第 160 页。

② 《周先慎细说聊斋·说〈画皮〉》，第 174 页。

女〉》中就列举出好些"破绽""漏洞"①。如果《红楼梦》也是如此，曹雪芹将无法面对读者的质疑；然而，蒲松龄的读者根本不会傻头傻脑地拿诸如此类的问题去和他较真，如果有，蒲松龄也根本不用回答。先慎在列举了《侠女》中那些"破绽""漏洞"之后接着就说：那些问题的答案"我们都不得而知，似也不必知"。"不必知"这三个字很重要。清代《聊斋》点评家何守奇读到《连琐》中连琐对杨生说的"久蒙眷爱，妾受生人气，日食烟火，白骨顿有生意。但须生人精血，可以复活"。竟批语曰："死二十余年，得生人精血复活，其信然耶？"这未免太学究气了！他不知道，在《聊斋》营造的总体气氛中，这是"合情合理"、不必怀疑的，否则还有什么《聊斋》一类的作品？在《绚丽多彩的艺术世界——〈聊斋志异〉的艺术美》一文中，先慎说：蒲松龄"以大胆的艺术想象创造出一个奇幻的、绚丽多彩的艺术世界"，这使他"获得更大的艺术自由"，这样，他才能"更加充分地表现他对现实人生的体验，表现他的爱与恨，表现他对生活的认识与评价，表现他对未来的憧憬与向往。因此，以虚写实，幻中见真，才是《聊斋志异》所创造的奇幻世界的本质特征"②。也就是说，因为真幻并存，《聊斋》可以不受现实形态的制约，这样，小说的艺术空间就大大拓展了。

2. 人物描写中的"传神写意""略貌取神"和人物形象的"诗意美"

《聊斋志异》的人物描绘十分出色，使得它的人物画廊异彩纷呈，其中，先慎认为最具特点的是作家刻画人物时的"传神写意""略貌取神"和理想人物具有的"诗意美"。

就是在《绚丽多彩的艺术世界——〈聊斋志异〉的艺术美》中，先慎谈了《聊斋》的"诗意美""传神写意""略貌取神"，它们都和小说人

---

① 《周先慎细说聊斋·说〈侠女〉》，第 251 页。

② 《古典小说的思想与艺术》，第 252 页。

物形象刻画有关。他说，"《聊斋志异》中优美动人的花妖狐魅形象，是现实生活中人的艺术升华，是幻想的创造物，与一般小说作品中须眉毕现的纯写实的形象不同，带有某种虚幻性和飘忽性。作者常常不作精雕细刻的外形描写，而着意于描写人物的内在风神，接近于绘画中的写意"，"略貌而取神"。人物"如水中之月，镜中之花显得朦胧而空灵。而朦胧美和空灵美，正是一种诗意美"①。《细说》盛赞《聊斋》中婴宁、聂小倩、莲香、红玉、林四娘、连城等形象，其中，对婴宁、红玉形象的分析最为深入。先慎认为婴宁是一个极富诗意美的形象，"作者从平凡的日常生活中提炼出两种带有诗性特征的意象，以此来渲染和烘托出一种诗的氛围，并刻画人物与此氛围相适应、相融合的思想性格"②。小说突出了婴宁的爱花、爱笑和"痴""憨"，亦即突出她的本真，他则从这些细节入手，一步步揭示了她独特的性格。单说她的"笑"，先慎就分析了围绕它先后出现的环境、情节，总结说："写一个人物的笑，竟敷演出如此曲折生动的情节，表现出如此丰富的内容"，在古今小说中都"极为少见"③。至于"痴""憨"，他说，这既不是婴宁假装出来的，更不是她本来如此，作家是以这"近于不食人间烟火似的不解人事"的状态显示她独特的精神和心理，显示她"未经粉饰、尘染和遮蔽的自然与本真"。"婴宁这个形象的超凡之处"，"主要表现为她那超现实的理想化的性格特征"。他解释说："在蒲松龄的时代，像婴宁这样没有受到封建礼教的熏染和束缚，自由无拘，保留着人性中自然本真的人物，实际上是不可能存在的。因此，这一形象显然是出于作家的理想，也出于他对现实生活中某些不合理方面的否定，而对人物做了理想化的艺术提升的结果。"但这种理想化绝未使

① 《古典小说的思想与艺术》，第 256 页。
② 《周先慎细说聊斋》，第 180 页。
③ 《周先慎细说聊斋》，第 185 页。

婴宁成为漂亮却毫无生气的纸花，因为小说同时"又保留着人物现实性的种种情感与美德"①。分析《红玉》时，他指出，红玉的形象"带有一种飘逸的特点"，写她的第一次出现，蒲松龄只写了"视之，美"，根本没有具体、精细地描绘她的外貌。更不合常规的是，红玉是小说的主人公，但她竟在大部分篇幅中不在场，只在一首一尾出现了两次，可是红玉的形象风貌不但没有因此而淡化，反而更令读者难以忘怀。究其缘由，先慎认为重要原因之一是作者的写法是"以虚带实，以无写有"，"给读者留下充分的想象补充的空间"。中间一大段虽然没有直接写红玉，但因为卫氏女的存在，冯相如又是因为美貌的卫氏女而得祸，读者在红玉不在场的时候不能不时时念及她。总之，小说用传神写意、略貌取神等多种艺术手法彰显了红玉充满了诗意美的形象②。

3.《细说》对小说结构的分析十分透彻，富有新意

小说的结构指的是小说这个艺术世界内部各部分、各系统的整体安排，在小说中，哪些写、哪些不写，哪些详、哪些略，哪些是主、哪些为次，何者在先、何者居后，如何让故事由开端、发展，进入高潮，又如何结尾等等，影响着小说的艺术效果。在评说《庚娘》《种梨》《水莽草》《莲香》等作品时，先慎盛赞它们结构的严密而又富于变化，小说的种种要素被精巧地组织起来，有主有次，有张有弛，前后照应，一丝不乱。有的故事本很简单，蒲松龄却可以"写得复杂而又丰满，能吸收并容纳进多方面的现实生活内容，却又不枝不蔓，不脱离要表现的中心"；"不同的题材主题，他可以有完全不同的处理方法；而近似的题材主题，也可以写得毫不雷同"。他还指出，《聊斋》在结构上的又一个突出特点是情节跌宕起伏，大开大阖，人物的命运因此变化多端，难以预测，有

① 《周先慎细说聊斋》，第 187、189 页。
② 《周先慎细说聊斋》，第 329—330 页。

时好似山穷水尽，却突然峰回路转，柳暗花明，对读者有极强的诱惑力；作者又常常在故事自然流畅的发展中不断设置悬念，以持久地激发读者的好奇心，"待到你读完全文再回过头来思考，发现原来作者早有暗示，前后脉络贯通，便会产生一种豁然领悟、回味无穷之感"①。

先慎认为，《聊斋》在结构上的另一个重要特点是有意留下空白。作者有时本要着意刻画一个人物，但却又不显露痕迹，"以虚带实，以无写有，不黏滞，不死板，给读者留下充分的想象补充的空间"。一些重要场景，如商三官刺杀仇人的场景，按理会浓墨重彩直接描写，他却在主要部分用间接描写，通过厅外仆人所闻所见来描写，先写所闻（听到厅内"格格有声"，"忽有响声甚厉，如悬重物而断其索"），续写众仆人的所见和反应（"大骇""益骇""骇极"），以"渲染出邑豪被杀所产生的震撼力量"②。分析《侠女》时，他赞扬作家塑造侠女形象的高超的艺术手法：

> 不论是艺术构思还是情节安排，作者都无意于追求对人物作全面的描写，写出一个完全清晰的艺术形象。他只是抓住一些要点，着眼于具有特色的生活细节，一步步从容不迫地加以呈现。在作者笔下，侠女的言行奇异诡秘，不露真相，我们读起来总是疑窦丛生，颇费猜详。好像是在雾中观龙，闪现在眼前的，只是一鳞半爪。所有我们感到疑惑不解的地方、情节发展留下悬念的地方，也就是呈现出龙的一鳞半爪的地方。直到故事的结尾，她复仇和报恩两大愿望都全部实现，突然在我们的面前消失，我们终于可以在回顾和想象中将前面作者闪闪烁烁地呈现给我们的一鳞半爪连接起来时，仍

---

① 《周先慎细说聊斋》，第 406、71、230、258、407 页。
② 《周先慎细说聊斋》，第 329、391 页。

然是有些疑惑可以得到解释，而有些不能。作者始终不让我们见到一条首尾毕现的清晰的全龙。①

这样妙不可言的艺术效果正是若干"空白"产生的。照先慎的分析，《婴宁》的结构也有类似情况：如，婴宁的一些行为（如上元节时婴宁在村外偶遇王生时的反应）就显得含糊而近于诡秘，"小说中的当事人和读者都不能理解，却又很想有所解，这就对我们产生了很大的阅读诱惑力"，许多"闪烁掩映之笔，为后文情节的发展预留了巨大的空间，也给读者带来无限的遐想"。"作者行文闪烁，总在疑似之间，引人思索"。"如果一开始就写明婴宁是一个狐仙，那么下面的情节，读起来就会毫无意趣。小说的处理，是由开始的云遮雾障，再隐而渐显，逐层写出，读者便在不断猜想、思索中，感到兴味无穷"②。

《细说》在分析一些作品的结构时涉及到叙述视点——有的研究者对"结构"和"情节安排"不加区分，其实结构还涉及情节安排以外的很多因素，是小说研究中更具全局性的概念——谈到不同的视点会使小说的结构完全不同。

《细说》所选作品，除《偷桃》《水莽草》是采用第一人称视点叙述外，别的都用了第三人称叙述视点；中国传统小说不管是长篇还是短篇，基本上如此，变化不大。第三人称视点也就是人们常说的"全知"视点，叙述人处于故事之外、之上，对于故事中的一切无所不知，叙述人甚至可以用自己的口吻直接在小说中表明自己的意见，发表评论。《聊斋》中的"异史氏曰"就是这样。对此，先慎的意见很值得重视。他并不否定"全知"视点，但他不赞成作者直接在作品中发表意见。他认为，作者的真

---

① 《周先慎细说聊斋》，第 242—243 页。
② 《周先慎细说聊斋》，第 181、183、188 页。

实思想，他从生活中得来的真切的生活体验和认识，都应是"隐藏、渗透、寄寓在小说的艺术形象之中的。分析作品的艺术，就是要挖掘出作品的内在的、而不是显露在外的思想内涵。这条路径最符合艺术规律，也最可靠"[①]。可以看到，先慎认为作为虚构、"假定"的小说，它的叙述人可以"无所不知"，但从艺术效果讲，"全知"的叙述人不应当"滥用"自己的"特权"，他应当懂得有时需要明智地隐藏自己的所知。正是因为这样，他很赞扬《叶生》的结构。

《叶生》的主人公叶生本来早已是鬼，但叙述人对此佯作不知，在叙述中虽有过一些暗示，却又似无痕迹，最奇特的是甚至连叶生本人居然也不知道自己早就死了，这样，读者自然"理所当然"地以为他和小说中其他人物一样没有什么特殊之处。直到小说结尾，通过叶生回乡时所见和叶妻所述读者才明白真相：原来叶生早就死了，先前在小说中见到的叶生竟是"以人的面貌出现和活动的一个鬼。这令人惊骇，令人震撼，同时也令人悲怆和沉思"[②]。这样，小说在实与虚、真与幻的交错中，"完整地写出了叶生因科举考试失意而悲伤，而惭愧，而致病，而亡故，变成鬼也仍然奋斗不息……却又在最后一切都归于幻灭。经过这样精心的艺术经营，才把科举制度下一个小知识分子的命运，写得那样悲惨、沉重，那样激动人心和令人深思"[③]。通过这样的分析，先慎告诉我们：由于蒲松龄的文学智慧，小说悲剧性的效果被推到了极致！

先慎在《细说》里曾多次提到冯镇峦、但明伦、王渔洋、何守奇等清代《聊斋》评点家，引用过他们的一些评语，他显然有选择地吸纳了他们留下的学术资源。清代评点家的评点、贡献各有不同，但无论如何，

---

① 《周先慎细说聊斋》，第 34 页。
② 《周先慎细说聊斋》，第 130 页。
③ 《周先慎细说聊斋》，第 130 页。

于蒲松龄其人，于《聊斋》其书，他们多有精辟之见，不可轻视，但他们的局限也是显而易见的。他们的评点多是阅读时的即兴感悟，难以出乎文本之外，把作家、作品放到大的历史文化背景上来观照。先慎则不同，他的鉴赏既能深入文本，又能超越文本，正所谓"入乎其内，出乎其外"，《细说》就是明证。

最后，让我们再次回到《细说》的《后记》，先慎说：他计划陆续推出四集细说《聊斋志异》，基本上囊括它的精华，之后，他将继续写作《细说红楼》。此时此刻，在结束这篇文章时，我想的是：若先慎仍在，健健康康，该有多好！

2018 年 12 月 25 日

怀念学兄周先慎

胡德培

先慎，先慎，你匆匆而来，又匆匆而去，令人时时思念而感怀不已。

记得年前，我们在地安门内"早春二月"川菜馆相聚，听你侃侃而谈，纵论中西，川大的老学友共约十来人洗耳恭听。你的论题总是先声夺人，令人时而欣喜，时而沉思。我们仿佛在课堂上听教授讲课，获益良多。那次，你和必琴是从温都水城金手杖养老公寓乘车匆匆赶来的。我们从1959 年四川大学中文系毕业，时光飞快，迄今已到一个甲子之年。我们虽已进入老境，但心态似乎还甚年轻。我们谈论今日天下大事，时空无穷变幻，同时也常聊起当年的青春轶事。我们见面聊天时，总是情趣盎然，轻松愉悦，兴味无穷的。

我们退休后连续多年都常有这样令人难忘而心怀舒畅的老同学聚会。

周先慎比我大一岁，个子较高，一表人才。在川大学习时，我们开始出入于二宿舍与教学楼之间。原来不在一个小班，平时接触交谈不多。但是，他却很快给了我一个很深的印象：那是 1956 年 3 月，学校在各班级评选优秀生和三好积极分子，先慎获得品学兼优的优秀学生荣誉的时刻。那一次，我们俩正好坐在一起。他获得表彰，我在一旁亦感受颇深。从此，在课堂，在球场，在图书馆，我常关注着他的身影。他的勤恳学习，踏实认真，兢兢业业，淳朴自信，不知不觉地影响和感染着我，我也暗自以有先慎这样的学友为榜样而感到庆幸，时时增强自我努力的力量和信心。

在川大学习的最后一年多，我们年级重新分班，我从乙班调到甲班，与原来在甲班的周先慎等学友自然接触更多，也更加亲密。更巧的是，毕业后，我们不约而同地都积极响应号召，第一志愿报名去支援边疆——真诚地希望去新疆工作。可命运相同的是：我们一同分配到北京，而且搭乘同一辆火车，在新中国诞生十周年的前夕，1959年9月15日，新的北京站启用的第一天，我们双脚踏上了这片美好的土地。从此首都北京也就成了我们共同的第二故乡。

先慎到北大中文系教书，我到中国作家协会所属的《文艺报》编辑部做编辑。中关村到王府井大街相距不是太远，但各自在新的工作岗位上都忙于学习与工作，虽有时心向往之，年轻时的同学情谊时时深系心中，但老同学见面的机会在我们工作的前十多年里仅有不多的几次。

到了1973年早春三月，我生活的又一个春天也同时来到。那是经历"文化大革命"风霜雨雪荒唐岁月的严酷洗礼后，我从湖北咸宁文化部"五七干校"调入北京语言学院当教员。这时我在中关村毗邻的五道口，距北京大学校园坐公共汽车只有两站的路程。此后几年，我与周先慎、钟必琴一家自然有了更多的交往。

我在语言学院刚刚住下不几天，很快就跑到北大校园去找先慎和必琴。

记得那是一个周末的傍晚，我几经探问，终于找到北大燕南园东南角58号周先慎、钟必琴一家的住所。几年不见，又经历"文革"及"干校"之难，从云梦泽返回京华，一下见面难免有些诧异与疑问，但终于很快便倍感惊喜与欣慰，进而畅叙一切……

那时知道先慎从事教学的内容已比较集中于中国古代文学，特别重点是明清小说。与他们同住燕南园58号的一位老师也是早年从川大中文系毕业的，而且他们的教学与研究内容也是相同的。因此，两家相处很好，关系甚密……我们越谈越有兴致。在共有的情致之中，先慎忽然产生一个动议，并亲自去请来那位赵老师。我就是这次见到了令人感到十分亲切的赵齐平老师。（后来知道：赵老师是 1955 年我们入川大时他刚毕业即考入北大成为古代文学研究生，1959 年留校当老师，先后师从浦江清与吴组缃两位先生。）

先慎有了更为集中更感兴趣的教学内容与研究方向，我真为他高兴！

那时，语言学院与北大建立了一些工作联系。我用系里的借书证到北大图书馆去借过书。在那里我曾与周先慎有一次巧遇。他也是来借书看书的。后来，有一天我骑车到北大，顺便去看望先慎与必琴。先慎不在家里，必琴指引我向南侧走去，到北大中文系学生宿舍附近另一座稍旧的宿舍楼，在一层楼梯口旁一间狭小的屋子里先慎正在埋头用功。看来家里住房较挤，儿女还小，时有必琴母亲照料，所以先慎只好临时借用这间小屋，显然这里成了他学习、研究和备课的另一个小天地。此前十多年，他和当时许多人一样，大部分时间都未能真正去搞教学与学术研究。现在，他是多么需要集中更多的时间和精力去抢回丢失的那些岁月啊！通过与他的一些接触与交谈，此时他的那种刻苦和奋斗的精神给了我相当大的鼓舞和激励。这一点，当时我是既看在眼里，又记在心里的。

那时，钟必琴所在单位是北京红旗夜大，地址在北京南城宣武区，离北大所在的海淀中关村要换乘好几趟公共汽车，来回经常要花费很多时间。他们听我说到当时北京语言学院的情况，知道上级指示学院正在积极复校，准备很快向世界各国广招来华留学生。但因"文革"的影响，学院原来的教职员工本来就不多，现在又七零八散，正需要招兵买马，引进人才。先慎、必琴夫妇商定后，向我提出想让必琴到语言学院工作。我自然非常高兴，立即向学校人事部门负责人推荐。很快，必琴就顺利地来到了我所在的北京语言学院，而且与我一同在二系当教员。必琴工作的调动，自然给予他俩的生活与学业许多方便和助力。此后，必琴一直在北京语言学院（后改称北京语言大学）任教，直至退休。

后来，邓小平同志重新出来工作，到了 1978 年春天，我回归到文学工作岗位，便到了人民文学出版社当编辑。工作中，我与北大中文系的老师也多有联系。比如，我们创办《新文学论丛》，继而出版《新文学论丛丛书》，我就好几次去过北大，到北大西门对面的蔚秀园找严家炎，为他编辑出版"文革"后第一本论文集《知春集》。同时我也先后拜访了住在该园的先慎、必琴一家和先慎当时跟随的导师吴组缃先生。

说起吴组缃先生，我与他还颇有些缘分。"文革"前，我在《文艺报》当编辑时，先是老编辑带着我去，专程拜访和约稿。吴老先生在当时是很有影响的作家。他还是中国作家协会书记处书记，《人民文学》杂志的编委，作协的许多活动都请他出席。因此，《文艺报》一直很想约到他的稿子。他总是泛泛地答应，而我们却一直没有拿到。后来编辑部还让我多次单独去到他在北大朗润园的家里上门拜访。吴先生总是给我一杯清茶，颇有兴致地与我聊天，有时谈到《红楼梦》或《水浒》的某个细节便滔滔不绝，妙语连珠，让人好像在听生动有趣的教授讲课，很有感染力，常常让我这样的年轻学子获益良深。同时，我也找了吴先生的一些作品来读，特别对他当时发表在《光明日报》上一篇分析《水浒》的文章进行反复学习，其中他对小说人物和细节的一些精辟剖析，让我很有心得。所以，尽管从我们编辑部的办公室到北大路途并不算近，但我还是先后找机会去过吴先生家里好多次。有一次，让我记忆很深的是：那天上午，吴先生与我聊天的中间，突然告诉我，一会儿有车来接他，他与冰心两人要一块儿进城去南河沿欧美同学会，他们有个聚会。并且，他让我不必着急离开，可以搭乘来接他的便车，与他一同进城。于是，我们又聊了一会儿。我随他乘车去中央民族学院里面接作家谢冰心。路上一个多小时，两位前辈作家一路风趣地闲聊，还时有关心和启迪我这位随行后辈的亲切话语，这给了我一次终身难忘的记忆。

时光匆匆，两位前辈作家先后作古。比我稍大一点的先慎兄也已离我们而去。回顾沧桑岁月，我近日不断想起先慎兄及诸多学友的前尘轶事，特别是多年来与先慎兄的接触交谈，并且知道他曾多次到课堂上聆听吴组缃先生《古典小说研究》的专题课，后来又参与吴先生牵头的《中国小说史》研究项目。他还在吴先生的影响下，在长期对古典小说的研究中形成了细、深、广的鲜明特点，在学界自成一格，受到广泛赞誉。他到中央电视台《百家讲坛》为亿万观众讲过课，他到德国、瑞典、泰国、韩国以及香港等地去讲过学（必琴也曾陪同他去过多地）。他从课堂讲授到退休后还奋力钻研，先后写作出版《中国古典小说鉴赏》《古诗文的艺术世界》《中国文学十五讲》《中国四大古典悲剧》《明清小说导读》以及后来的《周先慎细说聊斋》（这也是北大学堂公开课的教材之一）等诸多著述。这都是他多年钻研、呕心沥血所取得的收获和成绩。

记得我们刚刚退休后的一次同学聚会，就听说先慎兄二尖瓣脱垂，常引起心律失常，安了起搏器，但他仍学习、研究始终不辍。这种精神，实为难得。我还记得：当年我们川大中文系共有四位学友毕业时一同分到北大工作，很快因为这样或那样的原因，便只剩下陈绍鹏和周先慎两位。陈绍鹏从事古代汉语的教学和研究，刚刚初有成就，可惜，我才去语言学院不多时日，他却不幸英年早逝。今天，到我们这个年岁的人，可以想见周先慎能在人才辈出的北京大学晋升教授，成为博士生导师，取得那么多成就，是多么不易。

想当年，我们进入川大时刚刚 18 岁，正青春年少；到而今，我们已匆匆迈过了 81，都已到了耄耋之年。时也匆匆，日也匆匆，先慎从川大荷花池边到北大未名湖畔，生活、学习、工作 60 多年，数十年如一日，辛勤钻研，孜孜以求，从一代又一代老师和学生身上领受思想营养和精神感染，使自己精神和心灵自然融入一代一代学人所代表的时代社会的那种精神之海、智慧之海。我读了周先慎为纪念北京大学 100 周年所写的精粹散文《融进一滴水》，联想我们这一代学人从韶华年代就只争朝夕，与时代同向同行，与祖国同频共振，经历时间和历史的洗礼，在自己的岗位上扎根生长，艰辛跋涉，苦苦追求，建功立业，像学兄周先慎那样，努力使自己凝成一滴水，融进中华民族伟大复兴那无比浩瀚的精神和智慧之海，实在是值得很好写一写，记一记的。

先慎兄终因心脏疾患愈来愈重，于今年 4 月 20 日匆匆离我们而去，实在让人感怀不已。

他的精神，必将永存！

2018 年岁末记叙于北京老城小羊宜宾胡同原中国作家协会旧宿舍

附记：在北京大学 100 周年校庆的时候，人们热烈赞誉和充分肯定北大所体现的伟大精神和崇高品格，我也曾写过一篇小文《我的师长——与吴组缃、川岛、朱光潜、严家炎等"北大人"的交往》，真情记述"北大人"给我精神的感染和心灵的熏陶，"是深入骨髓而无处不在的"，因为他们是"当今社会的优秀代表和时代精神的象征"。周先慎的一生追求、不懈努力"融进一滴水"的种种事迹，显然是"中华学子的一个缩影"。

别了，先慎！

黄淳浩

　　先慎与我，从 1955 年入学四川大学中文系成为同学开始，交往至今已经一个甲子多的时间过去了。时间过得真快，许多事情还历历在目，而他却先走了，离我们这些老同学老朋友而去了。当然，在我们年级八九十个同学之中，先慎不是最早离我们而去的那一批人中的一个，而是在已经离开的一半中间的一个。在我们年级之中，现在最小的都已进入耄耋之年，所以走是自然规律，没人能干预得了，也没人想去干预。但先慎的走，却十分令人遗憾，因为他不想走。虽然他年事已高，但对很多新鲜事物仍然兴致盎然，什么著书呀（退休后还出版多部学术著作），旅游逛世界呀，编《学友》呀，刷微信、玩摄影呀，等等，很想多学点东西，多做点事情，我们也希望他能留下来多做一些贡献。

　　但先慎还是走了，他是在完成心脏二尖瓣修复手术之后，突然发生心脏骤停并陷入昏迷，从此未能再醒过来而走的。走得是那么的令人遗憾和令人心痛！

　　在我们年级中，成功的同学婚姻有两对。一对是述章和培芝，一对就是先慎和必琴。两对都与我有点关系，因为我有幸都是他们恋爱和婚姻的牵线人和见证人。往日不像今时，在 20 世纪五六十年代，同班或同级同学中讲恋爱，一方对另一方有了爱意，为了避免当面表达万一遭遇拒绝的尴尬，往往不是直接向对方倾诉，而是通过彼此都关系较好或信得过的同学或朋友间接地进行转达，同意了再直接进行交往。因为当时我与他们关系都较好，同是班干部，我是班上的党小组长，继后又是年级的党支部委员。出于对党组织的信任，他们什么事情都愿意对我讲，希望听听我的意见，先慎就曾把他姐姐婚恋中遇到的困扰告诉我，一块研究过如何应对，所以自己恋爱的事情就更是这样。他们两对都是先对我说对对方有了好感，要我间接地询问一下，看对方是否已经有了相爱的人，是否愿意与之交往等等之后，才正式交往起来的，直至最后走进婚姻的殿堂。他们这两对，还有一点是相同的，就是他们的恋爱起初都遭到了一方家庭的坚决反对。述章出生在一个贫农家，兄弟姐妹多，述章又是老大，培芝的妈妈怕自己出生在知识分子家庭的女儿去到这样的家庭受委屈；而先慎的家庭出身不好，所以必琴的父母，特别是她的哥哥，坚决反对必琴成为这样一个家庭的家属，怕在我们的社会里，以后有说不完的麻烦。当然，这样的困惑都终因他们双方自己的坚持而得以解决，并创建了终生的美满婚姻和幸福家庭。但先慎和必琴在恋爱的过程中，感情上却没少受痛苦和折磨。这其中，作为中间人，我也没少分担他们的苦闷和焦虑，当然也有喜悦。好在这样的时间并不太长，结婚以后，他们的生活一天比一天温馨和谐，一天比一天幸福美满。

在我们年级的同学中，先慎是最会学也学得最好的少数人中间的一个。川大中文系我们这一届同学，分配到北大的不只先慎一人，由于各种各样的原因，最后留在北大并站稳了脚跟，赢得了可喜的一席之地的，仅只他一个。这是十分难能可贵的。前不久在与卓如（北大中文系 1958 年毕业生，长期担任我们文学所现代文学研究室主任）电话聊天中，在感叹我们身边的老同学、老同事正在一个一个地减少时，曾偶尔提到先慎，她连说：周先慎，我知道，我知道，他很有名的，我们北大同学聚会时都曾提到他。其实，在先慎刚分到北京大学中文系当教师时，担任的是写作课。在中文系众多课程中，写作不过是一个打酱油的课程，比它重要的课程多得是，但他却以此为起点，日积月累，慢慢地进行扩展，并追随北大一些老教授，如吴组缃先生等的步伐，勤恳治学，创造性地耕耘，终于在中国古典文学，特别是在明清小说的研究和教学中，走出了自己的路子，做出了可喜的成绩，在中国文学的研究领域留下了自己的印记。他先是助教，而后是讲师、副教授、教授，最后成为博士生导师，这是十分不容易的，确实足以令我们这些老同学、老朋友为他感到骄傲。

先慎一生追求进步，是一个极富忧患意识的好人。在 20 世纪 50 年代，受当时政治大气候的影响，一些家庭出身"不好"的同学，或多或少都有些思想包袱，先慎也不例外。他一再表示自己是新中国的人，与自己的父亲和家庭彻底划清了界限。在大学期间，他积极靠拢党组织，曾多次表达要加入中国共产党的愿望。年级和班的党团组织对他也很信任和重视，他曾先后担任过甲班的班长和团支部书记。在几十年的时间里，社会上发生了许多事情，人们的思想观念发生了很大的变化。作为一个富于正义感的高等学府的专家教授，先慎对这些年来屡禁不绝的某些官员的腐败现象深恶痛绝，对社会上蔓延的种种恶劣风气痛心疾首，言谈话语之间常常流露出他的爱国爱民之心，尽管某些言辞也许不无过激之处，但我更愿把这理解为他的忧国忧民的情怀。

先慎与我的最后一面，是那年畅培来京，北京同学对畅培表示欢迎，在百万庄东口奥斯特餐厅聚会吃自助的时候，我们曾同桌畅聊。自那以后，连休、元理担心我的身体不济，老同学聚会不再通知我，我就与先慎再也没有机会见面了。而与先慎最后一次通电话，是在今年元月，我在石景山和悦家颐养社区试住，他已在昌平金手杖老年公寓住了将近一年。我知道他受心脏病困扰苦不堪言，打电话问他具体情况，他说去年春天住院很长时间，差点过不来，还说新安了支架，现在二尖瓣关闭不全，动不动手术还在犹豫，等等。他还详细地向我介绍了金手杖老年公寓的情况和入住条件，看来是气不够用，说话费力，他还把必琴叫过来，与我一起比较了和悦家与金手杖两个老年公寓之优劣与利弊，想帮助我确定住哪里比较好。我们在电话中聊了半个多钟头，想不到这一次竟然是我最后一次听到他的声音，成了绝响。

2018 年 10 月 6 日

怀念先慎学兄

李畅培

　　我透过放大镜读先慎兄的最后一本文集，遇到一个问题，有些想法要说。一阵悲凉袭来——不可能了！以往，一个电话、一个电子邮件就成。如今要联系，哪怕只说一句话，再也不可能了……

　　许多年以前，在四川大学中文系时，先慎与我原不同班，最后一学年班级调整才到了一起。大家都酷爱文学，先慎又待人热诚，自然地亲近起来。对中文系的课程，先慎学得扎扎实实的；我却只是杂七杂八地读了一些书而已。毕业分配，先慎分到北大中文系，我分到新华社。1959 年 8 月，物资供应已经开始紧俏，成都买不到需要的皮箱。先慎打听到邻近县上有货，便约我骑车同去。我们轻快地在川西平原上奔驰，远处一棵粗壮的大树浓荫如盖，上面停满了白鹤，有的正冉冉起降。欣赏了一阵，我们恋恋不舍地前行。到了县上果然买到了需要的皮箱。回程就不轻松了，直到深夜才筋疲力尽地回到宿舍。

　　到新华社报到，我和几位同学分到了新闻摄影部，这离文学够远的了。一上班，正在批判右倾机会主义，接着是学习《列宁主义万岁》三篇文章。新华社政治气氛浓，其他单位也差不了多少。不久，先慎就到京郊农村斋堂去参加"四清"运动。他休假回来，津津有味地向我讲述北京的特产酒二锅头的生产工艺。过了几年，"文化大革命"爆发，老同学们共同的话题和相聚的机会就更多了。武斗开始以后，我的妻子带着小女儿从四川到北京来避难，这更是意外地得到比探亲假长得多的团聚。

173

现在还保存着先慎一家同我们在北大校园、在天安门广场欢聚的照片。逃难，妻子就没有工资，我们的日子过得紧巴巴的。大冬天，先慎兄骑着车从北大来到皇亭子新华社宿舍，送来钟伯母做的几样菜，还有钟阿姨送给我们女儿的衣裳。这给我们的年增加了多少欢乐和温暖！

1973年12月，我调回重庆，在市博物馆工作。"文革"结束以后，业务恢复正常。各项政策落实，大家心情舒畅。我常出差到北京，需要到北大图书馆查资料时，我就找先慎。有一次我把要查的线索写信告诉他，请他代查。不久就收到了先慎用工整的小楷抄写的一页资料。他不再教写作实习了，系上确定他以古代小说史为专业领域。先慎告诉我，他决定以《聊斋志异》为研究重点。交谈中他讲得最多的是北大的老先生们精湛的学识，教学的风采，特别是吴组缃先生高超的小说艺术。受他的感染，我特地买了本《吴组缃小说集》来读。有一次，他指给我看小楼前一位白发苍苍的老人——那是朱光潜先生。我满怀敬意地注视朱先生的背影，这位衰弱的老人并没有安享晚年，还在奋力为祖国的文化事业作他特有的贡献。

先慎夫妇从民主德国讲学回来，我们还聚会过一次。以后联系就渐渐少了，大家都在各自的人生道路上越走越远，当年的交往随着青年时代、中年时代一同退隐到内心深处的一个温暖的角落里去了。

20世纪末至21世纪初，老同学们陆续离开工作岗位退休。在人生的老年期，大家再次团聚在一起。即便是经历坎坷的同学在深沉中仍然透着蓬勃的朝气。先慎已经是著作等身的学者，无论事业、家庭生活都堪称美满。

我过了几年逍遥自在的日子，想起了早年的一个宿愿，着手整理关于诗歌问题的零碎札记。但搞搞停停，失却了当年的锐气。直到看见学术刊物上这样的高论：意境是中西（印度）合璧的产物，没有佛教和以后的禅宗，中国美学就不可能从意象发展到意境；特别是2012年秋读到某学报那篇《意境说是德国美学的中国变体》。这些古怪的高论对我是一个很大的推力，我一气整理出《从隐秀论到意境说》，给老同学们审阅，得到热情的肯定。先慎甚至把它投给北大的学报，学报以不发表札记体文章为由推辞了。先慎建议我改写成论文。我一个老头子何苦挤到名利场上去扭摆？但是论文确实有它的好处，少枝蔓，逻辑性强，说理更清楚。我接受了他的建议。这一部分在整个诗话中是个异类，与传统的诗话体裁不符。管他呢，不必在意。《野老诗话》在老同学们热心的帮助下完成了。我自行印成书分送亲朋好友。先慎认为还是应当争取公开出版，他联系了三家出版社，都被拒绝了，但看在他的面子上，说得很委婉。我家的一个老朋友包干了一切事务和费用与上海一家出版社签了合同。出版社希望另写一篇序。我这个局外野老原先的序说些大实话太无广告价值了，好吧，我找一个他们瞧得起的人来"另写一篇"。于是我找到了先慎兄。他很迟疑，觉得这不在自己的研究领域以内，出于助人的热心还是答应了我的请求。他在信中写道："我再次建议你全部除去书稿中的政治内容，使之成为一部纯学术的著作，以保证能顺利出版，而且出版后让所有不同政治观点的人都能接受和喜欢。"我认为诗学和诗律问题固然是书中的重心，但它同时又是一本20世纪的诗话，完全不涉及政治，那还是20世纪的诗话吗？反正已经有国家图书馆等40个图书馆收藏了我自己印的书，可以供人使用了。

先慎兄是洞明世事的。清样看过几次，要我打磨的我打磨了，删掉的页数我写了新篇章填上了，拖延至今书也没有出来。即使出来，先慎兄也看不见了。

管他哩，这些都是身外之物了。

我做着我的梦。在梦中，先慎和我正在美丽的川西平原上奔驰……

2018 年 10 月

几回扶杖蜀西山

——周先慎晚年几次返川与老同学聚会同游记事

李　镜

　　周先慎辞世时，我因感冒引起肺炎住院，消息一时被川大老同学们瞒住，怕我伤心，于养病有碍。出院后始闻噩耗，让我沉痛唏嘘不已。当时曾写一首怀念诗，追记先慎兄晚年几次返川与老同学聚会同游之事，末两句为："每忆故乡罨画水，几回扶杖蜀西山。"近数月来，先慎同学的音容笑貌不时出现眼前，总觉得斯人未去，相知相惜如故。今天，我有机会把他晚岁时与同窗好友们在故乡山水间同游同乐的胜事，择其要者叙述一二，这不独对逝者暮年时的心境趣味是些许揭示，对老友来说也算是一缕怀念之情。现就围绕他对同学事务的热心、对故乡山水的童心、对川菜川茶的痴心，流水般地写来吧。

一

　　1999年9月，四川大学中文系1955级学友在毕业40年之际，在成都实现了分别以来的首次大重逢。在北京工作的同学热心参与这次"99重逢"，之前即在紫竹院小聚商议，拟函告知同学联谊会，并一一签名以示慎重，周先慎是其中最活跃的一位；他还积极为拟议中的《99重逢》一书写稿，他和夫人钟必琴（川大中文系同年级同学）共同署名的文章《四十年苦短》，后来成为该书第一板块的开篇之作。继《99重逢》之后，年级同学又编辑出版了纪实性文学作品《那年那月》[①]，周先慎的文章《融进一滴水》是组成该书的精品部件之一。此书被认为是20世纪50年代大学生群落命运的民间记忆，与北京大学同系同年级同学编辑出版的《开花或不开花的年代》[②]一南一北，相映成趣。为沟通分散各地同学的讯息，同学联谊会还办了一种简报式的《学友》，周先慎不时为该刊赐稿，与各地同学交流。擅长写学术性大块文章的他，有一次竟然服从主编的要求，写了一首七言律诗，让老友们一识这位奇才的风采与笔力。《学友》在办了近20期后，由纸质版改为电子版，改版的首功应记在周先慎头上，是他和祁连休等人首先提议被采纳，并由他自告奋勇担任《学友》电子版第一期责任编辑，他为此期撰写了题为《学会电脑和上网，开拓晚年生活空间》的文章。后来他提供给电子版的作品有文有图，多彩多姿，尤以在海南拍摄的花卉图画见长，他的心态、趣味和追求涵蓄其中。年级同学还编印了一本彩印图片册《流云》，该册以个人为叙述主体，题材限于本人及家庭，效果出乎策划者的预料，实际上成为全年级能联系上的众多学友的一件可视性颇佳的珍藏本。周先慎是《流云》的主要策划人之一，记得那天几个老友在成都浣花溪头雅聚，趁着酒兴，你一言我一语策划了两件事，《流云》是其一。之所以写出这段往事，是想表达当时周先慎及几位老朋友十分旷达的心情，几个老家伙仿佛回到相识之初的大孩子模样。

周先慎乐于和老同学交流学术，交换心得，平易近人，以礼相待，谈笑风生，不以北大博导身份自居。他是京华诸友中返川次数最多的一位，固然这与他和居蓉的姐姐姊弟情深有关，也是他历来看重友情的反映。每次回来都不忘与老同学一聚，在川大文科楼，在百花潭，在春熙

---

① 李镜主编，北岳文艺出版社出版。
② 谢冕、费振刚主编，北京大学出版社出版。

路，甚至更早在他姐姐迁居前的福建营巷，都留下过他的身影，这些都不属参加同学会组织的活动，而是出于一种情结。周先慎作为北大中文系教授、博士生导师，他在明清小说史领域的研究达到相当高的水平，出版专著甚丰。2005年秋，周先慎和钟必琴返川参加"我们相识五十年"联谊活动，在母校红瓦村首聚畅叙宴饮后，参观迁至锦江之畔的四川大学博物馆，以及双流县境内的川大江安校区；以后复去三圣乡幸福梅林，在"风雨长廊"中与诸友回忆各自经历的风风雨雨；赴温江感受花博会的旖旎；赴郫县听蜀派古琴大师俞伯孙的演奏，联欢交流；分小班活动中赴川西名园"易园"作园林清赏等，让周先慎的思乡念友之情大大得到一次满足。

2007年秋，周先慎伉俪再度返乡，老友们在杜甫草堂南大门为其洗尘，茶座安置在桂树丛中。时值白露秋分，桂蕊飘香，金粟银珠不时坠入茶瓯，周先慎连声赞叹：太好，太好，说成都人有福气，北京难有如此惬意方便优雅的饮茶场所。老友交谈无拘无束，谈成都变化，谈青城避暑，谈同窗近况，谈物价上涨，谈石璞教授百岁华诞，周先慎则着重谈北京高校的整改验收。言及退休生活，周先慎夫妇从迁居昌平说到栽花种树，以一种蔷薇的分枝育根移栽新法赢得学友们的称羡，当即被誉为"周钟育苗法"，纷纷求教，决心一试。先慎又介绍捕鼠、灭蟑螂、防蚂蚁妙法，俱从经验得来，不仅简易有效，且饶有情趣。七八天后，中秋之日，周、钟伉俪再次与老友相聚共度团圆佳节，出席者还有葛鹏、龚翰熊、夏爵蓉、陆文璧、李镜等人。望江楼下，翠竹竿竿，茶烟袅袅，月饼含香，先慎又发起感慨来，回忆起在毗邻母校的望江楼下的历历往事，同窗们的分合沉浮，共道半个世纪以来大家"真不容易"，互瞩应好好珍惜这段情谊。一行人以崇丽阁、吟诗楼、薛涛井和幽篁翠竹为背景合影，不嫌其多。先慎伉俪10月4日乘机返京前，我把收集这次聚会活动的许多照片制作成的光碟，交到先慎手中，他连连称谢并说"珍贵，珍贵！"

两载后的 2009 年，同样是秋日，以纪念毕业 50 周年为由头，老同学们又在西南民族大学等地雅聚。这次参与者特别多，在民大和天府广场合影的照片上人像满满。三天大型活动后，自由组合各尽其兴。周先慎与其他 9 人结伴去蜀西之地游山，详情按下不表。

我从周先慎处得到的启迪和帮助甚多，除了受到治学精神和人格力量的感染，最直接的一件事是他欣然为我的一本散文集作序，题为《镜像之美》。尤其让我感佩的是，他在把我的拙文称道一番后，毫不掩饰地从美的角度指出其不足，那正是我笔下的软肋，使我倍加警觉。后来他还把这篇书评送到《中华读书报》发表，并把该报邮寄给我，还收录在他生前编定的《未名湖畔的足迹》一书中。从他去世后一个月出版的这本"北大记忆"书里，我还读到他为同年级学友李畅培所著《野老诗话》写的序。先慎对同窗友人的情谊可见一斑。

周先慎最后一次返川是在 2016 年。这次他在望江楼下与亦师亦友亦同乡的易明善先生晤面，品茗欢叙多时，川大中文系的另两位老师徐经谟、李崇智在座。同年级老友的团聚，则特意安排在百花潭公园晚香楼下，以利于和不同系级的川大校友、著名的《三国演义》研究学者沈伯俊晤面，他二人同为大陆研究明清文学的著名专家，彼此神交既久，仅有一次学术研讨会上的匆匆一见，未及深叙，两人都有再晤长谈的心愿，这次就是个机会，沈伯俊所在的四川省社科院就在百花潭附近，事先我已与沈通了消息，西南民族大学教授、学友夏爵蓉亦已告沈。届时，沈伯俊微笑而来，先慎迎上前去，两人并坐交谈甚欢，合影留念。可惜天不假年，这一对高层次的学友加业友在一年后相隔两日双双辞世，让我扼腕叹息，发出"明清小说费深研，南沈北周势不凡。学界双星同日坠，倩谁去补蜀西天"的苦吟。这是后话。

二

周先慎是四川崇庆县（今崇州市）人，温、郫、崇、新、灌历来是川西平原都江堰灌区的上五县，不仅富饶美丽，而且人文积淀深厚，崇州为陆游的从宦之所、《华阳国志》作者常璩的故乡。先慎的少年和青年时代，多半生活在天府之国的膏腴之地，受其濡染，对故乡感情深厚，退休后更是魂牵梦绕，老而弥坚。

他和夫人钟必琴晚岁的几次回乡，我差不多都曾与他们同游，饱尝山水之乐。屈指数来，一同去过青城山、蒙顶山、龙门山、周公山、天台山，以及岷江、青衣江头一些不知其名唯觉其美的蜀西之山。

上文说到的 2009 年秋的蜀西游山逛水，主要在雅安境内，游览了碧峰峡、白马泉与上里古镇。在古镇的牛栏沟，周先慎被从天台山蜿蜒而下如诗如画的清溪迷住了，老两口在我的相机镜头前摆出若干姿势，拍照多张。回雅安城途中，正好装上我们 10 人的旅游车沿陇西河行驶，车进入碧峰峡谷时大家高兴得唱起歌来，个个返老还童。在雅安青衣江畔，老友们为正值金婚纪念日的郭明仪、刘多丽夫妇举行一次庆贺仪式，特购一只大芝麻饼，由郭、刘执刀剖而分食之。当捧饼至周、钟面前时，祝福、谦让、笑声、热语混成一团，被我用相机抓拍下来。我为了扩大战利品，让周、钟二人紧紧依偎，连连揿动快门，记下张张笑脸。廊桥上眺望，周公山可算得上一幅好风景，那天我特意让周先慎伉俪进入画面，可谓周到矣哉。雅安是知名的茶城，又是北茶马古道起点，廊桥上茶庄不少，先慎在桥头一家参观询问后，买下几件袖珍型藏茶茶包作为纪念品和返京馈赠品，雅安的山川物产给他留下美好的印象。

2016 年的那次，成都同学数人陪同他们两口及北京新华通讯社的卫元理夫妇，作了一次汶川水磨、三江、映秀之旅。水磨镇即早年称为青城老人村的地方，后划归阿坝州汶川县，彼时刚从大地震的重创中初愈。

周先慎脖子上挂着相机，持杖缓步而行，与前几次的心情相比多了一些沉重和叹惋。水磨的复苏和羌寨风物也让他兴趣盎然，拍下许多美景。溯寿江上行，又来到藏族聚居的三江镇，入境之初，下榻于江岸高埠一处农家乐。江边有一座明月湖，湖畔的水亭有着羌碉的身躯，藏族的彩幡和汉族的回廊，真是气象万千。目光掠过湖面可以眺望高高的鹞子山。先慎每驻足观赏，平静的面容掩饰不了心情的激荡。住在农家乐的木楼上，扶栏观山望水，谅是与在北大未名湖的感触殊异其趣。次日，微风细雨中沿山道迂回上行，每升高一级俯视湖亭则缩小些许，春夏之交万木葱茏，一路山花烂漫，很多花草是前所未见，雨丝又把它们弄得清润多姿，玲珑剔透。周先慎是一行人中的"落伍者"，钟必琴自然守在一旁，这倒不全因他的腰腿乏力，更多的情况是他观察太细、发现太多、拨弄太久、拍摄太认真，大队人马只好驻足等待，以满足这位童心萌发的老教授的好奇心。那天他的相机里究竟装了几多鲜花野果、湖光山色，只有他自己和他的单反机知道。后来我们步行去镇上一观，大约四五里路，周先慎先是表示放弃，理由是已获满足，感到身累，怕体内的心脏起搏器误事，我们也劝他就地休息，等候大队伍速去速回。禁不住山区藏家风物的诱惑，后来他决意与我们同行，沿路所见，果然欣喜交加，连称不虚此行。返程中我们绕道去了映秀，在"5·12"地震纪念地凭吊死难同胞，废墟前的留影一脸悲怆之色，缓步绕行，思绪绵绵，面对那些无辜的死者，更觉生命的宝贵，更珍惜我们晚岁的时光。当其时，汶川特产车厘子（一种欧洲引进的大樱桃）正成熟上市，场地周遭多有农民携筐来卖，出于一种说不明白的微妙感情，也为了调节彼时的心情，我们购买些许品尝。在众友人的怂恿和嬉笑中，周先慎把玲珑芳香的车厘子喂进爱妻钟必琴口里，画面被我抓拍到，成为一件珍品。

同年我们还有一次难忘的蒙顶山之旅。之所以难忘，是多了一些戏剧性的色彩。此次一行七人，周、钟之外，有卫元理及夫人杜桂如、李镜及夫人孙德琴，还有夏爵蓉。孙与周先慎中学同学刘伯玉在大学里同班，友人之友亦己友，加上几次同游荣为押粮官，被周先慎封为"孙总"。扬子江中水，蒙顶山上茶，先慎对蒙山早有倾慕，行前我托好友、蒙山茶人蒋公昭义在大五顶下的一户"茶家乐"预订好房间，房外有一株老银杏树，经历千年的风雨和几次雷击仍挺立在高崖旁边，浓荫匝地，自成一景。晨昏我们便在树下闲坐漫谈，白天行走在茶垅、幽谷、寺院之间。亦曾乘坐缆车登顶，首登时适逢缆车检修，返回之际又偏遇霖雨，无车可赶，只有从沿山公路步行而下，虽然劳累，但觉新奇，一行人撑伞迈步首尾相接，嘻嘻哈哈，化苦为乐，似乎进入"空山新雨"的意境。几次我跑到最前面，叫众人亮出队形，配合摄影师取景留真。三公里路程幸而一气走完，在智矩寺休整，受到主人的热茶款待，还受赠茶饼携回，真是阿弥陀佛。这智矩寺就是早年为皇帝焙制贡茶的地方，京蓉老学子们的口福不浅。第二天终于登顶，游天盖寺、蒙泉、皇茶园、禹王亭，周先慎扶杖缓行、走走停停，钟必琴细心保驾，竟然攀上高高的玉女峰，在蟠龙般的巨藤间拍下夫妻照。此处林木蓊郁，近可俯视羌江，远能眺望瓦屋（山），让我们胸壑大开。在蒙山我们还游了永兴寺、千佛寺，无一不引起先慎的兴趣，脸上总是挂着笑容。

三

四川的美食享有盛名，尤以成都及周边城市为最。周先慎的故乡崇州，小小一个怀远镇即能以豆腐帘子、叶儿粑和冻糕号称三绝。20世纪90年代，有次我参加一个代表团去敦煌途中在嘉峪关用餐，餐馆名成都饭店，据说在该地享有隆誉，餐桌上各省同仁对我称赞川菜之美，作为家乡人我去到厨房探望，并转达谢意。问起是成都哪家的分店，答称成都崇州，可见周兄家乡菜肴之胜。我曾对他谈过这段往事，以搏一笑。他自幼受其熏陶，是个老饕无疑。退休后回川，每与各式川菜结缘，不仅得享齿舌之福，而且以此为媒结识一批不同年龄及文化层次的朋友，欢快愉悦多多。

退休后的每一次返蓉，除了发挥余热参加学术会，周先慎都住在他姐姐家中。老姐子料想是个烹饪高手，使长居北地的他能得到许多家乡风味的补偿，大快朵颐，这就不多说了。仅以他与川大老友一起进餐为例，就有多层次多风格的美味品尝。他曾在母校川大红瓦村餐厅、西南民大餐厅、川大江安校区学生餐厅、成都三圣乡农家乐与友人们共席，亦曾在成都名店市美轩、蓉锦1号、九州一味、天府广场紫荆苑、城南水街酒家以及宽庭、莲影等园林式酒家品味。在市美轩，餐厅壁上有流沙河先生的题诗，"齿好你不吃，齿落吃铲铲"句引得周先慎开怀一笑，未朵颐时先已慰齿。在紫荆苑，进餐前先是与众多学友为年届80的曾大庸祝寿，品茶听古琴演奏，进餐时与各地而来的同窗好友举杯共祝，享受烹饪大师所制美味的同时，窗外广场上的辉煌灯火及车水马龙尽收眼底。在宽庭，因为女主人陈玉莲是川大中文系的小师妹，又热情好客，学长们去过两次，品尝烹饪大师杨文创制的风味川菜。其中一次，周、钟之外计有龚翰熊、葛鹏、夏爵蓉、陆文璧、李镜、孙德琴参加，那天主人以宽庭一品、茶油煮虾、东坡香肘、藿香豆瓣鱼等9样热菜，三花烤鸡、红油仔兔、桂花山药、宽心凉粉4道凉菜，观音老鸭汤1道汤菜待客。桌上令人垂涎的珍馐引发出一个话题：各谈一段在他乡异国品尝美味的心得，提名由周先慎开始。因为先慎曾在瑞典、德国、韩国等地讲学，传播中国文化，对东西方的饮食和口味见识较广，可他却说几次在异国他乡，涉及餐事惜未留下深刻难忘的嘉美印象，倒是对吃韩国烤肉的烟熏火燎，一说起便暗皱眉头。夫人钟必琴一旁补充，联系起当年在斯德哥尔摩圣诞节大餐上吃的烤肉，对家乡的东坡香肘称赞有加。那天宽庭的菜肴刚摆上桌，周先慎便掏出数码相机拍个不停。随后，其他几位都简要地谈了感受。为了回应主人的盛情，我们以《那年那月》一书作为答谢，以先慎领先一一签名，他个人还另有赠书，主客间人情美美。在莲影的一次，菜肴档次也很高，入席人数更多，京蓉两地的老学友 20 人左右围坐一席，先慎与从北京回川的黄淳浩、卫元理等及在蓉诸友倾心交谈，频频举杯，对莲影主人程乙佳等也是以礼、以情、以书相赠答。在成都、双流等其他一些烹饪场合，他和友人们在品饮之间还认识了四川餐界的一些名流，包括著名诗人、四川省美食家协会主席李树人先生。

他对故乡的茶亦很钟爱，在成都先后作客大福茶庄、宽和茶楼、宽庭茶寮，享受盖碗茶的品啜之趣，结识四川的茶文化专家、"碧潭飘雪"创始人徐金华，四川茶艺术研究会会长何修武，观赏有"当代中国长嘴壶茶艺表演第一人"美誉的曾小龙的特别表演，还在长江画院边品香茗边赏名画，其味其情，浸润于心，就不详述了。

周先慎的晚岁生活是充实的，有意义的。他对故乡山水、对故乡的人和物，其情其爱，贯彻于生命的始终。以上所述，只是一鳞半爪而已。

2018 年 11 月

悼周先慎教授

刘　方

水城相聚语依依，
岂料暂别成永离。
堂堂师表人钦敬，
一身正气存友谊。

2018 年 8 月

痛悼周先慎教授

刘扬体

如菊如松不曲阿，
春风化雨育人多。
学子失声悲良导，
未名低咽泣逝波。

（先慎兄曾言，他是融进未名湖中的一滴小水珠。）

戊戌年（2018）初秋

忆先慎

陆文璧

一、惊闻噩耗

2018 年浓春，我突然接到老同学翰熊电话，说周先慎出事了，你知道吗？详情他也不知。我立即给先慎、必琴在北京的家中打电话，无人接听，打手机也无人接听。我有一种不祥的预感。情急之下，想起先慎在成都有个亲姐姐，他们每年都要回成都来看望姐姐。我翻箱倒柜，找到了周姐家的电话。接电话的是一位粗声粗气的女士，是周姐家的保姆。她说，"他们家的人都出去了"。我说"我是周先慎的同学、朋友，打听周先慎的情况"，保姆粗声粗气回答我，"周先慎走了"。我无比惊讶："走哪儿了？"保姆说，"心脏病动手术就没有回来"。

天哪，晴天霹雳，太突然了。活鲜鲜一个人怎么说没就没了呢？后来，周阅和我通了电话，证实了先慎确实走了。大约过了一个多月，终于有一天，必琴来电话了，她在那头哭，我在这头哭。必琴说："文子，我们是大学同窗好姐妹，我不忍心给你们打电话……先慎心脏一直不太好。直到后来已经影响正常休息和工作、研究，实在太难受了。经再三考虑，最后决定手术。据北京安贞医院大夫介绍，心脏二尖瓣修补手术，只是微创手术。先慎的手术很顺利，谁知术后当晚进入 ICU 病房仅一小时，病情突变，昏迷不醒，一直昏迷了十几天，最后抢救无效。临走也没有说上一句话。"

二、同窗岁月

先慎、必琴和我大学同窗四年。尤其必琴和我还有其他同学共 8 位女生，同住一室。朝夕相处，无话不谈。必琴虽比我还小一点，但她比我成熟，会关心人，经常照顾我。甚至戏称我为"小八妹"。她同先慎从恋爱到结婚全过程，从不对我保密。许多情况我都了解。

印象中，先慎眉清目秀，身材修长，穿着朴素。说话有浓重的崇州口音。他对人态度谦和友善，行事低调，从不显山露水。从他平凡的外表里，根本看不出他有多聪明。大学毕业后，他和必琴都分配在北京工作。先慎在北京大学中文系，必琴先在广播学院（今传媒大学前身），后在北京语言大学。我和必琴一直保持着联系。距离并不影响彼此的牵挂。

三、勤奋耕耘

众所周知，北京大学中文系无论在学术水平上，还是在教学科研上，在全国都数第一流。先慎在北大中文系工作期间，由于他的聪慧加努力，在明清文学的领域中，在教学与科研中，终于站稳脚跟，占领一席之地。在人才济济的北大中文系，能走到这一步，是多么不易。

先慎为人谦和，治学严谨，深得师生好评。北大中文系曾多次派他到国外讲学，传播中国文化，深得国外学者称赞。他在北大中文系评为教授并获博士生导师资格，是我们川大中文系 55 级全年级近 90 位同学中唯一的博士生导师。

先慎著作丰厚，影响深远，教学十分精彩，仅举一例。他讲到《红楼梦》中贾宝玉挨打一节时，他把围绕宝玉挨打时各色人物的内心活动、面部表情、形体动作等等，描绘得淋漓尽致，听过课的学生，至今记忆犹新，赞不绝口。

多少个日日夜夜，数不清的挑灯夜战，他熬白了头发，熬弯了腰，熬干了灯油，终于取得了今天的成绩。这是他辛勤耕耘的结果。他用生命浇灌着事业之花。

四、友谊长存

难忘的 1976 年，我在川大中文系现当代文学教研室任教。很想有机会去北大中文系进修学习，提高自己。在先慎鼎力帮助下，终于很快有了结果。我于 1976 年春去北大中文系，参加文艺理论进修班学习。指导老师是吕德申教授。学员中有中央戏剧学院、中央音乐学院、中央美术学院的年轻教师。

1976 年真是多事之年，难忘之年。首先是"天安门事件"，接着是唐山大地震、毛主席逝世、朱总司令逝世、粉碎"四人帮"……单说我在北大进修的一年中，先慎、必琴对我无微不至的关照，至今回想起来，仍感动不已，是我永生的记忆。

那时，先慎、必琴一家住在北大燕南园，只有一间卧室。必琴的父母来到他们家带外孙并帮忙料理家务。6 口之家怎么住得下的？我至今想不明白。但他们家依然井井有条，干干净净，一家人过得有滋有味。那时物资十分匮乏，助教工资每月只有 56.5 元（在四川只有 46.5 元），可想而知，经济一定十分紧张，生活一定十分困难。但是，只要他们家有好吃的，一定会叫我去分享。我永远忘不掉那麻辣小面的味道，我一辈子也没有吃过这么好吃的面条。

回四川后，成都的物资供应比北京差很多。他们夫妻多次到海淀市场，分次给我买生猪油（因为一次只能买一点点）然后集中起来炼成猪油寄给我，这是一种什么样的精神？这是一种什么样的情怀？这是一种高尚的、纯真的友谊。尤其在生活困难时期，有的家庭会为了一斤肉夫妻反目，而他们对朋友却能做到无私奉献。真真是难能可贵，永志难忘。

再举一个近一点的事例吧。去年我满 80 岁，老伴执意要为我出一本纪念册，邀请亲朋好友题诗写文致贺。先慎、必琴义不容辞爽快答应。不久即发来一首诗："追忆当年荷池边，花儿少年舞蹁跹。如今八十神犹健，放歌还唱青春篇。"有知情学友说周先慎从来不写诗，能为你写诗，太不简单。现在看来，2017 年夏，先慎正在病中，不时犯心衰，但为了老朋友，他用了巨大的毅力写了这首诗。短短四句诗，体现了他的深情厚意，也饱含了他对荷花池畔青春年华的怀念。未曾想到，这首诗，竟成为先慎的绝唱。

五、欢聚成永别

先慎同他姐姐之间，姐弟情深。先慎、必琴几乎每年都回川探亲访友。他们是非常重亲情、重友情的人。

在宽庭，在慧园，在望江公园，在川大新校区，都留下了他的音容笑貌。

2016 年，趁先慎、必琴回川之际，我和秉元在铁像寺宴请他们夫妻。同时邀请了李镜夫妇、爵蓉、翰熊、葛鹏。那时，紫色的三角梅盛开，阳光和煦，春意盎然，我们喝茶、饮酒、聊天，其乐融融。先慎用他那带着浓重崇州口音的普通话，讲述过去的趣事，逗得大家捧腹大笑。

酒足饭饱之后，我们相约明年花开时节再欢聚。谁能料到，我们等到草儿枯了又绿了，花儿谢了又红了，没有等到你的归来，却等到了无情的噩耗。万万没有料到，铁像寺的欢聚竟成为了永别的记忆。

先慎，你一路好走，

先慎，我们永远怀念你。

悼先慎

横批：无悔人生

教书育人　桃李满天　精研学术　成就斐然　师恩如海　师德如山

家风家训　代代相传　儿女孝顺　夫妻恩爱　亲情友情　情满人间

半个多世纪的深厚情谊

祁连休

　　我和先慎是从中学开始一直在一起学习、生活的老同学、好朋友，彼此的深厚友谊长达六七十年之久。先慎常常说，他跟我是"毛根儿朋友"（即"发小"），他说得非常对。

一

　　我俩的老家地处成都平原，是文井江畔的崇州市（秦代置江原县，唐代称蜀州，宋代为崇庆军，元代称崇庆州）。这里曾经是古蜀国都。最早的一位文化名人是晋代的常璩，著有《华阳国志》。唐代诗人高适曾经做过蜀州刺史。宋代诗人陆游曾经做过蜀州通判。清代名将、道光初年的陕甘总督杨遇春是崇庆州人氏。

　　我俩一同念崇庆中学（今崇州中学，是四川省一所重点中学），初中、高中都同在一个班。先慎和我在班上成绩突出，数理化与文史都优秀，并且都当过班干部。他常常主动帮助学习差的同学，对同学很热情。1955年秋，我俩一起上四川大学中文系。虽然不在一个小班，但彼此都在一个教室上大课，一道听庞石帚、张怡荪、杨明照、林如稷、石璞、陈志宪、曾缄、颜实甫、甄尚灵、杜仲陵、曾君一等教授讲课。四年间同吃同住，勤奋学习，一起经历了风风雨雨。1959年秋天大学毕业后，我俩又一起分配到北京，先慎分到北京大学中文系任教，我分到中国科学院哲学社会科学部（今中国社会科学院）文学研究所工作。

1959 年 9 月 13 日下午，我俩和同年级的 40 多个同学登上北上的火车，次日上午到达古城西安。在西安吃过午饭，稍微休息后便乘火车去北京。我们 40 多个同学坐了差不多半个车厢，一路上有说有笑，其中有两对情侣，一对是先慎和必琴，一对是畅培和树龄。到三门峡站下去买食品时，必琴在火车上高喊："周先慎，帮我带两个烧饼上来！"大家听了都笑起来。越来越接近北京时，同学们一个个都异常兴奋。

我们是 1959 年 9 月 15 日下午两三点到达北京火车站的。这一天，正好是新建的北京火车站通车的第一天，很有纪念意义。这一年，北京大学、复旦大学等高校的中文系改为五年制，没有毕业生，我们川大中文系还是四年制，所以分配到北京的人数特别多。其中名额多的单位有新华社、北京大学、中国文联、中国科学院哲学社会科学部等。出北京火车站，40 多个同学就各奔东西了。直到一个多月后，我们 40 多人才在北海公园团聚。这是人数最多的唯一的一次大聚会。1962 年调整，走了相当一批。随后由于各种原因，又有一些同学陆陆续续离开北京。到20 世纪 90 年代，我们这个年级的同学还留在北京的就只有十几个人了。

二

在北京，我和先慎的工作单位、住家，一个在东南，一个在西北，离得很远，而且平时彼此都很忙，后来还不时有各种去外地与出国的安排。在退休之前，相聚的机会不是很多，但是，我俩一直都保持联系，书信不断。1960 年 3 月，我们和中央民族学院教师等一批人去西藏进行藏族民间文学调查，与我们同行的还有北大中文系的一位教师。我就曾经写信向先慎讲述一路的见闻，记得在去兰州的火车上坐卧铺，吃的盖浇饭又贵又不好吃。我告诉先慎，我们吃的是"该叫饭"。后来我还写信把西藏的见闻告诉先慎，专门提到在拉萨时，我去看望了正在那里编撰《汉藏大词典》的张怡荪教授（教古代汉语的老师）。先慎下放到门头沟斋堂去劳动，也常常写信把在那里养猪等情况告诉我。最让人难忘的是我们在"困难时期"的一次聚餐：1962年春节，文学研究所里面发福利，分给我们每个人一些羊眼睛和其他食品。先慎和必琴（必琴是我大学的小班同学）新婚，在宣武区牛街的红旗大学内有一间自己的宿舍。我便把这些都带去和先慎、必琴分享。在今天我真有点不敢再吃羊眼睛，可是在那个食品极端匮乏的时期，那些羊眼睛我们却吃得津津有味。

"文革"期间，空闲时间多一些，我们聚会的机会比较多。1967年树龄从重庆来北京与畅培团聚，住了相当长一段时间，我和先慎、必琴等多次去黄亭子新华社宿舍同畅培夫妇聚会，大家一起聊天，无拘无束，有说不完的话；大家一起吃重庆火锅，大汗淋漓，好不尽兴！20世纪70年代，我们都有了孩子，两家人常常来往。先慎夫妇带着周阅到永安南里我们家来玩，我们的女儿东霞还跟小阅姐姐在八号楼前面的院子拍照留影。我们也去北大燕南园看望先慎、必琴。他们那时与冯友兰先生毗邻而居。记得我在他们家里面看见隔壁宗璞的身影，听到宗璞的说话声。1971年我生病从河南干校回京，有一段时间常常跟宗璞在一起参加学习，我和她很谈得来。我们那个学习小组由文学所、外文所和语言所的留京人员组成。

20世纪80—90年代，我们都进入繁忙时期，大家都埋头干自己的业务，来往比较少。记得80年代中，先慎夫妇从德国回京时与我们几个老同学聚会过一次，他们请我们吃从柏林带来的巧克力等甜点，介绍那边的情况让大家都感到很新鲜。吃饭时，逢康夫人海燕还给大家做了一盘拔丝山药。记得我和志华把小儿子晖晖领去了，必琴喜欢逗他，叫他"小魔头"。

退休前，在京的老同学聚会的次数很有限，不但因为大家都忙，而且每个星期只休息一天。除了我们年级的十几位老同学到陈涛家中两次团聚外，四川大学中文系好几个年级的在京同学有过两次大聚会，先慎和我们都参加了。90 年代初的那一次规模相当大，去了几十人，连 1940 年毕业于四川大学中文系的老校友王利器也应邀出席了。

三

20 世纪 90 年代后期，我们年级在京的同学陆陆续续退休，大家团聚的机会大增，差不多每一年春秋两次。从外地回北京居住的钟扬、许敏岐也参加进来。我们到过中山公园、玉渊潭、陶然亭等公园，去过分布在西直门、二里沟、劲松、宣武门、西四、复兴门、航天桥、石景山、广安门、安定门等地的饭庄、餐厅。先慎、必琴几乎每次必到，不管路上要花多少时间，总是欢欢喜喜地赶来，兴致勃勃地跟老同学交谈。先慎和我很谈得来，总有说不完的话，近几年尤其如此。记得 2010 年郭明仪夫妇到北京时，我们在鲁谷的东坡酒楼石景山店聚会，2012 年李镜到北京时，我们在广安门外国华酒店聚会，先慎、必琴住在回龙观，路途遥远，每次都需要"长途跋涉"，但他们一次不落，突显出他们对老同学的真挚友情。

从上个世纪末到本世纪初的 1999 年、2006 年和 2009 年，我们四川大学中文系 1955 级大学同学有三次大聚会。每一次先慎、必琴和我都参加了。1999 年的第一次大聚会到的老同学最多，一些老同学还与老伴一道出席。其中有不少老同学是毕业 40 年后第一次见面，心潮澎湃，无比激动。在母校开座谈会，同学们围成一圈，争相发言，感慨良多。接着，又乘汽车去 80 里外的黄龙溪古镇游览，在那里住了一个晚上。大家一起拍照留影，一起坐茶馆，一起聚餐品尝黄辣丁等特色菜。后来，把大家写的回忆性散文汇编成册，几经修改后定名为《那年那月》，由北岳文艺出版社正式出版，其中所收的 40 余篇文章，就有先慎的一篇和我的一篇。2006 年第二次大聚会，除了在母校团聚外，还去都江堰和郫县游览。2009 年第三次大聚会，也就是最后一次大聚会，参加的老同学人数少了好多位，有的同学已经谢世，有的同学未能赶来，不免让人有些感伤。不过大家还是非常投入。首先我们在西南民族大学聚会和用餐，然后出游。先后去过青羊宫和紧邻的文化公园（原二仙庵旧址），去过30多里外的温江区（原温江县），去过成都近郊的龙泉驿度假村。接连三天大家都心情愉快，玩得相当尽兴。《那年那月》的责任编辑、北岳文艺出版社的席香妮，也应邀参加了我们的这一次聚会。

我们崇庆中学的初中、高中的老同学，大部分集中在成都市和崇州两地，他们退休后经常聚会，差不多每月一次，常常在成都，有时候回到崇州，甚至一块去游新马泰。先慎夫妇和我分别回去时都曾经参加过他们的聚会，每次都感受到中学同学的深情厚谊。2005年9月，我们崇州中学初中、高中同学有一次大聚会。几十个老同学在西江桥外的一座宾馆住下。成都市和崇州的老同学来得非常齐全，外地的老同学也到了不少。我们高中的班主任、初中的班主任、当年的教导主任以及不少科任老师都应邀参加了。一些中学老同学，我们有50年光景没有见面，彼此都格外珍惜这次聚会。开会时同学们很客气，让从北京赶来的先慎和我首先发言，我们衷心感谢母校的培养，衷心感谢几位班主任对同学们的教导与呵护，对于当年与同学们在一起的生活和友情，也多有回忆。顺便提一下，先慎和我都被写入《崇州州志》第三十二篇《人物》[1]。

四

近十年来，我们两家的往来比较密切。除了在京的老同学聚会，我们还常常单独聚会。回忆起来，许多聚会的情景不断浮现在我们眼前。我们两家一个住回龙观，一个住潘家园，一南一北相隔甚远，乘地铁都要两个小时左右。因为先慎行动不便，大多数时间都是我和志华赶到先

---

[1] 四川人民出版社2004年版。

慎家中。彼此认识一致，情趣相投，交谈起来总是滔滔不绝，其间往往还穿插对家乡故旧的回忆，几乎每一次都感到时间不够用。午饭时，先慎、必琴爱请我们去四川馆子品尝川菜。前几年，我们还常常去附近的良匠欢香馆（回龙观店）吃四川豆花、豆瓣鱼、川北凉粉。饭后，先慎、必琴总是乘汽车把我们送到地铁口，看着我们进站。有一次，他家的周阅、我家的东霞陪同我们两家大人在一起聚餐，她俩有40年没有见面了，彼此都很兴奋。前几年，中学的老班长徐占成、大学挚友畅培夫妇先后到北京看望我们，两次我和志华都赶到先慎回龙观的家中，与来自成渝两地的老同学聚会。我们在京老同学与先慎的最后一次聚会在2017年初夏，地点是安定门内车辇店胡同的"早春二月新川菜馆"。之所以选在那里，主要是考虑到先慎赶来比较方便，那时先慎、必琴刚入住温都水城金手杖养老公寓不久。参加聚会的老同学有元理、逢康、德培、陈涛夫妇和我共8位。在这个川菜馆大家吃得满意，聊得很开心。饭后一起走到安定门内公交车站时，先慎的精神不错。他告诉我们，必琴还要陪同他去北大取药。没想到，这次竟是先慎跟在京老同学的最后一次见面！

我们的年纪越来越大，不得不考虑今后的养老问题。先慎、必琴与温都水城金手杖养老公寓取得联系。2016年秋天，邀约我和志华一起去金手杖养老公寓参观。一个多月后，我们四人又一起去金手杖养老公寓试住。虽然我们对那里都感到比较满意，但由于我还有课题没有完成，志华目前还有一些工作，2017年春节后先慎、必琴住进金手杖养老公寓时，我们未能一同前往，总觉得比较遗憾。当时我心想，我们今后还有机会住在一起，没想到这个遗憾竟没法弥补了，就像再也不可能与先慎一起回成都，一起去南方过冬一样。

五

这些年我们两家人都想一起到三亚过冬，一起出国旅游。由于种种原因，先慎、必琴两次赴三亚我们都没能同行，错过了同游的机会。但是我们却有幸两次与先慎、必琴一同出国旅游。一次是新马泰之旅，一次是吴哥之旅。

2013年3月1—11日，我们参加北京中国国际旅行社的旅行团，新马泰十日游，首先乘泰航飞往曼谷，开始了泰国游。我与志华第一次到东南亚，一切都感到新鲜。在曼谷，我们一起游览了金碧辉煌的大皇宫，朝拜过伊拉旺神祠中的四面佛，观赏过鳄鱼潭的驯鳄表演。到了芭提雅，去过东芭乐园看大象表演和骑大象，参观过化石园林，在森林花绿光餐厅用餐，还一起体验了泰式按摩和观看人妖演出。最让我们印象深刻的是沙美岛之行。我们从芭提雅乘快艇到达沙美岛，已是下午，住进海湾边一家不大的宾馆，木结构的平房房间十分温馨。我们两家挨在一起，门前就有一个小小的游泳池。我们四人在沙滩上散步，围坐在房间附近的木桌旁拍照和欣赏海景，晚风拂面，吹走了旅途的劳顿，让大家无比舒心。我们在沙美岛住了一个晚上，当天的晚饭和次日的早饭令人难忘，每一顿都要搭乘小船到海中的吊脚楼式餐厅去用餐，食品相当考究，一张张餐桌底下就是大海，脱了鞋的双脚可以伸到下面。我们从来都没有经历过这样的用餐环境，真是开了眼界，感到十分愉悦。

我们在新加坡只待了两天。进入这座花园城市以后，所到之处无不整洁美观，让我们感到它确实名不虚传。我们去过这里的一些景点和豪华商场，印象都不错。尤其是有一段经历至今记忆犹新，这就是我们四人并排坐在新加坡滨海湾大桥上，一边品尝刚从桥洞旁买的面包夹榴莲雪糕，一边远眺金沙酒店的独特外观——57层高楼顶上硕大无朋的船型游泳池，俯看鱼尾狮公园，欣赏作为新加坡的标志和象征的鱼尾狮身像。

在马来西亚的古城马六甲，我们参观了纪念郑和的三宝庙，瞻仰了各界华侨在三宝山麓树立的华人抗日殉难纪念碑。到了马六甲海峡，我们站在海边眺望，悠然遐想。离开前我们四位好友一起拍照留念，因为手臂不灵活，做的一个爱心的造型很不标准，把身边的旅友们都逗笑啦。我们还去参观马来人的民居，看了一个老村长家的一栋房屋，大家了解了一些今天当地原住民的生活状况。旅游团还安排我们去参观云顶赌场，当时我们没有去过拉斯维加斯，也没有到过澳门，在这里总算开了"眼界"。那天晚上我们住进了山下的五星级云顶酒店，房间十分阔气，第二天早晨的自助餐也极其丰盛。但值得我们回味的，仍然是泰国沙美岛的住宿和用餐。在旅游大巴上，地陪颜苢施这个从英国留学回国的华裔姑娘，不断给大家介绍马来西亚的教育、医疗、语言和各种旅客感兴趣的事情，让我们的旅游生活更加有兴味。在到达吉隆坡之前，先参观了吉隆坡南 25 公里的马来西亚新行政首都布城（又称"太子城"）。那是一座被原始森林包围的新城市。首相府大楼前面是一个大广场，大广场中心的喷水池周围飘扬着马来西亚 14 个州的旗帜，大广场旁边就是国家清真寺、首相官邸、太子会议中心等建筑。到了吉隆坡，我们参观了民俗博物馆，还驱车游览市容，观赏世界第八高的摩天大楼——造型别致的石油双塔，留下很深的印象。

柬埔寨吴哥游，是我们最后一次一块儿参加的出国旅游，也是我们一起参加的最难忘的一次旅游。2014 年 1 月 15 日 19 时许，先慎、必琴与我、志华一起参加北京钓鱼台国旅的旅游团，乘国航飞 5 个多小时抵达暹粒，开始了愉快的"吴哥之旅"。

第一天上午，我们去参观大吴哥。我们两家首先在巴戎寺外面合影留念。进入巴戎寺后精美的佛雕向我们扑面而来，那里拥有 54 尊四面佛塔，每个佛塔的四面都刻有神王的微笑面容。东北角有一座雕像特别传神，被誉为"高棉的微笑"。当时游人如织，我们好不容易才一一在"高棉的微笑"前留影。随后又游览了斗象台、十二生肖塔、空中宫殿遗址、塔布茏寺、圣剑寺等。傍晚前，我们赶去游览吴哥五城外的变身塔（又称比粒寺）。这里是早年的国王、贵族去世后火化处。按印度教教义，他们火化后能够从善恶轮回中解脱，火化为神。变身塔相当高，四面平坦，是吴哥观看日落的最佳场所之一。但是塔身高而且陡，我和志华爬上去都吃力，不得不手脚并用。我们特别佩服先慎，他那时虚岁80，腰又有毛病，行动受到限制，可是他居然爬数十级台阶，登上了变身塔，跟大伙一道欣赏日落。地陪温国文（华裔）很不放心，立刻追上去领着先慎、必琴从较缓的后坡爬下来。

第二天上午，我们去参观始建于公元967年罗真陀罗跋摩时期的女王宫（即"女人的城堡"），它完工于1002年的阇耶跋摩五世时期，供奉的是婆罗门教的湿婆神，是柬埔寨三大圣庙之一。建筑呈朱红色，小巧玲珑，富丽堂皇，有"吴哥艺术之钻"的美誉。先慎不停地拍照，迟迟不肯离去。接着我们又游览巴公寺，我们两家人抓紧时间从几个角度拍合影。

这一天最精彩的是下午的吴哥窟（小吴哥）游。我们这个旅游团16人选了一个好角度拍"全家福"，把大家的笑容永远留在吴哥窟。先慎我们四人缓步前行，在一个水池边挑选最满意的视角，我们分别在五座塔前合影，留下永久的纪念。随后我们进入吴哥窟欣赏连绵不绝的几百上千幅精美的石刻壁画，真可谓目不暇接。我与必琴、志华还从现在为游人安装的梯子爬上主塔参观，先慎不便爬楼，就在下面为我们拍照。最后，我们两个有几十年交情的老友肩并肩地踏着夕阳在宽阔的甬道上慢步离开吴哥窟，去乘大巴车时，心里说不出的惬意。

又一天上午，我们去参观离暹粒40公里的崩必列遗址。崩必列意为"莲花池"，是公元12世纪苏利耶跋摩二世朝代建筑的寺庙，如今没有进行清理整修，完全保持着原来的状况。千年的古树已把石头建筑崩开了，有的浮雕、塑像已经倒下，或者被盗走，到处是青苔、野草，满目荒凉，并且弥漫着神秘的气氛。参观时候，先慎和我们在残垣断壁中吃力地爬上爬下，心灵感到异常震撼。

当天下午，我们还去游暹粒附近的洞里萨湖，它是东南亚最大的淡水湖泊，烟波浩渺，非常开阔。在游船上我们看到了水上人家、水上市场的盛况。到达湖中央的大船后，我们爬上二楼的平台彼此拍照，然后选好位置欣赏湖上绝美的落日。结束一天的旅程，返回吴哥市区。回到宾馆后，意犹未尽，我和志华还借用先慎的手机，连接网络与北京的孩子视频通话，告诉我们与周叔叔、钟阿姨愉快的旅途经历。

作为亲如兄弟的挚友，无论是人品、学识，先慎都有许许多多令我钦佩、值得我学习之处。他关心国家前途的情怀和跟疾病顽强抗争的精神十分感人，他坦然对待生死的态度，更让我和志华无比折服。每当我们想起先慎，他的音容笑貌立刻浮现在眼前。他没有离开我们，他永远活在我们心中。

2018 年 11 月

一滴水，晶莹透亮……

——周先慎学兄杂忆

桑逢康

　　周先慎和我都是 1955 年考入四川大学中文系的，全年级共有 90 名学生，分为甲、乙、丙三个班，先慎和我同在甲班，大学四年中各班人员虽有所调整变化，但我们俩始终在同一个班，可以说是名副其实、地地道道的同窗学友了。他比我长一岁，我应该叫他"先慎兄"。

　　川大紧邻望江楼，校园宽阔美丽，中心地带有一个偌大的荷花池，是师生们散步谈心的地方。旁边就是图书馆、运动场和若干座教学楼。道路两旁高大的法国梧桐浓荫蔽日，洒下一片荫凉。还有一个上千座位的大礼堂，既用于开大会又能演电影和举办音乐会联欢晚会。在这种地方读书求学真是一种幸福。

　　在甲班乃至全年级，周先慎是功课学得最好又最扎实的高材生中的一个。我的印象中他和陈懋普旗鼓相当，懋普偏重于文艺理论，先慎可能更偏重于文学史。每次班上开讨论会，他们两个人侃侃而谈，畅谈学习心得，常有高见让我等佩服不已。先慎又当过我们甲班一段时间的团支部书记，可见他在政治上的表现也是相当好的。不过，在那个年代谈论学术或许可以，谈论政治就难免会倒霉了，"反右"时陈懋普被错划为右派，先慎也挨过批判，因为什么以及具体内容我忘得一干二净了，只记得甲班开会时邀请过丙班的钟必琴参加——那时先慎和必琴已经确立恋爱关系，是我们这一年级男女同学中后来结为伉俪的一对。

1959 年毕业后，周先慎被分配到北大中文系任教。不久即下放京郊门头沟斋堂劳动锻炼，期间有一天回城，他和我在北海游玩并畅谈过，我见他把头发也剃光了。这大概是为了向农民兄弟"看齐"，但他那副"书生"的模样，尤其是灵魂深处"知识分子的王国"，是永远也改变不了的，正所谓"江山易改，秉性难移"。以后又过了许多许多年，先慎虽已从"不惑"而"古稀"再跨入"耄耋"人生最后阶段，背也有些驼了，但书生气质仍如当年从言谈举止中自然而然地流露出来，活脱脱百分百一个大教授的形象，令同辈感到亲切，令后辈肃然起敬。

北大是中国的最高学府，多少有一些"大北大主义"的味道。先慎当年是从地方上一所大学来的人，能登上北大的讲坛是很不容易的，没有两把刷子，没有真才实学，很难在那里立足。先慎自己后来写过一篇文章《融进一滴水》，叙述了他在北大任教的经历和感受。我在这里想补充一点：北大中文系的孙玉石教授和我都参与了《郭沫若全集·文学编》的编辑注释工作，彼此也比较熟悉了。有一次孙玉石曾当面对我夸赞说："周先慎很有才，一开始我们还没怎么注意，渐渐地大家都认可了。"孙玉石毕业于北大，又一直在北大任教，还一度担任过中文系的系主任，称得上是百分之百的"北大人"，他的评价当属公允之语。但不知为什么我从来没有向先慎提起过这件事，今儿个算是第一次披露。

> 一滴水，从荷花池
> 融进了未名湖；
> 一滴水，晶莹透亮
> 在哪里都放光。

总而言之，几十年执教北大，一路走来，脚踏实地，从助教、讲师、副教授晋升为教授、博士生导师，又有《中国小说史》等著作面世，这就是我们的先慎兄。说真的，我常常为川大能培养出这样优秀的人才，为同窗学友中有先慎这样的学问家而感到骄傲。在别人面前为川大鼓吹时，"北大教授周先慎"必是我抬出来的一块金字招牌，其他几位是唐诗研究权威吴庚舜、民间文学研究专家祁连休、著名诗人李镜和许敏歧。至于我自己，好像我曾经不自量力地说过："周先慎比我有学问，但我比他更有才华。"实际上先慎不仅比我有学问也比我有才华，我的那点所谓"才华"不过是"小玩闹儿"，属于"雕虫小技"罢了。由于我毕竟是中国社科院文学所的研究人员，小说写多了被指责为"不务正业"，评定职称也不算数，因此我既为"形势"所迫，也是为了向先慎兄等学有专长的同窗学习，以后才照猫画虎写了几本所谓的"学术专著"，然而画虎不成反类犬，比起先慎兄的《中国小说史》来实在不像个样子。

先慎不仅在北大讲授中国小说史，他还是中央电视台《百家讲坛》古典名著的开讲人之一，受到许多电视观众的欢迎。后来由于患有心脏病他才退了出来。先慎兄在《百家讲坛》讲课既引人入胜，又严肃认真，不像后来有的讲课者那样把好端端的《百家讲坛》弄成了说评书耍把式的玩意儿，让人大倒胃口。

众所周知，胡适是新红学派的创立人，但胡适自己说："我写了几万字考证《红楼梦》，差不多没有说一句赞颂《红楼梦》的文学价值的话。"他认为《红楼梦》比不上《儒林外史》，在文学技术上比不上《海上花列传》和《老残游记》。这和鲁迅在《中国小说史略》中的看法大相径庭，鲁迅认为"自有《红楼梦》出来以后，传统的思想和写法都打破了"，《红楼梦》"在中国底小说中实在是不可多得的"。我们在北京工作的川大同届学友有经常聚会的习惯，我知道先慎对明清小说有独到精深的研究，便在一次聚餐时向他请教胡适和鲁迅对《红楼梦》的看法孰是孰非。先慎想了一想，对我说："鲁迅是创作家，对艺术的感悟很高，胡适对艺术的感悟不如鲁迅。"我点头称是，说："胡适自己也承认他提倡有心，创作无力。"

后来我把先慎兄的上述观点归纳为"艺术感悟说"，并在自己评论胡适的文章中加以吸收应用，这可以说是我也当了一回他的学生。作为学术上的交流，我还把有关的一些资料提供给了先慎供他参考。

其实在"文革"结束之后，我和先慎还合写过一篇批判"四人帮"的文章，由我写出初稿，先慎修改定稿。只可惜当时没有找到合适的报刊发表，我们俩的"二人转"没有"转"成，几页底稿最终扔进了字纸篓。

钟必琴毕业后分配到中央人民广播事业局所属广播学院工作，后来到了宣武区红旗夜大学、北京语言学院（北京语言大学前身）任教。来北京后的最初几年，老同学们常在他们家里聚会；川大学友以及教过我们的杨明照、华忱之老师，从成都到北京来办事也都会找他们，这些都说明先慎和必琴为人厚道，待人诚恳热情，人缘儿很好。我还在新华社摄影部"图为"的时候，住在宣武门，离宣武区红旗夜大学比较近，我常常到他们家里去串门，先慎和必琴以回锅肉、担担面款待，让我吃得不亦乐乎。他们还是我的大媒人——龚海燕就是由必琴介绍与我结为夫妻的。海燕1995年因患胃癌去世后，他们还特意送了一束花表示哀悼之意，这让我十分感动，并至今不忘。

过去当老师是很清贫的。不记得是哪一年了，好像是在"文革"期间，先慎在北大燕南园分到一间大约有十五六平方米的房子，是从汤用彤老先生若干间的住宅里"割"出来的，当时把年轻教师安插到学术权威住处谓之"掺沙子"。

女儿小阅呱呱落地后，必琴的父母到北京来帮助照料孩子，一家祖孙三代五口人挤在一起。有一次我去他们家，看到屋里支起了学生用的上下铺双人床，其拥挤困窘之状可想而知。尽管如此，院子里种了豆养了花，自家享用又雅兴十足。先慎曾从院子里摘过几次"猫耳朵"（北京人叫法）馈赠于我，我拿回家用它来炒肉，的确是很好吃的，至今仍是我的一种至爱。

后来因为有了小儿子周闻，家里实在住不下，先慎就只好住到系里教研室去了。我记得他一直在此住了许多年，后来随着住房条件逐步改善，他们在蔚秀园分到了一套两居室，再往后又在燕北园分到了一套三居室。这两个地方我都去拜访过。

改革开放后知识分子从"臭老九"变成了香饽饽，尊重知识尊重人才成为了一项国策。有关方面在兰旗营盖了几栋高层住宅楼，分配给中科院院士和北大、清华的名教授居住。周先慎本来也够资格，但他实地查看以后放弃了，因为要入住"高知楼"，原来的住所上交学校不说，还要额外缴纳几十万元。"

先慎和必琴两口子既勤快又节俭。先慎第一次出国讲学是到德国，必琴随行。那时外币尤其是美元对中国人来说宝贝得不得了，他们在走之前准备了足够一年使用的生活用品随身带去，为的是减少日常的消费。从这样一件小事，也可以看出他们善于勤俭持家的美德。

除到过德国讲学外，以后先慎和必琴又多次应邀赴欧洲、韩国以及中国香港等地讲课，进行校际间学术交流。在我们同窗学友中，他们恐怕是出境讲学最多的，不仅大开了眼界，而且对中外文化交流和增进人民之间的友谊作出了贡献。

先慎和必琴育有一儿一女，堪称圆圆满满。长女周阅，公子周春（周闻小名），记得当年先慎兄对我讲过：之所以给子女取这样的名字，乃是"阅尽人间春色"的意思，故从中各取"阅""春"二字。有一次在几位老同学欢迎李镜兄从成都来京的聚会上，闲聊中先慎对此所做的解释和我的记忆有所不同，他说"周阅"的名字是谢冕先生给取的，不过我觉得两种说法、两种意思都很好。如今周阅已是北京语言大学的教授，专攻中日比较文学并卓有成就，《文艺报》曾专文介绍过。周春毕业于北京理工大学，擅长软件设计。每逢节假日先慎和必琴同儿女团聚，安享天伦之乐。

退休以后，夫妇俩经常到国内国外旅游，海南三亚就是这一对"候鸟"的冬日养生之地。他们多次向我推荐过三亚，可惜我至今尚未成行。我这个人可能当不了"候鸟"。先慎古稀之年又玩起了摄影，有一次在饭桌上卫元理的夫人这样说他："背都弯了，背起那么重的相机，到处跑！"我听了打心眼儿里高兴，因为"老有所乐"和"老有所为"都是心态平和、乐观豁达的表现，在这方面先慎兄又为同窗学友树立了一个榜样。先慎又是个善用心思和智力的人，一旦喜爱上了摄影，便乐此不疲，不仅所摄照片富有观赏价值，而且他还写了一篇文章介绍自己的摄影技巧，其中有他琢磨出来的拍摄"窍门儿"。这篇文章发表在我们年级同学自办的电子版《学友》上，我建议把此文也收入这本纪念文集中，因为它从一个小小的侧面反映出了周先慎学术生涯之外的人生乐趣。

我最后一次见到先慎，是在他和必琴入住温都水城金手杖养老公寓之后。在这之前由于心脏功能日益衰弱，他换过一次心脏起搏器。我们老同学集会，这些年一直由祁连休、卫元理二位仁兄操办，而所谓"集会"也就是找一个饭馆边吃边聊，尽兴而散。连休是美食家，哪家馆子菜做得好，价钱又合理，他都摸得门儿清。过去我们集会地点大都在南城和西城一带，这次为了先慎和必琴方便，连休和元理特地选在了北边：安定门南一家叫"早春二月"的新川菜馆。金手杖养老公寓每天有公交车开往地安门，先慎和必琴夫妇乘车到地安门，然后打的或换乘一小段公交车就到了，比跑到南城和西城方便快捷得多，这也是两位操办者考虑周到的地方。

那一天参加聚餐的老同学，有祁连休、卫元理、胡德培、周先慎、钟必琴、陈涛和我。在中央民族大学任教的车如舜兄原本也要来的，因为临时另有要事没来成。黄淳浩兄住在石景山，行动又不大方便，连休和元理为了照顾学长的身体，就没敢劳动他的大驾。尽管人不齐全但也难得一聚，相见甚欢自不必细说。四川人吃川菜当然大快朵颐，而"早春二月"的店名也取得雅致，令我们这些大学中文系毕业的"30后"（生于1930年之后），很自然地想起了柔石的小说《二月》，以及夏衍据此小说改编的电影《早春二月》。席间众学友谈笑风生，先慎兄侃侃而谈，并不像大病缠身的样子，只是谈起他换心脏起搏器前有一段时间十分难受，"真有生不如死的感觉"。不过这句话并未引起我们特别的注意和警觉，因为他当时和往常一样思维敏捷，口齿流利，脸上露出温良而又快活的神情。先慎和必琴还向我们介绍了金手杖养老公寓的情况，说"总的感觉是挺不错的"。于是大家商定，下一次集会就在金手杖养老公寓，在那里住上一两天，体会体会，没准儿以后在京老同学都去"金手杖"，从大学同窗变为同一处养老，岂不乐煞人哉！

这次聚餐从上午11时许一直到下午两点才结束。我们从位于一条小巷子里的"早春二月"新川菜馆出来，朝东大约走一二百米就到了车水马龙、行人穿梭的大街了，由于住家所在位置南北东西各不相同，老同学们就此分手告别。我帮先慎和必琴拦了一辆出租车，他们俩坐上车就走了，没想到这竟成了我和先慎兄的永别！唉唉，虽说死生有命不由人，毕竟老天太无情，谁说不是呢？

如今斯人已去，但融进学友们心田里的那一滴水依然晶莹透亮。

摄影之光

卫元理

先慎兄的仙逝，是在重庆得知的。4月下旬，我从京返老家探亲，在与畅培兄通电话后，当晚他就急急来电，转告了这个不幸的消息。当时心头一紧，不禁黯然，悲痛难抑。

先慎是我素来敬重的大学同窗学友。我们同级不同班，但都是一起上课的。他年龄比我稍大，博览群书，显得稳重亲和，真诚勤奋。大学四年，他已成为饱读诗书的学子，毕业论文发表在《四川大学学报》上，令同学们好生羡慕。

1959 年秋，大学毕业后，我们都来到首都北京。他分配到北京大学中文系任教，我则分配到新华社。由于两地分隔较远，各自事务较忙，平时往来很少。待到再次相见时，是在漫长动乱的"文革"结束之后。经过多年磨砺和努力，他已成为中文系古典文学方面的教学、科研骨干和知名的教授了。

先慎每有著作出版，都寄送我一部，让我先睹为快。最后一部是《细说聊斋》。我惊讶于他对中国古典文学名著的细读和深思，开掘和阐释，条分缕析，具体绵密，而且迭出新意。读来趣味无穷，是精神上的莫大享受。如今随着作者的去世，这样的好文章已成为绝响了。

这里，不谈先慎在专业上的丰富的学识和成就，只谈他的摄影。这是大家所不太了解的。

晚年，摄影是先慎业余生活的一大爱好，是休闲的点缀品，他对摄影可说是到了痴迷的程度。那是 2009 年，我们川大中文系 55 级同学，毕业 50 周年返成都聚会。先在母校和西南民大团聚后，到天府广场会餐，然后游览了成都三圣花乡和洛带古镇。三天后分组参观游览金沙遗址博物馆、崇州街子，以及雅安青衣江、碧峰峡、白马泉和上里古镇。在游览中我与先慎、必琴夫妇一路，畅谈甚欢。先慎对我使用的单反相机表现出极大兴趣，常常问这问那。

回到北京后，他就托学生在香港购买了单反相机，佳能 500d，两个镜头：18—55mm、55—255mm，后来又采购了三脚架，武装起来了。

从此，他乐此不疲，拖着有病的身体，跑东跑西，拍摄了不少照片。这中间，除了每年的在京同学聚会外，我们两家单独聚会有四次。一次是在玉渊潭公园拍樱花。那天上午久等不来，到 11 点多他们才姗姗来迟。到来后连连抱歉，说是路途太远，从住宅区回龙观来，堵塞太多，真要命。另一次是到世界花卉大观园。这里树木繁多，花朵绽放，一片勃勃生机，我们拍了个不亦乐乎。另两次，则是约定去北京之外的地方了。一次是去承德的避暑山庄，我们在那里住了两晚。一次是去海南的三亚过冬。最后一次值得记述，因为时间较长，看到的东西也多。

还有一次，先慎夫妇、敏歧夫妇和我们夫妇三家，由敏歧夫人玉钟约定，同游野三坡，在那里住了两晚。那里有山有水，怪石嶙峋，荒草萋萋，到处是野趣。我们玩得很尽兴。

海南三亚那次，时间是 2015 年 12 月 10 日至 2016 年 1 月 17 日，在海坡村区，同住一个旅店。我们朝夕相处，共进三餐，自然有谈不完的话。海南是热带气候，常在 30 度上下。蓝天白云，椰树参天，空气清新，碧波大海望不到边。特别是一望无际的沙滩，沙软潮平，踩在上面特别舒适。还有引人注目的海上日出和日落的壮丽景色，周围有天涯海角、鹿回头、南山、小洞天、亚龙湾等名胜。我们欢呼雀跃，拍摄了不少照片。他还拿出了以前拍的照片，全保存在笔记本电脑里。他拍摄的照片，题材广泛，多以人物和花卉为主，用光、构图都极为讲究。长镜头运用很出色，主体突出，焦外虚化较好，不少堪称为精品，看过的人都极为赞赏。部分照片曾发表在内部刊物《学友》上。他说，我在这上面花了不多的钱，但拍摄比他们好，很有些开心自信的样子。我劝他可以开一个展览会，他连忙摇手，说没有这个条件，纯为自娱自乐，开心滋润，看书写作久了，换换方式，调剂心情而已。饭后，我们都急于去抢拍日落景象，占领有利位置，夕阳沉没后，沿海滩散步而归。

他在三亚时，曾多次感到心脏不适，定时服药并电脑联系医生，才调整过来。为此，他谈到，他已年迈，并不畏惧死亡，因为这是人生的自然现象，必然归宿。他欣慰后继有人，女儿小阅是搞比较文学的，他那辛勤搜集的满墙的书，她可以放心继承，不致湮没扔掉了。他还说，当着儿女的面，他曾说过，我们这个年龄（指年过八旬），身体又不好，随时都有走了的可能，你们要有这个准备。显得那么豁达大度，真是一个老实可爱的老头。

先慎和必琴，是一对贤伉俪。大学时代结识相爱，从青年到老年，一路走来，风雨同舟，白头偕老。必琴温婉娴淑，操持家务，卓著辛劳，是对先慎的极大支持。先慎心脏不好，在20年前就安装了起搏器，晚年腰弯得厉害。她对他体贴入微，处处关心，留下了一段相亲相爱、始终不渝的动人佳话。

在三亚，我曾拍下了他们夫妇在夕阳下，相互扶持，在海滩上缓步前行的身影。思之怆然！

现在，周先慎教授走了，匆忙地走了。他的学术成就和风范，将长留人间。我们将永远记住并怀念他！

2018 年 12 月 17 日

雪泥鸿爪忆故人

夏爵蓉

大雪节气已至，天寒霜冷，不觉已是岁末 12 月。本该云笺飞递，祝贺先慎学兄 83 岁寿诞……然而斯人已去，往日之情之景，均成为温馨的回忆……

其实，我与先慎学兄虽大学同窗四年，却因不同小班，当时彼此并不熟悉，只从同学们课余饭后的闲谈中得知，甲班的这位班长学习优秀、工作认真、为人正派，是位好同学。真正有所交往，是在 1972 年以后，至今已有 40 余年。通过近半个世纪的接触、了解，我眼中的周先慎不仅是著作等身、才识渊博、勤谨奋勉、注重修为的好专家、好教授，而且更是一位乐于助人、心地仁善、至诚厚道的好学兄。仅以我两次赴北京亲历亲见的生活点滴为例。

第一次是 1972 年夏初。那时正是暑假前夕，我结束了凉山彝族自治州的开门办学工作，返回成都校区，短时间内，暂无工作安排。碰巧，我母亲正准备离开新乡市我大姐家，返回四川，要我去接她。于是，我带着 9 岁的儿子去了那里。住下后，我才发现新乡市距北京较近，若乘火车，一夜就到。参观首都北京，是我多年的梦想，母亲和儿子也热切要求同去。我便立刻给在北京工作的同年级两位女同学，各发了一封信。没几天，就收到必琴夫妻的复信。信中热忱欢迎我们祖孙三人去北京，并详细写明了从北京火车站到北大他们家的乘、转车路线，以及沿途重要街道车站名称，还嘱咐一定电告抵京时间。为此，我们祖孙三人兴奋了好几日。

几天后的那个星期日上午，我们抵达北京，并顺利到了北大燕南园先慎、必琴的家门前。他们热情地将我们迎进屋，出乎我意料的是，北京大学的住宿条件并不优于其他学校。先慎一家三口，仅分得单间卧室，没有厨房。他俩接过我们的行李，关切地问候着，端茶递水，寒暄、休息一阵之后，居然摆上了一桌热气腾腾的饭菜。我非常吃惊，因为我知道他们都在单位食堂用餐，连女儿小阅也在幼儿园搭伙。这时，必琴一边招呼我们吃饭，一边笑着解释："我们不会做饭，今天早上起来，在小煤炉上折腾三个多小时，就做出这点饭菜，真过意不去……"先慎也接着说："饭菜做得不好，你们将就吃一点，千万别客气，要多吃点哦……"这餐饭是在必琴不断地往我们碗里添菜、先慎不停地劝我们多吃的过程中结束的，也是我一生难忘的味道最美的午餐。

饭后，先慎去收拾碗筷，必琴陪我们摆谈。她高兴地说："你们的运气真好。先慎的一位同事，三天前接到带学生下乡的通知，昨天已出发，临行前把他的卧室借给了先慎。位置就在燕南园的后面，很近，房间不大，但很干净。我已准备好被褥，你们今晚能好好休息了。"不等我答话，她接着对我说："其实，即使没有借到房也没关系。收到你的信后，先慎就同我商量说，你们来北京一趟挺不容易，老同学嘛，就像亲姐妹一样，不分彼此，把屋里东西挪一挪，再搭间床，中间隔个布帘，你们祖孙住这边，我们三口住那边，也满可以的。几天前，我们已准备好全部东西。"说着，她走到床边，从下面拖出一张约 6 尺长、4 尺宽的漂亮竹床板，问我："现在天气已热，睡这个怎样？"我笑着说："好，还真好！"在心里，我却因自己情况不明，考虑不周，给他们带来麻烦而深深自责。试想，除了惯于替他人着想、仁善厚道的先慎、必琴之外，在这人如潮涌、寸土寸金的京城之地，有几人愿意承受在狭窄的住房空间里，额外增添老少三人，给自家生活带来诸多不便？何况，不是一天两天，而是整整

213

七天！

此后的几天，母亲和我决定尽量少给他们添麻烦，每天早出晚归。但是，他俩仍然殷殷关切，每日为我们制定最佳游程，安排好生活，直到行程结束。

我第二次去北京是十年后的 1982 年。那年，我校有去北京大学进修的一个名额。我对北大良好的学习环境、雄厚的师资力量以及图书馆丰沛的藏书倾慕已久，便立即写了申请。9 月初，我如愿抵北京大学。办完手续的当天，先慎学兄便挤出时间，带我参观北大校园，熟悉学习、生活环境。他着重介绍了我最关心的中文系和图书馆的情况。

那时已是改革开放的第四年，全国各行各业均在除旧布新，人人砥砺奋进。大学校里也不例外，教师们个个锐意进取、只争朝夕，总想把"文革"损失的时间尽快补回来。因此，我不愿过多打扰先慎、必琴。然而，他们却认为我离家在外，生活会有许多不便，总是主动关心我，常常邀请我去他家做客，偶尔做点好吃的，也特意给我留一份，真像对待亲姐妹一样。

记得一个星期六的中午，我在食堂买了午餐，正准备回宿舍，走到路口，遇见骑着自行车的先慎学兄。他瞟了一眼我碗里的一个馒头、四个拇指大的肉丸和几片白菜，说："就这点饭菜，够吃吗？"我忙回答："够了，够了。"问他："到这边办事？"他回答："嗯，刚办完，正打算回家。"停了几秒钟，他又说："今天是星期六，你来我们家吃晚饭吧，……早点来，必琴在家等你。"

那些年，国家尚未实行双休日，星期天是每周唯一的休息时间，十分珍贵。然而，在那拼搏的年代，学校里多数教师、学生星期日也继续工作、学习（星期天图书馆照常开馆），只把星期六晚上，作为唯一的休息娱乐时间。当天下午五点半钟，我离开北大图书馆，往先慎、必琴家走去。那时，他们家已迁至北大校外的蔚秀园教师宿舍。

一跨进这五层楼的单元房，触目是一道自行车的风景线。猜想这栋宿舍楼没有设置停车房吧，在不宽的楼梯通道里，每层楼梯扶手的铁栅栏上都悬立锁着一两辆自行车，像一队不知疲累的铁马，昂首向上，急欲奋蹄。循着这队铁马，我登上最高的五楼，敲开了房门，必琴正系着围裙剁猪肉哩。她说："猜你喜欢吃肉丸，今晚以它为主菜，你来帮我调出你爱吃的味道。"我心里明白，定是先慎学兄将中午食堂前遇见我的情景告诉了她，夫妻俩商量好给我改善生活。晚饭时，一大锅热气腾腾、香味四溢的肉丸端上桌，另外还配了两三个菜。犹如十年前一样，必琴不断地往我碗里添菜，先慎不停地劝吃、帮腔。

晚饭后，我们一边看电视，一边闲聊。必琴端出了一盘水果，拣最大最好的那一个，削给我吃。那个时候，人们还不富裕，他们家也很节俭。必琴每次买水果都选价钱较便宜，大、小混装型的，挑出品相最好的待客，其余自家吃。说说笑笑间，不觉已9点多钟，看着悄坐一旁的先慎学兄正在打瞌睡，我忙起身告辞。必琴立刻解释："他就这样，一看电视就打瞌睡，一看书、写文章，就又有精神了。"我忽然记起，先慎兄介绍中文系情况时，谈到对面楼层里的那位孙老师，知识扎实，刻苦勤奋，每晚都是后半夜才熄灯。当时我就猜测，先慎学兄也很勤奋，常熬夜吧，否则怎会见到这一情景？想到这里，我顺口问必琴："先慎兄又熬夜加班了吧？"必琴叹了口气："太忙，太累，天天熬夜……"正说着，先慎学兄已经醒来，他打开房门走了出去。必琴看看表："真是九点半了。好吧，让先慎用自行车带你回去。"我连忙说："不行，不行，先慎兄已经很累了。"必琴说："天黑，你路不熟，一人走回去不安全。"接着又说："先慎已经扛车下楼去了。"我们走下楼梯，先慎兄果然推着自行车，等在宿舍楼门口。看到他那并不强壮的身躯和略显疲惫的神色，我深怀歉意地说："又麻烦你把自行车扛上扛下的，劳累你了。不必送，我真能自己走回去。"先慎学兄却笑着回答："没啥，天天扛车上下，已经习惯了。

这边较僻静，你一个人走不安全。我骑车一会儿就能到，也趁此活动活动筋骨。"

就这样，在先慎、必琴的随时关心、呵护下，那一年我顺利地完成了进修学习任务。在收获丰沛知识的同时，也收获了丰厚深挚的友情。先慎、必琴那仁善厚道，至诚待人、助人的品性，深深铭刻在我心里。当然，长期以来，他们不但对我如此，对其他赴京出差或学习的同学、朋友，也都热诚接待，尽力帮助，这里就不一一例举了。

夜深了，寒风阵阵。前些日子，收到必琴微信发来的照片，她那里已是白雪皑皑，处处银妆玉砌。不知道先慎学兄那边怎样，也冷吗？……

2018 年 12 月 7 日午夜于锦城

痛悼周先慎教授

谢大钧　肖俊哲

深信祛疾上术台，焉知沉梦难醒来。
一生勤奋苦钻研，杏坛耕耘育英才。
著作等身显宇内，高徒名扬四海外。
文星失明燕园暗，未名湖上浓阴霾。

戊戌年暮春于"金手杖"

名篇传世　典范长存

——我讲先慎学长的《简笔与繁笔》

郑尚可

2017年6月初，四川大学中文系五七级毕业在京工作的同学，于金手杖养老公寓举办入学60周年纪念会。刚到会场，有人就告诉我说：周先慎也已"入住"这里。我不禁惊讶：是吗？已有好些年不曾谋面了。

中午就餐时，正好在饭厅相遇，我忙上前握手问候。见其精神矍铄，言谈自若，未觉有何异样。但没有想到的是，还不到一年时间，先慎先生竟于次年4月突然病逝。这不禁让我心头一震，顿感若有所失。

前些年我就曾有过"暮景畏闻惊噩耗，偏传故旧又西归"的慨叹，而近耄耋之年同学亲朋不幸故去的消息更常是接踵而至。尽管心知人的生老病死是自然规律，谁也免不了的，但事到临头，也依然是情不能已，难以释怀。

周先慎先生是我的学长。他是1955年入学川大的，我则是1956年，晚了一届。在川大期间，我们并不相识：仅闻其名而未识其人。我是1957年那场政治运动的受害者，从五六级降到五七级。1962年毕业后，我被统一分配来北京，在海淀区从事高中语文教学。那时我住海淀镇，与周先慎学长任教的北大虽仅隔一条马路，但我们之间也未曾有过任何的交往。

到20世纪80年代，"文革"后经过"拨乱反正"，社会稳定，各方面的事业逐渐重新走上正轨。1981年2月18日《人民日报》发表了周先慎的一篇文艺评论——《简笔与繁笔》，后又被收入高中语文教材。这时，我才得以走近周先慎——虽仍未见其人，但却先读其文，而且还要指导学生阅读，进行一番分析讲解了。

我的内心充满惊喜。一则作者是我的校友，似"与有荣焉"；二则此文的确写得非常好，令人佩服、赞叹。要知道，向来中学语文课本选入的都是古今中外名家之作，足以作为莘莘学子阅读的经典或写作的范文。

《简笔与繁笔》全文不过一千余字，却讲透了一个文章写作的重要问题：如何安排处理详写和略写，使"简笔与繁笔，各得其宜，各尽其妙"。而且，此文有着极强的针对性，切中文坛时弊："创作上有一种长的趋向：短篇向中篇靠拢，中篇向长篇靠拢，长篇呢？一部、两部、三部……"于是，作者"感此，提倡简练为文"。

30多年过去了，写作上这种"繁而冗"的弊端，至今更有愈演愈烈的势头。因此，先慎先生这篇短文目前仍未过时，具有现实的意义。

中学教育是基础教育。语文课要着重培养学生的阅读能力和写作能力，这对于学生学好其他学科，以至今后做好工作、发展事业、在社会上立身行事都极为重要。教材中的文章具有典范性，学生正是通过认真阅读、揣摩、学习范文而逐步形成读写能力的。《简笔与繁笔》属文艺随笔，议论文之一种。它有篇幅短小、议论集中、语言精炼等特点。尽管随笔行文比较自由，但《简笔与繁笔》却十分中规中矩，可作为学生写作议论文的范例。我在教学中，特别强调要理清作者的思路，了解全文提出问题、分析问题和解决问题的论证过程，并掌握辩证分析的方法。

《简笔与繁笔》，其标题为论题型，揭示文章议论的中心是简笔与繁笔二者的关系。全文共7个自然段。开头，作者以"从来的文章家都提倡简练，而列繁冗拖沓为作文病忌"落笔；"然而"一转又说"文章的繁简又不可单以文字的多寡论"；进而指出"简"与"繁"的标准：简笔——"言简意赅""凝练、厚重"，繁笔——"穷形尽相""细致入微"，并以文学大师们的创作为例；然后才提出文章的中心论点："简笔与繁笔，各得其宜，各尽其妙。"

在论证部分，此文采用例证法，选取典型、精当的材料作为论据，围绕"简"和"繁"来阐明中心论点。"简笔用得好"的例子是《水浒传》中写"武松打虎"一段，对景阳冈上的山神庙，"着'破落'二字，便点染出大虫出没、人迹罕到的景象"；又如写"日色"，"渐渐地坠下去了"那句，"真是令人毛骨悚然"。还有，"林教头风雪山神庙"那段，"写那纷纷扬扬的漫天大雪，只一句：'那雪正下得紧'。一个'紧'字，境界全出"。同时，又举出同一小说中写鲁智深拳打镇关西那"三拳"，又不避其繁地展开细致描绘，作为"繁笔用得好"的例子。为了说明"艺术表现上的繁笔，也有别于通常所说的啰嗦"这个道理，接着又举出鲁迅小说《社戏》中对"我"早来看戏等待名角出场"感到索然寡味，却又焦躁不安"的似乎是"啰嗦到了极点"的描写，"却收到了强烈的艺术效果"。为了进一步深入地加以阐述，文章还采用引证法，列举刘勰和顾炎武引刘器之的具有公信力的名言作为有力论据，从而强化了自己观点的说服力。值得学习的是，无论"例证"，还是"引证"，作者都不是单纯地罗列论据；而是边举例、引用，边分析、论述，把材料和观点有机地结合在一起，让人信服地感到"简笔"与"繁笔"确实可以"各得其宜，各尽其妙"，并认识到要用好繁简，除在语言锤炼上下功夫，关键还在于"来自生活，发诸真情"。如此层递论证，就更加深化了中心。

结尾两段，则联系现实创作状况——"长的趋向"，提倡"简练为文"。辩证分析的方法，贯穿于全篇。议论透辟、全面而不偏颇，同时具有极强的针对性。

老题目，写得很有新意。初学写作者更是从中获益匪浅，深悟为文之三昧。《简笔与繁笔》不仅是可供人效仿学习议论文写作的范例，也是一篇极具鉴赏价值的美文。我在教学中，也注意引导学生欣赏先慎先生的文章之美。

简练之美。先慎先生提倡"简练为文"，其实，他以身作则，这篇文章就是"简练"的代表之作。惜墨如金，以简贬繁，以少少许胜多多许，正是此文的重要特色之一。他作文确实是以"无可削""不得减"作为提炼语言的标准的；其文笔不仅洗炼，而且老到、娴熟。

缜密之美。"成于思"，文思贵在缜密、周到，天衣无缝。开口即说"从来的文章家都提倡简练"，结束时再言"提倡简练为文，重议文章繁简得失这个老题目"，首尾呼应。第一段总提"看文学大师们的创作"，然后第二、三、四段即紧扣此，以他们的创作为例展开具体分析，承接严密。前文论及"文章的繁简又不可单以文字的多寡论"，后文又详加申说："字面上的简不等于精炼，艺术表现上的繁笔，也有别于通常所说的啰嗦。"文中例证、引证多，分析、发挥也多，但都紧扣"简笔与繁笔"这个中心论题。

流畅之美。古人论文，讲究文气贯通，一气呵成。苏东坡推崇的境界是："大略如行云流水，初无定质，但常行于所当行，常止于其不可不止，文理自然，姿态横生。"(《答谢民师书》)佳作就当如此：流畅自然，"了然于口与手"，作者写得顺手，读者读得顺心。读《简笔与繁笔》，无论教师，还是学生，都有一种如先慎先生所说"顺风行船，轻松畅快"之感。

先慎先生长期从事中国古典文学的教学与研究，领域涵盖小说、戏剧诸多方面，著述等身。《简笔与繁笔》一文，与其大部头厚重的学术作品相比，不过是一短篇。但就是这篇短文，让先慎先生获得众多的读者，因为在国内凡是上过高中的人，没有一个不阅读它，且要听老师如我等的讲授。

我，作为他的学弟，也是通过此文走近他，"尝一脔而知鼎味"，并进而了解其学术成就的。

我曾长期在海淀区教师进修学校任兼职教研员、高中语文学科带头人。海淀区教研活动多，学术空气浓厚，常邀请专家、学者讲课。有一次，周先慎教授讲中国古典小说，我也有幸聆听。他视野广阔，高屋建瓴，将一部中国小说史娓娓道来、条分缕析、见解独到，令人耳目为之一新。这对提高中学语文教学水平无疑大有裨益。

讲座结束后，我上前自报家门，那次才算是我和他第一次正式相识。其实，我们早已通过著作神交已久。但此时我始由讲其文而晤其人了。

前人治学，曾被概括为"考据、义理、辞章"三个方面。我们川大的老先生们过去多重"考据"之学。作为川大学子的周先慎，著有《古典小说鉴赏》《中国文学十五讲》《细说聊斋》等作品。据他说，自己是"走审美分析的路子"，认为："文学研究归根结底应该是审美的研究。离开审美，不可能进入真正文学研究的层面。""对于文学研究来说，鉴赏是非常重要的、是不可或缺的一个维度。要把文学当文学来研究。"① 对其观点，我深以为是。

考据、义理、辞章三者不可偏废，但就学者而言，是可以有所侧重的。而且，对于一般读者来说，似乎审美研究、鉴赏分析尤为重要。先慎学长久已传世的名篇《简笔与繁笔》，既是文艺随笔，也是对小说进行审美分析、让读者领略到文学经典之美的鉴赏佳品。

近 20 年来，我也一直致力于文学研究与创作、游走于古典与现代之间。关于中国古典文学方面的著述，我已出版四部书:《板桥诗文释赏》《唐代僧诗精品笺释鉴赏》《宋代僧诗精品笺释鉴赏》和《旷世通才苏东坡》，除后者为作家评传外，其余三部皆归入"笺释鉴赏"系列。由此可见，我对"古典"的研究旨趣，走的大致也是先慎学长的"路子"："把

---

① 段江丽:《严谨求实　博观约取——周先慎教授访谈录》,《文艺研究》2011 年第 12 期。

文学当文学来研究”。

鉴赏——审美分析，本是“期望能够有助于了解原诗的思想主旨和创作特点，体味其独有的艺术品格，激发起阅读欣赏的浓厚兴趣”（《唐代僧诗精品笺释鉴赏·后记》）。这件事似乎也很容易“仁者见仁，智者见智”，直抒个人的阅读心得体会即可；目前鉴赏类书籍，市面上很多，且越来越多。其实不然。审美，须先有美学的眼光，对原作烂熟于心，才能独具真知灼见，进行细致、透彻的审美分析，如先慎学长在《简笔与繁笔》一文中对《水浒传》《社戏》等名著的语言运用所作的精彩点评那样。而且，窃以为，进行作品赏析，还必须扣住原作思想主旨和创作特点，而不可过分自由地随意诠释和牵强附会，以致与原作旨趣相距颇远，给人的感觉，不过是“借题作文”“五经注我”罢了。我曾把自己的做法归纳为 16 个字：“立足文本，知人论世，比较阅读，深入发挥。”并在《板桥诗文释赏》的《后记》中对此分别进行了具体的解说：“立足文本：不脱离诗文本身空谈，紧扣原作品味词句，剖析结构，探索主旨，领略写法。知人论世：不做孤立的分析，联系作者的社会经历和思想感情，以把握其为文或为诗的用意。比较阅读：不受原作者局囿，开阔视野，拓宽阅读领域，结合相关作品进行比较欣赏，激发更进一步学习的兴趣。深入发挥：不限于就事论事，引而伸之，触类而通之，以求给人以更多的思想启迪。”我的这些想法，显然也是从先慎学长的古典文学作品鉴赏著作中受到某些影响而逐渐形成的。

杜甫诗云：“文章千古事。”（《偶题》）苏东坡亦曰：“惟文字庶几不与草木同腐。”（《与孙志康书》）古今中外成就卓越的文人学士，其身虽没，但其流传于世的文章著述，以及从中体现出的治学为文的风范，总会长留于天地之间，永不磨灭。除了亲朋好友，广大读者都会铭记于心的。

值此先慎先生逝世周年之际，我特撰此文，着重忆及当年给学生讲授其名篇《简笔与繁笔》及其他种种，以表达对学长深切诚挚凭吊之情。

临江仙

——读周先慎学长遗著《未名湖畔的足迹》

锦里英华含咀久，燕园濡染范垂。

长吟说部入精微。

妙文须巧手，繁简各相宜。

无憾西行堪告慰，李桃四海葳蕤。

家门流韵益称奇。

东瀛芳吐艳，北美又新枝。

诗词二首　沉痛悼念周先慎老友

郑文虎

七绝·悼周先慎老友辞世

噩耗传来心震惊，难忍先慎驾鹤行。

音容杳杳仙游去，友谊绵绵地久存。

忆秦娥·沉痛悼念周先慎先生

风雨急，哀乐回荡声声戚。

声声戚，良师陨落，学子同泣。

献身教育全无惜，为民为国呕心血。

呕心血，千钧遗信，情深意切。

附：诗词六首

七绝·先慎托人送书有感 [①]

一

新春佳节好时光，蒙送佳作喜欲狂。

四十多年从未面，周兄著述暖心房。

---

① 1955 年秋中学毕业后，我与先慎一直未能见面。

二

育苗培土剪枝桠，呵护解囊扶学娃。

滋润李桃花万树，弘扬教学一专家。

江城子·先慎回川参加同学聚会 [①]

人生难遇似商参。

识知音，友情真。

岁逢乙未，毕业各离分。

知己萍踪存海内，书信递，问前程。

流年五十过烟云。

九州新，故人临。

今朝相聚，你我敬嘉宾。

笑语欢声同祝酒，歌晚景，颂黄昏。

五律·致先慎兄 [②]

华年如逝水，半世始相逢。

握手惊相见，闻声忆旧容。

水池明月柳，云岭断崖松。

老友情千仞，灵犀一点通。

卜算子·答先慎兄

昨日别蓉城，此日月城 [③] 聚。

已是更深廿四时，声哑还相叙。

---

① 此诗作于 2005 年 8 月崇庆中学五五级同学毕业 50 周年聚会。

② 作于 2005 年 7 月先慎回川在家乡崇州部分老同学聚会时致辞。

③ 月城指四川省西昌市。因西昌常年天气晴朗，月明如镜，故称月城。

往事去难挥，旧貌何曾遇。

盛世豪情任展抒，倍有佳诗句。

七绝·赠先慎兄 ①

华年常伴蜀州宿，最爱云深山水绿。

昨夜樽前鬓满霜，停杯犹唱川江曲。

---

① 2006 年 10 月先慎夫妇回川到西昌我处小聚四天，分别时赋诗一首，并书写一条幅赠送。

退而不休学到老：周先慎老师侧写

陈锦荣

周先慎老师常说六秩之年才学习使用电脑是一件乐事。

周老师常听到不少人说年岁大了、快退休了、操作电脑太复杂了、输入法不好学了之类的话，总而言之，就是不要学习和使用电脑。

然而，周老师清楚知道电脑方便修改文稿、能有效提高工作效率。老师便勇于尝试，迈出在当年同龄人来说不常见的第一步；更为日后老师退而不休、笔耕不辍，打下坚实的基础。

对于中文系的老师，操作电脑的第一个难关莫过于输入法了。拼音输入法易学但重码多、五笔输入法难学但重码少。周老师为了高效输入，便舍易从难，从拆解字形、背诵五笔输入法口诀开始，愉快地展开新的学习。后来，老师常说，得力于电脑强大的文稿修改和编辑能力，工作效率提高了不知多少倍。而且，在日积月累的文字输入经验之下，老师说可以轻松从别人文章的错别字当中，逆向知道作者是使用哪一种输入法的。

周老师是文学研究、赏析和创作的专家。他对艺术的品味和鉴赏能力是毋庸置疑的。老师晚年的另一爱好是摄影。镜头下，老师工作和生活了数十年的北大校园和未名湖畔的四季光影，都透出浓浓的诗意。"工欲善其事，必先利其器"，老师使用单反相机、配备定焦和微距镜头，闲时更翻阅摄影杂志，真是活到老、学到老、乐到老了。

周老师晚年读万卷书之余，也常行万里路，享受轻松愉快的退休生活。老师在 2013 年 6 月完成三亚之旅后说：

"三亚是休闲的胜地，也是养生的福境。在北方冰封大地的严冬季节，那里却是另一番景象：温暖的阳光、蓝色的大海、清新的空气。漫步在宽阔的海滩上，眼前是浩淼的大海，令人心旷神怡，神清气爽。

"我们曾于 2010 年和 2011 年的冬天，两度到三亚湾的老年公寓去住了一个月。从公寓步行只需五分钟，就可以到望不到尽头的沙滩上去散步，去接受温暖的阳光，呼吸新鲜的空气，去和海水嬉戏，去见识大自然的和社会众生相的奇妙景观。

"我们拍了一些照片，用光和影记录下我们之所见，在所见之中也融入了我们之所感，尤其是在北京不可能有的那份轻松和喜悦。"

独乐乐不如众乐乐，老师运用电脑技术，先把作品制成带配乐、附诗词或解说的简报（PPT），再通过电邮与朋友和学生分享喜悦。现在的年轻人事事都喜欢分享，而周老师约在七八年前已身体力行，可谓得风气之先了。

记载周先慎老师的二三事，让各位对老师有更全面的了解，于愿足矣。

缅怀周先慎老师

戴 燕

几年前在复旦开会，认识了周阅，知道她是周先慎老师的女儿，子承父业，很替周老师高兴。

将近四十年前，周老师教我们文学史课，讲明清文学。我们古典文献这一班那时已经进入专业课程，版本目录、文字音韵学得昏天黑地，哪一门课都离不开文献，要泡图书馆，摸书看书做卡片，整天灰头土脸。周老师是文学专业的老师，自带了一种特别的文学趣味和文学敏感，他的课，对我们来说就是另一种讲法，有趣而新鲜。后来看到他回忆教七七级文学史课的文章，主要讲他给文学专业上课，"当时的心情非常兴奋，有一种得到了解放的感觉"，却也并不因为第一次讲明清文学史而"表现出丝毫的拘谨、紧张和胆怯"，看到他这样坦率诚恳的回忆，才知道当年我们的那些老师，他们登上讲台，面对"文革"后第一批正式考试入学的学生，也有过种种复杂的心情。

我是在"文革"期间读小学、中学，"文革"一结束就幸运地考上大学的，在年龄参差、高手如林的七七级同学里面，算是岁数小而基础也不怎么好的学生。但是记得在周老师的课上，我交了一篇分析《清平山堂话本》里的《快嘴李翠莲》的作业，周老师看过后，有一次在校园里遇到，他还特地对我讲了一些勉励的话。大学毕业后，我们都忙于工作，再没有什么机会见到周老师，不过，他总是善意地微笑的样子和带有四川口音的亲切话语，一直存在我心里。

去年周老师突然去世，消息传来，让我们吃了一惊，因为他教我们那一年，才四十出头，正是意气风发的时候。想不到四十年竟这样匆匆过去。年末收到周阅的信，知道她正在为父亲的周年祭编纪念集，而我这学期刚好上文学史课，课程还有两周结束，因此只能匆匆忙忙写下这点文字，作为对老师的纪念。

近年来，其实经常收到老师或前辈离我们远去的消息，听了都很难过。也是在去年底，看到金开诚老师的女儿金舒年等为纪念金老师逝世十周年编的《金开诚书法集》，心中不免回响起麦克阿瑟将军的那句名言：老兵不死，只是凋零。

2019 年 1 月 3 日于上海

怀念周先慎先生

方　铭

　　周先慎先生仙逝已经一年了。在这一年中，周先生的音容笑貌经常会浮现在我的眼前。一年多来，我也一直想有机会表达我对周先生诚挚的敬意和深切的怀念。周阅教授告诉我她正在编辑周先生的纪念文集，愿意让我附骥尾，这让我有机会写一点纪念文字，寄托哀思。

　　周先慎先生是著名的明清文学专家，因我对明清文学所知甚少，也并没有能系统地拜读周先生的全部著作，不过，我也曾经阅读过周先生关于苏轼、《聊斋志异》《红楼梦》等研究的一些成果，使我对周先生的学术研究有了一点肤浅的了解。周先生的研究不以发表惊人之语为目标，因此能立意沉着，不急不躁，切中肯綮。周先生特别注重对文学作品的内涵和写作方法进行仔细剖析，他的论文总能关注到别人想不到的细节，给人以极大的启发。如果不是长久执着仔细地思考研究对象，是不可能有这种收获的。周先生数十年如一日，认真教学，深入研究，不追名逐利，真正贯彻了一个诚实的学者的学术立场和学术情怀，在我们这个时代具有示范意义。

　　1987 年，我从武汉大学研究生毕业后，到中国政法大学任教。翌年我的老师袁千正先生从武汉到北京出差，因了解我喜欢吃武汉的臭豆腐，所以特意给我带了一点过来，我接袁先生到家中小酌，袁先生在闲谈之中，从容提及当年在北京工作时候的情形，并说北京大学中文系周先慎先生是他的好朋友。袁千正先生是刘永济先生的研究生，毕业以后，曾在北京工作，后辗转西北大学，"文革"结束后回到武汉大学任教。1986年，我的研究生导师吴林伯教授因患鼻疾化疗，不久退休，由袁千正教授指导我的硕士论文。袁千正先生当年在北京工作期间，因与周先慎先生性格相投，过从频繁，交情深厚。而我有机会见到周先慎教授，则是1991年到北京大学追随褚斌杰教授攻读博士学位以后的事情。

1991年的时候，北京大学的博士研究生数量还是比较少的，学校为了资助博士生一点生活费，所以我们名义上还担任助教，学校给这些助教每月提供大概15元人民币的助教津贴。大概是领了助教津贴，所以博士生需要参加教研室的活动，而教研室最重要的活动，就是每周一次的政治学习。在参加教研室活动的时候，我有机会见到北京大学中文系古代文学教研室的各位老师。吴组缃先生、林庚先生等老先生一般不参加教研室活动，我的老师褚斌杰先生因20世纪50年代初在北京大学担任游国恩先生的助教，还是1955级学生的班主任和任课教师，而教研室的大部分老师都是1955级前后的学生，褚先生就算是参加教研室活动最资深的老师了。另外还有一些80年代留校任教的青年教师。周先慎先生是四川大学1955级的学生，在参加教研室活动的老师中，周先慎先生应该属于资深的中年学者，和周先慎先生同龄的，应该还有周强先生、沈天佑先生、费振刚先生、孙静先生等，当时应该都是资深的副教授。孙静先生是教研室主任，教研室的活动内容就是由教研室主任传达一下如东欧剧变和苏联解体的有关文件，然后就是各位老师互相问候，在信箱取一下信件。偶尔某大学的某教授给教研室某老师寄来了新著，各位老师都会随手翻看一下，有的时候就著作的题目和内容发表一点评论，评论有褒有贬，而当时流行于中国文学研究领域的各种新方法的研究，如所谓系统论、意识流、神话学等视角的研究著作，往往会成为评议的对象。当然，发表评论的一般都是中年学者，而周先慎先生说话不多，不过偶尔也会发表评论。周先生发表评论的内容我已经记不清楚了，但周先生发表评论时的语态和神情我却是一直没有忘记。周先生是南方人，衣服整洁，注重仪态，和生活在北方的学者有明显的不同。我在听周先生讲话的时候，曾暗自感叹周先慎先生和袁千正先生表情神态的神似。两人个头差不多，都是很清瘦精干的体型，戴着眼镜，不急不躁，温文尔雅，说话的时候有较浓的南方口音，吐字清晰，顿挫分明，亲切的笑容总是浮现在脸上，话语不多，却都切中要害，《论语·先进》所谓"夫人不言，言必有中"。人以类聚，周先慎先生和袁千正先生是好朋友，的确是有许多共同点。

　　大概到了1992年，北京大学中文系的博士研究生招生数量增加，博士生成立了专门的党支部。有了党支部，党员博士研究生和我这样的群众博士研究生的政治学习就由博士生党支部负责。此后，我们就不再参加古代文学教研室的活动了。因我原来在北京工作，除了上课，很少去学校，因此，见到周先慎先生的机会就少了许多。有一天下午在学校打了两个小时篮球，晚上准备住在学校，所以去北京大学的大澡堂洗澡，正巧碰见周先生也在大澡堂洗澡，周先生不因我是学生而矜持，热情地招呼我，我们边洗澡边聊天。周先生详细询问我的经历和工作情况，当听说我曾在武汉大学读过研究生，袁千正先生是我的导师以后，周先生回忆起他与袁千正先生的交往，因我是袁千正先生的学生，言谈之中，对我很是关怀。仔细回想起来，从认识周先生到他去世，也差不多接近30年，虽然不时能够遇到，但这次在洗澡堂的谈话，是我聆听周先生教诲时间最长的一次。虽然我和周先生接触不多，但因为我是袁千正先生的学生，我对周先生天然的有一种亲切感。而周先生于我而言，既是一位我所敬仰的学术界前辈和老师，更是一位醇厚的长者和亲人。后来每次在校园遇到周先生，周先生都会停下来和我聊几句，并时常询问袁千正先生的情况。离开北京大学以后，周先生的情况我主要是从周阅教授处打听，而这些年我每次到武汉拜谒袁千正先生，袁先生也总是询问周先生的情况。周先生和袁先生生活的大部分年代，家庭电话只属于领导干部所有，因此，他们可能很少用电话联系，而我能作为他们之间表达关切的通讯员，是非常荣幸的。

《论语·泰伯》说："君子所贵乎道者三：动容貌，斯远暴慢矣；正颜色，斯近信矣；出辞气，斯远鄙倍矣。"《论语·子张》说："君子有三变：望之俨然，即之也温，听其言也厉。"周先慎先生动静从容，不忧不惧，望之俨然，即之也温，君子人也。

周先生的人生是成功的人生，不仅仅是因为他在学术上取得的巨大成功，同时，周先生性格的恬淡和雍容，儒雅和亲切，正是人格弥中彪外的体现。周先生的两位高足段江丽教授和成敏副教授与我是同事，他们在学术上的建树同样令人钦佩，这说明周先生是一位杰出的导师；周先生的哲嗣周阅教授少年就有大成就，如今名满天下，更说明周先生是一位伟大的父亲。周先生的德性和文章，必然可以传诸后世，永垂不朽。

2019 年 4 月 25 日于北京五道口

怀念周先慎老师

傅承洲

周先慎教授是我的老师，20世纪80年代，我在北京大学中文系读研究生时，选修过周老师讲授的古典小说鉴赏课，那时周老师刚50岁，身材消瘦，一头黑发，戴一副深度近视眼镜，精神而又儒雅。

他上课讲一口四川普通话，没有卷舌音，讲到"创作"二字，"创"字发第三声，念"闯"音，"创作"一词在课堂上出现频率特高，印象十分深刻。我是湖北人，同属西南官话区，颇感亲切。

周老师眼睛近视又老花，上课时带两副眼睛，近视眼镜镜框大，老花眼镜镜框小，一会儿看讲义，一会儿看课堂，两副眼镜不时换着戴。

讲课内容是分析古代短篇小说，从唐传奇、三言和《聊斋志异》选一些经典作品，仔细分析小说的主题思想、人物形象和艺术特征，讲义最后整理成一部学术专著，那就是北京大学出版社出版的《古典小说鉴赏》。

研究生毕业时，周老师参加了我的硕士论文答辩，记得当时是周强老师任答辩委员会主席，吕乃岩老师、周先慎老师，还有导师沈天佑老师为答辩委员。

我的硕士论文题目为《论冯梦龙的文艺思想》，根据冯梦龙的序跋和评点，从文学本体论、文学创作论和文学功能论三个方面来探讨冯梦龙的文艺思想。老师们给了我较多的鼓励，也提了一些意见。

老师们的具体意见大都印象不深了，周先慎老师的一句话一直记得，他认为我的论文用西方的文学理论来论述冯梦龙的文艺思想有新意。随着周老师的逝世，当年参加我论文答辩的四位老师都已作古，不禁一声长叹。

研究生毕业后，我在高校从事古代文学的教学与研究工作，周老师对我有过帮助与提携。

我在烟台大学中文系任教期间，在《文学遗产》发表了一篇论文《〈西游补〉作者董斯张考》，学校每年要评优秀科研成果奖，系领导和同事鼓励我申报，但需要两位专家写推荐意见，我给周老师写了一封信，并随寄一份论文复印件，请他写推荐意见。

周老师很快就回信了，并充分肯定了我论文的创新。我心里明白，并不是我的论文写得多么好，是老师对学生的提携与厚爱。这篇论文后来获得了烟台大学优秀科研成果二等奖。

研究生毕业之后再次见到周老师是在 2004 年秋天，河南大学文学院主办《西游记》学术研讨会，周老师和我都参加了这次会议，主办方安排住宿两人一间房，周老师比我先到，在会议手册上看到我的名字，向主办方提出和我合住一间。

周老师见到我时，非常高兴。岁月不饶人，近 20 年不见，周老师变化很大，苍老了许多。那时周老师年近古稀，腰有一点弯了，心脏不好，做过手术，走路不能太快，尤其是上坡。

会议期间，我与周老师同吃同住同开会，谈学术，聊家常，也聊北大中文系的事情。他提到与我一届的同学韩慧强兄，也是周老师指导的研究生，硕士论文研究《红楼梦》，后来在《红楼梦学刊》发表，毕业后没有进高校从事学术研究，他感到非常可惜。

印象最深的是他对自己一篇论文的处理，有一家刊物向他约稿，文章写完后，他送给吴组缃先生审阅，想听听吴先生的意见，吴先生看过之后，提了不少意见，有些意见还非常尖锐，于是周老师便将这篇文章放弃了，没有寄给刊物发表。从这件事可以看出周老师对吴先生的尊重与敬佩。

我曾经读过周老师谈自己学术研究的文章，称自己学术研究取得的成绩是吴组缃先生教育与指导的结果。80 年代，周老师应邀为北京大学出版社编辑一本《聊斋志异欣赏》，不署自己编辑或主编，而署吴组缃等著，我曾购藏，印象深刻。

微信出来后，周老师主动加了我的微信，令我十分愧疚。前几年我在整理吴组缃先生的《聊斋志异讲义》时，在朋友圈发了几张吴先生的手稿照片，周老师看到后，关切地询问手稿的可靠性，我告诉周老师，吴先生的手稿是在沈天佑老师的讲义中发现的，并请吴先生哲嗣吴葆刚先生鉴别，得到认可，并授权整理。周老师这才放心。

今年 4 月 21 日，北京大雨，早晨醒来打开手机，惊悉周老师逝世的噩耗，不敢相信是真的，或者说，不愿意相信是真的。

与周老师的高足段江丽教授联系，得到肯定的答复。我向段教授提出，如果举行追悼会或告别仪式，我想去为周老师送行。段教授告诉我，根据周老师的遗愿，不举办任何仪式。这在我的预料之中，符合周老师一向为人低调的风格。在此只能用这篇短文来表达我对周老师的感激与怀念。

2018 年 12 月 14 日于香港宝马山客舍

记周老师

［瑞典］盖玛雅（Marja Kaikkonen）

1975 年，北大给我们进修生开的课是 9 月 15 日才开始的。我们刚暑假旅行回来，批判《水浒传》的运动开始了，我也只好把英文版全看了，为的是能参加讨论。讨论了半个月，我们留学生都盼望好好上课。课程表发了以后我特别高兴。我虽然属于 1968 年的"革命精神"那一代，可是我来中国留学不是因为迷上了任何革命思想，而是因为长期以来非常欣赏中国古典文学。这个学期的课包括古代汉语、诗歌，还有后面的古典小说。

那时我们对古文理解得实在太差，前面的学年所学的从几段韩非子直接提高到"批林批孔"的"克己复礼"，不容易读懂。还有一位工人同志来给我们讲曹操的诗歌。可是我们很幸运，在那种严重困境当中出现了我们的救星，周老师！古典诗歌、古典小说两门课都是周老师讲的。头次见面发现周老师又是教员当中的帅哥，更让我们积极来上他的课。

周老师对我们学生的温和、友好、耐心的态度，他对古典文学的深刻了解、珍爱以及对作品人物的同情心，都使我们感染了对古典文学的热情，他还鼓励我们下大功夫学习。那时候周老师的话还带一点四川口音，我们有的词听不太懂，可是周老师一念起《蜀道难》之类的满怀热情的诗歌，我们的理解好像一下子就提高了一大步。同时，我们从周老师的声音里面还能感受到老师对四川故乡的想念和热爱。周老师不仅善于讲故事，他的古今汉语的表现力也像万花筒那样无限丰富，不管什么词都能够给我们描述得很到位。后来我自己当教员，一直争取向周老师这位好榜样学习。

20世纪80年代以来交通方便了，我们师生就能够更好地保持联系。1996年周老师与夫人来我们斯德哥尔摩大学作了一段时间的客座教授，让我们瑞典的学生也深受中国古典文学的启发。

后来我到北京多次受到了周老师全家的关心和招待。一起爬香山看红叶，一起跑美术馆、游颐和园，一起去爨底下村等等，玩得又愉快又难忘。在外地时，有时能在电视上看到周老师给全国观众讲课，真让人佩服。每次见周老师，他都送我一本又一本的新书，都是他著的。他非凡的创造力跟年龄同步增长！

在我的中国老师当中，周先慎教授永远保留独一无二的位置。

我与周先慎先生的一件往事

郭小聪

我是北大中文系 1977 级学生，上本科的时候比较偏重新诗，攻读研究生时是中国现代文学专业，向周先慎先生个别请教的机会并不多。但是周先生给我的印象却很深。最难忘他讲课时总是带着淡淡的谦和的微笑，并不是那种壮怀激烈、笔走龙蛇的风格。但在这儒雅平和之下，周先生却能把中国古典文学的美好、壮丽和壮阔尽情展示出来，既引人入胜又耐人寻味。

研究生毕业以后，我也去了一所大学做老师，没想到我和周先生交往的一件小事，对我影响很大，也成了我每年给一年级新生开课时必然要提起的忠告。

那是我第一次当班主任时，我的一位学生非常喜欢中国古典文学，有意考研究生继续深造。我便带她去蔚秀园周先慎先生的寓所拜访，希望她有幸成为周先生的入室弟子。周先生热情接待了我们，依然是那种淡淡的谦和的笑容。他一方面对我的学生给予鼓励，一方面叮嘱我先把学生的毕业论文拿来看看。我说她还在撰写之中，没有成稿。周先生说，没有关系，哪怕拿来一千字的小文章看看也行，这样才心中有数。我对周先生的坚持稍稍有点意外，随后便把那位学生发表在我们校报上一篇评述薛宝钗的小文章拿来，文字还是有些新意，也终于得到了周先生的首肯。可惜的是，这位学生的专业课虽考得不错，公共课却大失水准，功亏一篑，没能投在周先生门下，至今引为遗憾。

随着教龄的增长，我越来越理解了周先生的选材原则和良苦用心。我也发现，有些同学虽然能够侃侃而谈，甚至让你激动起来，但拿出文章来却满不是那么回事，叫你大失所望。相反，有些同学虽然面谈沟通时显得有些木讷，让你暗暗担心，可一旦拿出成稿来却显得相当成熟，叫你眼睛一亮。关键是写作水平！也就是能够把富于新意的所思所想准确、充分和优美地表达出来的文字能力，这其实是一种综合性的学术能力，也决定着一个学生继续深造的前景。

所以，我有意向周先生学习，评估学生的学习水准以文章为主。特别是在辅导学生毕业论文时，我都要求主要通过电子邮件往来沟通，即学生的任何一点零星想法都要形成文字再发给我，我的辅导意见也通过文字形式反馈回去，在反复笔谈的基础上才会约谈。这样让学生养成勤于动笔的习惯，教师的工作效率也会显著提高。

这以后，每年给一年级新生开课时，我都会忠告同学们：光多读书是不够的，有再多、再好的想法和感悟，如果不尽快落在纸上，充分表达出来，就会很快忘掉。而没有锤炼过硬的文字功夫，等高年级再想报考研究生时，就会悔之晚矣。我每次举例都会提到周先生的这个小故事，而我每次提到周先生时，脑海里都会浮现出他的儒雅谦和的笑，那么亲切内敛，永远令人难忘！

念周老师

胡迪纯

有幸听周老师的课，实在是我的荣幸！

周老师是鼎鼎有名的中国古典文学学者，而我只是一个大学尚未毕业的来自香港的学生，那是 1996 年夏天，就在北大古雅朴实的校园里，认识了周老师。作为香港大学到北京大学进行暑假交流的第一届学生，有幸得众多北大教授给我们讲课，学习普通话、中国语文及历史的课题，可说是学习生活里的一抹菁华！当时，周老师给我们讲授《红楼梦》。虽然只是一两节短短的课堂，但周老师儒雅的气度、渊博的学养给我很深刻的印象。我这个来自香港的黄毛丫头就像刘姥姥入大观园一般，心中那份雀跃难以形容。

严格来说，跟老师只是一两堂课的师生关系，所以有同学曾戏说我只是周老师的"雾水学生"！每想到此，广东话所说的"人夹人缘"四字总会出现，我相信能成为老师的学生，是缘，也是幸。想起当日，竟斗胆向周老师要了地址和电话，跟同学登门向老师请教；换了今天，我应不敢随便开口。我们的提问与请教，对老师来说，当然只是门外汉不着边际的漫谈，但老师好像有用不完的耐性似的，都给我们一一讲解。回港之后，一直以电邮跟老师联络。我还记得当年中港之间的中文字体计算机译码并非如今天的方便互通，每每有乱码的情况，所以我们的电邮内容是一段段拉丁字母汉语拼音符号。如此的沟通，今天看来是既麻烦又有点可笑，不过我们的通信就是这样的来来往往，持续了一段不短

243

的时间，而这本来"雾水"的师生关系也开始变得不太"雾水"了！

往后的日子，除了通过电邮连络外，每隔几年，我总有机会跟老师见见面。不论是我到北京旅行、学习，或是老师到香港来讲学、游览，都争取机会跟老师聊天吃饭。老师的学生众多，想邀约他见面的多的是，我实在要感谢周老师的眷顾，每次都给我宝贵的见面机会。有次老师和师母一同到港，我们更到动植物公园去闲逛，那是多美好的回忆！又有一次我跟同学到北京去，那时老师刚搬了新居，我们就乘地铁去探望他。老师的新居十分雅致，他在介绍新居的同时，多次谈到新居的布置装修，全都不用他费神用心，因为一切都有师母为他操劳，而且所有安排都是那么的合心合意，让他住得安乐舒适！老师的神情容貌，是十足的满意喜乐！他曾不只一次在我们面前说过因为有师母精明的操持，他才可以放心专注学术。老师研究的是古典文学，而他对所热爱的事和物，尤其是对师母的欣赏和感激，都是尽情流露的。流露出来的率真与诚挚，并非年青人的专利！我还记得有次跟老师聊天，他告诉我北京曾经大堵车，他被堵住在回家的路上，因为怕家里等他的师母担心，所以一定要先在途中找个电话通知她，报个平安，然后才再赶路。从他们两位老人家身上，我见到什么是相知相悦，相濡以沫。彼此相伴，就是幸福！

计算机之于一般老人家，是既新鲜又陌生的东西，好些甚至会拒绝接触，老师却是前卫先进的人物。他除了运用计算机跟学生友朋沟通之外，还很喜欢制作简报短片跟我们分享。老师退休之后，与师母到国内外四处旅游，享受悠闲自在。除了继续收集火柴盒子的兴趣外，他又爱拿着相机创作发挥。北京的美景，俯拾即是。他喜欢到各个公园去拍摄，镜头下的花卉蝴蝶，顾盼生姿。老师又会用心配上音乐，为了精益求精，有时会再作选辑精编，换上更惬意的古曲配衬，那种细意调度的心思，让我这"雾水学生"窥见教授处事之严，其治学之精之谨可以想见。每一次收到老师发过来的作品，都感受到他把弄镜头的舒心与快乐，摄影本身就是对美的发现与创作，恐怕与研究古典文学也有着相同的旨趣！我很敬佩周老师，因为他的晚年生活充满了生命力！我虽然没有机会正式跟随老师研究学问，但能在他晚年的时候跟他谈谈摄影，说说旅游，聊聊无关痛痒的生活点滴，我只能感恩，感恩我能认识这位足迹远、兴趣广、亲切和蔼、生活自在的周老师！

　　某年的圣诞假期，我又踏足北京。探望老师的那天晚上，跟老师和师母到他们家附近的一间饭店去用晚餐，吃的谈的都很开怀！饭后，老师坚持要送同学和我两个女孩子到地铁站去。从饭店到地铁站，路并不短。老人家的好意，我们虽退却再三，希望他早点回家休息，不过老师认为我们不熟悉那段路，而且夜里天寒，担心我们的安全，终于学生的推却敌不过老师的坚持，我们三人就在那个夜里同行。路上，我们聊个不停。就在那个寒冷的晚上，老师告诉我们他曾做过一个大手术，就是将心脏起搏器装在胸口。我们听到，都很惊讶，老师却泰然自若，说来轻描淡写。眼前的周老师，就是这样给我们展现他的睿智与从容！当时的老师，步履矫健，头脑清晰，身体健康，只是走起路来，腰背有点弯而已，完全不似七十开外，更何况是心脏曾动过手术的老人家呢！恐怕是我们面露疑惑，老师就叫我们按一按他的胸口，啊，那是很明显的硬绷绷的东西来，心脏起搏器就镶在这胸口内！当晚的情、景，至今仍历历在目，却原来一眨眼已是十多年前的身影了……

　　今年 10 月我查看旧电邮，见到其中一个是由周老师女儿发过来的，当下我的心就有点怕，怕有什么不好的事情会发生……这段日子，我重新再看老师过去寄给我的电邮、简报等，回味昔日相聚的温馨！在一个老师自己制作的名为"燕园之秋"的简报里，那最后一帧相片让我久久不能自已。老师给这帧照片题为——"古银杏：老北大的风采"。我相信，周老师的著述、访问，就是古典文学世界里的银杏，必然继续春风化雨、培育后学；而他自己，也就有如镜头里的那棵古银杏，在北大的校园里，在我们的心中，永远矗立，继续展现他坚韧的生命力，和他那儒雅高洁的气度风采！

红楼梦里梦外，人生幻境如烟。瑰丽与沉寂，有情与无情，都不重要，而您的话语与关怀，才是勺园永远的春风……

想您已在燕园未名湖里生根落户，在宁静优美之处，在幸福里徜徉……

亲爱的周老师，怀念您！

2018 年 12 月 18 日

铅笔与围巾
——忆念先慎师

江锡铨

我们北大中文系文学专业七七级是 1978 年 2 月入学的。大约一年半以后的 1979 年秋季学期，文学专业的主干课程"中国文学史"进入了元明清阶段，由周先慎和周强两位老师主讲。两位老师有一个大致的以年代也以体裁的分工：周强师偏于元代和戏曲，兼及诗文；先慎师则偏于明清和小说，也兼及诗文。课程伊始，大家便被"二周"的精辟讲授吸引住了。老师的博学和学生的好学织就了一道美丽的校园风景。

先慎师中等身材，戴一副度数似乎不算很深——但好像也不算太浅的近视眼镜，着一件蓝灰色的中山装或同色的中式棉袄罩衫——似乎也是那个年代北大男教师的"标配"。脸上总是带着谦和的笑容，只是一旦开讲，近视眼镜片后的目光立刻变得炯炯有神甚至有些咄咄逼人，语音也变得富有磁性和穿透力。循着他的目光和语言，仿佛与他一起从容穿行于古典小说之林探幽揽胜。先慎师所讲的小说，很多都是经典名著，如《水浒传》《三国演义》《红楼梦》《聊斋志异》《儒林外史》，等等，作为文学专业的学生和入学前的文学爱好者，先前大都读过；可是经他一讲，却像是面对一个个完全陌生的神秘文本，"我真的读过这些书吗"的惶惑油然而生。记得不止一次下课后就直奔图书馆，去名著的"实地"中体会、领悟先慎师的深度解读。

其时中国文学史课常常是我们与文学专业七六级两个年级合上的大

班课，加之通常又是两节课连上，极少有与老师互动的机会。好在老师们多住校内或校园附近，常常会利用休息时间来我们的宿舍"家访"；而我们几乎每个同学也都有过登师门以求教的经历。

我们班级的 31 楼、32 楼宿舍，时常能见到先慎师的身影；而先慎师的蔚秀园寓所，我好像也去过不止一次，常常是两三个同学晚饭后结伴同行。先慎师依旧带着温和的笑容接待我们，神情则比较放松——因为不再是身处济济百人的大教室。手里常常握着一把铅笔，那是为他的爱女——大约就是现在的周阅教授吧，那时似乎还戴着红领巾——做明早上学前的准备工作。先慎师常常是一边削铅笔，一边耐心、细致地回答我们的各种问题——关于课程学业的、关于学习方法的、关于他的求学工作经历的，新出的学术著作一般会先在哪家书店上柜，甚至是在哪里可以买到卡片纸和包书纸，等等。那时大家都很爱惜书，唯恐污损封面封底或是卷边，领到教材或买来新书，常喜欢用硬一些的纸张包个书皮。记得我好像就曾按照先慎师的指点，在东安市场（当时似乎叫东风市场）内的中国书店中买了一摞一分钱一张的花花绿绿的铜版纸——似乎是印花了的画报折页或书籍插图，用了好几个学期才用完，有些书皮一直到现在依然完好无损：当然，是那些只读过一遍甚至一遍也未读完的书。

以后知道，除了作为学生的我们"大家"之外，还有一些真正的"大家"如孙犁先生，似乎也有这样的习惯。孙犁先生将书皮称为"书衣"，还喜欢在"书衣"上写点什么，并由此辑为他的传世之作《书衣文录》。真后悔没有仿照"大家"的做法，也在"书衣"上留下一点文字——不敢奢望其转为著作，而是那样一种置身于教室、图书馆、校园中的即时记载，很有可能多保留下一些包括先慎师在内的老师们深刻而鲜活的教诲。这主要固然是由于我的疏懒，但似乎部分也由于那些制作"书衣"的画报纸满是花花绿绿的色块，实在无从下笔。

先慎师与我们的这种特别的"互动"是轻松愉快的。虽说也有一些关于学习、关于课程的严肃话题，但不像课堂上那么正式，类似于海阔天空的闲聊。先慎师的口气是诚挚的、和婉的，似乎只有一次例外，那是他转述一位学长的发问。学长说：您的课这样精彩，我们以后做教师，是否可以就用您的课堂笔记作讲稿？"那肯定不行！"先慎师"啪"的一声把手中的铅笔放在桌子上，斩钉截铁地说道，目光也变得严峻起来。但也就是一两分钟，又恢复了他一如既往的温和。"我和他说，我的讲稿，是参照教材、教学大纲，根据我自己对史料文献的阅读思考，以及教学过程中同学们的反应，不断修改完成的。不读史料，不读文献，没有自己的思考和感悟，怎么教书……"先慎师越说语气越平和，但那字字句句的分量，却越来越沉重。40年过去了，当年课堂上老师们的高论，很多都已渐渐忘却了。而先慎师的这一席话却始终铭记在心——这是做教师，特别是高校教师的基本要求，但同时也是很高的要求：有多少高校教员能像先慎师那样，遍读史料文献，青灯黄卷，苦心孤诣，把自己最满意、最精致的思维成果毫无保留地传授给自己的学生？我自己也差不多教了一辈子书，惭愧的是做得并不太好——虽然我一直也都在努力做一个像先慎师那样的教师。

时间在悄悄地流逝，转眼间就到了夜深人静的时候。不算十分明亮的灯光下，是先慎师依旧温和的笑容和七八支削好的铅笔：笔端为规范的圆锥体，光洁而圆润。看到那些铅笔，常常会涌起莫名的感动——感动于好教师的殷殷父爱，他家的小同学明天将在亲情的呵护下流利书写；同时又恍然觉得，那些精心雕镂的艺术品般的铅笔，同时也是为他的学生们准备的：以镌刻在笔端的谆谆教诲，引领我们去认真地标记文献乃至标记人生，写下自己的所思所感……

北京的冬天冷得早。印象中，有时11月初就飘雪花了。先慎师的围巾似乎也用得早——好像从深秋开始，他就时常会围上一条与衣服颜色接近的围巾。围巾的包裹与映衬，使得先慎师镜片后的目光更炯炯有神也更温暖。冬天教室里有暖气，但有时先慎师也并不摘下围巾，而是随意地从两肩垂下，随着他的肢体语言律动，与他投入的神情、生动的讲授此呼彼应，构成了我个人负笈北大最难忘的求学图景之一。

最后一次见到先慎师，好像是在 2008 年 4 月吴组缃先生百年诞辰纪念座谈会上。那是乍暖还寒的初春天气。先慎师没有太大的改变，只是头发有些花白，腰背略显佝偻，但神情目光依然温和亲切，而且似乎还围着深颜色的围巾！看到那熟悉的围巾，不禁百感交集，仿佛回到了30 年前的教室，当年的图景又浮现在眼前……只是那天与会的师友很多，不便长久打扰先慎师与其他师友难得的聚谈，只向先慎师简单问候之后就离开了。

回到南京后，从衣橱里翻找出一条已存放多年的驼色羊绒围巾，郑重地围在脖子上，顿时觉得异常温暖。也许是由于青年时期的记忆，也许是由于毕竟上了年纪，又也许就是无心之举：总之是过去一直不用围巾的我从此用上了围巾，直到现在。

一个月后的 2008 年 5 月，110 周年校庆和七七级入学 30 周年之际，我们班级同学集体动议，准备编写一部纪念文集。这就是嗣后新华出版社出版的、由全班同学和当年的任课老师共同完成的"班书"《文学七七级的北大岁月》。收入"班书"的先慎师的文章题为《难忘最是师生情》，我曾读过多遍，每次都不能不为之动容：那是一个敬业的教师对于他所任教的一个班级、一群学生的钟爱、挚爱乃至于偏爱——

　　到了 1977 年，历史发生了深刻的变化，恢复高考，通过公平的考试，从积压多年的人才中选拔出优秀的学生入学。七七级来了，我又找回了当老师的感觉。从那种灰暗的、压抑的历史环境中走出来，这种感觉真的非常舒服。不言而喻，当时的心情，同刚入学的七七级同学是息息相通的：无限振奋，欢欣鼓舞。

我在北大从教五十年，给文学七七级的同学们上课和相处的那些日子，是我终生难忘的……在我教过的所有的学生中，从整体上看，七七级的同学们是基础最好、水平最高的一届，同时也是学习最努力、最认真、最富于热情的一届。在他们之前和之后，逃课的人，每届都有；但他们没有，我敢说，一个也没有。听课精神饱满，全神贯注，不要说打瞌睡，就是松弛懈怠的表情也看不到。因为他们愿意听，喜欢听，有很高的接受的热情，我自然也就讲得很认真、很投入。每当我从他们的眼神中看到一种会心的交流时，心里就升起一种喜悦，甚至产生一种幸福感。那是一种教与学在情感和思想上交融的境界。

我曾经在一篇文章里说过，在北大当老师是幸福的；我现在要说，有幸给文学七七级的同学们上课，同他们结下师生缘，并成为朋友，是更大的幸福。今天，就在我写这篇文章的时候，心里依然洋溢着一种幸福感。

那样一种由职业幸福感转化而来的最是难忘的亲情般的师生情，注定会被我和我的同学们永远铭记。今天，重温这些饱含深情的话语，恍然觉得先慎师并未离开我们远行，好像他还在蔚秀园寓所孜孜矻矻地著书立说，远念着他的学生们：只是我们现在没有机会——其实几十年来一直也鲜有机会——时常奔走门下，侍座左右而已。透过"班书"，透过日常生活的点点滴滴——比如铅笔，比如围巾，似乎依然可以重睹先慎师的音容笑貌，重聆他循循善诱的教诲，异常充实而温暖。因此，和十年前的先慎师一样，"今天，就在我写这篇文章的时候，心里依然洋溢着一种幸福感"。

深切追怀周先慎先生

井玉贵

　　1996 年至 1999 年我在中国人民大学中文系读研究生期间，便知道北京大学中文系有两位研究古代小说的周老师，一位是周先慎老师，一位是周强（周兆新）老师。我 1999 年到北大攻读博士学位的导师便是后一位周老师。其实我知道周先慎老师要比知道周强老师早了很多年，原因跟很多人一样，那就是周先慎老师的文艺随笔《简笔与繁笔》选入了高中语文课本。我还记得当年学这篇课文时留下的深刻印象：周老师分析鲁迅《社戏》中写"我"早年看戏等待名角小叫天出场那段貌似罗嗦的描写，说明"艺术表现上的繁笔，也有别于通常所说的罗嗦"的道理。真是一语点醒梦中人！对于何谓"艺术"这一颇难作答的问题，周老师的分析实际已经给出了鲜活的答案。没想到七八年以后，我能够荣幸地走进燕园，聆听课文作者的课堂授课，如今想来，这真是一份难得的缘分！

　　到北大读博后，我的导师周强老师没有给我们开课，不过我却幸运地听过跟周强老师同一辈分的周先慎老师、袁行霈老师和陈曦钟老师的课。周老师所开课程是"《聊斋志异》专题研究"。在北大读博期间，除了上过周老师的课，我私下里跟周老师并无交往。在校期间，我在交际上的能力非常差，即便是自己非常敬服的学者，包括我的导师周强老师，我也几乎从不主动去交往，而只是默默地反复阅读他们的著作。北大中文系老一辈学者在学术上有一个突出的特点，即每位学者必有一部蜚声学界的代表作，如周强老师的《三国演义考评》、周先慎老师的《古典小说鉴赏》、马振方老师的《聊斋艺术论》等等。周先慎老师的《古典小说鉴赏》初版于 1992 年，我在人民大学第一次读这本书时，便认定它必将成为小说鉴赏的经典著作。在这本书里我又看到高中学过的《简笔与繁笔》，更是感到无比亲切。周老师在古典小说鉴赏方面所取得的卓越成就，在周老师回顾自己学术生涯的文章中，在段江丽教授对周老师的访谈录中，都有全面、深入的总结和概括。周老师对小说鉴赏的深刻认识和具体实践，是留给后人的一份宝贵的学术遗产，这是毋庸置疑的。周老师在《古典小说鉴赏》的前言中曾经指出："鉴赏不是对艺术对象的浮光掠影的观赏，鉴赏是一种发现。要有发现才能获得真正的艺术享受……发现什么？发现作品所概括的丰富的社会内容，发现作品所包含的深厚的思想意蕴，发现作者'成如容易却艰辛'的艺术匠心。一句话，发现作者由生活中提炼升华出的艺术美。"这段话，便是周老师总结出的给人以无限启迪的小说鉴赏的奥窍。金圣叹说他 11 岁读《水浒》后，"便有于书无所不窥之势"；读了周老师的《古典小说鉴赏》，小说鉴赏的一切法门便可了然于胸了。我曾跟几位同道交流过，发现大家都特别喜欢周老师鉴赏《杜十娘怒沉百宝箱》那篇文章。在这篇鉴赏文章中，周老师深入滕理地指出，孙富劝说李甲放弃杜十娘，绝不仅仅是利用那一千两银子，他实际上是以封建礼教为武器打倒了孱弱自私的李甲，"孙富杀人的物质武器是金钱，精神武器是封建礼教，而物质武器是凭借了精神武器才发生了作用的"。在这个问题上，我没有读过比周老师的分析更为准确、更为深刻的文章。我在大学任教十几年来，每年上"明清文学史"这门课，都会把周老师这篇文章复印给学生，以便让学生了解何为经典的鉴赏文章，怎样写鉴赏文章方可登堂入室。

2003 年 1 月我从北大毕业后，一直到 2015 年，我都没有见过周先慎老师。2015 年 7 月 11 日，承蒙段江丽教授盛情邀请，由我代表周强老师师门，去北大中文系参加周先慎老师 80 寿诞庆典活动。那次见到的周老师，明显比在校时衰老了许多，尤其是背驼得很厉害。不过让我们深感欣慰的是，周老师的精神特别健旺。在庆典活动上，周老师在多媒体上展示了他多年来精心拍摄的照片，我由此了解到周老师还是一位高明的摄影家，而他对生活的热爱、对美的追求，在他的摄影作品中得到了充分的展现。周老师精心准备的 20 多分钟的致辞，回顾了自己几十年的生活经历、从教生涯，而周老师爱学问、爱学生、爱家人的点点滴滴，深深地感染了在场的每一个人。庆典活动中周老师关怀我的两个细节，让我一直铭感在心。我一见周老师，马上走到他身边问候，没想到周老师开口就说："你这些年做学问很努力啊！"周老师这话让我感觉很羞惭，因为我毕业十几年来没有取得任何值得称道的成绩。后来我猜想，也许是因为我发表在《中国文化研究》2012 年夏之卷上写《水浒》那篇论文，正好被周老师看到了，因为同一期上登载了周阅师姐写日本汉学家的论文。此事虽小，但足以见出周老师对后辈的关心。在庆典活动上，我得到了周老师签赠的新出著作《周先慎细说聊斋》。周老师在家里就把题字签好了，可见他是认真地考虑了所有细节。我还荣幸地跟周老师合了影。除了 2002 年 12 月博士论文答辩的合影，这是我跟周老师第二次也是最后一次合影。

我知道这几年周老师因心脏问题身体一直不大好，有几次还报了病危，但我们总是期望周老师能够挺过难关，继续写他念兹在兹的《聊斋》鉴赏文章。2018 年 4 月 21 日，突闻周老师逝世的消息，方知周老师在 20 日已经仙去了。沉浸在对周老师难以磨灭的记忆中，我于 21 日写下这么几句话："难忘您的《聊斋志异》课，难忘您的《简笔与繁笔》，难忘您的谆谆教诲，周先慎老师千古！"

自从 1996 年来北京读研究生，迄今我已经搬过 11 次家了，每次搬家，我都把当年交给周先慎老师的一篇课程作业的底稿小心收藏好。那篇作业，是当年上"《聊斋志异》专题研究"课交给周老师的，题目是《"将假试真"——〈聊斋志异〉中的一种"设幻法"》，作业完成的日期是 2000 年 12 月 31 日。2018 年年初，我把这篇作业稍作增补，改题为《人心可测：〈聊斋志异〉中的一种"设幻法"》，发表在了《中华文化画报》今年第 2 期，北京师范大学文学院主办公众号"京师文会"亦于 8 月 20 日推出了此文。今年 7 月 13 日，我收到周阅师姐发来的微信，说计划在周老师一周年祭时出一本纪念文集，并邀我写一篇纪念周老师的文章。撰写纪念文章，对我来说是义不容辞的事，但具体写什么却让我颇犯踌躇。后来我就想起交给周老师的这篇作业，颇能体现师生之间的情分，于是写下这篇菲薄的文章，以追怀敬爱的周先慎老师！

曾沐春风说简繁

——怀念周先慎先生

孔庆东

4月下旬，我问中文系办公室主任杨强兄，周先慎老师真的什么告别仪式也不搞吗？杨强说：周老师那性格你也知道，他说不搞，咱们就尊重他的遗愿吧。

我在1983年入学北大前，对北大中文系在世的老师，就知道两个人。一个是王力，一个就是周先慎。至于王瑶、林庚、吴组缃、乐黛云、袁行霈、裘锡圭……这些闪闪发光的名字，都未听说过。知道王力，也并非了解他在语言学上的成就，而是学做旧体诗，读过一点他写的格律知识。而知道周先慎，则是因为语文课本中那篇著名的《简笔与繁笔》——这篇文章现在已经著名到用输入法简拼，5个声母就可以把题目直接打出来的程度！

当年我的语文老师，哈三中语文组长王树林，用他惯有的黑色幽默说："咱们看看作者这个名儿，周，先，慎，这人很周密，而且自个儿就先在那儿慎上了！"我高中时代是不怎么好好上语文课的，因为自恃比老师水平还高，语文课一般都在务其他正业。但是学这篇课文的时候，确实聚精会神，佩服极了。一般人佩服的，可能是文章的内容，其实那个内容，其他高手也能写。真正值得佩服的，是文章的"章法"。此文本身就是"简笔与繁笔"的绝佳范例，从立意、结构，到选材、语言，无不简洁精当，张弛有致，读来清爽宜人，如沐春风。认真琢磨过这篇文章的人，自己写作时，可能不知不觉间就会受其影响。上大学后，给我们班讲魏晋隋唐文学史的葛晓音老师说："你如果能用李白的风格写李白，用杜甫的风格写杜甫，那才是一流境界。"我想，周先慎先生就是自己达到了"简笔与繁笔"的一流境界，然后才能将文学创作的简繁问题，论得那么通透、精辟。

上北大后，先是偶尔见过周老师几次，由于拘谨，不曾提问攀谈。后来，我们班的明清文学史竟然就是周老师亲授，我们全班都很高兴。我和罗文华等同学经常课前课后放肆地问这问那，而周老师不仅态度和蔼，语音温润，而且不厌其烦，还经常额外发挥，看得出他是非常喜欢我们的打扰的。跟周老师交流，确实称得上是如沐春风。

北大老师大部分都学问高深，各有千秋，但是讲课水平就相差很大了。周先慎老师属于学问讲课"双一流"的学者。他的课，就像他写的《简笔与繁笔》一样，精彩、精当、精神！我们回到宿舍，经常谈论他的教态、议论他的观点，特别是模仿他的口气。我给周老师的讲课总结出一个特点：以打为主，四面开花。

周老师对明清小说，有着如数家珍的熟悉，但他讲课时，最喜欢重点剖析那些跟"打"有关的章节段落。例如"周瑜打黄盖""武松打虎""三打白骨精""宝玉挨打""胡屠户打范进""江城打丈夫"等，不知道这是他故意选择的，还是妙手偶得的，总之都讲得起伏跌宕，论得丝丝入扣。同学们都敬佩不已，我对罗文华说：这些都等于是放大了的"简笔与繁笔"也。

我的知识结构，是古代文学偏多，我最喜欢的也是古代文学。但是由于文学之外的原因，我选择了研究现代文学。又因为当过几年中学语文教师，所以我跟一些古代文学研究者来往比较多。留到中文系任教后，因为研究小说史的问题，特别是关于鲁迅《中国小说史略》，曾经向周先慎老师请教过。周老师对我的称呼，也渐渐省去了那个"孔"，直接叫我

"庆东"了。而随着我的"不务正业",一些学校和媒体有时候竟然请我去讲古代文学。我在诚惶诚恐中,免不了就要四处"剽窃"古代文学诸位贤达的学术观点,其中就包括周先慎老师的一些高论。

新世纪之初,我帮助央视《百家讲坛》做了点策划工作,并亲自讲了一些题目,后来专门讲了一个鲁迅系列和一个金庸系列。周先慎老师也是早期《百家讲坛》的"坛主"之一,但他对后来有些坛主的讲法颇有意见。我记得周老师两次对我说:"庆东啊,你替我转达一下,《三国》不能那么讲,那简直是胡说!"周老师一向和蔼文雅,他斥为"胡说",属于很严重的批评了。还有一次周老师对聊斋的讲法也提出了不同意见。周老师不仅在专业问题上扎实严谨,严守北大学风,而且对于普及性的文化讲座,也非常看重材料翔实。这一点对我很有教育意义,我在社会上的一些讲座中,经常拿个提纲就讲,随口引用材料,有时候就会有出入甚至错误。老一代学者在这个问题上,确实值得我们敬仰。

几年后,我有了一次跟周先慎先生学术合作的机会。那是温儒敏老师组织我们编纂一套《中国语文》教材,古代文学和现代文学的几位学者分工把关。周老师不仅自己的那份工作完成早、质量高,而且对整个教材提出了具有战略高度的意见。我介入语文改革工作多年,听了周先生的话,感觉他老人家似乎一直是跟我们在一起的。我曾经向同龄学者感叹,咱们做了二三十年学问,自以为知识广博、眼界开阔,可回头看看老师一代,发现我们根本没有超越人家,而他们并未读过什么博士,也不曾出洋留学,此中缘由,是颇耐寻味的。

也许正是他们经常批判的那个成长的年代,孕育了他们的方正、典雅和温良恭俭让吧。这种风范在我们的老师一代身上几乎是覆盖性的。有一天我接连遇到了两件巧事,很值得一说。一件是我在未名湖东岸遇见严家炎老师,提着一兜材料。我问他来学校有什么事。严老师说,张颐武的东西错寄到他那里,他来中文系送到张颐武的信箱。我说严老师啊，我们都是晚辈，您打个电话，让张颐武自己去拿就行啦。严老师笑着说，你们都比我忙，我退休多年了，有时间，顺便走动走动。另一件是我回到家，接到周先慎老师的电话，说他到中文系取邮件，错把我的东西给拿走了，要给我送来。我死活不让周老师送，问清了什么东西后，告诉他那个东西是寄给你也寄给我的，你拿走了我的，我再去拿走你的就行了。

注重生活中的细节，与注重历史中的细节，还有文学作品中的细节，在周先慎老师那里，是完美统一的。这是孔子以来，中华民族所追求的近乎"道"的境界。不论时代激烈变动，还是风气僵化保守，不论人生的密度与内涵繁了还是简了，总有一批仁人志士拥有和坚持这个追求。江河不舍昼夜，老一辈贤达也渐次告别这个世界，但对我这个曾经亲炙教诲的后学来说，周先慎先生并没有离去，在每一处春风拂过的地方，都有他温和的语音，娓娓讲述着文笔的繁和简、生命的简和繁……

2018 年 8 月 24 日中元节敬草

那些聆听教诲的时光

——怀念周先慎老师

李 简

在 2018 年 4 月的大雨中惊悉周先慎老师病逝的消息。虽然一直知道周老师心脏不好，但事情终究发生得太突然，难以相信，也不禁感慨万千，慨叹那些教过我的、给过我很多教诲的老师们一位又一位地离去了。

提起周先慎老师，印象最深的是周老师清瘦儒雅的身影，带着川味的普通话，以及儒雅外表下，对作品分析的精到，待人的平易亲切、热情坦诚。回首曾经，耳畔仿佛还可以听到周老师的熟悉的声音，不紧不慢，温和从容。

认识周老师的具体时间有点记不清了，应该是在读硕士的时候，当时选修了周先慎老师开设的"古典小说鉴赏"课。后来我的硕士论文答辩、博士论文答辩，周老师都参加了，他是我的硕士论文、博士论文的答辩老师。留校任教以后，除了系里、教研室的活动，我还曾经跟着周老师写了《大学文科指导书目丛书·语言文学分册》的一些条目，也曾经和周老师一起出差，去九江讲授电大的课程。

鉴赏是文学研究"不可或缺的一个维度"①。周先慎老师一直很强调

---

① 段江丽:《严谨求实 博观约取——周先慎教授访谈录》,《文艺研究》2011 年第 12 期。

文学鉴赏，强调通过作品鉴赏来把握作家、作品的个性。对于小说作品，周老师做了大量细致入微的分析评论。许多名篇在周老师的评析下，精妙之处得到了深刻的阐释。比如对《闹樊楼多情周胜仙》这篇白话小说，周老师指出了作者在作品中所表达的对爱情的独具慧心的认识，指出作品在爱情的悲剧中处处点染着爱情的愉悦、甜蜜、美好，着意表现了周胜仙、范二郎这一对情人之间的欢悦欣喜的感情。对《蒋兴哥重会珍珠衫》的分析，周老师则花了相当的篇幅来讨论薛婆设计诱骗王三巧一段，于是这篇小说与《水浒传》中"王婆受贿说风情"的不同，便在一点一滴的剖析中很好地呈现了出来。再比如"武松打虎"。"武松打虎"是《水浒传》中的著名片段，周老师讲析时把整个故事分成三个部分，即上山前的在酒店喝酒、景阳冈上的打虎、打死老虎后的下山，细细讨论各个部分的写作手法、艺术效果。关于"远处落笔""闲闲叙来"的酒店喝酒是如何笔笔落在打虎之上的，周老师从三个层面来逐一解说，点明一是通过武松的酒量、食量来渲染，分析小说中酒家的自夸，武松的赞扬，以及后文对"酒"的呼应。二是由武松与酒家的矛盾冲突来刻画武松的豪爽、机警、自信与暴躁。三是从酒家的眼中去写武松这位英雄好汉的体态气魄。在分析景阳冈打虎部分时，周老师同样详细指出作者刻画的层次，分析文字间描摹的武松的心理活动、步态身姿、环境气氛。指出在打虎的相关描写中，小说如何展开老虎进攻、武松防御、人虎相搏、武松打虎的跌宕过程。关于武松打死老虎之后的描写，周老师分析小说是从两方面来着笔，在回映中不断引导读者去回味、体验故事的高潮，突出武松的形象。整篇赏析，从故事架构到细微的用语，周老师一一展开讨论，对"武松打虎"之所以成为名篇的原因、故事写作的成功之处均给出了透彻的解说。

　　周老师的小说鉴赏就是这样在细致的文本分析的基础上，"从作品的艺术表现去发掘它的思想，从思想如何得到表现去品评它的艺术"①。真正做到了深入浅出、细腻妥帖。既引人入胜，又鞭辟入里。在娓娓道来中，周老师不断地为我们揭示着美之所以为美，让听课的学生，也让文章的阅读者，领会到诸多名作的"意趣神色"，并由此获得启发，深受教益。

对周老师的平易亲切、热情坦诚的体会则主要是在留校任教以后，印象最深的是和周老师一起出差。大约是在本世纪初的时候，我曾经和周先慎老师一起去九江讲授电大课程。那些天，我和周老师一起搭乘飞机，一起上课，一起游白鹿洞书院。朝夕相处中，听周老师聊科研，聊系里的事情，也聊家常，聊人生。记得周老师笑谈他不喜欢坐飞机；记得周老师谈到写论文，应该既写大的论文，也写小的论文，要大论文和小论文互相结合；记得周老师对我不顺路登览庐山的惋惜。周老师当时说：在庐山旁边却不去，下次其实就不知道是什么时候了。果然，这么多年过去了，至今我还没有能够去爬庐山。那次的九江之行，和周老师聊了许多。大大小小的话题，处处体会到周老师对年轻人的关心，很多话语现在想起来仍然是如此温暖。

周老师退休后，我见到周老师的机会少了许多。偶尔见到周老师，看到周老师的背越来越弯，让人不禁感慨岁月的沧桑。今天，周老师虽然驾鹤西归，但静园五院二层古代文学教研室小小的房间，九江的天色，白鹿书院的院落都和周老师的身影、周老师的声音一起永远留在了我的记忆中。

2019 年 2 月 10 日于蓝旗营

---

① 段江丽：《严谨求实　博观约取——周先慎教授访谈录》，《文艺研究》2011 年第 12 期。

《聊斋》艺术的会心人
——回忆周先慎老师

李鹏飞

还在上中学的时候，我就知道北大中文系古代文学专业的两位老师：一位是研究唐诗的陈贻焮先生，他主编了一套《历代诗歌选》，我父亲买了一套，我经常翻看，知道了陈先生的大名；另一位就是周先慎老师，因为他那篇著名的文章《简笔与繁笔》被收进了我们的中学语文课本。有一段时间上早自习，我每天都大声朗读这篇文章。其中的一些精彩文句，直到现在我都记忆犹新，比如他讲"用笔简省"的这一段：

> 一部《水浒传》，洋洋洒洒近百万言，作者却并不因为是写长篇就滥用笔墨。有时用笔极为简省，譬如"武松打虎"那一段，作者写景阳冈上的山神庙，着"破落"二字，便点染出大虫出没、人迹罕到景象。待武松走上冈子时，又这样写道："回头看这日色时，渐渐地坠下去了。"真是令人毛骨悚然。难怪金圣叹读到这里，不由得写了这么一句："我当此时，便没虎来也要大哭。"最出色的要数"林教头风雪山神庙"，写那纷纷扬扬的漫天大雪，只一句："那雪正下得紧。"一个"紧"字，境界全出，鲁迅先生赞扬它富有"神韵"，当之无愧。

那时我已经看过《水浒传》，再看周老师这段分析，觉得精彩绝伦，不由得对小说里这两回格外刮目相看，一直到今天也特别喜欢这两回，这不能不说是受到了周老师精彩分析的很大影响。

1992 年我考入北大中文系，整个大学时代都懵懵懂懂，也没有意识到自己离当年暗暗仰慕过的这位老师已经近在咫尺了，因此也没有太留意周老师有没有开课。大三上明清文学史，是周强先生和沈天佑先生给我们上的，周老师没有参与，很遗憾地错过了聆听他精彩授课的机会。等到我上了硕士，因为同班有一位同学是周老师的学生，我才恍然惊觉原来这位进入过中学语文课本的名人就在我身边。但这时候，周老师已经临近退休，我所知道的他最后一次开课，应该是给北大 95 级文科试验班讲授明清文学史，一位师妹说周老师分析小说十分精彩，我本来打算去蹭课的，但终于也没有去，后来周老师就基本不再出来开课了。

但从此以后，跟周老师的接触反而渐渐多起来了。

先是我的硕士论文开题报告得到了周老师的鼓励，让我深受鼓舞。我硕士的前一半时间都在读诗歌，后来才改为研究文言小说，当时一片茫然，只好按照导师的安排一边系统地阅读魏晋六朝到唐代的小说作品，一边全力以赴了解已有的研究成果。硕士开题时，我在论文提纲前面附了很长的一个研究成果综述，接着再说明选题的设想。说实话，当时的我，兴趣都在诗歌，研究诗歌的方法心里多少还有点谱，但小说研究却完全不知如何下手，开题的时候心里忐忑不安。周老师参加了我的论文开题会，他出乎我意料地给我的开题报告以很高的赞许，主要意思大概是说我对已有的研究了解充分，提出的研究设想也很有新意。他还特别地跟其他几位同时开题的同学和旁听的同学说：开题报告这样写才是合格的。事后，导师特意跟我说：能得到周老师的称许很不容易，让我努力写出一篇优秀的论文来。此后我的硕士论文答辩、博士论文开题和答辩都得到了周老师的指点和赞许。其实，我那些幼稚的研究尝试未必真有多么出色，但周老师以其宽厚和善的嘉许给了一个刚刚起步的年轻人十分宝贵的自信，也给了我前进的动力。

在那几次开题报告和答辩会上，周老师给我留下的最深刻印象其实还不是他对我论文的评价，而是他温厚的笑容和平和的话语，即使是给我们几个人的论文提出批评意见，他也总是温厚的，平和的，绝不令人感到难堪和沮丧。从此以后，每次看到周老师，我都会感到一种发自内心的亲切感。

还在我念硕士的时候，就听周老师的学生提过周老师的心脏不好。后来我毕业留系任教，周老师已经退休了，又听说他安装了心脏起搏器。有一次年终教研室同仁聚餐，周老师也应邀参加了。大家都很关切地问起他的身体状况，周老师说装了起搏器之后状态还不错，唯一不便的是每隔八年就要更换一次仪器。当时程郁缀老师也来了，他闻言，立刻机智而又幽默地举起酒杯，祝愿周老师至少再换五次起搏器。大家一听，这不就是祝福周老师长命百岁的意思吗？于是纷纷举杯响应，祝周老师健康长寿。周老师也特别高兴，连连表示感谢。我当时想起来有一位著名美国记者叫索尔兹伯里，他40岁的时候安装了心脏起搏器，健康地活到了80多岁，还来中国重走了长征路，写出了一系列著名的报道。我跟周老师提起了这位美国人，周老师很高兴，笑逐颜开。我也在心底默默祝福他老人家能跟索尔兹伯里一样，再活40年，活过一百岁。

周老师退休后，我只偶尔在系里的收发室碰到他。每次他看到我，都要关切地询问一下我的研究情况，我每次看到他温厚的笑容，听到他平和的言语，感到他的精神状况也相当不错，都特别为他高兴。我有时候提起在刊物上拜读了他新写的鉴赏《聊斋志异》的文章，他都要谦虚地请我多多指正。有一次他跟我说，他打算写一系列这样的文章，如果有可能，就把《聊斋》的每一篇作品都鉴赏一遍。我觉得，由周老师来写全部《聊斋》的鉴赏，一定会十分精彩，也是别人所无法企及的。有段时间，他连续在《蒲松龄研究》和《文史知识》上发表他的鉴赏文章，我每篇都会认真拜读，拜读的同时，我也因此而知道，周老师身心笔力俱健，这是最令人感到高兴的事儿。

有一次我去东单东方广场的"美兆"参加每年一度的单位体检，走进体检大厅，一眼就看到周老师坐在一条长凳上在等候叫号，他手里拿着一本袖珍的小书正看得入神。我走过去跟他打招呼，问他看什么书？他合上书，把封面给我看，原来是我们系马振方老师编的一本《聊斋志异》的读本。周老师说：这个小本子很适合放在口袋里带着走，随便在哪儿都可以拿出来看，每次看都会有新的收获。周老师退休后，一直笔耕不辍，发表出版的论著一点都不比我们这些在职的老师少，而且他的文章愈发炉火纯青，成为个性独特的一体。

我印象中他退休后每隔两三年就会出版一部著作，其中有一些是他过去论文的结集，每次他都会认真题签后赠送给我们几位研究小说的同仁，如《明清小说》《明清小说导读》《古典小说的思想与艺术》《周先慎细说聊斋》。我拿到这些著作后，都会先挑选感兴趣的仔细拜读，每次都受益匪浅。而他"细说"《聊斋》的这一本，则是我的最爱，放在手头，随时拿起，一读就欲罢不能，如饮醇酒，芬芳醉人。

文学研究著作多矣！有一类人的著作枯燥乏味，反而败坏人对原作的兴趣；然而高手则可以让论文谈艺之作达到媲美原作甚至超越原作的境界，老一辈的林庚先生和吴组缃先生所写的小说研究论文，就有一种不逊于小说原作的优美隽永，而且能给人带来智慧的启迪。周老师深得吴组缃先生的真传，分析小说的文章就写得具有近似于小说本身的魅力。我读他鉴赏《聊斋》的文字，既享受到文笔之精纯优美，更感受到艺术体悟的智慧启迪。他的鉴赏，既能拈出小说创作艺术的普遍原理，更注重阐发其中深刻丰富的思想意蕴，既细腻地体贴到了蒲松龄的灵心慧性，更跟聊斋先生的欢喜悲忧灵犀相通。看了周老师的分析，就跟当年读他分析《水浒传》的文字一样，我由衷地感到了蒲松龄的艺术和思想所达到的高度完全足以让他进入世界短篇小说大师的行列，也感到《聊斋》的每一篇作品都经得起我们反复体会揣摩。

读周老师的这些鉴赏文字，我还有一个更深刻的感受，那就是他把自己的爱恨以及对世道人心的关切与批判都融入了其中，这些文字是温热的，有着他思想与灵魂的热度，也有着他对小说艺术发自心底的热爱。而在这一切的深处，则是周老师温厚善良的心魂的有力的搏动。

我看他在《细说聊斋》一书的《后记》中说起，他的"细说"准备写成四集，至少鉴赏120篇作品，他也提到了我当年听他说过的要"一篇篇细读"的心愿。但因为身体的原因，他大概调整了计划，只拟分析其中最精彩的那些篇目。

我忘记是哪一年了，不知道是4年前还是5年前，有一次又在系里碰到久未见面的周老师，我突然惊讶地发现他的背驼得很厉害，都快弯成了90度，他已经拄起了拐杖，不过仍然能够行动自如，但我不由得开始担心起他的身体来了。但这之后，仍然看到他不断地在刊物上发表他的《聊斋》细读文章，我盼望着他就这样一直写下去，直到把他的心愿完成。

但去年年底，突然传来周老师心脏衰竭住院的消息，我们想去探望，但院方说病人情况不便让太多人去探视。系里边派副系主任杜晓勤老师代表大家去探望了周老师，杜老师回来跟我们说起探望的情形，说周老师躺在病床上还在说他最大的心愿是要把细读《聊斋》写完。杜老师劝他还是该以身体为重，有些心愿如果无力完成，可以将来让学生去完成。

到今年3月份，听说周老师出院住进了金手杖老年公寓，我们几位研究小说的同事就相约一起去看望周老师。周老师见到我们，十分高兴，我们本来商量好了略坐一坐就走，不敢打扰他太久，没想到一聊就聊了半个多小时，这期间周老师又说起了他要完成细说《聊斋》的计划，但这时他的心脏已经无法承受读书写作的重负。他觉得这样的生活没有任何质量，决定接受医生的建议，进行一次心脏手术，希望能够改善身体状况，让他继续完成他未竟的工作。更重要的是，他觉得只有能够继续写作，才是有质量的生活。他跟我们提到了手术有风险，很可能下不了手术台，但即使有风险，他也想试一试。他寄希望于医学奇迹的发生，希望这奇迹能帮助他继续研究他所热爱的《聊斋》。

我们也热切地期待着他能顺利完成手术。从金手杖公寓回来，我心里时不时会想起周老师这个手术，总在潜意识中等待好消息的传来。然而，不久之后传来的却是坏消息，手术后周老师昏迷不醒，进了重症监护室。我们的心都悬起来了，我甚至暗中盼望发生《聊斋》中很多次写到过的那些起死回生的奇迹。

但奇迹没有到来，周老师终于走了，带着他未竟的心愿。他留下的遗言是不让大家前去送别，他把他温厚、谦和、低调的为人保持到了他生命的最后时刻。

他题赠给我的几本著作仍然摆在我的案头，扉页上他的手泽犹新，但斯人已逝，我相信他的精神和生命必将在这些优美隽永的文字中长存。

我和周老师一家

李　杨

将近 60 年前，我是一个刚入北大中文系不久的学生，大学的一切，对我都是新鲜奇特的。因为来自东北，东北话与北京话的差异给了我强烈的冲击，就在我说话努力向北京话靠拢的时候，写作课上来了一位接替杨鹤松老师给我们上课的新老师。当时，他虽然给我们上的是写作课，但我后来知道，他的看家本领是对中国古代文学的精湛知识积累和研究，出版了《古典小说鉴赏》《中国四大古典悲剧》《明清小说》《中国文学十五讲》《古典小说的思想与艺术》等多部著作。

周老师中等偏高的个头儿，白净脸，微瘦。让我终生难忘的，是他那带着浓重四川腔调的普通话，很响亮，很自信。原来我们国家那么大，南腔北调很自然，从此，我打消了自己东北话自愧弗如的心虚，尽管我还在努力学习标准的普通话。周老师年轻气盛，朝气蓬勃，他朗读同学中的好作文时，脸上熠熠生辉，十分得意，极具感染力。几十年过去了，当时的情景依然历历在目。他就是令我终生难忘的周先慎老师。

北京大学自 1898 年最初的京师大学堂始，作为中国近代第一所国立大学，中文系的学术传承是都喜欢从自己培养的高材生中选拔优秀者留下当老师，这几乎成了一个传统。20 世纪 50 年代末开始，为了避免"近亲繁殖"而走五湖四海之路，不断引进其他大学高材生中的优秀人才，1959 年毕业于四川大学的周先慎老师，就是其中的一个代表。

那时，周老师给我们上写作课，时间尽管很短，但留给我的印象却很深刻。而奇迹是十几年后，20世纪70年代中期，我在北京语言学院（现北京语言大学）二系任教，正赶上钟必琴也从外校调来；真是巧合，不记得为什么，我提起北大中文系学习的往事，她说起周先慎，原来钟必琴是周老师的爱人，这一下把我们拉近了。

钟必琴那双忽闪忽闪又深邃的大眼睛，呈现出四川或者湖南女人特有的美丽，而那平和恬淡、温柔又儒雅的性格，在那个年代却是少有的。我因和钟老师成了同事而兴奋，时常在人前炫耀，说她丈夫是我大学时代的老师。那时"文革"尚未结束，文学、艺术、学术一片凋零。我在给留学生上课时常常被问及一些中国文学史上的问题，有时也会回答不够准确，但又难以找到参考材料，这颇令我汗颜。我将苦恼告诉钟老师，没想到，只过几天，她拿来一个笔记本，上面用蓝色钢笔清清楚楚写满了字。她说，这是周老师为我整理的。我连忙拿回去一页页地翻看，从古代、现代到当代，中国文学史的基本脉络梳理得清清楚楚，这些内容将我十几年来荒芜的大脑又还原了那片秋收的美景。这种兴奋、感恩与记忆是终生的，直到现在，我还时常对家里人说起。

我和钟必琴老师虽不在同一个教研室，教授不同的课程，但"文革"中政治活动多，我们的接触也多；后来教师增加，活动减少，又各自忙于教学业务和家务，接触的机会渐渐减少了；这期间，我还到法国教书，1987年又作了系主任，钟老师还在教她的历代名家选读和白话小说选读。记得有一天，我得知钟老师生病了，赶忙跑到北大蔚秀园她的家中看望。不大的住房，堆满了书籍和杂志，充满了知识分子家里那种常有的书香之气。那天周老师上班了，只有钟老师一个人在家。这使我们有机会天南地北地聊天。我得知，周老师钟老师有一双出色的儿女，大女儿在北大中文系读书，长我儿子一岁，小儿子正在读高中，又小我女儿两岁，功课极好，爱好理工科。我们两家的经历相仿，我们两人投缘，说不完的话，有苦涩，也有欢乐和幸福。

一晃又过十年，周老师的大女儿周阅到我们北京语言文化大学的速成学院从事汉语教学。她专攻中日比较文学，后来又去了日本教学，年纪轻轻，学识丰厚，经历不凡，故事动人。

中国人的名字，常具有丰富的文化内涵。说起周阅，这个"阅"字，其来历就令我极感兴趣。据说她的名字来历不凡，有一种书香扑面的感觉。周先慎老师曾在课堂上板书蒲松龄的两句诗："架上书堆方是富，尊中酒满不为贫。"这个"阅"字，自然是读书万卷，方能有学富五车。这个"阅"字，自然是一种精神追求，有阅尽历史、社会和人生的高深内涵吧？我听阎纯德说，关于这个"阅"字的文人传奇佳话，还与大诗评家谢冕教授有关。

1993 年，阎纯德创办和主编《中国文化研究》不久，曾发表过周阅的一篇学术文章，但在主编不知情的情况下，在印刷过程中被脑子一根筋的人将"阅"改成了"悦"，此人想，既然周阅是一位女孩子，怎么能是"阅"呢？一定是成千上万女孩子喜欢的那个"悦"呀！阎纯德说，他知道周阅不是"周悦"，但是，那期杂志最后却让他背了一次"黑锅"，还得出面向周阅道歉。

后来周阅又师从严绍璗教授，获得比较文学与文化博士学位。到了2000 年，一日下午我跟阎纯德都在家，有人敲门，开门后见一亭亭玉立的女孩站在我面前；仔细端详，我一下子便能看出周先慎和钟必琴老师两位的基因遗传，她既有周老师的长相和精神，又有钟老师的长相和精神，这就是上天创造人的伟大神奇。我见她就像见到熟人一样，惊呼，你是周阅吧，她说是。从此，我们就多了一些接触和来往。前些年她从速成学院调入了人文学院，学问越做越深，当了教授和博导，多次赴日本从事研究，频繁前往国内各大院校做学术报告，从 2014 年起，还做了阎纯德主编的《汉学研究》的副主编，是学校学术成果累累的重要专家和学术委员。周老师和钟老师的女儿周阅与已经退休但仍然热衷学术的我的先生阎纯德成为同事；历史造化，让我们两家有着这样的奇缘。

2018 年 4 月 20 日深夜，周老师因在北京一家医院手术，无奈因故而去世。听到这个噩耗，我十分悲痛，周老师还有强大的学术生命力，严重的心脏病压抑了他，为了追求生命的质量，他不顾手术危险，结果事与愿违。我默默地向周老师致敬，向周老师告别。几十年匆匆而过，周老师青春潇洒的身影就在我的眼前；而我们两家人的缘分还在继续……

2018 年 12 月 18 日

知情重义

——怀念周先慎先生

凌 岚

2018 年 4 月周先慎教授在北京病逝，这个噩耗不日在中文系校友微信群中传开。多年前周老师上课的情景又清晰地回到眼前，追悼先师，也追忆我们的青春，我既茫然又伤感。不久在《文史知识》以及《语文在线》公号上看到纪念他的文章，并重温他的随笔名篇《简笔与繁笔》。文章开头贴出周老师生前的照片，正是 30 年前在北大三教的教室，他给我们上"宋元文学"课时的样子：温文俊朗，一头乌发梳得一丝不乱，夏天穿熨烫得整整齐齐的衬衫西裤，天凉时加一件西装夹克，不打领带。周老师上课时声音不高不低，说着带点口音的普通话。他说普通话没有北京地区的儿化音，是南方人特有的温文尔雅的语调。我至今记得仲夏时节五院中文系外的小路上，他骑着自行车遇到我，立刻下车闲聊几句。对学生他永远热情有加，说到古典文学他永远兴致勃勃。

1987 年我进北大中文系本科读文学专业。中国古代文学在北大是显学，中国古代文学课在北大中文系要分好几年讲。拿到《中国历代文学选读》那一套许多本、书本叠加起来达一尺高的课本时，我很忐忑，感觉自己是一个行装简陋、文言文功底不足的探险者，战战兢兢地乘上一辆古代汉语的慢车，从上古开始，历经数年，游历中国古代文学的无数重宝山。几个老师分教我们这一级的古代文学：魏晋南北朝、隋唐五代文学是由葛晓音老师主讲，到了宋元明部分由周先慎老师讲，上到宋元文学时，我们已经是大三学生。葛老师以自己多年唐诗研究的成果入手，讲唐诗流变，文起八代之衰的"汉唐文学的嬗变"，儒玄思想对唐诗的影响……我听得吃力又自卑。熬到第二年，换成周老师，他从宋代诗词鉴赏入手，我上课松了一口气。

不久一个同学跟我说，这位周老师就是高中语文课本里的名篇《简笔与繁笔》的作者。《简笔与繁笔》是当时中学语文课本里为数不多的谈文字技巧的课文，为中学生总结为文规律的一篇。谈文章技法甚至小说美学，在那时是非常罕有的事。《纳博科夫小说十二讲》要再过十多年才翻译进中国，麦基的《故事》、王安忆的《小说与我》、毕飞宇的《小说课》等等以小说创作为课题的书进入中文写作者的视野还遥遥无期呢！中国几大中文系开设的创意写作课，甚至创意写作硕士专业，更是要在20多年后才会浮出水面。那个时候做这个工作的，就只有周老师，是他在以不懈的学术努力填补读者需求中的这个空白。比如最受读者欢迎的著作《周先慎细说聊斋》，对《聊斋》中的小说逐篇分析，画龙点睛地点出蒲松龄的构思匠心。对古典文学有兴趣的初学者被带着阅读，在没有太多古文训练的情况下也能体会到传统经典的佳处。这个工作不是高头讲章，但却是真正的经典普及。他的读者，既可以是文学爱好者，也可以是文学圈外的理科生，或者像我这样离开中文环境多年，重新学习中国经典的海外游子。

国内中学语文课本篇目增删修改了多次，但一直保留着《简笔与繁笔》这篇。我们那个时候，多少中学要求学生背诵《简笔与繁笔》中那些脍炙人口的片段！《水浒》桥段"鲁智深拳打镇关西"是我们读经典的童子功——"鼻上一拳，'打得鲜血迸流，鼻子歪在半边，却便似开了个油酱铺：咸的、酸的、辣的，一发都滚出来'。眼眶际眉梢又一拳，'打得眼棱缝裂，乌珠迸出，也似开了个彩帛铺的：红的、黑的、绛的，都绽将出来'。第三拳，'太阳上正着，却似做了一个全堂水陆的道场：磬儿、钹儿、铙儿，一齐响'。"90 年代中我在纽约一个留学生聚会上，一个朋友罚酒，站起来背诵的就是中学时读的《简笔与繁笔》。白话小说里的精彩文字，成为我们寄托乡愁和青春的落脚点。

我读中国古典文学的门，是由周老师打开的。又过了十多年，在我离开中文母语环境近 30 年后，我决定重新启动写作生涯。我第一个想起的，就是这位恩师的文学指点，是他跟我提到《聊斋》故事所展现的高超的短篇小说技巧和悲天悯人的人世关怀。"知情重义"这个词，多年后我又一次在他的聊斋专著的篇目中看到。这个词，他给我们讲课时提到好几次。但那时我少不更事，哪里听得进去！他的话像安静却耐力恒久的种子落在我的记忆深处，一直要等到我自己人到中年，开始提笔写作，这些文学经典的种子才开始发芽开花。

国内中学的语文教学，重思想，轻写法；重议论，轻文字。这种重思想轻技巧的倾向一路延伸进了大学中文系，比如在古典文学中的考据和文献成为研究方向的主流。周老师生前在一次访谈时说："（古典学界）瞧不起鉴赏，以为文献考证才是做学问的真功夫，这是不对的，是偏颇的。文献考证当然是学问，而且对文史研究来说是基础，非常重要，不能忽视；但是，文学研究归根结底应该是审美的研究，离开审美，不可能进入真正文学研究的层面。""我的著作《古典小说鉴赏》和《古诗文的艺术世界》都主要是对作品进行思想和艺术的具体分析的。新近出版的《古典小说的思想与艺术》，中心也还是对名著进行具体深入的审美分析。"[①] 对中国文学的鉴赏，其实师承于吴组缃先生的《古典小说研究》。比如吴先生专题课中讲《聊斋志异》，"一篇一篇地进行深入、细致的分析，有些篇章比如说《王桂庵》《张鸿渐》《水莽草》等等，几乎是逐字

---

① 段江丽：《严谨求实　博观约取——周先慎教授访谈录》，《文艺研究》2011 年第 12 期。

逐句导读，精细警辟、阐幽发微，使听者得到了极大的思想启示和艺术享受"。这种师承，到 80 年代的普通中文系学生一代就中断了，吴先生的著作很少为中文系教授以外的读者所知道。就连吴先生的名字，我也是进了北大以后才听说的，更不要说接触到吴先生的著作了。我们受惠于周老师的鉴赏之眼，是他把这种"逐字逐句导读，精细警辟、阐幽发微"的鉴赏之道发扬光大到更多的作品，惠及一代一代的学子，薪火相传，不绝如缕。

在美国，《如何读，为什么读》这类文学经典鉴赏的书籍是由写《西方正典》的作者哈罗德·布鲁姆这样的文学批评泰斗撰写。它是常年热卖的必读书，既不曲高和寡，但绝对不是下里巴人的快销品。学会阅读，学会认识人类文化长河中的经典之美，是一切创作的千里之行始于足下。怎么读和怎么写是密不可分的。学会读经典，才能下笔千言。"学会读"是英美的写作训练中强调的第一步。这一点，是我走出国门多年后才知道的。

年过四十，我又重新打开《聊斋》，想破译中国古典短篇小说的密码，每每想起周老师，30 年前他做的那些在当时并不被看好的文学鉴赏工作，是多么有远见卓识！不被重视却坚持做下去，他是多么热爱中国古典文学啊！这种热爱让他愿意给中国读书人作一个热情的领路人，让面对中国文化的宝山而心怯步艰的文学爱好者迈开第一步。"成如容易却艰辛"是他对中国古典文学艺术匠心的总结，先师艰辛铺就文学鉴赏之路，后辈才有认识经典之易。

知情重义的周先生，是人间之盐，文化人生的楷模。

于细微处见功力
——忆周先慎先生

王景琳

不知是从何年何月形成的传统，北京大学中文系的学生习惯上将所有资深教师无论男女统统尊称为先生。自打上了中文系，我也是这么称呼老师的。譬如，见了吴组缃先生称吴先生，见了林庚先生称林先生，见了陈贻焮先生称陈先生。每次见我研究生导师褚斌杰先生，当然也总是称之为褚先生。凡事，似乎总有例外。中文系偏偏有这么一位资深教师，多年来每次相见，我从未在其尊姓大名后冠以先生，而每每以老师称之。这位享有如此"特殊待遇"的老师，便是教古代文学的周先慎先生。如此称呼周老师，原因其实有些好笑。我来自大西北，西北人往往前后鼻音分不清，一不留神就会把周先生叫成了周先慎。尽管20世纪70年代末早已不是尊奉天地君亲师、见了老师必得鞠躬作揖的年代，但倘若当面直呼老师名讳，那可也是大不敬的。所以，每次见到周先慎先生，我总是习惯地称之为周老师。

一、第一次见周老师

我是1977年恢复高考之后第一批考进北大的。名义上我们是七七级，其实1978年2月才入学。失学多年之后终于考上大学，不夸张地说，那时我对在北大的每一分钟都十分珍惜。每天晚上不是去图书馆就是在教室里看书，很少待在那挤着六位同学的窄小逼仄的宿舍里。偏巧有一天，在学四饭厅打了晚饭后，我略感不适，便把晚饭端回宿舍吃，吃完就躺在床上边看书边在书上做起批注来。正读得津津有味，住在334宿舍的徐启华忽然推门而入，通报说一位教古代文学的老师正在他们宿舍跟同学聊天，问我有没有兴趣参与。能够与老师近距离接触，直接与老师面对面交流，在我看来简直是天赐良机。我马上扔下书，跟着徐启华去了他们的宿舍。

这是当时我们班同学宿舍中人住得最多、面积也最大的一间。推门进去，只见七八个同学正围着一位戴眼镜偏瘦的中年教师说话。跟老师握手的瞬间，还没容我自报家门，老师倒先开口了："我叫周先生，教古代文学史。"我不由地纳闷，以往老师自我介绍，多直接报出尊姓大名，还没听说过哪位老师自称"某先生"的。纳闷归纳闷，既然老师如此称呼自己，想必自有其道理，更何况这是在北大中文系，又是一位教古代文学史的老师，在称谓上一定不会弄错。不容我多想，我也赶紧报上了姓名。不知周老师想起了点儿什么，忽然问道，你的学号是多少？这一问，搞得我更加纳闷了。第一次见面，有问姓甚名谁的，有问是哪儿人的，也有问生活上是不是有什么困难的，还真没遇到过问学号的。好在那时我整天泡在图书馆，但凡借书或借阅资料，总是要报出学号的，所以用不着多想，"7710001"便脱口而出。说实话，我一直以为学号只是个随意的编号。想来"77"代表入学的年级，别的数字是否还有什么特殊的意义，我还真从没想过。就在我准备找个位子坐下的时候，周老师拍拍我的肩膀，笑着说，你可是咱们中文系的一号种子选手。什么种子选手？周老师见我露出了一脸的困惑，便解释说，"10"是咱们中文系的代码，"001"是你在全系学生中的编号。我这才明白，原来这七位数的学号还有这样的讲究。

当年中文系七七级一共招了文学、新闻、古典文献3个专业100多号人，我们班起初有30多人，后来又扩招到48人。论到系里报到的日期吧，我既不是最早的也不是最晚的；论入学成绩吧，七七级各省考各省的，不可能排出个第一第二的排行榜来；论年龄吧，我既不是班上最大的也绝不是最小的；论姓氏笔画吧，我们班还有姓丁的。总之，这个"001"号究竟是根据什么排出来的，至今我还是一头雾水，不明白自己怎么会排在了全系第一位。用现而今的话来说，大概就是随机的吧。

自此，我便记住了这位自称"周先生"的老师，知道他会教我们明清文学史。估计周老师也因为我的学号而记住了我。那时我甚至猜想过，周老师来学生宿舍之前没准看过我们班的花名册，按学号，我排在第一，于是就把我的名字记住了。不然的话，周老师为什么没再接着问后来进来的同学的学号呢。

二、我的功课

与周老师第二次零距离接触是他给我们讲"三言二拍"的时候。当时周老师给我们布置了一篇作业，要求就"三言二拍"或其他作品中某一作品或某一人物形象写一篇不超过三千字的文章。记得这是上大学之后老师指定写的第一篇功课。我选择了分析杨令公杨继业的艺术形象。动手之前，我先读了《宋史·杨业传》，打算从民间说书艺人与文人对历史人物的加工创造入手，分析杨继业艺术形象的演变过程。资料虽然找了不少，但真正动起笔来，才感到由于民间传说和说书艺人对材料使用的随意性，使杨令公的形象有不少矛盾之处，而这种矛盾在史料上又缺乏有力佐证，很难把人物形象的发展脉络梳理清楚。结果一路写下来，花了不少时间，修改了一遍又一遍，还是觉得很不满意。眼看交作业的时间到了，我已经没有时间把短文改到能让自己满意的程度，可又不能不交作业。于是我就把自己的想法以《后记》的形式附在了作业的后面一并交了上去。

交作业之后，我心中不免有些惴惴不安，担心周老师会认为我过于矫情，为一篇并不打分的作业还要写份说明加以解释。不久的一天，周老师下课时特意叫住我，专门跟我谈我的这篇功课。周老师首先充分肯定了我的选题，认为选择的角度很新。记得当时周老师说，杨令公杨继业作为历史人物在史书上留下的记载并不多，其艺术形象的完成实际上更多地来自于不同时期民间艺人的加工创造。要论述一个人物形象的演变过程，就必须掌握充分的资料，尽可能找出各种版本，加以比较。不过，这样一来，这个题目就会很大，一篇三千字的作业恐怕很难说得清楚。周老师还说，分析人物形象的演变，特别要注重民间艺人以及文人在加工过程中对人物赋予的新的内涵，这样才能把人物形象发展脉络梳理清楚。就这样，周老师跟我不知不觉地站着谈了差不多半个钟头。

后来，功课发还给我的时候，我看到周老师在字里行间加了很多的批语，其中有些是那天他跟我谈到的，也有些是他根据他所了解的资料加上去的。最后，周老师还写了大半页纸的评语。周老师批改过的这份作业我一直保存了 6 年，直到 1985 年夏天。那时我已经在中央戏剧学院任教。适逢学校大规模调整教师宿舍，偏巧那年暑假我没住在学校，想不到周老师批改过的这份作业，还有当年跑遍北京各大图书馆抄录的近百万字的《庄子》评注卡片，以及其他生活用品，全部在搬迁中丢失了。直到 1991 年我离开中国，也没把其中的任何一件找回来，周老师批改过的这份作业的丢失也就成了我永远的遗憾。

三、教明清文学的不易

我对周老师的认识、了解、钦佩更多地来自于课堂。古代文学史是我们文学专业的重头课，每星期 4 课时，要连续上两年。周老师教我们的时候，我们已经学完先秦两汉、魏晋南北朝、隋唐五代、宋元文学史，已经听过吕乃岩、陈贻焮、沈天佑、周强诸先生的文学史课以及系里很多著名教授的讲座。那时系里常安排学有专长的老师为我们班开"小灶"，设专题研究课，因此有机会见识了许许多多名师的风采。上明清文学史前，我其实心里是有几分担忧的。先秦诸子散文、汉大赋、魏晋南北朝诗歌骈文，乃至唐诗、宋词、元曲，上文学史课之前虽也有较多接触，但毕竟流传下来的作品浩瀚繁多，再加上老师自己独到的条分缕析，文学史课大都上得生动有趣而又颇有新意，发前人之所未发，学生也都学得专心认真。那时，同学中几乎没有开小差或者逃课的。我自己更是如此，非但从来没有逃过课，而且每次上课总是笔记做得极为详尽。可明清文学就不一样了。明清文学最大的成就是那几部古典小说。除了《金瓶梅》看不到以外，哪部小说同学们不是已经翻来倒去看了好几遍？就不要说四大名著《水浒》《西游记》《三国演义》《红楼梦》了，就是《聊斋志异》《儒林外史》《三言二拍》中的人物、故事，哪个文学七七级的同学，不是滚瓜烂熟、如数家珍？尽管七七级同学求知欲极强，学习起来总是如饥似渴，但这时毕竟已是大学第二年的下半年了，刚上大学时那种对北大中文系、对老师们的神秘感、新鲜感已逐渐褪去，在这样的情况下，周老师的明清文学史又能讲出什么花样来？除了几丝隐忧之外，我心中怀有更多的还是好奇。

文学史是文学专业的基础课。与专题课、赏析课不同，老师课上主要介绍的是作家、作品与史的线索。要能把学生都如此熟悉的明清小说讲得出彩，同时又能让学生有耳目一新之感，实属不易。

出乎意料的是，周老师的明清文学史课讲得极有特色，大受欢迎。除了将清文学发展的线索以外，周老师将自己多年的研究成果与作品赏析结合起来，特别注重剖析人物在特定环境下性格的发生、发展轨迹，重视分析故事叙说的细节，有时就是一句话，甚至一个字，经周老师一分析，都能翻出新意来。给我印象极深甚至40年之后仍如在目前、如闻其声的上课片断，便是周老师对《水浒传》的分析。

无论是否读过《水浒传》的人大都听说过"逼上梁山"这个近乎成

语的词。《水浒传》中的众英雄都是被逼上梁山的，但同是一个"逼"字，对出身不同的英雄却有着各自不同的内涵。周老师在课上以林冲为代表详细分析了众英雄被"逼上梁山"的道路。他说林冲是英雄，可这位身为八十万禁军教头的英雄在《水浒传》中刚刚出现的时候却是一个能"忍"且能"忍辱"、忍常人所不能忍、甚至胆小怕事有些窝囊的形象。记得周老师说，林冲的"忍辱"在小说中首先体现在他获知高衙内调戏自己妻子并找到高衙内的那一刻，"当时林冲扳将过来，扳着他的肩胛，却认得是本官高衙内，先自手软了"。周老师抓住"先自手软了"这句在读小说时很容易滑过去的话展开分析，说作为八十万禁军教头的林冲原本有地位、有俸禄、有家产、有娇妻，可他供职于高太尉手下，深知那一拳打下去，这一切地位、俸禄、家产乃至娇妻就都没有了，甚至还会有牢狱之灾、杀头之祸。因此，尽管受此奇耻大辱，林冲虽"怒气未消，一双眼睁着瞅那高衙内"，却"先自手软了"。这一句说明英雄的成长是有一个过程的。林冲虽能"忍"，但如果他只是一味的"忍"而不反抗，如果在林冲的性格中没有英雄情结，他最后不会杀人，也不会上梁山，也就显示不出一个"逼"字。所以，在得知自己的结义兄弟陆谦成为高衙内的帮凶，林冲买了一把解腕尖刀去找陆谦，还砸了陆谦的家。周老师分析说，这是林冲英雄本色的一面，可他还是只去找了帮凶陆谦而不涉及主犯高衙内，看似林冲已经"忍"不下去了，但实际上却还是在"忍"。这就是说在林冲的性格中，只要能活下去，他一定会忍。接着，周老师又通过林冲发配沧州、野猪林、风雪山神庙、火烧草料场等一系列在我们读《水浒传》时不曾注意的细节，一步步揭示林冲究竟是如何被"逼"上梁山的。同时，周老师特别要我们注意林冲的英雄本色是如何在被"逼"的过程中一层层地展示出来。周老师由一个"忍"字着手，分析了林冲是如何一忍再忍以至于陷入无论如何忍都没有活路的处境，最终无路可走不得不杀了陆谦上梁山的过程，讲述了那一个"逼"字所包含的社会背景，所透露出的一位英雄所经历的人生道路，以及一个艺术形象的完成。说实话，我对林冲这位梁山好汉的认识以及对《水浒传》"逼上梁山"的"逼"字的理解，是在周老师的课堂上完成的。

四、于细微处见功夫

我至今记忆犹深的还有周老师在课上对武松的分析。武松出身于市民，他有着英雄的气节，也有着市民的谨慎。周老师在课上着重讲了武松打虎与杀嫂这两段，特别让我们注意小说是如何刻画武松既是常人又是英雄的形象的。周老师说，武松连喝八大碗酒还要过冈与常人三碗不过冈相比，是英雄本色，可是在景阳冈上看到老虎真的向他扑过来的时候，"武松被那一惊，酒都作冷汗出了"，却又显示出他常人的一面。还有，武松上冈的一路上随着天色渐暗，曾两次看落日。这既是作者在交代时间，却又通过场景的描绘表现出武松内心的紧张，这也是常人的内心活动。但武松又是英雄，所以他会继续往前走。在看到官府的文书得知冈上确曾有虎伤人时，武松也曾犹豫过，"武松读了印信榜文，方知端的有虎。欲待转身再回酒店里来"，这又符合常人的心理。但如果此时真的返回去，武松便又不成其为英雄了。正因为武松是英雄，尽管心中存有犹豫，他还是提着哨棒走上冈去。"我回去时，须吃他耻笑，不是好汉，难以转去。"周老师在讲课时特别提醒我们留意武松手中的那根哨棒，说那根哨棒在小说中前后曾提到了十多次，但真正用到哨棒时，原本应打在老虎身上的第一棒却打在了树上，武松"双手轮起哨棒，尽平生气力只一棒，从半空劈将下来。只听得一声响，簌簌地将那树连枝带叶劈脸打将下来。定睛看时，一棒劈不着大虫，原来打急了，正打在枯树上"。周老师分析说，武松"打急了"说明他是常人，常人碰到这种情况都会急，更可能是怕。尽管武松"打急了"，却没有怕。一哨棒没打在老虎身上，说明武松与常人相同，遇到老虎也会紧张。但若真的打在老虎身上，就显示不出武松徒手打死老虎的英雄气概了。周老师在课堂上就是这样紧扣作品，于细微处入手，抓住那些我们往往不会留意的东西加以分析，显示出老师的学问与功力。

周老师讲课不仅擅长抓故事细节，而且常常将人物放在一起加以比较，特别通过对细节的比较，揭示出人物性格的独特之处。记得周老师在讲林冲"先自手软了"时还说，如果是鲁智深碰到这样的事，可不管那人是不是高衙内，那一拳头肯定是会砸下去的，但又一定不会把高衙内打死。因为鲁智深属于粗中有细。如果换做李逵，毫无疑问肯定是一板斧就把高衙内劈成两半了。周老师还分析了武松与李逵打虎的不同，说同样是打虎，李逵杀死一头小虎之后，见另一头钻进了虎洞，他也不管洞里是不是还有别的老虎，想都不想就追着钻了进去。假如换做武松，他是无论如何不会贸然钻进老虎洞的，他必定要先观察四周的情况，在确保安全的前提下才会去杀虎。而一头钻进老虎洞的只能是李逵，这是由李逵草莽英雄的性格决定的。对于出身市井小民、时时为自己留下后路、处事谨慎的武松就绝不会这么做。上课时，周老师还把《水浒传》中的三个下级军官放在一起比较，从他们一步步被逼上梁山的不同经历，说明作品是如何展示人物形象的。鲁智深出身行伍，性格豪爽，路见不平便拔刀相助，做事考虑后果，却又"义"字为先，当军官不成便去当和尚，当和尚不成则上梁山当好汉，在上梁山的众好汉中做事最为痛快，因为他"赤条条来去无牵挂"。而武松出身市井，因打虎而身为都头，按照武松的性格，他会由此一步步升迁，与哥嫂一起生活下去，无论谁都不可能将他拉上梁山。所以他在"杀嫂"之后不会像鲁智深拳打镇关西那样一走了之，而是选择到官府自首。直到"大闹飞云浦""血溅鸳鸯楼"后才被逼上梁山。而同样是下级军官的杨志却与鲁智深、武松又有不同。杨志出身将门之后，押送花石纲翻了船，但仍对朝廷心存幻想，拒绝了梁山的挽留。后来杀了泼皮牛二受到梁中书的赏识，重又燃起了杨志的希望之火，直到生辰纲被劫，才迫不得已与鲁智深一道占了二龙山落草。在三人之中，杨志出身最为显贵，上山的道路也最为曲折。周老师在课堂上就是这样把作品中的人物一个个地剖析给我们看。

五、把上课当作学问来做

周老师上课是将学术研究与赏析融为一体的，于细微处见其功力与学问，而且他对讲课十分投入，以至于我觉得周老师是把上课当作学问来做。在《水浒传》讲到宋江担心自己死后不服他人管的李逵会闹事，便让李逵喝了毒酒时，当时周老师一拍桌子，极其动情地说："这是什么态度！"我在我们班书《文学七七级的北大岁月》"一份抹不去的记忆"一文中特别谈到周老师上课的这一幕："我不知道别的同学注意了没有，当时我被周老师投入的神情震动了，这一幕到今天犹在目前。"那篇文章写在 2008 年底，如今一晃又是 10 年过去了，周老师当年的神情依然栩栩如生。

周老师的明清文学史课上得相当成功，周老师也成为中文系深受文学专业学生欢迎的老师之一。很多人可能会以为周老师在教我们班之前，一定曾多次讲过明清文学史。至少 40 年前，我对此是从来没有怀疑过的。直到十多年前，我从我们的班书中才获知事实并非如此。班书中收了周老师自己写的一篇回忆文章《难忘最是师生情》，文中说："也许七七级的同学们至今还没有人知道，给他们上课时，我刚调到古代文学教研室不久，是第一次讲明清文学史。我相信恐怕没有哪位同学看出过，因为这是我的第一次，曾表现出丝毫的拘谨、紧张和胆怯，因为我确实不曾有过这样的心理和表现。这一方面是因为，当时真的很敬业，认真地备课，把多年的研习所得和学术积累（虽然有 10 年的荒废）全盘端出来。但是更为重要的是，七七级同学们听课的热情和积极认真的学习态度，就是对我最大的支持，使我有了充分的自信。……在他们之前或之后，逃课的人，每届都有，但他们没有，我敢说，一个也没有。听课精神饱满，全神贯注，不要说打瞌睡，就是松弛懈怠的表情也看不到。因为他们愿意听，喜欢听，有很高的接受的热情，我自然就讲得很认真、很投入。每当我从他们的眼神中看出一种会心的交流时，心里就升起一种喜悦，甚至产生一种幸福感。这是一种教与学在情感和思想上交融的境界。"在这里我需要补充的是，正是因为有了周老师的认真、投入，全盘端出自己多年的研究心得，我们才会被深深地吸引，同样听得认真、投入。教与学是相辅相成的，假如没有像周老师这样出色的老师，怎么会创造如此成功的课堂气氛？我很庆幸我考上了北大中文系，更庆幸自己遇到了许多像周老师一样毫无保留、倾囊相授的老师们。

上大学时，周老师的课我只上过"明清文学史"这一门。除了入学不久在 32 楼 334 宿舍与周老师的第一次课外接触，以及那次和我单独谈作业以外，我几乎没有与周老师有过任何私下的交往。上学期间，每当在路上、系里遇到周老师的时候，总是打个招呼，或聊几句便匆匆离去，但是周老师教的明清文学史课，周老师讲课时那种全身心投入的神情，却永远地留在了我的心中。

离开北大后，我再也没有见过周老师，也没有过任何信件交往。特别自 1991 年 8 月离开中国以后，由于工作紧张，教课任务繁重，我很少回国，也很少与师友同学联系，自然也就难得听到周老师的消息了。今年 4 月 21 日清晨醒来，在我们班的微信群里看到周老师去世的消息，瞬时间与周老师不多的交往与上课的情景一一浮现在眼前。此后的一些日子，我仍时不时地会想起周老师，回忆起当年周老师教的明清文学史课。这一切，促使我写下了这篇文字。

我从没亲眼见过 80 多岁高龄的周老师的样子，在我的脑海中出现的，总是那位称我为"中文系一号种子选手"的周老师，那位站在讲坛上，精力充沛、认真投入的中年的周老师。我记得周老师，我想周老师也一定记得我。在为班书写完《一份永远抹不去的记忆》一文后，班长岑献青告诉我，她曾打电话告诉周老师我在文章中特别写到了他的课，周老师很是高兴。

周老师，在地球最北边的国度里，住着一个您曾经教过的学生。也许有一天，当您神游到这里时，我们可以一起登上国会山的钟楼鸟瞰这个不大却漂亮的都城，一起去游览世界闻名的尼亚加拉大瀑布，去阿尔冈昆国家公园赏红叶，去枫树园观赏人们采炼枫糖，去葡萄园品尝冰酒，也一起去吃牛排、龙虾和三文鱼……我期待着。

2018 年 10 月 14 日

永远的"老师"
——忆念周先慎先生

夏晓虹

按照大学里的惯例：对年长的老师称"先生"，对比较年轻的称"老师"，即便日后年龄续有增长，学生一方的称呼却多半不变。在这样的师生关系中，周先慎先生也始终不变地成为了我们的"周老师"。

初见周先慎老师是在 1979 年 9 月，大学本科二年级的中国文学史课上，周老师为我们七七级文学专业的学生讲授明代文学。那时的周老师 40 多岁，显得很年轻，黑发浓密，面容清秀，身材不高而偏瘦，正是我想象中标准的书生形象。当时，周先慎老师只讲了半个学期，另外半学期的清代文学史，则由先前教过我们元代文学的周强老师接手。

虽然只有半学期的课，我从周先慎老师那里却学到很多。听课中明显可以感到，周老师对古代小说研究最为擅长。虽然大框架还是采用作家生平、思想内容与艺术特色的三分法，但周老师总能讲出自己别有会心的发现。我最受益的是听周老师分析小说情节。如《三国演义》中的"关羽温酒斩华雄"、《水浒传》中的"林教头风雪山神庙"与"景阳冈武松打虎"等，周老师都能从细微处切入，勘破小说家用笔的心思，让我们体会到蕴含其间的艺术精髓。而一杯热酒的冷却程度如何成为时间的计量单位；林冲杀陆谦时，为何要把杀先前两人所用的枪"搠在地上"，"身边取出那把刀来"；武松并非不怕虎，乃是醉酒上山，诸如此类——周老师讲得酣畅淋漓，我们也听得如饮甘泉，沁入心脾。在我看来，这些分析已然成为文学鉴赏的经典，以致后来讲古代文学史这门基础课时，我也禁不住从周老师那里偷了些招式。

期中作业，周老师也花了心思。为了培养我们的独立分析能力，他特意挑选了一篇没有现成文章可供参考的明代小说《沈小霞相会出师表》，要求我们写一篇小论文。其实，最终我们还是找到了一则赏析文字，在胡士莹选注的《古代白话短篇小说选》中，此篇正好入选。胡老先生不仅对每篇小说作了详细注释，而且篇末也有精要的思想性与艺术性分析。并且，巧的是，恰在我们准备作业的前一月，这本1956年由中国青年出版社初版印行的老书，也在1979年10月重印了。不过，此书在同学中虽有传阅，我自己在写作时，还是认真读了《明史》中的《沈炼传》与《严嵩、严世蕃传》，完成的作业题为《从〈沈小霞相会出师表〉看忠奸斗争的社会基础》。我的想法是，着力考察在史书之外，小说提供了哪些有价值的叙述。因此，分析的重点落在了三个于史无载的小人物身上，希望由此论证忠奸斗争不只是统治阶级内部的冲突，也具有广泛而深厚的社会内容。这篇小文得到了周老师很高的评价，而我则对初窥学术研究的门径大为兴奋。

这次课程中间，还有一事可记。当时，中文系常会邀请一些学术名家来做讲座。我先已听过中国社科院文学研究所古典文学理论组组长侯敏泽先生讲《沧浪诗话》，老实说，相当失望。侯先生口音重，板书草，引经据典，听者不易了解，中间休息时，人走了大半。到四川大学中文系主任杨明照先生前来开讲时，显然是有鉴于侯先生讲座失败的教训，周老师特意在讲座前一天的课上对我们作了一番开导。他希望我们注意礼貌，这还是针对前次讲座中途退场的人太多而发，属于消极设防。而周老师更打动我们的说法是：每个老先生治学的方法不同，有的人是凭才气，有的人是凭功夫。吴组缃先生是有才气的，所以讲起课来很风趣；杨明照先生则是靠功夫，因此治学非常严谨，他对此很敬佩。有些同学不善于听老先生讲课，而要想有更多收获，就得学会听课。不能像下馆子，合口味的就吃，不合口味的就走，这样路子就太窄了。老先生们治学多年，都是很有学问的，只要听进去，总会有所得。这番话既体现了周先慎老师对师长的爱护，也对我们日后如何听讲具有指点迷津的功效。

上课期间，我们也知道了周老师和大多数文学专业的老师出身北大不同，他原本就读四川大学，所以，杨明照先生也是他的老师。后来更进一步得知，由于北大1955级学制延长，由四年改为五年，1959年没有毕业生。因应教学需要，周先慎老师和侯忠义老师于是分别从川大与吉大进了北大。而我们当时不知道的是，周老师也是第一次教授中国文学史课程，此前他一直在讲写作课。可以想见，周老师是抱着多么高的热忱与激情精心准备新课。他将教习写作课所积累的细读经验移用于古代文学作品分析，倾囊相授给我们，这是我们的幸运。

研究生阶段，我又有机会选修周老师开设的"《聊斋志异》研究"专题课。记得1982年9月初第一次上课时，周老师列出了一个系统、完整的教学大纲。不过，由于每个题目都有充分的积累与准备，最终，周老师未能按计划全部讲完。即便如此，我听这门课照样大有收益。

这次的期中作业题目看似简单，分析一则《聊斋志异》的异文，但其间已有版本学的考量。周老师讲课时，已经细致清理了《聊斋志异》的版本系统，我们即是在此基础上，以实例展开分析。我的作业是就《素秋》中的一处异文进行比较，肯定了手抄本、周村抄本与青柯亭刻本述素秋出嫁时多出的两句——"但讨一老大婢，供给使而已"，其文字优于铸雪斋抄本。因从情节发展看，此婢实为不可或缺的人物；而以人物形象的塑造论，讨要此婢又体现了素秋的精明与远识。经由此项训练，我真切地认识到，辨析文献版本与文字出入实为学术研究的基本功，不可忽略。而周老师在布置作业中，显然已怀藏引导我们治学之路的深心。

期末论文我提交的是关于《香玉》的人物分析，仿佛最初的题目拟为《情与情之不同》。周先慎老师对此文相当满意，在他日后主编《〈聊斋志异〉欣赏》一书时，也特意嘱咐我稍加修订，编入其中，并以副题作正题，酌定为《谈谈〈香玉〉的人物描写》。而拙文得以跻身集中，与吴组缃、赵齐平、周强、沈天佑、周先慎、侯忠义、马振方等众多老师并列，在我也深感荣幸。其实，我必须承认，此文的写作路数，完全得益于周先慎老师的教诲。关注小说中黄生、香玉与绛雪三个至情人，由于各自性格以及人物关系的不同而显示出的同中之异，这一思路即是模仿周老师的小说细节分析方法而来。甚至在行文的语气上，我也力求向周老师靠拢。尽管学得未必像，我却切实领会到细读的魅力。

研究生毕业后留校，我得以进入古代文学教研室，与周先慎老师有了更多相处的机会，也每常感受到周老师对我的关照。将《香玉》一文收编入集，即为显例。我招收的韩国研究生朴明真，后来跟随周老师读博士，经过周老师的悉心指教，最终获得了回国在大学执教的资格。我的学生李彦东 2004 年博士论文答辩时，请周老师参加。周老师此时已年近七十，身体也不好，完全可以拒绝我的请求。并且，此时他已搬离校园附近，住得很远。但他仍然爽快地答应下来，在炎热的夏天按时赶到系里，认真、专注地参与了答辩的全过程。

而最让我感动的是周老师待人的诚恳。我的大学日记中记录过一件事：1980 年 6 月，在林庚先生的"楚辞"课上，周老师也来听讲，正好坐在我旁边。虽然这学期他已不再给我们上课，但还是非常关心我们的学习。比如看我记笔记，即提醒我一侧应留白，以便批注；又称赞林庚先生等上一辈学者都有过创作经历，深尝其中甘苦，分析作品感受更深切，他们这代学者无法相比。我当时的感受是："不仅周先慎老师，北大的许多老师都是这样谆谆善诱，对学生的确作到推赤心于他人腹中，令人感动。"

而无论是读书期间还是留校以后，每次拜访周老师，他必定一层层送下楼来，而绝不接受我们在家门口止步的请求。每有新作，周老师也一定端端正正地签字赠送，且均为"匡谬""指正"一类我们承受不起的敬语。他的博士生郭蓁与詹颂毕业时，我参加了论文评议与答辩，周老师也非常尊重我这个老学生的意见。尤其因为我曾经一度热心阅读与编注过历代女性诗歌，周老师便一再叮嘱郭蓁要多向我请教。

周老师又是非常正直且不乏勇气的长者。在风潮多变之际，他却不为所动，执守士的节操，爱护学生，同时也自尊自爱。前几年，受反贪腐影响，个人应有的福利一时取消。尽管大家心里都有不满，周老师却最先站出来发声。在给全系老师的信中，周先慎老师直言，针对党政干部的反腐不应损害普通老师的正当权益。他非常怀念此前每年全系的新年聚餐，离退休老师能够和在岗老师团聚，其乐融融。因而此一传统的中断，让他不能接受。正是由于周老师的据理力争，中文系才又恢复了新年团拜，只是仅限于离退休老师，仍然无法满足周老师的期望。

我了解周老师的心事。他虽然1999年开始退休生活，却始终不曾远离北大，不曾远离学生。在我们班同学集体编写的《文学七七级的北大岁月》中，也收录了周老师的一篇文章，题目就叫《难忘最是师生情》，周老师在结尾处深情地写道：

> 我曾经在一篇文章里说过，在北大当老师是幸福的；有幸给文学七七级的同学们上课，同他们结下师生缘，并成为朋友，是更大的幸福。今天，就在我写这篇文章的时候，心里依然充溢着一种幸福感。

因此，学生的每一点成绩，都会在周老师那里得到热烈的回响。我就亲耳听周老师说过，他在长途旅游车上看到我的同学王小平编剧的影视作品放映时，当即自豪地宣布："王小平是我的学生。"引来一车人羡慕的眼光。而以学生为荣，恰是一位热爱教育事业的老师最本真的情感流露。

尽管退休多年，周老师却始终关心中文系，渴望有机会为他工作了一生的系里再做点事情。陈平原 2008 年出任系主任时，周老师见到我就说："平原做系主任，打破了中文系的记录。"我还以为这是表扬，赶快辞谢。周老师却说："我指的是中文系主任历来都是党员，平原是在这个职位上唯一的非党员。"我这才恍然大悟。而陈平原在任期间，曾组织系里老师编写过《筒子楼的故事》与《鲤鱼洲纪事》两本书，有意借此保留一点系史资料。周老师每次都热心参与，提供文稿；开座谈会时，也兴致勃勃地积极发言。

周老师对北大也有发自内心的眷恋与喜爱。2012 年岁末，我们曾经收到他发来的自制音像作品《燕园之秋》，周老师在信里直截了当地说，"你和平原要是都喜欢，我非常高兴"。看得出来，这是周老师钟爱的得意之作。我们立刻观赏了，并且告诉周老师，我们真的"很喜欢，取景及配乐都很棒"。借助周老师的镜头，我们看到了自己从未领略过的燕园美景，我于是真心地感叹："在您的镜头中，燕园居然这么美！我们一向脚步匆匆，确实辜负了这片绚烂的秋色。谢谢您让我们分享您的发现。"当然，我们也留意到镜头中永远的主角——钟必琴老师，透过这些五色斑斓的画面，周老师对夫人的深情分明可见。

除了《燕园之秋》，周老师还传来过其他音乐相册，戏言要"讨你们的喜欢"。而摄影正是周老师退休后发展出的新爱好。按说，以周老师心脏不好的身体状况，并不适宜携带照相设备、四处奔波。因此只能说，对寻找与发现美的强烈冲动，使周老师忘却病痛，执着于以镜头留住美的瞬间。

当然，周老师的本业还是中国古代文学研究，尤以小说为重。退休以后，他也一直在这块园地里耕耘，乐此不疲。除去文学史与作品选，在周老师签赠的诸种大作中，我最先得到的是《古典小说鉴赏》（北京大学出版社 1992 年版），当初从周老师受教时听得如痴如醉的作品赏析，其精华多已纳入。而最后收到的则是 2015 年由上海三联书店出版、编入"北大课堂"系列的《周先慎细说聊斋》，虽然其中的 38 篇文章很多已先在《文史知识》上见到，但集合成书，且配上清代的插画，仍觉赏心悦目。我更在意的是《后记》中透露出的周老师的心愿：

> 只要身体条件许可，我将继续一篇一篇地细说下去，……我已经年届八旬，如果天假我以年，细说《聊斋志异》将写出四集，每集三十多至四十篇，略近于《聊斋志异》全书的三分之一，而基本上囊括了《聊斋志异》中最精粹的作品。要是这一心愿能够实现，那么之后，如果真像民间俗语所说的"歪歪墙不倒"，虽然带病，也还活得"好好的"，那就开始继续写作《细说红楼》。

我理解，正是因为周老师还有心愿未了，他才甘冒风险，充满希望地选择了有可能提升生存品质的心脏手术。

而去年 6 月 7 日在美兆体检中心与周老师夫妇的偶遇，也从此定格在我的记忆中。

2018 年 12 月 12 日于京西圆明园花园完稿

2019 年 2 月 16 日修改

我所认识的周先慎先生

杨文利

在大学同学群得知《周先慎先生纪念文集》邀稿的消息，我想为这位素所崇敬的业师做一篇纪念文字。然而思前想后，自觉不够资格添尾其中。原因很简单：作为一名本科生，只听了短短两个月的课，未尝求教请益，恐怕连及门弟子都谈不上，遑论入室？先生的学问和文章，我不能赞一词。他的为人，则是在承教受业之后，耳濡目染，了解日渐加深。故不揣浅陋，略记一二，藉此表示对先生的哀思。

回想起来，周先生给我们讲授中国古代文学史那一年是多事之秋，先是大二下学期在一片混乱之中草草结束，继而暑假无限延期。好不容易盼到开学了，还得把大二的课上完。待他接手主讲宋代部分时，大三上学期已过去了大半。由于众所周知的原因，其时我和我的同学们都陷于极度苦闷与空虚，由苦闷而消沉，由空虚而颓废。无以打发无聊时光，乃天天喝酒，夜夜打牌，浑浑噩噩度日。逃课的时间多，上课的时间少，以致把大好年华虚掷而不自觉。当然，我也是其中之一。周先生开讲之日，正是同学们逃课愈演愈烈之时。印象最深的是一个下雪天，他冒雪来上课，教室里稀稀拉拉地坐了十几个同学。他来不及扑打身上的雪花，匆匆登台准备上课。打开讲义后，举目朝台下扫了一眼，连眉头都没有蹙一下，脸上始终带着温和的笑容。那一堂课，他讲得格外认真，也格外投入。他的嗓音略微有些沙哑，平缓的声调中有一种从容的气度。一边娓娓而谈一边来回踱步，双眸炯炯地望着台下的同学，目光透着无比的热忱，连手势都有了一种异常亲切的意味。大伙儿完全被征服了，都屏声静听，惟恐漏掉一个字。下课铃响了好久，还没回过神，呆呆地一直看着他转身把黑板擦干净，然后再把讲义收拾停当，匆匆离开教室。自此以后，同学们一改常态，上课十分踊跃，端赖周先生润物细无声的感召。

周先生的课极受欢迎，确有其独到之处。依我看，最大的特点，在于他对史料、史实与史论、史识恰到好处的融通，以及与此相关的、对鉴赏批评超乎寻常的重视。他对于文学作品的审美分析确是下过一番功夫，文学鉴赏力和洞察力也有过人处。他讲析作品，往往句栉字比，显微阐幽，见人所未见，言人所未言，所谓信手拈来皆成妙谛者，除了湛深的学识之外，敏锐的艺术感觉也是不可或缺的。那些独具慧眼的见解，每以典雅、隽永的话语出之，有如泉流石上，风来松下，端的其味无穷。不期然想起高中时，在语文课本中读到他的《简笔与繁笔》一文，耳目为之一新，思维缜密、论证谨严，自不必说了，文笔亦相当高妙，简洁，精练，无一字累赘，对文字的驾驭颇为驯熟，可见其古文功力之一斑。我常想，中国文学的审美到了宋词，可谓臻于极境了。由充满了激情与灵性的周先生主讲这一段文学史，乃是再恰当不过的人选。而在周先生，上课不是简单的知识传授，而是凭着一颗热爱文学的心，给予学生以美好的艺术熏陶和艺术享受。

还有一件事，足以见出周先生的包容、宽厚，也值得一提。大概是元旦前后吧，他布置了一篇作业，命同学们选取一首宋词，写一篇赏析文字。直到今天，我才明白了，他为什么出这样的题目？原来是为了考查、培养学生的文学鉴赏力。不过，我当时并不这样想。记得我选了晏殊的《蝶恋花》，通篇没有一处对作品进行赏析，而是生搬硬套一些西方的时髦理论，从符号学到解释学，从结构主义到后结构主义，进行所谓的文本细读。说满纸荒唐言，亦不为过。周先生对我的标新立异之举倒也不以为意，居然给了高分，实在出于意外。好在我当时多少有点儿自知之明，晓得老师给高分并非写得多好，多半是出于鼓励后生小子的目的。

钱穆先生在《师友杂忆》中尝言："能追忆者，此始是吾生命之真。其在记忆之外者，足证其非吾生命之真。"诚然，忘不了的人和事，才是真生命。周先慎先生辞世一年了，仍不断地被追忆，相信先生之精神也将因此永存。

我们和周老师

张　鸣　岑献青

　　2018 年，4 月的时候，我们班级的同学就开始张罗着要在"五四"时聚聚，由头很充足，这一年既是中国"文革"后恢复高考的第一批大学生入学 40 周年，又是北大 120 周年校庆。作为北大中文系文学专业七七级的学生，聚个会，理所当然。

　　其实毕业几十年，同学们的大聚会小聚会不断，只是这次非常想邀请老师们参加。当年给我们上过课的老师，都已进入耄耋之年，我们这些当学生的，也都排着队进入"花甲"或"古稀"了，想到这个，就突然有一种"来不及"的感觉。

　　有一天，负责联系邀请老师的陈建功忽然在微信上问：为什么总打不通周先慎老师的电话？

　　我们赶紧四处打听，才知道周老师在住院，刚刚做了心脏手术。

　　陈建功说，哦，那以后咱们再找时间去看望周老师吧。

　　正遗憾周老师不能跟大家见面呢，又听说周老师本来情况还好，不知怎么的突然又进了重症监护室。

　　我们有点紧张起来，心中焦急，却无法去探望，因为这时岑献青正因病住院，张鸣也离不开。

　　到了 21 日，噩耗传来，周先慎老师已于头天驾鹤西去了！

　　曾经被我们视为师长父兄一般慈爱温暖的周老师，竟然没能等到我们在聚会上再喊一声"老师"……

时间往前倒倒。

2015 年 4 月的一天，我们俩在北大人文学苑的院子里意外碰到周老师，非常惊喜。早些年，周老师搬到回龙观住，离得远了，极少见到。在我们的印象中，周老师总是一副形容清癯、道骨仙风的模样，而现在，他居然拄着拐杖佝着腰！

张鸣趋前一步扶着周老师。周老师笑着说，好久没有看见你们了，真是高兴呀。

岑献青也过去挽着周老师的胳膊说，上次见到您还是在回龙观家中呢。

周老师说，最近搬回燕北园了，住回龙观到校医院看病不方便。

张鸣说，回到燕北园，咱们离得近了，哪天去看看您和钟老师。

周老师说，你还在上课呢吧？先忙着，不着急的。

那天的天气很好，初春午后的太阳斜斜地照着，明亮而温暖，我们就站在人文学苑东边的走廊里，有一搭没一搭地说着日常的话。

不远处，有几个学生在看着我们，她们是跟张鸣约好了要谈论文的。学生们很年轻，已经不认识中文系的老先生了。

她们不知道，这就是她们老师的老师呀！

后来，周老师谢绝我们要送他回家的要求，拄着拐杖往公交车站去了。看着斜阳里老师远去的背影，我们还挺为老师矍铄的精神状态欣慰。

那天周老师说的是"不着急"。是呀，等有空，我们再去他家探望。

后来我们也确实有一次乘车去燕北园了，只是到站后突然有急事发生，又匆匆返回家了。

我们都以为来日方长，哪里知道，后来就再也喊不到"周老师"了呢？！

时间再往前倒倒。

2009 年，我们班准备出一本书，回忆和纪念一下我们在北大的生活。这本书其实已经"酝酿"很久了，一直说一直说，就是没有落实，等到开始动作时，不知不觉间就过去了十年。

再不做，我们就都老得做不动了！

同学们赶紧组织了一个班书的"编委会"，其中由岑献青负责联系所有给我们上过课的老师，希望他们在身体和精神状态都允许的情况下，给我们班书赐稿。

老师们都非常支持。最终，有12位老师为我们的班书撰写文章，两位老师为班书题字，吴小如先生题写了书名。

真是把我们都感动坏了！

要知道，那时我们的老师都已经是七八十岁的老人了呀！

周老师文章的题目是《最难忘是师生情》：

> 岑献青给我来电话，同时发来电子邮件，稍后又送来纸质信函，约我为北大中文系文学专业一九七七级同学们拟编的一本回忆'北大岁月'的纪念文集写一篇文章。我在电话里立即就非常高兴地答应了下来……一九七七级的同学们入学是在1978年初，正与改革开放同步，到现在已经整整过去了三十年。但当时的情景至今仍历历在目，十分真切。拨乱反正，那是一个大转折的年代，也是一个深刻变革的年代。我和七七级的同学们共同经历了共和国改革开放的最初岁月。我给文学七七级的同学们上课并同他们一起生活的那些日子，是令人难忘的，因为富于历史内涵，也是非常值得纪念的。

我们相信，这应该也是十几位老师愿意为我们班书写下文字的缘故吧。

周老师在文章里第一次让我们知道了他当年给我们讲课时的心情：

> 也许七七级的同学们至今还没有人知道，给他们上课时，我刚调到古代文学教研室不久，是第一次讲明清文学史。我相信恐怕没

有哪位同学看出过，因为这是我的第一次，曾表现出丝毫的拘谨、紧张和胆怯，因为我确实不曾有过这样的心理和表现。这一方面是因为，当时真的很敬业，认真地备课，把多年的研习所得和学术积累（虽然有十年的荒废）全盘端出来。但是更为重要的是，七七级同学们听课的热情和积极认真的学习态度，就是对我最大的支持，使我有了充分的自信。凡是有讲课或作报告经验的人都会有体会，如果在演讲或讲课当中，不管出于什么原因，有一个人离场或睡觉，都会影响到演讲者的情绪。在我教过的所有学生中，从整体上看，七七级的同学们是基础最好、水平最高的一届，同时也是学习最努力、最认真，最富于热情的一届。在他们之前和之后，逃课的人，每届都有；但他们没有，我敢说，一个也没有。听课精神饱满，全神贯注，不要说打瞌睡，就是松弛懈怠的表情也看不到。因为他们愿意听，喜欢听，有很高的接受的热情，我自然就讲得很认真、很投入。每当我从他们的眼神中看出一种会心的交流时，心里就升起一种喜悦，甚至产生一种幸福感。这是一种教与学在情感和思想上交融的境界。在我的教学生涯中，进入这种境界的情况并不多，文学七七级的同学们帮助我，并且同我一起进入了这种境界。

感谢周老师，他让我们知道，在那个年代，文学七七级同学与周老师、与北大中文系的老师们的相遇，是一个多么值得庆幸的时刻！

当年，周老师给我们班级讲授的是明清文学史。

岑献青总是说，几十年过去，像她这样不做学问的人，几乎记不得什么课堂的内容和细节了，只有一个印象拂之不去，周老师的课堂永远都是座无虚席，讲台上的周老师永远都是精神饱满，周老师带有一点点"川普"的口音，甚至比标准普通话更令人感到亲切。

而另一个课堂外的印象，就是每周一次或两次晚自习的时间，周老师都会到我们班同学宿舍来，和同学们交流教学心得或者拉拉家常。每次周老师的身影出现，同学们就都拥到周老师身边，古今中外，海阔天空……

无所顾忌的接触，让我们对周老师有了一种亦师亦父亦兄的亲近感觉。

毕业后，同学们各自忙着，离老师远了，但每当有大聚会，必定会邀请老师们参加。周老师当然在大家的惦记中。可惜老师也忙，印象中只参加过我们班级的一两次活动。

但我们知道，周老师却是把我们都记在心里的。

因为张鸣留校任教，我们的家就安在学校里，与周老师见面的机会比其他同学要多。每次遇到，他总会问起我们班同学的情况，还不厌其烦地一次又一次说起当年与同学交往的老故事。令我们吃惊的是，多少年后，他依然能记住很多同学的名字，包括那些平时就不怎么活跃的同学。

所以，在为我们班书写下的文字中，他还记得："那时陈建功写短篇小说正崭露头角，我就同他谈了我读了他小说后的感想。我说，像他发表不久并引起广泛关注的《京西有个骚达子》，写得非常好，是应该可以评上全国优秀短篇小说奖的。他告诉我，在评选中确曾入闱，但因有人认为题目当中的'骚达子'于民族政策有违碍，最终未能评上。但不久，他的另一篇作品《飘逝的花头巾》就获得了全国的优秀奖。"

他也记得："梁左大概是对《红楼梦》比较熟吧，他像在大人面前撒娇的孩子似的对我说：'周老师，明清小说部分你就出《红楼梦》吧。'我笑笑，也像对有点淘气的孩子那样回答说：'有可能，但也不一定。你还是全面复习吧。'"

他还记得："有一次我讲归有光的散文，分析《项脊轩志》，下课后黄蓓佳同学同我走在一起，从一教到哲学楼的路上，她对我说，她也很喜欢归有光那种平淡自然的散文风格。'也很喜欢'，我听出这是对我分析的认同并产生了共鸣，当时就令我欣喜不已。"

他甚至还记得："当时上课的教室比较大，而我的嗓子一向不好，常常是讲到最后就有些嘶哑。……班长岑献青就用一个那时常见的绿色的军用水壶给我准备了一壶开水摆到讲桌上。从那次以后，每当我给他们上课，一走进教室，就会看见那个绿色的军用水壶静静地摆在那里。在我一生的教学生涯中，这样的事，也是第一次。"

他一直将文学七七级同学引为骄傲："同学们毕业已经近 30 年了，除了少数几位，大部分同学和我都没有了联系。但我还是常常记挂着他们，关注着他们。他们中的不少人毕业后都做出了优异的成绩，凡在报纸和其他传媒上看到有关他们的报道，或是有他们的作品、著作出版和获奖的消息，我都特别留意。能找到的我都要去找来看看，每一次，内心里都充满了喜悦。我为他们每个人做出的成绩和贡献感到由衷的高兴和骄傲，这种感情常常情不自禁地流露出来。一次到现代文学馆去作报告，来接我的司机在途中提到他们的馆长陈建功，我脱口而出，说：'陈建功是我的学生。'又有一次，同老伴一起出去旅游，在长途大巴上看他们放的影碟《刮痧》，觉得很好，我也是脱口而出，对老伴说：'编剧王小平是我的学生。'我并不认同'师高弟子强'的观念，说这样的话，并没有自炫的意思，只是为我有这样的学生感到骄傲。"

在文章的末尾，周老师非常动情："我曾经在一篇文章里说过，在北大当老师是幸福的；我现在要说，有幸给文学七七级的同学们上课，同他们结下师生缘，并成为朋友，是更大的幸福。今天，就在我写这篇文章的时候，心里依然充溢着一种幸福感。"

可是周老师您知道吗，做您的学生，也是我们的幸福！

张鸣就常常说，毕业后留校任教，在研究和教学上时常得到周老师的具体指教，受益匪浅。稍有进步，就得到周老师的鼓励。周老师在待人接物上温厚宽容，但在做人做事上既不随大流，也不媚俗，更不容忍某些人滥用职权为己谋私的作为。在我们的心中，周老师就是做人的榜样！

班书的稿子和图片都汇集好后，书名成了一个难题了。按说，大家都是学文学的呀，起个书名不是小菜一碟？可就是鸡一嘴鸭一嘴地形不成共识。于是我们仗着跟周老师的熟悉和亲近关系，把难题当作皮球"恭恭敬敬"地踢给了周老师，结果周老师用心地琢磨了又琢磨，最终给出了书名《文学七七级的北大岁月》。

书名在班级的公共邮箱公布后，大家都说好。

说起来也怪，这书名乍一看，真是平淡到再不能平淡了，可是它真是经得起品味呀，作者的身份有了，书的内容主旨也有了，"七七级"一词，更是把时代特征也凸显了。

于是张鸣到吴小如先生家，请吴先生题写书名，吴先生欣然提笔。

后来我们曾私下议论，要依吴先生的脾性，如果书名不好，他是断然不会写的。

班书出版后，王林从南边的亦庄开车出发，到西北边的农大南路载上我们俩，从蓝旗营到回龙观到昌平的"海德堡"到后山的颐和家园……从早上 9 点到晚上 11 点，绕着北京跑了一大圈，兴致勃勃地给各位老师送书。

到周老师家时，周老师和夫人钟老师早已备茶等着我们呢，他高兴地翻着书，为我们的收藏本签名。看着一个个熟悉的名字，周老师如数家珍般又说起了当年的故事，问问这个问问那个，还特别打听了远在海外的李彤、查建英、王小平、李志红、王景琳、赵小鸣等同学的情况，为几位多年来一直没有联系上的同学遗憾。

说着说着就到了中午时分，我们提出在附近找个餐馆，请两位老师吃个午饭，周老师居然告诉我们，他早已预订餐馆座位了，他和钟老师要请我们吃饭，而且由他付餐费。

这事儿把我们弄得怪不好意思的，我们都工作几十年了，哪能让老师掏钱呀。结果饭后发生了一番预期中的争执。毕竟王林更年轻，周老师争不过，最后还是让王林买单了。

但他还是嘟囔了一句："那下次一定得让我付啊！"

2018年5月3日，我们的班级聚会在北大勺园餐厅如期举行，十余位白发苍苍的老师和几十位也已经白发苍苍的老学生济济一堂，笑语盈盈，共话当年在校时。

环顾四周，总有一丝丝的遗憾挥之不去。周老师原本是应该在我们中间的呀……

如果他在，一定还会像当年一样对每位同学的名字脱口而出，一定还会关切地询问每位同学的工作和生活，一定还会重提某次曾对司机说过"陈建功是我的学生"，或者重提某次在长途大巴上对老伴说过"《刮痧》的编剧王小平是我的学生"。

也许，他还会跟王林约定："下次吃饭我来付钱哈！"

远在南京的黄蓓佳也来了，周老师还会记得他和她关于《项脊轩志》的对话吧？

岑献青说她敢肯定，周老师一定又要说讲台上那只"绿色的军用水壶"了。这么多年来，每次见到周老师，他都会提起这个事儿。

其实她当年并没有一只绿色的军用水壶，每次为周老师准备的，都是能保温的暖水瓶。

但是，几十年来，我们也一直没有跟周老师说穿过，当然是因为不忍心提醒他记忆有误，更重要的是，周老师曾经多次表示过："这个绿色的军用小水壶，成了文学七七级的同学和我之间深挚情谊的象征，永远地留在我的心里。"

2018年12月于博雅西园

记周先慎老师

张　谦

周先慎老师从大三上学期开始给我们上"古代文学史"课，讲的是宋朝这段。大三上学期，一开学就冷了，所以印象中老师穿的是有青布罩衫的自制棉袄，朴素而暖和，有低调的家人关爱感。

老师还没进教室，我和同学们可就听说了，这位老师写过中学语文课本中那篇有名的《简笔与繁笔》，这个消息给将要出场的人蓦然增加了明星效应，大家都等着看，能把《水浒传》"林教头风雪山神庙"中"那雪正下得紧"一句分析得头头是道的作者，究竟长什么样。

周老师长得很宋朝。瘦削，脸颊、眉峰、嘴角的线条都是直的，就像苏州沧浪亭的窗格。沧浪亭主人是文人苏舜钦，他从集贤院校理任上被贬，从汴京来到吴中。见孙氏弃地入眼，以四万钱买入。集贤院校理大约相当于我们今天的社科院研究员吧，十足的文官，还遭了贬谪。一个遭贬谪的官员有钱买地建园林——周老师向我们传达了一个要紧的信息：宋朝是文人待遇最好的一个朝代，做官，致富，不在话下。这个信息让人如此印象深刻，一帮中文系同学瞬间集体悔不投胎在宋朝，肠子青作一片。想想看，一个那样的时代，有品位的人有钱造园，却删繁就简，去掉唐代圆润的膏腴之肥，趋向竹石之瘦，无论是建筑、家具还是各种装饰，里面的圆弧线多半变成了少见的平直表达。这是怎样的腔调和范儿。

周老师无疑也是有范儿有腔调的。按同学杨文利的说法，"周老师雅人深致像宋词"，我觉得很贴切。更进一步形容，说周老师像苏诗和苏词，也有精到之处。苏东坡是四川眉州人，而周老师家乡在四川成都崇州市，两人是不折不扣的同乡，也许穿越千年，精神上确认过眼神。周老师的课，印象最深的也是他讲的东坡诗词，"十年生死两茫茫"，讲出了苏子悼亡妻的情真意切、生死不渝。"竹杖芒鞋轻胜马，谁怕？一蓑烟雨任平生"，讲出了诗人贬官黄州之后笑傲风雨、独步人生的旷达境界。尤其念出"谁怕"二字时语气的果决和神情的不羁，历历在目。"簌簌衣巾落枣花，村南村北响缫车。牛衣古柳卖黄瓜"，优美如画而又意趣盎然的乡间生活，说明作者根在民间，有开阔豁达的创作视野。周老师讲这些作品，都贴着苏子的精神脉络飞针走线，让人没有疏离感。老师女儿叫周阅，也就读于北大中文系，是高我们一级的学姐，曾经一起上过大课，在校时仅是见面能对上号而已，反而是毕业以后有了交往，她写博士论文时问我要过漓江版川端康成作品集做参考书。周阅后来自学日语，突飞猛进，成为声名卓著的文化学者。

学期结束的考试是各人写一篇论文。老师布置作业时让大家好好写，写得最好的，他可以负责推荐给相关学术期刊。我写的就是苏轼的诗，记得当时拿《惠崇春江晚景二首》里的"春江水暖鸭先知"一首好好分析了一遍，结论之一是东坡居士认真吃货一枚，还征引了他在黄州写的《寒食诗》作证："空庖煮寒菜，破灶烧湿苇"——看来也只有生不起火，制不了美馔这样的逆境，才能让乐天派美食家老苏纠结、崩溃了。老师当着全班同学的面宣布，我这篇得了最高分，但不适合发表。我为此得意了很长时间：发不发表有什么关系，写字著文，不就图个个性化自在表达吗。多年以后我才知道，那次论文作业被老师拿去推荐并得以发表的同学也还是有的，比如凌岚，而我那所谓的最高分，顶多也就算个安慰奖。可见周老师教书育人很有办法，能让每个付出努力的同学，都觉得自己很重要。

毕业以后各奔东西，我南来桂林，在漓江出版社做一名文学编辑。

满以为周先慎老师也会和我在北大曾经受教的诸多名师一样，远了就远了——我这样的小编组不了大稿，一时只有回忆和仰望，完全没想到会有后面的缘分。正是后来与周老师的交往，延伸并拓展了师生之间相互认知了解的空间，让我真正认识了"这一位"周老师。

1995 年前后，我在刘硕良老师主持策划下编过《获诺贝尔文学奖作家丛书》里的一本《奥林匹斯的春天》，该书是 1919 年获奖的瑞士作家卡尔·施皮特勒创作的长诗，译者施岷应该算是当年同批译者中最年轻的一位，正留学德国，后来并定居在那里。我们保持了多年的友谊。2005 年左右，我通过施岷认识了她在武汉大学读本科时的老师王德震教授，和王老师成了在博客上互相串门点赞的"博友"。王老师听说我毕业于北大中文系，便自报家门，说与系里的周先慎老师是同学。因此接上了关系。

周老师学生多了去了，怎样证明自己是他的学生呢？多年以后我的虚荣心还没死绝，就又跟王德震老师叙说了一番当年论文怎样被周老师判了全班最高分，并获评"但不适合发表"的事。王老师果然拿这事去和她的同学质证，然后就传来了说法：周老师并不记得这件事本身，但他会给自己教过的每一班同学都留一个"学习努力"学生花名册，而我的名字确定在册。我松了一口气，像是终于找到了组织。

大约在 2008 年的深秋，周老师和钟师母一起来桂林旅游，我当时已经换到桂林市文联《南方文学》杂志社工作，对市里比以前熟很多，陪着老师夫妇四处转了转。那是毕业以后我和老师的初次见面。离开了特定的课堂环境，师生之间轻松随意很多。我为人素来矜持，这种轻松感首先是周老师带来的，他一点不端老师架子，见面以后认可面前学生这些年来"行得正，走得直"，没有邪气、戾气，就当自家晚辈接纳。于是我受邀和老师夫妇一起去商场为老师挑选一件休闲夹克式样的外套，比试过程中，老师很注意听取我的建议，说要是周阅这次也一起来，和我的审美标准会比较接近。陪老师买衣服，让我觉得比帮老师编一本大作还要印象深，因为这个视角，不是每个学生都会有。

不久以后我就真的有了为老师编一本书的机会。2012年我从市文联重新回到漓江出版社。和周老师经常通电话，老师谈到他的一个难处，正好与我当时工作上的需求不谋而合。事情是这样的，20世纪90年代，新华出版社出过一套作者和品种阵容、质量都很高的《神州文化集成丛书》，说话当口距离那时已经十几二十年，作者与出版社之间早过了合同约期，作者有权利与任何一家出版社洽谈图书再版事宜。同时周老师并没有对我隐瞒，北大哲学系当时也有机构试图重新运作这套书，但推进太慢，效率不高，甚至都还没有开始联系作者。我刚回到社里，正需要充实自己的选题盘子，想到这批作者要么是名校教师或校友，要么是省级社科院以上的专家、研究员，况且正如老师所说，这批书完稿的年代，学术圈风气还比较正，比较认真，书稿有作者学术盛年的标签意义。于是以周老师这本《中国四大古典悲剧》打头阵，漓江做了一套《中华文化研究小丛书》，丛书说小，前后也延伸出了20多个品种，其中有重印的，有销售到美国华人书店的，周老师的作品和另外几个品种还成功转授给了国内另一家出版社。

时间一晃到了2017年年底，我到北京出差，听说周老师住院了，抽了半天时间去看他。从学清路的住处骑小黄车又倒运通公交车去到北大校医院，周围转了一圈，竟然没有找到卖鲜花、礼品的任何一家店，只好空着手上楼去。

老师老了许多，伛着背，因为几年前安装了心脏起搏器，没能完全解决病灶，导致呼吸困难，供血不足，只能在病房内缓慢活动。他见我来仍然很高兴，说不需要送什么花，有花来都要被护士收走，病房里不能留杂物。那一天的午后，洁净的病房里正好没有其他人，老师深坐在床前的一把折叠椅里，和我说了许多话。

他分明期待下一场手术，据说目标主刀医生是位很厉害的"海归"，也是京城心外科数一数二的人物，手术成功把握很大。他希望通过这场手术恢复生活质量，可以继续阅读、写书——他还有好几本书的写作计划放在那里，想起来就跃跃欲试。但同时也表示，像他这样已过80高龄的病人，手术有风险，家人不放心，正在犹豫、商量中。他谈到他的经历，当年北大受运动冲击，很多老师下放"五七干校"，师资力量不足，遂从各高校抽调人员充实队伍，他就是在这样的背景下，从川大来到了北大。到北大以后并不是万事大吉，他后来也轮到和同事们下乡去锻炼，据说去到乡下，最苦最累的活没人干，他自告奋勇去了，好像是到一个被人遗忘的角落养猪还是怎么的，结果其他没被遗忘的人后来都被安排分流到别的学校去了，反而是他，最终得以回到北大。

听说我因为工作需要，有可能会入党，老师说了一段语重心长的话。他说："我把我当年送给儿子的一句话转送给你。周阅还有一个弟弟，早些年入党时征求我的意见，我对他说：赞成你入党；入了党以后，千万不能学坏。"老师这话说得我心里沉甸甸的，我想我该记住一个老知识分子的殷切希望，无论何时何地，身份如何变化，永远要上进、学好，廉洁自律，不放松对自己的要求。也深切体会到这些年来，党内一些人的不良习气和作风所带来的负面影响，损害了它在群众中的形象。老师的话听上去很简单，但够我消化一辈子。

作为北大毕业的一名本科生，我经常自嘲"边角料"，远非"栋梁材"，没机会听名师们秘传私授的小课，却因缘际会，和周先慎老师有了这些交往。周老师在我去医院看他以后四个月与世长辞，我不揣冒昧一一写下这些，是想分享给所有内心有需要的人。无论如何，在这个容易淡漠和忘却的时代，我还是经常会想起自己曾经受教于周先慎老师。

2019年1月5日星期六午夜于桂林

怀念周先慎先生

朱则杰

　　现今十分流行的微信，我还不太会使用。这个月的 18 日，因为本科母校北京大学 120 周年校庆在即，有些相关事项需要通报，所以同学把我带进了班级的微信群"32 楼原住民"。没成想 21 日，就在群里看到了老师周先慎先生于 20 日深夜仙逝的消息；上距网络可查的 1935 年 12 月诞生，依照传统的算法享年 84 岁。

　　先生当年教我们明清段的文学史，尤其擅长讲小说，深受同学喜爱。10 年前我们编辑"班书"《文学七七级的北大岁月》①，书名就是先生给起的②；并且先生还带病为我们写了一篇纪念文章（第 392—395 页），标题就作《难忘最是师生情》。这次惊悉讣告，大家纷纷表达心中的哀思，手机都被"刷屏"了。

　　我个人记忆最深刻的，是先生帮我推荐文章。某次在图书馆的借书台前办理借书手续，刚巧先生也在借书。先生对我说，《文学遗产》杂志请他担任编委，帮助组稿；我如果有合适的稿子，可以交给他，他帮我推荐。1980 年的 12 月，时当本科三年级下学期的期末考试，我集中写有三篇有关明末清初文学家吴伟业的论文，既征得任课老师的同意，分别交为各门专业选修课的考察作业，又同时争取向外投稿发表。其中一篇《"天上人间"——〈秣陵春〉的思想艺术特色》，内容先请吴小如师

---

　　①　新华出版社 2009 年版。

　　②　参见主编岑献青同学《后记》，第 570 页。

批改，投稿就想到了先生。1981年3月1日，我把稿子呈给先生。同年9月，收到《文学遗产》编辑部的录用通知，同时要求压缩篇幅。最后文章发表在该刊1982年第3期，当时我已经考到苏州大学读硕士研究生。

我在本科阶段所写的文章，基本上都有老师帮我推荐，也因此才得以比较顺利地发表。清人钱泳《履园谭诗·总论》曾经说到："诗人之出，总要名公卿提倡，不提倡则不出也。"这话稍稍改几个字，放在我的身上非常合适。而在这些杂志当中，《文学遗产》在古典文学研究领域最为专门，规格也最高，发表自然更加不容易。先生的推荐之力，由此可以想见。

本科四年级，内人徐业业作为中学语文教师，也从老家过来旁听本系的课程。在此期间，先生和师母钟老师曾经招待我们在家里吃过一次晚饭。但这次翻检过去的记事本，具体的日期却找不到了。不知是否因为与推荐文章相比，吃饭反而相对次要，所以当初没有详细记录下来。

本科毕业之后，我出差北京、重返母校的机会还是有的，只不过每次都来去匆匆。关于先生，我打听过，先是搬到西苑附近，后来更是搬到很远的郊区去了。因此，除了1995年5月29日晚上在杭州"文艺大厦"看望过一次来杭开会的先生以外，我在北京竟然一次也未能拜见先生。当然，这样的老师，也不止先生一位。先生那时在《难忘最是师生情》的末尾说："同学们毕业已经近三十年了，除了少数几位，大部分同学和我都没有了联系。"我差不多就属于"大部分"中的一个。反过来从同学的角度看老师，情况大抵也是如此。

但是，正如先生接下去所说："但我还是常常记挂着他们，关注着他们。"特别是每当看到《文学遗产》这份杂志，我就会立刻想到先生。结合自己大学前后当老师的经历，假如能有那么一两件好事被学生记着，就如同先生所说，是"幸福"的。而先生这件好事，我肯定记忆终生。

2018年4月24日写于杭州玉泉

怀念恩师周先慎先生

白雪华

　　恩师周先慎先生已离开大半年了，我时时念起，老师的音容笑貌宛在眼前。

　　先生于我有知遇之恩。对先生而言，是老师对于每个学生深深的挚爱，对我而言，则是漂泊人生路上的指路明灯。犹记得 1994 年，我离开草原边陲来到北京考研；有幸在燕北园先生家中见到了传说中的先生和师母，初次相见，心底忐忑、畏手畏脚至语无伦次的境地，是先生那温暖、真挚的话语安抚了我的慌乱，是师母爽朗的笑语"男学生有力气，可以拿得动煤气罐"让我找到了家的感觉。随后的日子，按照先生的指点，我在燕园跟着在校同学一起旁听，在图书馆复习考研。因为基础差，第一年考研以失败告终。就在我心灰意冷心存放弃的时候，先生将我叫到家中，师母给我做了拌面，本来以为会迎来一番恨铁不成钢的苛责，可是先生用和缓的语气肯定了我一年来的进步，并认真指出了我学业疏漏之处，鼓励我不要放弃。对于一个漂泊在北京的年轻人，那种有人惦记的感觉真的如雪中送炭，在我愧对先生的同时，更加坚定了投入先生门下的心愿。终于在 1996 年，我荣幸地成为了周门弟子，开始了我的燕园生涯。

　　作为周门弟子，我印象较深的是先生的"严"。这严，主要体现在三个方面：

　　一是先生为人之严谨。这可以从很多细节体现出来。比如着装，从见到先生起，一副黑框眼镜，一双深邃却充满智慧的眼睛，内着衬衫，外穿西服或夹克，一丝不苟干净利落。再如上课，先生始终是在课前十分钟到达，擦净黑板笑眯眯等待着学生的到来，一堂课节奏把控自如，到下课时间一气呵成从不拖堂，是中文系最受学生推崇的老师之一。

二是先生治学之严。先生在注重义理考据和辞章的同时，更加注重以身代入，以敏锐的感性和冷静的思考，将古代文学中蕴含的美感呈现出来，就如一位雕塑大师，将文学之美一层层剥落呈现给世人。先生在《我的古典小说研究》中，将他的小说鉴赏特点归纳为"细""深""广"，"细"主要指对小说要细读，"深"则指深思，"广"则是指研究视野要开阔，要"精细警辟、阐幽发微，使听者得到极大的思想启示和艺术享受"。先生一生著述颇丰，其中独爱苏轼和《聊斋》，通过细致入微的分析，为我们呈现出谪仙文采风流后的真挚情感，蒲松龄身处贫寒安之若素的淡泊情怀，今天读来仍时时受益。

三是先生御下之严。其实先生一直将我们这些学生当作自己的孩子，爱之严责之切。记得入学之后，先生找我长谈，大致意思是从今天起，你正式成为我的学生，那么我就要为你负责，严格要求云云。之后根据我的研究方向开列了长长的读书目录，要求定期提交一篇读书报告。今天想来，正是当时先生的当头棒喝，使得我成为北大硕士就可马放南山的愿景烟消云散，使得我在攻读硕士期间始终没有放松自己，有始有终，这正是得益于先生的时时督促。

作为先生门下，我感受最深的则是师门的"爱"。这种关爱，一直持续到今天，在历经社会磨炼后尤显得弥足珍贵。在学校期间，先生定期都会将学生们召集在家中，交谈学习心得，答疑解惑，师母则是忙前忙后准备大餐，其乐融融。在潜移默化中，定时相聚也成为了周门的一个传统，互相友爱互相扶持。我在硕士毕业后进入国家图书馆工作，后来又到了部委机关，刚开始工作的时候，有种种的不适和困惑，当时都会和先生倾诉，先生都以他的立场给予了指点和帮助。工作几年后，我在冗杂的事务和现实的残酷中希冀寻找精神的家园，又拾起了遗忘许久的文学研究，又是先生鼎力支持，可惜因北大不招在职博士而没有机会重新拜入先生门下，辗转于中国社会科学院文学所和首都师范大学，先后完成了博士学业和博士后工作站。但是之所以能够顺利考入社科院和入站首都师范大学，也都得益于周先生的德高望重，当面试时我说出出身周门后，几位老师肯定和欣喜的表情历历在目，让我也从侧面了解了先生在学术圈的威望和影响。再之后，先生和师母陆续退休搬到了回龙观，我也有了孩子，业余时间基本被占用，工作繁忙经常在外出差，师门聚会参加得越来越少了。总是想着要抽出时间带着孩子看看先生和师母，却总是一推再推。直到噩耗传来，我坐在沙发上痛哭流涕，才发觉心底里一段最珍贵的感情宛如被刀割，才发觉忙碌了半生却忽视了自己最值得珍视的人和事。

师母嘱托约文纪念先生已有时日，一直没有下笔，唯恐辜负了这段师生情。今天的一篇短文，只想作为一种怀念、一种寄托。希望先生泉下有知，能够原谅学生没有继承您的学术衣钵，没有时时奔走门下以报师恩。

在暮色苍茫里告别北大

成 敏

我的导师周先生讳先慎，仙去已一载。每当回想起老师来，往事纷沓而至，泪光中，仿佛先生并没有离去，他那样热爱这个世界，热爱读书，热爱文字，那样用心一丝不苟去做每一件事，精心打磨他笔下的每一个字，那样不舍得这个世间的一草一木，这样的人，怎么会远去。是的，老师并没有远去，读他的文章，看他的书，看扉页上他亲手写下的赠言，感觉我的老师依然还在，还与我们同在。

还记得入学后的九月，老师和师母要回一趟四川，在五院，听老师临行前细细叮嘱，悉心交待要我读的书和注意的问题，今年再去五院，藤萝仍然苍劲，可是我的老师他走了。我默默在五院门前，泪水中用手机拍下了虚掩着的红色的双扉。我仍然清晰地记得，毕业时，穿着博士服，和老师在五院门前照了好几张照片，老师一点也不嫌麻烦，一直笑眯眯陪着我们拍照。

太多记忆：老师住院期间在修改我的博士毕业论文，密密麻麻的小字仍然秀雅，一丝不苟；性格粗疏如我，常常脱口而出一些疏狂的话，老师不介意，也会含笑提点我不要这样随意臧否人物；毕业后，孩子小的时候，老师和师母以及师门诸贤皆来看小宝，满屋子的欢声笑语，让那间小小的屋子充满了永久的美好记忆……太多太多美好的记忆。师恩难忘！而因为老师，拥有了一个温暖的师门，作为最小的弟子，时时获得师兄师姐们的关照和提携，得以以另外一种形式感受师恩，感铭在心，刻刻难忘。

2018年11月，去济南开聊斋研究会，群贤毕至，少长咸集，在会场上，我再一次意识到我痛失导师，他是那样喜欢《聊斋志异》，生前最后一本书也是关于聊斋的，他如果在，一定会来。而我们，唯有不断努力，将老师付诸我们的心血和时光，以他所欣赏的方式呈现出来，以慰老师。泪水盈睫，难以尽言。以一篇小文，纪念我的老师！

本以为，经过了告别的千锤百炼，此生不再会为了告别而心痛。然而，那天傍晚，经过北大东门，看着紫色暮霭里的塔影，心底掠过的，却不单单是痛楚。那一刻，我明白，经历过的一切都会在心底烙下如此深刻的印记。那么，有泪就流吧，有痛就受吧。所有爱过的，所有不能忘却的，所有怦然心动的，都让它们一起纷至沓来吧，我就站在苍茫暮色里，等着它们，用我历劫之后还未沧桑的心，来感受它们，用我菲薄的华年，来印证它们。

4年前我来的时候，东门附近还是民居，非常热闹。傍晚，来这里吃正宗的油泼面，听卖水果的小伙子拉着长腔叫卖香水梨。从小东门慢慢走回学校之前，必定会在湖边留连一会儿。傍晚的未名湖是如此生动多变，天边的云彩在湖面上变幻着色彩和形状，总会让你觉得远处有一片海潮在慢慢起伏波动，汹涌着向湖边漫来。有时候，云和湖的聚会会是一幅泼墨山水，有时候，会是俄罗斯的油画，轻灵和凝重常在一瞬间交替，让你分不清哪种风格才是未名的真相，就像今天，我站在暮色里，分不清心中的悲喜。爱过了，才能知道任何一种过往都会是心中无价的至宝，任何一幅风景都将与你的生命难舍难分。湖光和塔影像是永远不老的传奇，在一茬茬学生中不息地流传着。谁都知道，未名湖不过一汪水，可是，在你远离的日子里，谁又能不时时想到这汪水呢？这里曾经有着你深刻的爱恋，有着难言的愁怅，也有着大悲痛和大欢喜，哪一个走出去的人会忘记自己青春的时候，曾经在这里临水照过影呢？那满天的星光和澄清的湖水为心作证，我们曾经在这里，留下了我们心里最为美好的心事。

在我还没有入学的时候，多少次坐 365 路公交车从航天城赶来报名、准备考试，那是很长的一段车程，站在冷冷的风里，等最早一班车从荒凉的晨风里缓缓爬来。等车到北大东门的时候，看到那一段长长的围墙在初绽的阳光里变成淡淡的橙色，看到晨曦里的理科楼变得活泼起来，心里感到莫名的温暖。五院门外的草坪上，许多人在乍暖还寒的风中放飞纸鸢，几把木吉他里，流出清淙的乐音。这些，都是如此平淡无奇，可是又如此令人回想。

燕园是安静的。入学的第一个冬天，夜里 11 点的时候，备考"GRE"的一伙人，从四教一楼的窗子里跳出来，准备各奔东西。清冷的月光倏然转过屋檐，如水一般洒在我们身上，一瞬间觉得天地茫茫，无边的月色和无边的悲凉刹那间击中每颗疲惫的心。沉默良久，终于有人长叹说："将来无论我们身处何地，身居何位，请互相打电话报一个平安，如果忘记了彼此的名字，就提醒说'我是四教那晚的月光'。"那时候，心里满满的，说不出什么感觉，只觉得有泪在心底流过。三教、四教的灯光会老的，我们的容颜会老，永远不老的，是那时候的月光和心情。

清晨穿越校园，一一辨认着悬挂在大树小树上的蓝色牌子，那些名字，看了四年也不厌倦。在冬天的时候，揣想着"红瑞木"将会长出什么样的叶子，"圆叶鼠李"究竟开不开花，那"鸡树条荚蒾"到底是一种什么样的植物……看着这些光秃秃的枝条，念着它们美丽的名字，度过了一个又一个寒风凛冽的冬晨。那是些多么寂寞又美丽的早晨呀。每一位清晨穿行在校园里的人都带着崭新的笑容和新鲜的心情，认识不认识的，彼此招招手，也算是结一份世间的缘。倘是好久不见熟悉的老人在湖边散步，会有些担心，有些悲凉，倘过了一个秋冬，他居然又安然无恙地出现了，又和你远远地招招手、微笑，那时候，虽然不说话，心中的惊喜会让你觉得天真蓝，也真仁慈，让你满怀感激。

从初春到初夏，每天的日子都是看着繁花来过的，日子真是缤纷得可爱。迎春、连翘开的时候，那种颜色，大概应该叫铭黄，是一种没有经过稀释的黄色，浓浓的，把春意渲染到骨髓里。此后，丁香便三三两两地开了，紫的，白的，浅粉的，一株株仿佛转眼间就从含苞到怒放，每个角落里都盛满了叫人心醉的香味。那是一个微雨的清晨，在哲学楼后的长廊里做运动，不经意间抬头，目光与两株华妆的丁香猝然相遇，那种感觉，岂是一个"惊艳"了得。桃花、榆叶梅们开过之后，黄刺玫们便陆续开了，此后，玫瑰、蔷薇们也开了，都有一份不事张扬的美丽。就连图书馆东门前台阶下草丛里的牡丹盛开的时候，也是悄悄的，静静的，然后又在风中散落一地壮观的硕大花瓣。这些花，叫人体会到安静中的生机勃勃、繁华之中的天真朴素。晚间从图书馆出来，在悠悠的花香中走回宿舍，衣袂间的墨香花香叫人明白为何会如此留恋热爱这个园子。无边星斗狂放歌的岁月里，我们曾经来过这里，种下了我们的青春，叫它长成一株沉默而美丽的树。

写作毕业论文的漫长过程，基本天天都猫在图书馆古籍室里，下午灯光亮起来的时候，玻璃长窗上，也映出一排排的书架和华灯，仿佛另有一个世界，在玻璃里无限伸展。论文每一章写完了，拿给导师看时，心里都惴惴的，看着那些返回来的意见，端端正正细细致致，心里感动又惭愧。抬头看长窗上，灯影里，书架一排排无尽伸展下去，知道老师曾无数次在这里查阅资料，又以他在岁月和书海中锻炼而就的识见，点拨我走出迷津。问学无涯，可是所乘的那一叶小舟，当真得需慧心指点，方可穿越风涛迷雾，在世界的幻影和世界中间，寻得到一线真知真相。答辩前的一段时间，老师住院了，在病榻上还在改我的论文，许多次，在从安贞医院返回北大的 300 路公交车上，看着论文草稿上的批注，看着车内嘈杂的众生，我明白，薪火无言，但因其光、因其暖，终会度越众生的嘈杂，照亮征途。而这光和暖，将深深留存在心底，成为人生明亮的底色。

论文答辩后的那夜，与心爱的友人一起登临湖心岛，那株朴树的旁边，一株株紫色的玫瑰在夜色里聆听好风长吟。我们沉默着，等待那颗遥远的彗星从西天掠过。那是大地山河微有影，无边风露寂无声的时刻。在无限静好的岁月里，我们来到这里，看到了一切，留下了一切。那些无言的草木会记得风露立清宵的寂寞和欢喜，即使岁月流逝，那仍然会是传奇里永远不老的旋律。

是的，每个曾经来过这里、好好生活过的人，都会记得北大给予的无限可能。也会怀着深深的谢意和敬意，将血肉之躯作鱼肉，将岁月风涛作刀俎，将磨砺出的那颗美好质朴的心，奉献给这美好的岁月和美好的人生。

山高水长，师恩永难忘

段江丽

题记：岁月无情人有情。我的博士导师、敬爱的周先慎先生离开我们转眼就满一年了。最近一段时间，我和周阅师妹互为一校、二校，细细拜读各界人士为老师周年祭《纪念文集》惠赐的所有来稿，我每每为这些至情至性的文字感动不已，老师的个性品德、音容笑貌也时时以不同的角度、从不同身份的作者笔下浮现出来，而印象最为深刻的，还是大家对老师学术成就的高度肯定和称扬！曹丕《典论·论文》说，"年寿有时而尽，荣乐止乎其身，二者必至之常期，未若文章之无穷"，信焉！在这里，不肖弟子谨以三段写于不同时间、不同心境的相关文字，表达对恩师永恒的感激与怀念！

一、师缘·师恩

能走进北大五院、忝列周先慎先生门墙，在我，是一种幸运、一种偶然，可是，冥冥之中又似乎是一种必然的缘分。

我16岁高中毕业，出人意料，未能考上大学，而是进了卫校。18岁中专毕业从事护士工作，20岁为人妻，23岁为人母，我的生活有如江南四月的晴日，风轻云淡，清朗明净。只是在午夜，常常会从关于大学的梦中惊醒。

其实，我早已生活在岳麓山下一所美丽的大学校园里。夫君从湖南师大外语系毕业之后留校，我在婚后第二年即调入校医院工作。因了近水楼台之便，通过成人高考成为改革开放后首批夜大班学员，以各科平均近 95 分的成绩取得了中文专业大专文凭。27 岁那年，在夫君和众多师友的鼓励下，以专业总分第一的成绩顺利考取湖南师大中文系古代文学专业硕士研究生，师从黄钧先生，毕业后留校任教。

虽然有心在学业上更上层楼，可是，北大于我，仍是遥不可及的梦；而周先慎先生，则是我一直崇拜、景仰的教授。

1994 年，夫君考上北大英语系博士。遥远的北大忽然成了我生活的一部分。39 楼，三角地，德才均备斋，未名湖边的垂柳和夕阳，民主楼前的华表和银杏树，一切的一切，陌生而又熟悉，似乎与我有前世今生之约。

当时，北大博士生可以向学校申请探亲住房。大约在 1996 年初秋，夫君与我商定，待到明年花开时，我去探亲。夫君趁机鼓励说，北大实在太迷人，不如努力一把，我们再做校友。于是，我给景仰已久的周先慎先生写信，表达报考的愿望。

信发出后，我走在路上，会数脚下的台阶、路边的树；走进教室，会数男生多少、女生多少。心里想着，是双数就会收到周先生的回信，则报考；是单数就不会收到回信，则放弃。在双数与单数的煎熬中，我很快收到了周先生"欢迎报考"的回信。

于是，我全力以赴。

1997 年春，我终于走进梦都不曾梦到的北大，探亲兼考博，在博士生的探亲房——25 楼 119 室，住了将近一个月。来时万木萧疏，去时已是绿树成荫，尤其是西历四月初的几天，窗外的树叶简直像变戏法似的，时新日异。头天傍晚还是夕阳下一抹娇嫩的鹅黄，第二天早起，晨光下闪烁的已是一片淡雅的浅绿，不经意间再一抬头，呈现在眼前的，已经是浓得化不开的墨绿。我平生第一次见识了北国之春的神奇美妙。

这次的北大之行，最美丽的风景，是 25 楼东北侧小山坡上成片成片的二月兰。最富寓意的故事，是在五院门口留影时，夫君一把将我推进门里，戏说不要在门外徘徊，要走进去。最忐忑不安的消息，是了解到报考周先生门下的考生众多，竞争激烈。一位好心的朋友不无遗憾地说，早知如此，应该同时报考其他学校，多一份机会。我说一切随缘好了。

经过几个月漫长的等待，终于，在一个蝉声鼎沸的秋日，我真的走进了北大五院，成了老师两位博士开门弟子之一。至今回首，仍然有如梦幻。

事后得知，如果我的信晚到两三天，老师就携师母去瑞典讲学了，要好几个月才回北京。

如今，有认识或不认识的学生咨询报考之类的事情，我总会条件反射地尽快回信。

入校不久的一个下午，导师约我和同届同门王冉冉同学一起，在五院一楼的古代文学教研室，做入学训导。我密密麻麻地记了好几大页的笔记，可惜几次搬家，那个笔记本已经难觅踪影。不过，老师的谆谆告诫，已经融入血液，成为我从事学术活动的信条与准则，诸如"踏实""严谨""兼容并包""读书—思考—写作三环紧扣""对别人的观点可以不同意但是要尊重""将研究对象置于坐标系中前后左右关联比较"，等等，等等。

除了为学，还有为人。老师说，要行君子的忠道和恕道，与人为善、推己及人；老师还说，任何时候都要能够保持平和的心境，得意时要想到自己的不足，不骄傲，失意时要想到自己的长处，不气馁。

那是第一次近距离见到仰慕已久的先生。夕阳透过窗户，映照着先生慈祥的脸与睿智的目光。我心中满是关于"气象"和"境界"的联想和感动。

以后，这种联想和感动时时发生。

因为夫君去美国做博士后，博士一年级，我带着 11 岁的儿子在身边，只好在校外找房子住。因缘巧合，我得到袁又申老师的热心帮助，读博三年，一直住在她位于承泽园平房 47 号的家里。

当时，老师住在燕北园，以自行车代步。老师经常约我在承泽园门口见面，有时交给我参考资料，有时交给我批改过的作业，有时交给我师母特意给我儿子买的巧克力……赶毕业论文时，甚至是约定一周两次，老师把批改过的章节给我，再拿走我新写的章节。

寒来暑往，承泽园平房前简陋逼仄的小路上，老师不同季节不同颜色却同样矫健优雅的、骑在自行车上的背影，砌成了我关于北大的记忆之塔。在我，它远比博雅塔来得更加真实、更加亲切、更加有意义。

如今，老师心脏安装了起搏器，早已告别了自行车。老师骑车的背影，却时时在我眼前浮现。

如今，我依然完整地保存着老师批改过的博士论文初稿本。那些用铅笔写的、密密麻麻的批语，包括提示性的疑问号，至今仍是我学术上的箴规和鞭策。尤其是每年四五月份"论文季"到来时，我都会习惯性地翻阅这已经有点发黄的"批改本"，它会让我的心远离周遭的喧嚣与浮躁，沉静下来，认真地对待每一篇学生的论文。

如今，老师越来越慈祥了，我却被老师的慈祥惯得越来越疏懒和任性。虽然住在同一个城市，且距离并不算远，我却总是礼节不周。四时八节，有时以电话或者邮件致意，有时粗心大意、连电话或邮件都忘了，只有少数时候登门拜节。相反，当遇到烦恼和困难时，则总是毫无顾忌地向老师和师母倾诉、求助。每当我嗫嚅着想道歉和道谢时，老师和师母总是体贴地说没关系我们理解。我所感受到的，分明是父母对女儿的口吻和眼神。能在老师和师母面前疏懒和任性，是一种幸福。但愿这种幸福能够长长久久。

在博士论文出版时，我曾在《后记》中写道：

在我为遽然失去母亲而极度悲伤时，导师和师母特意带我去爬香山。导师心脏不好，在半山腰等着，师母则挽着我的手爬上山顶，一路上用各种方法和语言开导我、安慰我。当我们在苍茫暮色之中回返时，我仿佛觉得自己是与慈爱的父母一起走在故乡的路上。那一天，是 2000 年 5 月 20 日，星期六，天晴，有微风。从此，我对师"父"师"母"的含义有了更真切、更深刻的体会。导师、师母之恩，山高水长，我无以为报，惟有终身铭记。

如今，乃至永远，这仍是我最真切的一段心曲。

2010 年 6 月 17 日，为《北京大学中文系 100 周年系庆纪念集》而作，略有修改

二、惊闻噩耗之际

近年来老师饱受心脏病折磨，多次因心衰住院，并一直为是否手术治疗而纠结。考虑到手术的风险，师母主张保守治疗，老师自己却倾向手术治疗。老师说，不做手术的话，心衰难受不打紧，更痛苦的是不能看书写作，感觉生活没有了质量，"生不如死"。

后来，听说有了新的微创介入手术方法，不需要开胸及做体外血液循环，风险小了很多。于是，2018 年 4 月 9 日，老师谈笑风生地与师母和周阅师妹夫妇话别，带着满满的信心和希望，走进了手术室。晚上 8 点多，接到周阅的信息，我才知道老师当天在安贞医院做了心脏瓣膜修复手术，手术很顺利，术后转入 ICU，要等清醒过来、转入普通病房才能探视。晚上 9 点多，再次接到周阅信息，说接到医院通知，老师心功能不好，让家属回医院。我们赶到医院，在心外科五楼重症监护室外等消息，到凌晨一点多，医生说病情稳定了，家属可以离开。当晚，我陪

师母住在医院附近的旅馆，随时等候消息。第二天，老师的公子周闰一家从加拿大赶了回来。之后，老师一直在重症监护室，原则上不能探视。

第三天开始，在医生的特许和陪同之下，亲属偶尔可以进去探视。13日下午，在医院等待了将近3个小时之后，我和师母、周阅周闰姐弟分两拨进到重症监护室看望老师。老师静静地躺在病床上，身上插满了各种管子。我和师母与老师说话时，老师眼睛不停地眨动，双眼噙满泪水，并两次喉结滑动、大动作张嘴，分明是要说话的样子。我们待了十来分钟，换周阅姐弟进去，周闰还特意带了手机，放他孩子的录音给老师听。师母和周阅姐弟都说老师的反应比前一天好很多，所以，那一天，我们四个人可以说是兴高采烈离开医院的，还一起回到北语清宴楼三层，愉快地吃了晚饭。也许是因为心情好的缘故，我们一致认为，那天的饭菜格外可口。

可是，从14日开始，老师的情况却越来越不乐观了。师母他们还是每天去医院，有时能探视，有时未能探视，甚至还会被护士从监护室的等候区赶出来。我则因为各种琐事，更重要的是，因为探视受限制，所以，每天只是电话或者微信向师母和周阅了解信息。18日，CT结果显示有大面积脑梗。19日，做了气管切开手术上呼吸机。20日，北大中文系几位领导和同事去探望，医院只允许其中一位作代表进了监护室。20日下午，我给师母打电话说，即使不能进去探视，我也希望21日能与他们一起去医院，更近距离把学生的牵挂和关心传达给老师。师母说，太多人去医院不方便，老师的外甥女夫妇特意从重庆过来探望，20日晚上到，可能待两三天，等亲戚走了之后再通知我一起去。自老师手术以来，师母的担心和焦虑可想而知，她却反而一直安慰我们："没事的，不要为老师和我担心！"师母坚信老师一定会醒过来、好起来！

21日凌晨0点12分，周闰发来信息，老师走了！

尽管知道老师情况不是太好，但是，噩耗传来的一刻，还是不敢相信！老师，您怎么可能舍得师母、舍得您的孩子们和学生们、舍得这尘世间美好的一切！

3月11日，我到金手杖公寓看望您和师母。那一天，您状态很好，容光焕发、笑声爽朗。原本担心影响您休息，说好坐半个小时，不知不觉间，就聊了快一个小时。我们谈您的病情、您和师母的日常生活、我们夫妇的工作、南方的冬日风景以及春节习俗等等，您还特意看了我家小孙孙的视频，我说"小曾孙给太爷爷请安"，您高兴得像个孩子！您和师母一再留我一起在公寓吃中饭，我则一再解释，为了照顾出租车司机的生意，我答应了原车返回，不好让人家久等。最后，我与您和师母约定"下一次"，还说下次带我的学生、您的徒孙们一起来，您连声说"好啊！好啊！"告辞的时候，师母送我下楼，您送到房门口，满眼满脸的微笑，慈祥地向我挥手、挥手、再挥手！人生有多少遗憾，都缘于不经意的"下一次"之约！如果时光能够倒流，回到3月11日那个如今想来异常珍贵的中午，我无论如何要陪您和师母一起在公寓吃中饭！

这个沉闷的、残酷的暮春之夜，注定无法入眠。窗外一夜豪雨，点点滴滴，尽是伤心泪。周阅刚刚发来信息："不知该如何忍受没有老爸的世界！"我回信息说："我们都要节哀顺变。照顾好师母，并好好工作、好好生活，我相信这是老师最希望看到的。"听闻噩耗至今，四个多小时过去了，震惊悲伤、茫然无措间，我竟鬼使神差地在杂乱的资料堆里找出了老师当年亲笔给我填写的博士生培养计划，以及批阅的各种作业和学位论文。此时此刻，睹物思师恩，情何以堪！敬爱的老师，您英灵未远，请接受学生稽首叩拜：山高水长，师恩永难忘！天堂里没有病痛，敬爱的老师安息！

2018年4月21日凌晨4点22分泪笔

三、永远的怀念

敬爱的老师，转眼一年了，您在那边一切都好吗？

在我的感知中，这一年来，您非但未曾远离，反而更加亲近，各种机缘使我对您有了更多的接触与了解。

自去年今日那个黑暗的日子之后，我和周阅夫妇、周闽一家及同学们一起，陪伴师母走过了最煎熬、最痛苦的一段时光。

我们每次见到师母，怕说起您，又自然而然会说起您。师母人前坚强，人后的悲痛孤寂则唯有天知、您知。师母于去年9月16日怀着万般复杂的心情去加拿大与周闽一家团聚。周闽的细心体贴、芸芸的天真可爱，都给了师母无限的安慰。春节时，师母回复我的拜年短信时说："春节终于过去了，我也又闯过了一关。一关一关的闯过，心情也会慢慢恢复的。冰天雪地里，树已开始冒芽儿，人应该也和它一样有生命力吧。我很好，不要太惦记我。"我知道，自您远行之后，每个月的20日、第一个端午节、第一个父亲节、第一个中秋节、第一个教师节、第一个您的冥诞日、第一个春节、第一个清明节，这种种残忍的节日，对于师母来说，关关难过，可是，师母以坚强的意志和博爱的胸怀，终究是一关一关闯过来了，您肯定会感到很欣慰吧？

一年来，周阅师妹为文集（《周先慎先生纪念文集》及十卷本《周先慎文集》）的事多方联系协调，多难多累都不松懈、不放弃，谓之呕心沥血毫不为过。我知道，周阅是在用燃烧生命的方式，来面对"没有老爸的世界"，还报亲恩，并为学界留下值得留下的珍贵资料！为了尽可能帮助周阅从深悲巨痛中走出来，在您的冥诞日和清明节这种特别的日子，我静静地陪她绕未名湖漫步，向微波荡漾的湖水寄托我们无尽的哀思——我们知道，您早已是融进未名湖里、晶莹剔透、无可替代的一滴水！

近段时间，拜读各界人士为您的纪念文集惠赐的近百篇来稿，时时感觉您好像从那些至情至性的文字中走了出来，与这些文章的作者、与我这个陌生又熟悉的读者，笑谈人生百味及学术真谛。我相信，哪怕是大学时代因为同情"右派"同学而受到"严重警告处分"时的委屈惶恐、早年一家三代蜗居燕南园斗室时的窘迫不便、下放江西鲤鱼洲农场时扛200斤大米包时的辛酸劳累，这人生的种种艰难困苦，如今在身处天国的您看来，肯定也都成了留在尘世的珍贵记忆。而您平淡中见绚烂、平凡中见伟大的人生故事，则注定会永远铭刻在您的亲人、朋友、学生们的心中！

今日谷雨。上午在北京植物园参加北京曹学会举办的"曹雪芹在西山"论坛活动，一阵淅淅沥沥的小雨，正应了"雨生百谷"之古谚。与会者聚在凹晶馆谈红论曹、品茗听雨，无不喜悦自在。到了这静寂的深夜，猛然记起今日是恩师的周年忌日，不禁哀从中来，白日里的连绵细雨似乎也有了别样的意蕴，与老师相关的点点滴滴一一浮现脑海。

忘不了，您此生最后一次过生日的美好情景。2017年12月5日，我和师母、周阅一起，陪您在金手杖公寓附近一家小餐馆为您庆祝生日。我第一次以老家的习俗，奉上红包为您祝寿！师母说，"心意到了就好，红包不能收"，说着要把红包还给我。您从师母手中一把将红包抢过去，得意地说："这是一中、江丽给我的祝福，我为什么不能收！"那神情，活脱脱是个顽皮的孩童！那一天，我们陪您吹蜡烛、唱生日歌、吃长寿面，然后陪您入住早已联系好的中日友好医院。医院给您预留的是两人间的大房子，衣柜、洗漱间等设施齐全。您说还从来没有住过这么高级的病房，心情十分愉悦，对治疗效果格外充满信心。感谢上苍眷顾，一向疏懒、礼节不周的我，竟然有幸与师母和周阅师妹一起，陪您愉快地度过了平生最后一个生日！我知道，这一天让您倍感欣慰的，还有一个特殊因素，这间病房是一位喜欢文学、素昧平生的医生因仰慕您和周阅的学术成就而主动帮您联系的。

忘不了，您住院期间不愿让人探望却又渴望有人探望的复杂心态。应该是 2017 年秋季的某一天，我无意中得知您又在北大校医院住院了，于是前去探望。说"无意"得知，是因为您生病住院从来都不会告诉我们这些弟子，生怕给大家添麻烦。我的夫君宁一中本想一同前往，无奈当天有事不能脱身，就特意做了您喜欢的湖南家常菜——青椒炒肉，托我奉上以表心意。您收到这份特殊的礼物，一再对同病房的病友及家属说："这是我的学生女婿特意为我做的菜！"您欣慰、高兴的神情令我感动又汗颜！寸草难报春晖恩，何况我们所为差寸草远矣！交谈中，您兴奋地提及，有个年轻病友因为喜欢文学成了您的莫逆之交，他如果知道您又住院了，一定会来看您。一句"他一定会来看我"，透露了您在病中渴望有人关心、有人探望的秘密，可是，您却直到最后进手术室做手术都不让我们一众弟子知道消息。为了不给他人添麻烦，您会尽力抑制自己合理的需求，而克己为人，不正是您一贯的处世作风吗？

忘不了，您追求高质量生命状态的坚强意志。周边的亲朋好友都知道，您苦心脏病之患久矣。大家也都知道，是您自己坚持选择了冒险的手术治疗。以果推因，难免会让人遗憾地想，假如当初不做手术……而我知道，在您这里，这种假设没有任何意义。还是 2017 年秋季，我又一次去北大校医院探望，您趁师母去水房打水之机斩钉截铁地跟我说了您的决定。大意是说，您决定选择手术治疗，第一是不想因为经常复发而让师母和家人担惊受怕、奔走劳累；第二是为了让生活有意义、生命有质量，如果老是病着，不能读书写作，"生不如死"。因此，即使手术失败，您一点也不会感到遗憾和后悔。您甚至非常兴奋、热切期待地说到，希望选在 12 月 5 日做手术，这样，您以后的"生日"就有了双重的意义！所以我相信，最后这样的手术结果，固然令亲朋好友扼腕叹息、悲伤不已，而对于天国的您来说，必定是求仁得仁、无怨无悔。假如命中注定您的这次手术不能成功，那么，要庆幸的是，因为各种原因而未能如您所愿在 2017 年 12 月 5

日做手术，这样，才有了我们陪您过最后一次生日的美好情景，以及您和师母携手度过的、最后几个月宝贵的岁月。

忘不了，您和师母对我如父如母的爱护和关心。1998年，您和师母从韩国讲学归来，特意给我儿子带了精美的巧克力，让小朋友高兴了好些天。大约是2003年，您和师母双双把自己用过多年、保护得很好的心爱的单车赠送给了我们夫妇。我至今清楚地记得，您特意交代："这是永久牌男士单车，当年不容易买到的，有保存价值。"可惜这辆单车不久即不翼而飞了，估计正是它的"保存价值"让人起了觊觎之心。为了不让您失望，我一直没敢告诉您这个让人沮丧的消息。2006年，我与周阅师妹一同申请正高职称，而且经过前期筛选，都进了"七进四"的答辩名单。您和师母多次语重心长地对我们说："我们觉得，就像两个女儿在竞争。你们都上了，我们当然高兴；你们当中任何一个上了，我们同样高兴；你们都没上，只要摆正心态，找到差距，继续努力，我们也会很高兴！"有您和师母无条件的信任、关怀和鼓励，我们两个"竞争"对手从一开始就毫无城府地分享信息、彼此鼓励，结果，我俩当年双双顺利晋升教授，2010年又同时被遴选为博士生导师。至今，无论在生活上，还是学术上，我们都是亲如姐妹一般互相关心、互相帮助！我深深地知道，与其说我们双双顺利晋职令您和师母高兴，还不如说我们在这个过程中互相关心、毫无猜忌的表现更让您和师母欣慰！我的父母于1992年、2000年先后故去，每当听到您和师母说"两个女儿"时，心底的温暖与感动无以言表！

忘不了，您在学术上对我的精心栽培、扶持与奖掖。1997年秋季，有幸拜师门下，初次面谈，您即给我和同届王冉冉同学上了精彩的、有关学术和人生的第一课，那些谆谆教诲，记在小文《师缘·师恩》里，更刻印在心底。第一个学期结束后，我忐忑不安地提交了第一篇读书报告《理学与"三言""二拍"中的道德说教》，您审阅之后，留下了密密麻麻的批改意见，更在文末写下了毫不吝啬的奖掖之词："写得很好。有理、有据，文章的新意建立在扎实的基础之上。思路、方法、学风都对头，循此以往，必有所成。98.4.20"对于来自地方院校而且并非中文本科科班出身的我来说，您的这份肯定与鼓励无疑具有极大的鼓舞士气、树立信心的作用！正是在您因材施教循循善诱的精心指导之下，北大三年，我认真地对待每一门课的作业，而且每一篇作业除了得到任课老师的指导之外几乎都经过您的认真批改。后来，包括第一篇读书报告在内，这些作业先后发表在《中国典籍与文化》《红楼梦学刊》《明清小说研究》《蒲松龄研究》《湖南师范大学学报》《名作欣赏》等学术刊物上，毕业时还因此荣获了北京大学研究生第三届（2000年）康佳杯"学术十杰"称号，毕业后顺利进入浙江大学中文系博士后流动站，在廖可斌教授指导下继续从事研究工作，从而完成了"从护士到博士后"的身份转换。

您在为拙著《〈醒世姻缘传〉研究》所赐的《序言》中，特意不惜笔墨介绍了我的求学背景，然后语重心长地强调，在北大中文系，从电大、夜大等大专出身而来攻读博士学位的人不少，"事实证明，北大的这种没有门户之见，不论出身而只看重品德、学养和素质的做法，是有利于人才培养，也有利于学术的发展的"；由蔡元培先生开创的"不拘一格选拔人才的优良传统，使北大向所有有志于在学业上深造并愿为学术献身的学子敞开大门。我们期待着全国各地的优秀人才到北大来念本科、念硕士、念博士。北大是一个真正的人才荟萃之所"。春风化雨，润物无声。我相信，您以仁者与智者的博大胸怀写下的这些热情洋溢的文字，不仅鼓舞了我，还鼓舞了许许多多怀揣北大之梦的莘莘学子。后来有多位学界朋友告诉我，从您的《序言》中受到了极大的感染和鼓励！

我博士后出站时，您又主动为我联系工作单位，正是因为您的推荐，我们夫妇双双顺利进入北京语言大学工作，我丈夫还享受了人才引进的待遇。当我不好意思地向您汇报，说学校分给我们的房子比您的还要宽敞时，您爽朗地笑道："好啊，长江后浪推前浪，就应该这样！"

2011 年，我申请日本文部省的资助去京都大学人文科学研究所做访问研究，又是您"慎重和负责地"为我写了有力的推荐信，促成了我的心愿。临行前几个月，我受《文艺研究》赵伯陶先生邀约，整理您的《访谈录》。在访谈的间隙，您总是见缝插针嘱咐我，到了日本，要利用机会多找资料；至于文章，可以回国之后再慢慢写。在日本两年，我牢记您的嘱咐，主要时间和精力都用在资料查找上，仅日本学人撰写的《中国文学史》著作，就找到了好几十种，由此回国后申请到了国家社科基金的重点项目，目前，也在按着您的指教，"慢慢写"有关文章。

行文至此，脑袋里忽然响起了《从前慢》的旋律，我想说：记得恩师健在时，一切问题，都不是问题。……

回首 1997 年以来，我在学术上的点滴成长，每一步都离不开您的关心和扶持；我的每一点小小的进步与成就，都会得到您毫不吝惜的夸奖！可是，当我整理自 1998 年以来的红学研究成果，结集为"红学三书"（《红楼梦文本与传播影响》《红学研究论辩》《红楼人物家庭角色论》）于 2018 年底出版时，您却再也不能为我赐序、不能为我鼓掌、不能分享我敝帚自珍的小喜悦了！

人生天地间，忽如远行客。无论有多么不舍，我们都不得不接受敬爱的老师已经远去不回的残酷事实。从今而后，我所能做的，就是像老师一样对待学生、对待学术。我想，这一点应该也是薪火相传的应有之义吧。

敬爱的老师，忘不了与您相关的一切！愿未名湖边的清风与明月，捎去学生对您永恒的感激与怀念！

2019 年 4 月 20 日初稿，谷雨，北京小雨；4 月 23 日修改

怀念老师

郭 蓁

在我的生活中，亲人离去已经经历过几次。小时候奶奶的离去虽然让我很难过，但在我幼小的心灵中，觉得奶奶是老人；又因和自己年龄悬殊太大，感觉离去还算是正常。当我成人以后，妈妈的离去却让我撕心裂肺，痛彻心扉，第一次直面死亡。大概是妈妈一直伴随着我的成长，我感觉我们理所应当在一起，永远在一起；也因为妈妈在这个世界上才刚度过一个甲子，这让我更难以接受妈妈的离去。忘记是从哪里看到的、谁说的一句话"母亲不在了，自己和死亡之间的隔阂就消失了"。而这次老师的离去，我又体会到那种感觉、那种痛苦。

老师走了已经快一年了，可在我的意识里，老师还在那个离我家很近的房子里，无论是实际距离还是心理距离，我下班回家都会路过老师小区的西门。现在每次开车路过，我依然会想：老师现在在做什么？在读书？在写字？在休息？就一如老师在的时候；可是又会突然一惊，回到现实中来。

毕业以后最大的意外和惊喜就是我跟老师做起了邻居，这使我能很方便而又"理直气壮"地到老师家里骚扰。不仅骚扰老师，同时也还一并骚扰师母，师母的四川凉面手艺一流。他们如父母般接纳了已经毕业和"长大"了的我，听我倾诉苦恼，跟我分享喜悦。我清楚老师身体不好，可每次去老师家都不能很好地控制时间，总是赖着不走，甚至还要叨扰师母一顿饭，离开时既愉悦又自责，却"无可自拔"。特别是在我生活遭受变故的那段日子，老师和师母几天没有我的消息，就会给我电话，惦记着我这个孩子；接到这些暖心的电话，听到那些充满关爱的话语，每每令我热泪盈眶，现在想来是不幸的日子变成了有幸。我也一直心安理得地享受着这些关心，觉得日子应该永远是这样的，就如幻想着妈妈永远会在我身边。

可是生活的变故总在不经意间来到，把人打个措手不及，这些快乐和感激我都没来得及表达和报答，老师就那么突然地离开了。有人说老师不该去做手术，师母偶尔也对手术决定正确与否稍有怀疑，但是我知道老师是怀着对未来美好的憧憬才决心接受手术挑战的。虽然没有成功，但我觉得这样的离开，一定是老师不会后悔的方式，我坚信。

这些年来，作为老师的学生，我感觉特别幸运，然又特别惭愧。毕业以前，无论是硕士论文还是博士论文，从论文选题、框架构思，到行文用词，在老师的耳提面命下，总算有成品呈现出来。鉴于自己水平有限，美丽的衣服是算不上的，只能算是一件普通、合格的成品而已。而毕业多年因工作性质的改变和自己的懒惰，只把较少的精力投入于研究，没能把老师的学问发扬光大，惭愧更加一等！每每回想起当时的细节，想起老师做学问的严谨细致，总会让自己正襟危坐，也希望自己在工作中能贯彻老师的风格。

除了学问，老师喜欢摄影，拍了很多让人惊喜而又印象深刻的照片；老师厨艺高超，让人真的是"垂涎三尺"；老师愿意纵论政治风云，让人感慨世事的复杂；老师喜欢面对新生事物，激励我们要与时俱进……但老师荣辱不惊、云淡风轻的平和而豁达的生活态度，尤其令我赞叹和佩服。在老师言行的循序善诱下，我终于可以豁达地看待生活了：困难总会解决，痛苦也总会烟消云散，这令我的生活变得从容而美好。

老师走了，但对老师的怀念长留心中。我原以为怀念放在心里就可以了，但师母告诉我"心意也应该表达出来"，即使缺乏文采和技巧，但真挚的情感也能使人动容。我想用几句不能称为诗的句子表达我对老师的怀念：

我的老师走了，
再也无法看到他那神采飞扬的面庞，
但在梦境中依然慈祥，
我的心也会随之飞翔，
因为我很怀念他！

我的老师走了，
那个开车路过的西门变成伤痕，
每次经过那里，
我的心都会下沉，
因为我很怀念他！

周先慎师琐忆

韩慧强

　　1985 年的夏末，我考进北京大学做研究生，跟随先师周先慎读文学史。在这之前，虽说在北京师范学院读过四年书，又做了三年中学语文教师，可头脑仍懵懂。至于怎么个懵懂法，似乎也很难说清，而同龄人大都已在生活里安顿下来。大约是有感于内心的缺憾或某种渴求，我才选择重返校园读书的。的确，我们这一代人出生在文化的洪荒岁月，脑子里除了留下一些源自语录本、样板戏和政治宣传物的空洞的时代流行语，实在也没像样地读过几行书。记得念本科时，廖仲安先生曾讲授"杜甫诗歌"，李华先生开过一门"陶渊明研究"的选修课。当年廖先生在西南联大读书，跟随萧涤非研究杜甫，读杜注杜成为了贯穿他一生的事业；李华出自廖先生的门下，两位皆可说不善于言谈，属于诚笃谨厚的学者。那时由于自身根器的浅陋，这两门功课都不曾认真下过功夫，仅为赚学分听了几回课，课后是否还有考试或写读书报告已不记得了。

　　当初报考北京大学，我在"志向"一栏填写的是先秦两汉文学，入学后改学宋元明清文学，不外乎是想替自己选择一个稍稍晚近些的修习方向，由此也可知道我那时对治学一途的观念是相当模糊的。周先慎师这一年开门授徒。周师在学术上素以分析旧体小说的人物性格见长，颇有几分吴组缃先生的风采。他在文章的写作技巧方面也很有见地，有一篇评说《水浒传》文体特色的短文《简笔与繁笔》被吕叔湘先生看中，入选中学课本。周师又屡次向我道及，他在治学上颇得冯锺芸先生的指授与助益。很多年以后，我又曾在袁行霈师的随笔中读到追念冯先生的文字，感激与敬仰之情溢于言表。冯先生的年资介于新老之间，她是哲学家冯友兰先生的族妹、任继愈先生的夫人，自西南联大时期就留校任教了，年纪略小于林庚、吴组缃、王瑶一辈，而这几位年高德劭的长者眼下除了带研究生外，已不再担任系里的课程。一天，冯先生叫我到办公室，悉心嘱咐一番，然后让我去拜见导师周先慎。

最初相见的细节已不大记得清。他外表看上去有些单弱，中等身量，安重少言，嗓音里略带些嘎哑。我知道他是由蜀中来京的，日常交谈已不大能听得出蜀地的方音，这与他居京日久和执教多年有关，可北京话里特有的儿化音好像一直发不好，在相貌和个性上似乎也秉有某些古蜀人的特质。师母与周师同乡，在北京语言大学任教，是一身兼两职的贤妻良母式的人物，家里的一女读高中，一子还在读小学，周师除每月换一次煤气罐，其他家务便都落在了师母身上。系里还有一位鼎鼎大名的蜀籍学者赵齐平师，我读研三时与周师一道指导我的毕业论文。赵师住校内的朗润园，身体状况已经很坏，是不常见得着的，我到他家里也不敢久坐。赵师是浦江清先生的传人，又素以《红楼梦》研究著称。我的同辈中王岳川也是蜀籍，毕业后留校，因有这一层同乡之谊，平日与周师好像是有些走动的。

论年纪，周师那时五十初度，在学术上可以说正在鼎盛之年，可他们这一代学人注定命途多舛，从前数十年的岁月是在历次运动中熬炼过来的，身心方面的受损自不必说，业务上似乎也刚刚归于正途。用一句套话来说，他们前半生的许多时光已白白耽搁过去，如今要以十倍、百倍的努力把失去的时间再抢回来。然而事实上，一次次的政治运动和极"左"思潮已在文化上造成根本性的断裂，从前的时光已逝，学统亦岌岌乎殆哉。说穿了，偌大一座燕园早已风光不再，只是外头的架子没倒罢了。人们尽可以走来看看未名湖、博雅塔，可以读一读20世纪二三十年代洪煨莲、许地山对燕园旧址的考订，对照明人米万钟的《勺园修禊图》赏鉴一番。这已成为当今人们的一种时尚，尤其是来京的外地游客，他们在看过故宫、长城和圆明园之后，不妨顺道来燕园走走。但也仅此而已。我想，冯先生与赵师、袁师、周师这辈人的心里自然明白，他们所面临的是怎样的一个学术荒漠；而他们这代人所要做的，便是尽其所能将懵懂如我者慢慢引入从前所曾有过的文化脉络中，去感知宋元以降绵延千载的诗歌、话本、传奇和演义文字里所展示的华夏先民的生活场景与精神风貌，其任务之艰难可想而知。但由于自身的愚鲁及条件所限，我毕业后即离校他往，工作屡经变更，可以说完全放弃了治学一途，因而我很怀疑，我的叙述究竟有几分触到了事实的底里。

但周师这辈人是勇敢承担起了绍续往圣前贤的职责的。他那时除了在本校授课外，还在广播电台担任课程，同时参与教材的编写工作。这让他的身体有点吃不消。他的腰"文革"期间在江西鲤鱼洲"干校"劳动时扭伤，胃也出了毛病；心脏二尖瓣闭锁不全则是伴随他后半生的最大疾患。这疾患虽算不得急症，可隐隐埋伏在那里，他的枯瘠的两颊上时常会显露出青魆魆的病容。吞胃镜、做心电图和服药时常与授课交错进行，住院或手术则是不予考虑的，这会与出国访学或参加学术会议的日程相左。其实，以现代的医疗水平来看，二尖瓣修复属常规手术，本来是应该在进入老境之前解决掉的。或许，在大学或科研机构中的治学一途便是这样连续不断地催促着学人一直奋斗下去，中途是没有歇下脚步喘息一下的机会的；而我们的教育和科研管理机制正是运用一套详尽的数字化程式督励着每一个学人的。于是，周师的日程里终年便是如此连续不断的讲学、写作、出国访学、编写各式各样的教材和论文集，其他便都付诸度外了。这或许就是这一危症最终被延宕下来的原因所在。

记得我刚入学那阵住在校外的畅春园，周师的寓所在相隔不远的蔚秀园，其间除少数民居外，仿佛还留有旧日皇家苑囿的遗迹，院内的隙地和土阜上仍生有一丛丛郁郁青青的卉木，不时可以听到黄鹂、斑鸠在深树间悠扬婉转的鸣唱。新春时节，池塘里才出水的莲叶和近岸处的几丛芦苇、慈菇便会散发出淡淡的清香。那时，畅春园南墙外还是一片水田，我出了宿舍楼蜿蜒向北，穿过零星的几户民居，一路的茂草、青林不由令人联想起从前竹树绕屋、红芳映日的繁华胜景，而这样的心境又与日间诵读的诗文有几分契合。我读书不甚有条理，因而是没法专心治学的。我在中文、哲学和历史系选修几门课，周师给我开一份书单，此外便是定期到周师家里坐坐。开初还照书单读一阵，不久对那种大部头的理论感觉厌倦，然后便乱了章法，只好随自己的性子散漫读下去。那段时日，我就常常沉浸在不今不古、亦今亦古的境界里，恍然回到往昔的岁月，不知今夕何夕。倒是周师和师母不时将我从这种不谙世事、无物无我的梦幻里拉回到现实中来。若是赶上年节，还可有机会品尝到师母的一手地道的川菜，凉面和几样火辣辣的川中菜品给人的印象实在深刻，至今不忘。

师母的性格似较周师开朗，短发齐肩，大脸盘，两个眼睛也大大的，说话略带点鼻音，不仔细听不大能分辨得出其中夹杂的乡音。不难猜想，若是站在讲台上，展露在各国留学生面前的自然是一副温然蔼然、不怒而威的神采，平居则永远掳了两个衣袖，胸前罩一件深色大围裙里里外外忙碌。她先前曾参与一个编写现代作家词典的项目，似乎不久便选择了放弃。生活在大都市，要把两个孩子拉扯大不是件容易的事，夫妇俩总要牺牲掉一个人的事业。我记得师母那阵子正迷港台的言情剧，播放时间往往跟学校课程或做家务有冲突，我就常常见周师一边工作，一边负责把节目录下，师母得空再慢慢观赏。当时，教师的住房还很紧窄，周师的两个装得满满的书柜、写字台和电视机都挤在卧室里，把电视机的音量调低，倒也可以两不相妨。不久，隔壁有个老师外出访学，周师借隔壁的一间屋子做书房，条件总算有了些改善。

那段日子，师母似乎也闹过一阵胃病。如果哪次见师母脸色蜡黄，一边做饭，一边不由用手捧着胸口，我就知道情况有些不妙。但也并没因此就耽搁了一家人的饭食，可见师母在家里是顶梁柱，而这个角色则意味着牺牲。女儿周阅懂事得早，可以在许多事情上给母亲搭把手了。周阅出落得亭亭玉立，额上覆着刘海，逢人便低了头，两个脸蛋红红的，少言寡语，在相貌和性格上都有几分周师的影子。儿子周闰的年纪还小，我常见他脖子上挎着书包，一边想心事，一边磨磨蹭蹭、心不在焉地爬上楼梯。如今，周阅已成长为日本文化研究方面的专家；周闰选择读工科，也成为了自己行业里的佼佼者。我那时孤身一人，满脑子只想到书本，因而也不会想到如何助人，倒是师母常常喊我过去吃饭。又有一次，师母有意为我作伐，女方似乎是某位老师的孩子。我那时年近而立，可由于生性怯懦，便以功课为由回绝了。

通常，周师约我晚间过去。我知道他的日程总是排得满满的，平日不便打扰。有时，周师给本科生讲完最后一堂课，骑自行车走西门，绕至蔚秀园尽里头的一幢楼，放了车缓步爬上五楼，便感觉有些体力不支。周师那阵子在闹胃病，学校和广播电台两边的课凑一起了。师母就想了个两全其美的法子，我当时选课不多，正可派我到电台去替周师录课。这样还可以让我有个勤工俭学的机会。教案是周师已写好的，照稿读就是了。我记得数十个小时的课程录制完成，师母特意做了一桌好菜庆贺，是否有酒就不记得了。周师平日是滴酒不沾的，但那次席间还有电大的一位相貌姣好的孟老师，福建人，也就是这个项目的主管人。孟老师的年纪比我略大些，她的先生也在这一年考进北大读研，家里有个可爱的女儿。这事她原本可以自己做的，可她的语调里常常会带点方音，只好作罢。每次去电台录制节目，她跟录音师坐在播音室外监听；遇到读错或感觉语气不够连贯时，就示意录音师停下，然后用对讲机通知我重来。那天吃饭的当儿，孟老师把钱算给了我，钱一到手很快就买了书。总之，那段时日的确心无挂碍，很读了一些书。

不久，周师有个外出访学的机会，我可以趁便稍稍松懈一些。读到研二，宿舍迁到校内，我告别了这处以康熙的夏宫命名的园区。事实上，园区内往日的遗迹已消失殆尽；而不久后，连园墙外的那片水田也踪迹杳然，变成每日都在向外扩张的城区的一部分。新舍址在校园的西部，与先前住过的畅春园仅一墙之隔，而与明人米万钟的勺园旧址相距咫尺。我喜欢在课余或饭后随便走走，燕园的嘉木异卉、暮霭晨光便是我这段读书岁月的良伴。

在近一个世纪的年光里，有多少名贤、往圣曾在这胜境徘徊、遐思，从燕大时代的洪业、许地山、赵紫宸、邓之诚、钱穆、俞平伯，到1952年院系调整后的汤用彤、冯友兰、贺麟、游国恩、张谷若、浦江清等硕学耆宿，他们的生命、音容仿佛永远与这方天地的一丘一池、一草一木融合为一了。梅贻琦先生有句话说得实在好："大学者，非有大楼之谓也，有大师之谓也。"前燕大校长司徒雷登从旧军阀手里买下京郊的这处田产，请来设计师亨利·墨菲亲为董理，日后方有了这一座士林宗仰的学府，诚然，他们的名字是不会被忘记的。司徒雷登曾希望埋骨于他生前耗费了无数心力的校园，但他的心愿终于未能实现。

周师访学归来，我仍隔段时间过去坐坐。每次去，师母依旧揎了衣袖在忙。两个孩子一天天长大，周阅报考了四川大学，周闰也将升入中学。话题也多起来，师母的面上也多了几分收获的喜悦，这是一个做母亲的所能感受到的由衷的骄傲。说过一阵闲话，她到隔壁门上敲敲，周师才放了手里的笔，踯躅地走出书房，头脑似乎仍停留在刚写下的文字中。的确，周师这一代人心无旁骛，他们的生活里只有学术，工作永远是做不完的，话题也只围绕读书和论文展开。读到研三，学分修得差不多了，我着手准备毕业论文。我的论文是谈《红楼梦》里的梦幻描写的，这牵涉到梦幻文学在文学史上的发展，那时这个问题好像还少有人谈。我的学术根柢肤浅，好在南开大学的朱一弦先生已将这部书的参考资料汇集起来，可以按图索骥。有关《红楼梦》的版本知识也不够，后来见邓云乡先生记述胡适1949年离京南下，家里的一两万册藏书均顾惜不得，单拣一套甲戌本的《红楼梦》带在身上，我才明白版本的问题如此紧要，但那时是一毫不知的。题目选定后，系里又指派赵齐平师与周师一道指导我的论文写作，校外专家请的是廖仲安先生。我回师院拜望先生，周师让我带一封信，要当面转交的，结果一时慌乱，这封信就一直留在了我手上。评审费也低，似不足百元之数，我从财务室领了钱交给先生，先生也只笑笑，并不以为意。恰好廖先生也是蜀人，年纪六十出头，身体仍健。廖师一向木讷，他的一张佛面在系里是出了名的，从不见有疾言厉色的时候。评语写的什么全忘了，单记着廖师叮嘱我日后有了余暇，仍需多读原著，今人怎样说仅作参考；一切立论皆须从原著入手，方为正途。廖师是上一代学人的典型，终日在故纸堆里耙梳，而所得寥寥，却是禁得起时间考验的。

赵师的寓所在朗润园，南濒未名湖，北墙外万泉河水潺潺流淌，园内还有个略狭而迂曲的湖面，那段时间我常常一边在这游赏的佳地盘桓，一边不由联想起从前旧家、王府里的一派羌管弄晴、菱歌泛夜的豪奢景象。赵师对《红楼梦》文本的熟稔令我大感惊异，他可以随口引用书中的诗词、人物对话及脂评，而不必翻检原书，但他病体沉重，已无力将他的许多独到的见解整理成文。我那时的兴趣在全书的整体结构以及由此形成的美学特征方面，并尝试探索佛道两家对曹雪芹的创作所发生的影响，尽管我选修了一学年魏常海先生讲授的中哲史，又旁听了半学年方广锠先生开设的佛教概论，但对佛道两家真髓的理解究属皮毛。赵师鼓励我将来在这两方面多下些功夫，定当有所收获。赵师嘱咐说，为学最忌蹈袭前人故智、旧说，人云亦云，而捷径压根儿是不会有的。赵师的普通话未脱西南官话腔调，他的柔软绵长的音调、窗外的阴阴夏木以及悠远的蝉鸣声一齐印刻在我的记忆深处，是从不会忘记的。

论文答辩那天，赵师勉强走到五院，回去时走不动，是由保姆用轮椅推回去的。周强、吕乃岩两位先生那天也在座，赵师似乎还说了几句表扬的话，其他还有哪位先生参加答辩或发言可忘了，我只记得周强先生好意指出论文的不足：文中使用了"框架结构"一语，这一表述在古典文学专业是颇感陌生的，而我并未对此作一说明。论文算是顺利通过，这中间周师和赵师两位指导者耗费了许多心血，这是我终生铭感的。实在说来，由于学力所限，我对于《红楼梦》的阅读与理解不过才开了个头，日后尚需好古敏求，勤耕不辍，方可一窥堂奥。但一走出校门，我就完全放弃了治学一途，因而我在红学方面的修为只半瓶子醋，始终不曾深入。幸蒙导师不弃，我的毕业论文被选入本系当年的优秀论文集《缀玉集》；周师又将其推荐给《红楼梦学刊》，部分章节于次年在该刊发表。先前大约还有一两篇读书报告，亦由周师推荐在报刊发表。

毕业后有相当一段时间，我仍常常回去探望周师和师母。不久，周师在燕北园有了新房，数年后又迁至回龙观，他的两颊愈显瘦削，背也更驼。周师终年只是忙，每次见面除了说些闲话，总要问到学业上的进益，勉励一番。这就益发显示出我的不堪造就，渐渐去得也稀了。我离校后终日拘于形役，只好算作混日子，有些书未及细读，有些问题未及想深想透，转眼便过了这许多年。于是，那些还没来得及读的书，以及没来得及想清楚的问题，只好通通放下。不过，有一点是肯定的，我生命里的一段最美好的时光是在燕园度过的，而这段时光又与先师的治学和诸多日常琐事联系在一起，在我是十分值得珍视和忆念的。

此后，周师又陆续培养了许多位硕士和博士，他们有的在国内，有的在国外，门庭可谓繁盛。这些同门的师弟师妹都能勤奋好学，绳武前业，实在是十分可喜的。我想，看到这些师弟师妹在各自领域所取得的成绩，周师的在天之灵也一定会感到快慰的吧。

2019 年 3 月

怀念敬爱的周老师

何慕兰

情再深，义再厚，也是电光火石，青草叶上一点露水，只是，在我们心中，有万分不舍。——龙应台

首次见周老师，要数 24 年前的秋天。

为了多认识中国古典文学，一星期三个晚上，下课后拖着疲惫身躯，跑到北角半山的树仁书院上课。虽然疲累不堪，坐在小小的教室里，听老师讲授苏轼和明清小说，却是越听越精神。有时，身旁的同学忍不住打瞌睡，老师也会体谅地让他小休一会儿，从不责怪。我们私下都觉得老师是位亲切儒雅的长者，他的言行体现了传统学者的风度。

选择论文的研习方向，是一件头痛的事。我爱读小说，但平时消闲阅读和研究是两码子的事。老师提议我研究《金瓶梅》——一本若非研究，我是不会把它读完的书。完成论文后，掩卷思量，实在要多谢老师的推荐，要不，我便会错过这一本奇书。

要多谢老师的推荐，更要多谢老师对学生的关怀和指导。写作论文时，无论遇到什么问题，老师都会扼要地提出症结所在，使学生循着正确的路向思考。在北京答辩的两个星期里，老师不但对同学们嘘寒问暖，更照顾到学生的精神状态，使我们尽量减轻心理压力，轻松地面对考核。

毕业后，好几次去北京探望老师。闲话家常之际，老师总爱提及一件小事：20 世纪 90 年代初，老师在港授课完毕后，从罗湖乘火车往深

圳。那时候，轮候过关的人极多，往往要轮候好几个小时，而且秩序混乱，时常发生碰撞。老师说幸好送车的陈姓同学见情况恶劣，护送他离开。要不，他真不知如何是好。每次提及这事，老师都对这位学兄感激不尽。老师常存感激之心，对他人的恩惠时刻铭记。他对我们的身教言教，学生们一生受用不尽。

老师住在回龙观时，好几次去拜访。离开时，老师跟师母总是站在路口看着我们离开。我们屡屡回头，仍见两老站在原地向我们挥手，直到我们转过街角，看不到我们为止。最后一次见老师是 2015 年老师八十大寿的聚会。那天宴后，望着老师在家人和学生搀扶下离开，渐行渐远。蓦然间，龙应台说的话涌上心头：人与人间的缘分，就是不断的目送对方离开，看着他逐渐消失在小路转弯的地方……

一生作育英才、孜孜不倦钻研学术的老师去了。不过，老师虽走了，在我们心里，他永远存在，他永远指引着我们要努力学习，要善待他人。

纪念我的导师周先生

何予明

我的导师周先慎先生离去了。

我不知道这个世界上有多少人知道如何面对生死相隔。先生仙逝后不久，我去北大燕北园拜见师母。燕北园好像变化并不巨大，越走近老师的家，路变得越熟悉，蝉鸣和行人、街道的声音混在一起，也好像很熟悉，仿佛回到了 20 多年前的研究生时代，我走在去见老师的路上。

在事后去猜测过去让人难受。如果老师没有做最后的这个手术，老师是否还跟师母坐在一起？师母说，老师一直念叨他的著述计划，不能写作让老师很痛苦。手术有可能让老师继续写作，这是老师做手术的强大动力。老师觉得，不能看书写作的人生，不算人生。我的导师周先生固然以做学问为生，但他对学术创造的激情和欲求，让我觉得他更是一位诗人。

周先生是我的硕士导师。我 1994 年硕士毕业，蹉跎至今，我自己也教书多年了，一直不断地感受到先生的学术和诗人气质为我提供的为学为人的空间的珍贵。我们这一代人从小受的教育，浸染于法国大革命开启的革命时代、现代化进程中出现的中外思想界科学界的英雄故事，以及为了理想和使命的献身精神，总之大概是做事做人要轰轰烈烈。在轰轰烈烈的时代里怎样脚踏实地，是先生指导给我的珍贵的行动、思考的空间。毕业后的求学求职道路中，先生的潜移默化，起到了举足轻重的作用。

在我大四时，先生当时作为我未来的硕士导师，开始具体指导我的学士毕业论文。20世纪80年代的大学生精神格外焕发，狼吞虎咽地阅读古今中外各种人文著作，奔走于各类讲座、文化活动之间。当年崔健来北大开演唱会，好像还是学生会文艺部发的票，可见当时商演的不发达。还记得一位教授在大讲堂讲弗洛伊德与心理分析学，开宗明义先说明弗洛伊德个人生活中是一个有道德感的人，可见当时各种困惑和解惑之需。在这种轰轰烈烈中，我在学士论文中用了"希望的达成"这么一个说法。周先生细致地告诉我，"达成"这个词作为名词来用，有生造之嫌，可考虑换一下。我当时年轻气盛，视生造词如独立思想的表征，终于没改。先生竟没有再给我压力。现在我自己做老师多年，渐渐明白先生给学生做试验、走弯路的空间的智慧，让学生对未知和失败也充满希望。北大毕业后，有一次再见到老师，叙聊中老师说，你还记得你用的"达成"这个词吗？现在应该已经开始被接受了。老师话语分析的敏锐是我知道的，也是我在研究方法上一直受益匪浅的，但我仍惊讶于对学生用的一个小小的词，老师多年后仍然记得。

在先生门下三年，先生一直是宽容地、耐心地因势利导，有很多鼓励，也有很多批评指正，却从不强制。这种恒定和从容，对于鲁莽冲动的年轻学生来说，是多年以后也仍然受益的人格榜样。

当年北大小南门外，有一条小街叫老虎洞，进去不足百米右拐，前面路口有一家四川饭馆，再左拐就进入了当时相对宽敞的一条街道，街名已经记不得了，却还记得当年街两旁商店、书店、小摊不少，有一年近元旦时，有两位搞绘画的人，在巴掌大的石头上作了画在路边展售。这样用石头做绘画材质当时不多见，我喜欢之余买了好几块，也赶忙骑车给导师送了一块。当时导师不在家，后来再见到我时，老师笑着说："你送了我今年最重的贺卡。"师从老师的三年里，老师的幽默、欣赏和肯定，给了年少冲动的年轻学生需要的仪式感，帮助学生度过了人生的关键通道。

当年硕士毕业出国留学，得益于张京媛先生的指点。张先生是康奈尔博士，指导学生有美派作风。我当时很担心周老师是否会支持我的想法，毕竟我感觉先生是比较传统的，而传统与洋派好像永远都有一点儿矛盾，没想到先生当即支持。可见传统与洋派的划分，只是方便，并不说明问题。

离开北大 20 多年了，为理想为生计，内心忙碌，其中有很多年都没有探望过老师和师母。我心里很惭愧，但老师和师母却从没有一点不快之意，给了我很大的空间和宽容。

我的书架上有一本 1992 年版的《中国古代白话小说选注》，选注者为周老师和师母钟老师。在老师的著述中，这本书或许不会引起特别的注意，但这是我这些年教的中国传统小说课的必读书。我的课上除了土生土长或小时候移民来的美国学生外，也有不少的中国留美本科生，时移势易，现在的留学生群体和我当年留学时已经很不同。周老师和钟老师的这本书，让中文程度、文学修养不一的不同学生群体，都能收获到新的知识和训练，不可替代。

现在我坐在桌前，看着这本书，想起导师的音容笑貌，老师穿着他永远洗得那么干净的白色 T 恤衫，推着自行车站在五院门口。

永远怀念我的恩师周先慎先生！

与周老师同去韩国讲学点滴

黄　卉

又临近岁末，看到 2019 年的《故宫日历》，我不禁想起去年给周老师送《故宫日历》的情形。当时，周老师在中日友好医院住院，接过《故宫日历》很高兴，连声说："每年的我都留着呢。"如今，却再也不能给他送《故宫日历》……

虽然在入师门之前也算是做了十几年同事，我和周老师并不熟悉，既没有听过周老师的课，也没什么接触。有幸考上了周老师的博士生，却由于在职攻读学位的缘故，要兼顾工作和家庭，和别的学生也不一样。直到 1999 年周老师和我先后被系里派到韩国讲学，才有了难得又特别的追随老师的机缘。

周老师 1999 年 3 月先我半年赴韩国外国语大学讲学，而我是 1999 年 9 月被派到韩国中央大学（在安城校区，距汉城约 80 公里）。尽管共同在韩国的时间只有四个月，那段和老师、师母共度的时光中的点点滴滴，对于我都是难忘的珍贵记忆。汪景寿老师曾打趣说："唐僧师徒是西行取经，你们师徒是东渡讲学。"正缘于此，我将在韩国时记忆深刻的几个片断写下来，谨作为对周老师的纪念。

因为周老师、师母的介绍，我还未踏上韩国土地就有了些许旅外的间接经验，所以异域的生活适应起来很快。用师母的话说，我根本就没有适应期。

到韩国的前半个月，我一两天就和周老师、师母通一次电话。开学后不到一个月就是中秋节了。中秋节在韩国算是重要节日，假期有三四天。我早早就酝酿着到汉城（当时尚未改名为首尔，本文中用当时名）去看望周老师、师母。那几年系里派往韩国讲学的老师不少，和我们同时的仅在汉城的就有黄书雄老师（高丽大学）、吴晓东（梨花女子大学）、陈晓兰（东国大学）、王丽丽（淑明女子大学）。除了王丽丽和我是9月才去的，其余老师都是3月赴韩。多番电话联系后，我得知几位老师虽然同在汉城，因为人生地不熟，半年了却从未见过面。所以，由我倡议借中秋节假期的机会大家聚上一聚。联络、筹划当然靠电话。因为只有我距离远，要提前赶往汉城，先到周老师住处。不熟悉路径，中央大学的李康范先生欣然允诺送我到周老师那儿。记得是9月21日（那年中秋节是9月24日），李康范先生带我先坐晚上8点从安城校区开往汉城的学校班车。9点钟车到汉城南部，堵车很厉害。我们在地铁3号线新河附近下车，转乘地铁。我还记得为了以后坐地铁方便，我买了1万韩元的地铁票，尽管那时单次乘车500韩元就够了。我们依次换乘了3号线、国铁、2号线、7号线，到达泰陵站时已晚上11点钟。周老师到泰陵站接我。李康范先生还要再乘7号线换2号线，争取赶末班地铁回家。其实直到今天，我也不知道李康范先生那天是否赶上末班地铁，心中充满感激和歉意。跟着周老师，在汉城的夜色里步行约十分钟到周老师"家"。周老师的住所并不在校内，离他任教的韩国外国语大学乘公交车还要五六站地，是学校为带家属的外籍教师租的房子，小两居室。尽管已经很晚，我还是挺兴奋地和周老师、师母聊了挺长时间，直到12点半才休息。我睡在客厅沙发上。

周老师有早起的习惯，但为了等我、接我，打乱了作息时间，这一夜应该没休息好。22日，他还是如常的5点就起来了。怕影响我，他轻手轻脚地从卧室经过客厅到书房，用收音机收听国内新闻。我睡觉很轻，老师一开门就醒了，但感动老师的贴心，我一动不动，继续"睡着"。早饭是西式的，牛奶、面包、鸡蛋。早饭后，我忙着打电话商讨第二天聚会的事。黄书雄老师、王丽丽都联系上了，只吴、陈二伉俪不在家。暂时放下联系聚会的事，我和周老师、师母到住处附近的超市、市场买菜。回到家，师母准备午饭。我表示很想搭把手，得到了剥蒜的任务。于是，我迅速地将一头蒜的蒜衣剥完，然后饶有兴致地看着师母、周老师站在灶台边对着一碗蒸茄子讨论放盐的量。师母说："我觉得可以了。"老师尝了一点儿道："我看还得放一点点儿。"好温馨的画面啊！望着他们的背影，心里泛起暖意，没有了异国他乡的孤寂，仿佛回到了家乡。午饭后，让周老师、师母休息，我有了前一天的经验，自己坐地铁到市中心商业区、书店闲逛，晚上 10 点多才回到周老师家。周老师说，他已经和吴晓东联系上，约好明天上午 11 点在高丽大学黄书雄老师处聚会，每家带两个菜过去。我因为远道而来，特例不必准备菜，而老师、师母一直忙到12 点才休息。

23 日，盥洗后帮师母准备要带的菜，封好装盒。然后和周老师、师母出发，坐地铁 7 号线换 4 号线，在新设洞与吴晓东、陈晓兰、王丽丽会合后，由吴晓东带着坐 6 路公交车到高丽大学。黄书雄老师住的外教楼一楼有很大的会议室，成为我们理想的聚会所。聚会共 12 个人，周老师及师母、黄书雄老师及师母刘锦云老师、吴晓东、陈晓兰夫妇、王丽丽、我、复旦大学的郜元宝老师及其夫人、女儿，还有复旦大学历史系陈老师（不记得名字了）。除了我都带了菜，摆满了一长桌。黄老师还特地准备了饺子馅，面也早已和好。大伙擀皮儿的擀皮儿，包的包，一会儿均已齐备。那大概是我到韩国后吃过的最热闹的一顿饭了，既丰盛又快乐！

快到期中考试的时候，王丽丽、师母先后打来电话，告诉我大使馆组织在韩教师参观板门店，时间是 10 月 25—26 日，提醒我名额有限想去尽快报名，说他们都已报了名。我先询问了系里考试时间，得知不冲突，就报了名。因为那时板门店不接受个人参观，大家觉得机会难得，既参观了历史遗迹，又可以顺便聚聚。这次活动共两天，除了板门店，还在汉城、大田、天安等城市的若干景点游览。记得我们是 25 日一早在汉城火车站集合的，周老师、师母、黄书雄老师、吴晓东、陈晓兰、王丽丽、我，中秋节后再聚首！活动日程很丰富。第一天，上午参观板门店，看历史资料展览；中午在统一村吃饭；下午转回汉城参观奥林匹克体育场、三星电子城、忠武祠，然后驱车南行到温阳温泉住下。第二天，早饭后去大田，到科学博览会，参观了三个馆，看了三场电影；午饭后到天安，参观独立纪念馆；之后返程回到汉城。我们乘大巴车到了三四个城市，年轻人都觉得有些辛苦，周老师、师母也一样奔波却兴致颇高，乐在其中。两天里，大家在车上、餐厅、旅馆乃至参观路上聊了很多，具体内容已遗忘；也拍了不少照片、合影，但不知在谁相机里，留下来的不多。

赴韩国讲学时，我们大多承担本科生汉语会话、汉语写作教学任务，研究生课程少，所以周课时均比较多，课排得也很分散。我所在学校要求是至少三门课每周不少于 12 课时，周老师所在的外国语大学要求每周不少于 9 课时。但据周老师说，他承担的似乎更多，每周有 15 课时，有的课还要到几十公里外的龙仁分校去上。因此，除了周末，大家能聚会的机会并不多，只能靠电话联系。而各处走走，了解名胜古迹、风土人情也得在周末。时间过得快，转眼已到年末，周老师即将结束讲学回国。常听周老师、师母说起，春天刚来时，人地两生，出来转的少，连汉城的很多地方都没有到过。于是，我和王丽丽相约陪周老师、师母在汉城转转。大约是 11 月中旬的一个周末，我一大早从安城赶到汉城，先和王丽丽会合，再到汝夷岛渡口地铁站等周老师、师母。我们那天的计划是游览汝夷岛和汉江。我们先到 63 大厦的观望台，360 度俯瞰汉城城市风貌；又游览了水族馆；在放映厅看电影也顺便休息。下午，我们买了船票，在渡口排队等了一个多小时后，坐上渡船，沿江而下，饱览汉江两岸风光，到蚕室上岸。夕阳西下，我们匆匆到奥林匹克公园的和平之门，走马观花一番，才各自回住所。他们坐地铁回家；我则需坐地铁到南部长途巴士总站，然后坐约一小时长途巴士返回安城，晨出晚归，颇有点儿披星戴月的意味。

韩国大学的学期比中国短，春季学期 3 月 1 日开学，6 月 20 日左右放暑假；秋季学期 9 月 1 日开学，12 月 20 日左右就放寒假。所以，一到 12 月，春天来韩的老师们就进入回国倒计时，购物也提上议事日程。要给家人带特产，要给朋友带礼物，也要给自己买些纪念品。当然，购物兼聚会更合大家心意。相约在 12 月 5 日（星期日），周老师、师母、黄书雄老师、吴晓东、陈晓兰、王丽丽、我一行 7 人，上午 10 点在祭基洞集合，浩浩荡荡逛街购物。我们首先考虑特产，去了人参市场，没想到周日不开。于是在逛了些小门脸儿、水果市场后，到了美都波百货店，又步行至清凉里的乐天百货店。大家都买了些什么东西已记不得，大概有不锈钢餐具如筷子、汤匙之类。我们在乐天楼顶一家叫"本家"的小店吃了石锅拌饭，各自点自己喜欢的口味，算是聚餐。周老师想买个大一些的旅行包，回国装东西用，我和王丽丽陪周老师、师母又去逛了梨泰院。我们来来回回，看过多家店铺，最终买到周老师满意的旅行包。买包的过程中，深深体会了周老师、师母处事的细致，当然还有高超的砍价本领，让我们佩服。说起来我和那个包挺有缘的，后来是我把那个包从汉城周老师住处先背到安城我的宿舍，从安城背到汉城金浦机场，再背回北京。因为我是讲学中间休假，没什么东西，所以替周老师、师母带了些物品回来。只不过我比周老师、师母早几天回国，所以那个包也先于周老师、师母到了他们燕北园的家。

倏忽将近 20 年了，与老师同去韩国讲学的点点滴滴，至今回忆起来还是那么真切……

2018 年 11 月

润物细无声

——忆恩师周先慎先生

姜　宇

　　我与周老师的师生缘始于 90 年代的北大校园，那时候的老师头发还是乌黑的，身板是挺直的，在系里是年富力强、成果丰硕的中年才俊，而学生们也尚无如今学生所面临的这种巨大的生存压力，还可以在象牙塔中奢谈学问与理想。就学于老师门下的日子，是我永远不会忘怀的闪光的日子。永远不会忘怀的，还有老师对学生的关爱，如春夜细雨，润物无声。

　　第一次见到老师，是我在北大中文系读大三的时候。系里允许本科高年级学生选修部分研究生课程，我和同班的白雪梅（后来他的弟弟白雪华也考入周老师门下）、郭水莲都选了周老师的《古典小说鉴赏》课。第一次上课，我们背着书包、拿着饭袋早早来到教室占座，上课前的教室照例是嘈杂喧闹的。离上课大约还有 10 分钟的时候，老师走进了教室。那时老师应该是有五十四五岁的年纪，但是头发乌黑，看起来也就40 多岁的样子。记得老师穿着一件夹克，非常挺括平整。在那个普遍不太注重衣着的年代，老师穿着的整洁、儒雅还是会给人留下较为深刻的印象。老师说话的时候，略微带点南方口音。老师讲课的时候，语调是亲切的，但也偶有激愤，多是在讲到他所钟爱的善良的人物遭受到命运不公的时候。

　　后来，我如愿考入老师的门下读研究生，跟随老师研习古典文学。

转眼之间，这已是 20 多年前的事了。在有了更丰富的人生阅历之后，回望曾跟随老师学习的日子，我很想感谢命运的眷顾，感谢命运让我遇到最好的老师，遇到我一生的良师益友。

老师对待学生是严格的，他把治学上的严谨细密、一丝不苟的精神用到了指导学生上。记得刚入学，老师就送给我一本《文科指导书目》，扉页上工工整整地写着"姜宇阅存"，这本书现在还在我的书柜里珍藏着。老师反复强调读书的重要，要求我们每个学期除自己选修的课程外，还要至少写一篇读书报告。每次把读书报告交给老师后，老师都会留下认真批改，然后会专门找个时间单独面谈，指出哪些地方值得肯定，哪些地方有问题，一谈就是一两个小时，这种有针对性的批改和面谈分析使我受益匪浅。对每个学生的报告都这样认真批改分析，占用了老师大量的精力和时间，但老师指导学生从来不肯有一丝马虎和敷衍。老师学术上的建树令我敬佩，但老师这种甘于为学生付出的精神是更为难能可贵的。记得在老师的指导下，我的第一篇文章在《社会科学战线》上发表的时候，老师兴奋地说："看到学生发表文章，比自己发表文章还要高兴！"这就是我的老师。

老师发自内心地欣赏每一个学生，在每一个质朴平凡的学生身上都能看到他们独特的善与美。我读书期间，大师兄韩慧强早已毕业好几年了，虽然没有见过面，但我对大师兄却很熟悉，因为我不只一次听老师说过在他出国讲学期间，大师兄担心师母换不了煤气罐，过几天就会来看一下。学生帮老师做了这样一点小事，多年之后老师还记在心中，常常提起。后来我毕业后，偶尔与老师见面，他提起那年招收的博士生詹颂，考博的时候英语听力满分，入学后英语免修。说起这些的时候，老师是很喜悦、很自豪的。老师对学生的这种发自内心的欣赏，是学生成长过程中不可或缺的阳光。老师的心是善良的，所以他在学生的身上看到的也是善良与美好。

老师对学生是极为关爱的，这种关爱超越了老师和学生的工作上的关系，类似于父母对子女的那种无私的奉献。记得刚考取老师的研究生那年，有一次我跟老师在中文系办公室商量选课的事，系办的杨强老师问："周老师，您今年就招了一个学生啊？"老师幽默地说："是啊，独生子女。"某种程度上，老师真的是把学生当成子女一样。在我面临毕业开始求职的时候，老师和师母也开始为我着急。还记得老师拿出电话本，让我记下每一个可能有用的电话，在我求职最关键的时刻，老师亲自出面给对方单位打电话，一说就是一个多小时……一个清高的知识分子，在自己的孩子找工作时都没有求过人，为了学生，要放低姿态……这样的付出，好像是父母对子女才有的。

老师对学生又没有一点功利之心，记得一次聊天时他说过："老师指导学生，不求回报。"你一路鲜花，老师为你高兴，你身处困境，老师更会雪中送炭，伸出援手。不会忘记，当我在研究中遇到困难的时候，细心的老师体察到了我的难处，70多岁高龄的老师说："有什么问题，尽管来问。"师母也说："不要客气，你永远是周老师的学生。"

有一次教师节前，我去看望老师和师母，不知不觉就聊到了11点半，我向老师和师母告辞，老师说："你吃了饭再走。咱们就去门口的大鸭梨。"我连忙谢绝，因为考虑到老师和师母毕竟年纪大了，陪人吃饭聊天也是很耗神的。我告辞出门，老师和师母好像早有准备，他们也迅速换好鞋出来了。既然这样，我想那就我来请老师和师母吃顿饭吧，以前读书时多次在老师家吃饭，每年有学生毕业时，师母都会亲自下厨做一桌丰盛的饭菜给我们吃。这么多年，我还从来没有请老师和师母吃过一次饭呢。我们边吃边聊，回忆了很多过去的生活，就像跟家中的长辈或者跟朋友一起叙旧一样。吃到差不多了，我悄悄去吧台结账，刚把信用卡交给服务员，忽然老师和师母一起冲上来，师母拽着我的胳膊，把我拉到一边，老师从服务员手中把我的卡抢了回来。我工作挣钱了，老师和师母都退休了，哪有让他们花钱请我吃饭的道理呢？但我实在拗不过老师。老师结完账回来说："我们退休了退休金也还不少呢，孩子们回来了我们也是来这儿吃。"

临走的时候，虽然我一再请他们留步，老师和师母还是坚持把我送到小区门口，还穿过自行车道，送我到了人行横道的红绿灯下，这才站住了，嘱咐我注意安全。我快步穿过马路，回头再看，老师和师母还站在那里，默默地注视着我，目光中是20多年来一直未变的慈爱……

惊闻老师病逝的噩耗时，我正派驻海外工作。那天我做好了晚饭，在饭桌前随便浏览一下手机，忽然看到同门群里老师离世的消息。我不能相信老师就这样突然离开了我们！我不禁失声痛哭起来，那天的晚饭一口也没吃下。在父母离世以后，这世上又一个真正关爱我的人走了……

师恩如山，无以为报！亲爱的老师，假如时光倒流，一切重来，请允许我仍到您的门下聆听教诲。

先师周先慎先生二三事

鲁　竹

　　2018 年 4 月 21 日早上 8 点多，我在烟台某宾馆，吃早餐的时候随手打开了微信，却在师门群里惊悉周先慎师已于昨晚驾鹤仙去。那种既惊又疑且痛，无可言表。一直以为老师只是做一个小手术，没什么风险；也打算等老师好些了，约同门一起去探望，谁知竟是这个结果！那一整天，虽然理智上明白，生关死劫，自然规律，但无论对着蓝天碧海，还是在人流熙攘之中，想到这个世界就这样少了一个熟悉的人，不免涌起天地不仁的感喟，心里委实恻然难言。

　　在中国人民大学中文系读书的时候，不少老师都是北大中文系毕业的，有的老师也曾经是周先慎师的学生，所以对先生的大名、治学成就乃至脾性都早有耳闻。第一次拜见导师是在考博之前，大约 1999 年秋冬时节。记得我很紧张，办公室里的光线也不很明亮，只见一个戴眼镜的蔼然长者，中等身材，清癯面容，似乎就是大学教授、知识分子的代名词。先生了解了我的基本情况，然后问我，如果考上了，博士论文打算做什么。我知道先生主要研究方向是古典小说，但我对于古典小说，除《红楼梦》外，都没有太多兴趣和了解。于是略微踌躇了一下答道，我硕士论文做的是朱彝尊的词，如果您同意，我会接着做浙西词派。先生和蔼地说可以，说他不强求博士生必须和他同一个研究领域，现就有一个在读博士生在做清代女诗人的论文。

　　跟我同时拜见先生的还有一个北大地球物理专业的男生，他说喜欢古代文学，想跨专业考博。先生也爽快地对他说道："没问题，我欢迎任何人报考。"原先听说有的博导担心学生基础不够好，不大喜欢招收跨专业的学生；有的博导不愿意学生做的论文跟自己的研究方向不一致。先生的宽容随和令我心中感佩。

随后，我很幸运地通过入学考试，忝列周门。先生一开始就跟我和同门强调，要读书、写作、思考相结合，一学期至少交一篇读书报告。迄今为止，先生予我最为铭心刻骨、永志不忘的印象就是第一次交读书报告的经历。先生回信中那一句"你们离北大合格的（不是优秀的）博士毕业论文，还有相当的距离"在同学中流传一时。大家都戏言，你们导师真够严的——但也正因为这样的严格，才使得我能够顺利毕业，并且在论文写作、资料运用以及观点提炼，乃至行文严谨方面都终生受益。

记得拿回来先生批改过的读书报告，发现不仅逐字逐句，甚至标点符号都一一予以批改。满篇的红色，令我十分汗颜。读了那么多年的中文系，总以为自己的文字没有问题。然而，看到先生对我不够准确精炼文字之细微处的删改；对我各种大而化之的论断的批评；尤其是对我引用似是而非缺乏佐证之成说的训诫，都予我醍醐灌顶之感。自此以后，再写论文，我会尽量注意论断的出处与严谨，学会用材料说话；而且心里时刻绷着一根弦，哪怕是给先生写封邮件，也会一再校读，包括标点，努力做到不随意不出错。时至今日，偶尔和同事清谈或争论问题，我还经常举先生的教诲为证：不能随意做轻率的大而化之、过于绝对的论断，一定要言之成理，持之有故。

温儒敏先生曾经在文章中谈到，自由、严谨、求实的学风是北大中文系代代薪传的"系格"①。先生的言传身教确实使我们这些学生深切地领

---

① 温儒敏：《北大中文系百年图史·序言》——《说说北大中文系的"系格"》。

略到这一优良传统。在段师姐做的对导师的访谈中①，先生也详细论述了这种正确的治学态度、崇高的学术精神和严谨求实的学风。因此，北大中文系毕业，其实不是一种光环，更多的是一种鞭策与自我要求。

先生的言传身教给我树立了榜样；他的严格认真给了我标杆，令我警醒，也给我异常的压力。此前我一向是个读书考试都比较顺利的人，难免有些许自信。然而，读书越多越觉自己资质庸陋。说到底，学术不是跟什么人比，而是和自己的生命潜力较劲。一个人的资质与天赋早已注定，战战兢兢，十分努力，不敢有丝毫懈怠，大约也仅仅达到合格而已。可以毫不夸张地说，博士3年，是我自7岁上学以来最为用功的时期。直到2003年初，我交出论文的前四章。过了两周，去老师家，他说论文还可以，还算合格。我悬了3年的心才终于落了下来，知道自己可以顺利毕业了。

2003年4月，"非典"肆虐，北大封校，人心惶惶。我骑车从北大西门出去，前往燕北园先生家交全本的毕业论文。春光冉冉时节，柳垂桃开，风暖鸟鸣。因是特殊时期，街上行人车辆均十分稀少，平日喧嚣嘈杂的长街空旷而安静。先生家是一个小小的三居室，装修风格、家具款式都以中式为主，棕红色调，墙上挂着字画，感觉和导师温厚和平的个性十分相配。茶几上堆放着很多电影碟片，记得有科波拉的《现代启示录》、小津安二郎的《秋刀鱼之味》等等。那段时间我也十分痴迷于电影，这些也都是我十分喜爱的片子，尤其喜欢小津，于是十分兴奋，还跟老师聊了会儿电影。

2003年7月毕业后，我到北京交通大学人文学院任教。从坐在教室里的学生转而为站在讲台上的老师，且面对着非专业的理工科学生，颇有

---

① 段江丽：《严谨求实　博观约取——周先慎教授访谈录》，《文艺研究》2011年第12期。

茫然无措之感。第一学期就同时上三门课，异常吃紧。那个学期，大学语文为大一新生的必选课，教研室所有老师齐上阵。先生听说了我的情况，告诉我他新出的《中国文学十五讲》应该对我有帮助。书甫出版，先生就要我去取书。那是北大出版社的一套素质教育通识课系列教材之一，对我的教学颇有裨益。导师对学生的拳拳爱护之心，令学生分外感动。

我和同门成敏是导师的关门弟子。读博期间，一起给老师做助教。当时先生给本科生上《聊斋志异》研究这门课，犹记先生引经据典，娓娓道来，既有翔实的资料，又有精彩的作品分析，令我们听得津津有味，也对我日后的舌耕生涯颇有启迪。此外，还予人深刻印象的是，先生总是着装整洁，腰板笔直。有同学告诉我一则逸闻，先生得体的着装和挺直的体态，令他看上去比实际年龄年轻许多。那些年，大学门口经常游荡着贩卖假文凭的人，先生居然也曾被那些人当作年轻人拦住，问他要不要文凭。一个北大博导被人兜售假文凭，着实荒谬。道听途说，未知确否，但至少从另一个侧面说明，先生的外表看上去很显年轻。

先生一生治学遍及古典小说、诗、古文等领域，其文章《简笔与繁笔》曾被选入中学语文课本，其才识之卓著，文笔之谨严周详有目共睹。先生一生服膺苏轼，倡言"看淡，放下"。在日后面对各种无味的人事纷争之际，做学生的总会想起先生的境界，虽不能至，心向往之。先生还颇具好学精神。电脑刚进入家庭时，他已年逾花甲，却不惧惮新生事物，很快学会电脑，而且是五笔打字！1996年北大校园的局域网开通，先生是很早就上网的教师之一。先生还曾谈及，如果他年轻十岁，就一定学好外语。相形之下，我是同龄人中很晚才使用电脑的，比先生晚了好几年；外语更是半吊子。先生的好学不倦，学生自愧弗如。

先生终生都笔耕不辍。2015年7月，同门为其80寿辰举行了一个小小的聚会。先生亲自送我们每个人他新出的著作《周先慎细说聊斋》。北大电视台访问先生，他也说自己以做学问为养生。后来我才听说，实际上先生的这一次手术并非没有风险，但他自己很想做，认为不能读书写作，生活质量大受影响，那样捱日子，不是他所希望的生活。

先生生于 20 世纪 30 年代中期，50 年代末毕业至北大中文系，历经 20 世纪中国的各种事件。80 年代，始有平静的环境做学问。记得师门聚会的时候，先生曾谈到在干校期间做过重体力活，也曾经遭遇车祸，不过这些片言只字的回忆终究只是吉光片羽。如今才痛悔，自己对先生了解太少，工作后拜见先生的时候也太少太少，想要再次聆听先生的教诲，已是万无可能了！呜呼！

博尔赫斯认为，人的生命的每一个瞬间是不连续的，"每一个时刻都是自立的。无论是复仇，宽赦，甚至遗忘，都无法修改无懈可击的过去。……我们是细致入微的现在"。如此说来，所谓回忆其实是记忆对过往的整合、修订以及再叙事。只有那些独立的瞬间从杳渺混杂的记忆深处凸显出来。生命在记忆里，在片段中。那么，这些琐碎的回忆能勾勒出先师的万一么？人世苍茫，逝者如斯，回忆令人既感痛心，又觉温情。先师的一生是平凡的，又是不凡的。一直喜欢穆旦的一句诗："这才知道我全部的努力，不过完成了普通的生活。"严谨踏实努力地完成普通的生活，完成自己，先师做到了。

人生如逆旅，我亦是行人。每一个生命都将独自划过自己的痕迹。人生行至中途，面临一场又一场的告别。蟋蟀在堂，岁聿其莫。今我不乐，日月其除。先师已矣，音容宛在，曷日而忘？

戊戌年岁暮于京南蜗居

一夜无眠

麦满堂

4月下旬的罗省，入夜后还是清凉如水。这是我第一次来这里，为了和朋友联袂飞往墨西哥的世遗古城游览。从这里去墨西哥的航班是清晨起飞的，因此，晚饭后不久，我就进房准备休息，留着太太和友人在客厅聊天。在朦朦胧胧快要睡着的时候，手机轻轻震了一下，我拿起来一看，是香港的北大群组发来信息，说周老师走了！

太意外了！3个月前才见过老师，不是说先住院检查，决定能否及何时做手术吗？怎么会！忽然间，睡意消失了，我完全清醒过来。没多久，太太推门进来，见我眼睁睁的，问道："你都知道了？"我答道："是的。"她缓缓退出去，随手把门带上。我禁不住思潮起伏，回想着以往和老师相处的情景。

完成在北京的学业后，就再没有定期上京了，偶然去一趟，也会找老师说说话，但机会还是少的。直到那年，忽然接到群组传来消息，知道同门要给老师办大寿，才惊觉老师已经80了！那是头等大事，我是必须参加的，于是着手安排行程，还给老师写了个大寿字作为贺礼，满心欢喜地上京去。

活动从早上就开始，我和郁隽约好在学校大门口等，还有劳江丽师姐出来领我们进校。已经有一段时间没见老师了，见面时，除了高兴，还不免有点伤感。老师本来清癯的面容，增添了几分岁月的痕迹。背部肌肉的毛病，更使他整个人弯了下去，看起来有点龙钟。幸好老师生性豁达，完全不当回事，还是谈笑自若。晚宴的时候，我和香港的同学走到老师面前祝贺，老师若无其事地说了一句让人心酸的话："我觉得自己距离死亡已经不远了！"

农历新年，我习惯用电邮向老师拜年，他是必定回复的。老师给我的电邮，结尾总要加上一句："问候林云。"林云是我太太，从第一次和老师在香港铜锣湾吃午饭开始，差不多每次和老师见面，她都在场。后来上北京拜候老师、师母，以至他们来香港过圣诞，她都充当活动的领导。跟往常一样，我把老师的问候转告她，她也着我代问候老师。这次老师格外认真地回了："如果林云和你一同来北京，我会很高兴的！"

为了老师这句话，我和太太很快就去了北京一趟，我们又高高兴兴地聚在一起。聊了半天，老师还请我们到外边用餐。饭后老师坚持送我们去拦车，他拿着手杖，让我搀扶着慢慢走在前头，太太陪师母跟在后面。不知什么时候，太太偷偷拍下我搀扶老师的背影，那是一张让人看着伤感和欷歔的照片。从前的老师总是衣履整齐，腰板挺直的。现在却是佝偻着背，步履蹒跚的让我扶着，使我不禁想起这几句话："盛衰之理，吾固知其如此……"

过了些日子，我因公务到北京出差，约了老师见面，才知道他已搬到金手杖老年公寓，心里又是一酸。我马上想到的是香港的"老人院"，那些地方环境是很难让人有尊严地生活的，老师和师母怎么能够……！下了出租车，我找了半天没找到大楼的门口，心里纳闷，暗想，这就是了，果然不是什么好地方！后来和师母联系上，他们就坐在大堂等着。偌大的厅堂，我还以为那是老年公寓旁边的渡假村，原来就是公寓的接待厅。两老马上领我去餐厅吃饭，那里设备齐全，菜式丰富多样。饭后，老师带我到楼上他的居室，门一开，我就愣住了！那是香港豪宅的格局，虽然比回龙观那边小，但陈设雅致整洁，光线充足，舒适宽敞。我们坐下聊天。老师说，他对目前这环境感到非常满足，说这话时还流露出得意的神情。是的，一个毕生浸淫在文学研究中的学者，他追求的当然不是物质享受，而是心灵的充实。不过，老师说，唯一不足的是这里放不下很多书，有点不方便。

今年年初，我又到北京出差，第二次上金手杖老年公寓。这次老师的情况差了很多，已经不便去餐厅吃饭，师母陪我去，吃好给老师外带。老师因为气喘，没多说话，师母把老师的病情和准备再做手术的安排告诉我。没多久，师母说要带我去看看其他设备。我心里明白，那是老师休息的时间到了，我于是起身告辞。老师正要洗手准备休息，我叮嘱老师保重身体，老师回头微笑。谁知道，那就是最后一面了！

回忆多半是甜蜜的，因为人总是倾向于回味快乐的时光，我这次却有点苦涩。我竭力回想每个细节，生怕日子久了会变得模糊。想着想着，又回到更远的时空。

大约在2000年吧，老师来香港讲授两门课："聊斋"和"苏轼"。有一堂课，他说到苏轼的《浣溪沙·山下兰芽短浸溪》，把词解释完了，他还顺带说了一桩小事。朋友因事请他写首诗，他说他写不出来，于是题了苏轼这首词给朋友作替代。"闻道有先后，术业有专攻"这道理，我们固然知道，但做老师的当着学生面前说自己有所不足，却不是每个老师都能做到。听了老师这句话，我非但没有不敬的意思，反而对老师实话实说、虚怀若谷的气度更加佩服。

硕士毕业后，我有继续读博士的念头，但北大当时已经没有兼读博士课程，而我又不能放下香港的工作，因此必须另寻出路。老师曾经建议，把我推荐给他在中山大学的好朋友张海鸥教授，可我对北京有一份难以割舍的情感，结果还是选了北师大，拜在赵仁珪老师门下。几年前，我开始学写诗词，征得赵老师答应，可以不定期上京求教。忽然想起，中山大学的张海鸥老师是诗词专家，于是我请周老师引荐，老师一口答应。后来每次见老师，他都问我跟张老师学习的情况。可是，因为各种原因，我和张老师只见了一次面，不敢跟老师直说。最后一次上金手杖老年公寓前，我给老师发了个信息，里面有几首诗请他过目，让他知道，我还在努力。见面时，老师说："我现在的身体状况不好，不能细读。你去向张老师请教，他是专家。"学生的学习，老师总是认真惦记着。

沉寂的午夜，连虫声都没有，让这个无眠人觉得特别漫长。我不敢随意辗转反侧，生怕把她弄醒。然而，谁知她是不是也像我一样，在回忆着那亲切的面容和令人景仰的言行！

我盘算着记下这些回忆，或者用诗歌概括这段经历和抒写感受。一面回忆，一面琢磨，虽然想到一些零碎的句子，但以我这点微末道行，无论如何是难以一蹴而就。慢慢我又迷迷糊糊，进入半睡半醒的状态，旧日情景和杂乱无章的句子交替在脑海闪过。直至听到朋友和家人在外整装待发，这两句猛然浮现："无寐，无寐，门外马嘶人起。"那是我在老师指导下写作硕士论文时读到的！

从罗省到墨西哥城的航班要好几个小时，我赶忙把昨夜想起的零碎句子记下，不知不觉地就徐徐睡着了。从墨西哥城去那个叫 San Miguel 的小城也要半天车程，敢情是昨夜也好梦不成，太太一路沉睡着。

到达小城，已是日落黄昏，那里的小房子都是饱历风霜的老建筑，大部分土墙都糅上暗红色。破旧的房子，竖立在卵石铺垫的斜坡边上。余晖把小城重重包围，被残照抓着的行人，影子给无尽地拉长，狠狠摔在地上。偶而吹来一阵凉风，像要提醒我们，温暖的红日快要隐退，不管刚才曾经多灿烂，终归也要落幕了。这般气氛，很配合我们当时的心情。世事毕竟要过去，对已经逝去的，除了依恋，就只有回味。对这个曾经是墨西哥独立运动发源地的小城如是，对老师的高风亮节也如是。

我们下榻的饭店，是富有当地特色的民居改建而成，不豪华，却非常精致。晚饭后，我们各自占据有利位置，继续未了之事。她独占阳台上的圆桌，在月华和壁灯照亮下埋头苦干。我却躺在大厅的沙发上，试着串联那些不成篇章的残句。经过一番努力，也只能完成这两首，聊以表达对老师无尽的思念。

中岁仓皇尚转蓬
未名湖畔沐春风
欣沾雨露承师训
匍匐翻峰见日红

化雨春风草色青
空阶雪印育苗情
浮云暂聚随缘散
夜梦犹闻木铎声

2018 年 10 月 27 日于香港

怀念吾师

孙晓靖

　　南加州今年的雨不知为何来得格外地多。总在淅沥的雨夜想起师兄师姐的叮嘱，一次次打开这份提笔许久都未完成的文稿，写下对最敬爱的周老师的感激与怀念。

　　初识周老师，是大二时老师教我们《古代文学》（下）。那时便觉得老师跟其他很多教授不太一样，隐隐地有一种亲切感。现在想来，原因之一可能是老师说话的四川口音，让同来自于西南官话区的我感觉亲近。但更重要的，是我觉得老师在儒雅严肃的外表之下，严谨精深的治学背后，时常传达出的一种对于人生的通达和幽默的释然，深刻打动了我。就那样，我读着花间青楼与神仙鬼怪，听老师将他对人性的关怀和对生命的感悟娓娓道来。那时的我只懵懂地感到，老师分析的不只是小说与文学，更是一种对于生活的智慧与态度。

　　于是大四时我小心地找到周老师，问能否跟他做论文。没想到老师竟然还记得我，并爽快地答应了。虽然只是本科论文，老师指导起来却一丝不苟。从选题立意到材料考辨，从文章构架到观点论述，甚至到版本辨析、行文规范，老师都一一为我提要求、做分析。印象特别深刻的是老师时常叮嘱，做学问一定要从材料出发，材料先于观点，细读文本，务实求真。这些年来，我做研究时都一直不敢忘记。

　　正式成为周门弟子，跟从老师读硕士的那3年，在记忆里则是非常轻快美好的。我跟老师上了"古典小说鉴赏""《聊斋志异》鉴赏与研究"

等好几门课。在上课与讨论之余，老师和师母会时不常地叫上我们一众弟子，带我们去"杜甫草堂"品川菜，或是坐好几站公车去马甸吃火锅。而我对于老师，也一直有一种亦师亦父的感觉。当时老师因为心脏问题，每两周都要去校医院检查。研三时师兄毕业了，我便自告奋勇承担了早起帮老师去校医院排队挂号的任务。老师为此常常觉得过意不去，对我谢了又谢。可对于我来说，能有机会帮老师做点儿什么，是一件多么让人高兴的事情，好像终于能对老师平日的关怀与照顾稍有回报。现在想来，那却似乎也是我帮老师做过的唯一的事情了。

一直以来对老师都怀有一种特别的尊敬，因为除了学问扎实细致、感悟敏锐深刻以外，老师的为人也非常诚恳谦逊、平和包容。硕士论文我做的是有关弹词的研究，老师一面谦虚甚至略有歉意地说自己对弹词涉猎不深，一面对我的论文给予了最深入细致的指导。而对我用西方文论分析古典文学作品的部分，老师亦持开放和赞许的态度。还记得当我告诉老师毕业后出国深造的决定时，老师很为我高兴，并给予了最大的支持与鼓励，令我非常感动。

来美初期与老师还是时有联系。几年之后第一次回国，有机会路过北京，老师非常高兴，约了师兄师姐一大拨人一起吃饭。一直记得当时我坐在老师旁边，跟他说了好多出国以后开心的和不开心的经历和故事。老师就像一位慈父一样，带着最慈祥的笑容，耐心地听我叙说，给我安慰，并让我有空常回来聚聚。但当时何曾料到，那竟然是我最后一次见到他。而后数十年，我忙于应付论文和工作，又自觉碌碌无为而与老师联系渐疏。最最难以释怀的是2015年的暑期，因为教课的缘故没法回国，错过了为庆祝老师80华诞而举行的盛大的师门团聚。而老师竟然还专门托在美的师姐为我捎来他题了字的书稿，说希望能弥补我没能到场的缺憾。于是我一心想着下次如有机会赴京，一定一定要去看望老师。只未曾想，这个心愿竟成了永远的遗憾。

　　因为跟老师读书的缘故，结识了几位师兄师姐，亦觉得无论是学识精神还是道德人品，他们都师承周师，令人敬佩又心生亲近。他们对我这位小师妹也都照顾有加。近二十年过去，每每回想当年大家与老师一起言笑的岁月，依然倍感温暖。去年暑假终于得以赴京与他们短聚。我们一起畅饮，谈论这些年各自的生活，一起回忆老师，听他们讲那些我错过的事情。酒酣人散，终于我能把心中的遗憾稍稍放下，愈感投于老师门下，于我是何其幸福，何等幸运！

　　　　　　　　　　　　　　　　　　2019 年 3 月 5 日于洛城

怀念敬爱的老师

王舟舟

看着当年写下的文字，心中沉痛无比。

2015年在给老师庆祝80大寿时，同门编了一部纪念文集，我也写了一篇学术论文与回忆随笔。在回忆随笔中，我尤其谈到赴京贺寿时"席间宾主相谈甚欢，恍然又令我回到了读博时代。那时，白雪华师弟还未入老师门下，同门中只我一个是男生，被大家戏称为'党代表'。其实我学生时期还是挺内向拘谨的，但现在回想起来，老师师母设宴招我们相聚时，我的表现相当'放肆'，不仅车轱辘话一大堆，还常常承包师姐师妹们以淑女方式对待的美味佳肴，饶是如此，老师师母还常常提醒大家把离我较远的饭菜递过来，生怕我这个'党代表'在吃上受了什么委屈，而我呢，居然老实不客气地悍然大嚼，现在想来也不觉莞尔。为什么在老师门下让我简直变了一个人？无他，恩师陶冶之功能变化气质耳！"

彼时贺寿的欢乐气氛至今似乎还能感受到，可是谁曾想，今年4月21日我们竟骤然得知了老师仙逝的讣讯，当时我脑中一片空白，倒是艾略特名诗中的一句"四月是最残忍的一个月"在我耳边回响——西方的大师怎么也不会想到他的诗句在异国竟然会有这样奇异的契合！

给老师祝寿时，已经与老师阔别十几年了。在老师80华诞即将来临之际，我回了一趟母校，专程拜望了恩师。看到老师的一刹那，我惊觉：老师头发全白了，背也驼了。

真的，当我2000年离开母校时，老师虽然已经65岁，头发依旧乌黑发亮，尤其是背挺得笔直，比我们89级经过特殊军训的年轻人更有军人风范。所以，看到岁月也在老师身上留下了痕迹，内心不由得有一种五味杂陈的感觉。

而现在呢？岁月又让老师与我们阴阳两隔，这怎不令人五内俱摧！不过，想想虽然逝者如斯，老师的德业必将流芳千古，我们也应该以自己的进步与成绩作为对老师最好的纪念，不能一味沉湎于悲哀之中，我定下神来，写下这篇怀念老师的文字。

老师上课时不苟言笑，甚至可以说非常严肃，但听他的课并没有枯燥之感，他那略有沙哑的声音很显磁性，节奏略快，但条理非常清楚，听起来一点儿都不吃力。当时还没有深切感受，多年后我才后知后觉地体会到，在课堂上让学生既轻松又大有收获是多么不容易的事情。和上课一样，老师指导我们的学术研究也非常高效，乍一看一点儿都不显山露水，但在很短的时间内就完成了高量且高质的工作。

老师对我们的学业要求很严，是一位严师，但在学业之外对我们是非常亲切、平易的。老师不抽烟、不喝酒，我们去老师府上拜访时虽说只是清茶一杯，但坐在老师身边根本没有枯寂之感，因为老师聊起天来虽说与课堂上的严谨明快截然不同，亦是别有风味的：时而天马行空，时而娓娓道来，琐事不烦，大事不板，听起来简直是一种享受。所以我常常是乐而忘返，如果不是怕打扰老师师母，真想赖在那里不走！

老师聊天时还常常会冒出许多有意味的语句，简直可以当作格言警句。我印象最深的有两句，一句是："做学问，既要瞻前顾后，又要左顾右盼。"听起来很简单，但意蕴其实是很丰富的：既是讲做学问要有承前启后、继往开来的气魄与胸襟，也要有多向同时期人虚心学习的气度与胸怀；也是讲研究具体篇章时既要将这一篇章放置于其所处典籍的有机整体当中比较、定位，还要在典籍之外多多寻找旁证材料或富于启发性的参考资料。还可以理解为做学问时的审慎态度。还有一句是："所谓废品，就是资源放错了位置。"这话对我启发很大，让我意识到做学问时系统性的重要作用：古代文学作品浩如烟海，遍地是资源，但堆砌材料并不是真正的学术，因为那样并没有形成使各个材料都各得其所的适当系统。可以说，老师不仅在授课与指导论文时对我极有教益，即使不经意间的聊闲章，也有不少令我终生受益的内容。只不过，前者是有形的有象的言传身教，后者是如沐春风的潜移默化。

老师治学严谨，晚年虽然身体欠佳，却仍笔耕不辍，在我们拜寿时还送给我们《中国文学十五讲》《明清小说》《细说聊斋》数书，真可谓"指点江山春水绿，激扬文字夕阳红"了。老师的长勤精神令我们敬佩，老师的教诲更是言犹在耳。想当年，老师说得最多的两句话就是："对社会有贡献的人生才是有意义的人生。""勤奋才是做事的最好方法。"

怀念敬爱的老师，总觉得老师的一生就是一首动听的歌曲，尽管有疾舒轻重的不同，但永远是"大珠小珠落玉盘"，永远是金声玉振。

曲终人不见，彪炳在汗青。

七律·悼先师

百年惊悉恸归定，千秋德业何曾空！
指点江山春水绿，激扬文字夕阳红。
殷殷树惠东风里，切切滋兰甘露中。
气度音容今尚在，昂昂翠柏矫矫松。

临江仙·忆恩师

当年有幸事周公，领略沐沐春风，过庭承训十年灯。逝者如斯夫，碧霄坠赤星。

聊斋红楼蒙指点，灵台至今犹醒，恍然如闻恩师声。曲终人不见，彪炳在汗青。

师门琐忆

詹　颂

1998 年我考到周老师门下，到 2018 年，承教整整 20 年。

我入学不久，周老师赴韩国任教，行前他为我拟定了详细的培养计划，开列了必读书目。书单是老师亲手写的，秀雅的行楷，字写得极小，密密地占满了一面 A4 纸。周老师赴韩期间，我由另一位周老师——我的副导师周兆新老师代管。一年后，周老师回国，因我专业课学分已修满，老师命我专心读书准备博士论文，不必再修他的课。一众弟子中，我就成了唯一没上过老师课的一个。

北大同学间流传着月旦老师的戏评，我们周老师的评语是"文史楼多情周先慎"，仿话本标目"闹樊楼多情周胜仙"，切合周老师的姓氏和他讲授的小说课程。同学前辈的戏评令人悬想周老师讲课的风采。后来我有机会聆听周老师的宋词专题讲座，老师在讲台上娓娓而谈，如春风化雨，听者与他一起沉醉在古典艺术世界。我忽然想到这句评，不禁会心一笑。现在想起，又有了更深的感触。作为教师和学者，周老师的确是多情的，他的情是对学生的关爱以及对中国古典文学的挚爱。

周老师平时不苟言笑，但其实和另一位以严厉著称的周老师一样，都是"望之俨然，即之也温"。我硕士时的研究方向是唐宋文学，博士阶段改研清代小说。改了方向就要从零起步，我心里惴惴不安，不知道自己能不能在三年之内写出一篇像样的博士论文。周老师回国后，我不上他的课，但定期汇报读书心得，交读书报告。第一篇读书报告交上去，周老师推荐给了《中国典籍与文化》。对于信心不足的学生，这是无声的鼓励。北大三年，在校图古籍部与散发着樟木香的书卷为伴，日子充实，心中宁帖。若非周老师勖勉有加，我大概不会有如此心境。

毕业以后，周老师听说我所在学院教学任务重，一再提醒我不要丢了专业。他关注我们每一点学术上的进步，并为之欣喜。周老师年迈体弱，治学依旧勤奋不辍，我在他面前往往倍感惭愧。工作固然是忙，但我又何尝不是以此为藉口放纵自己懒散或旁骛呢！老师晚年受心脏病折磨，年近八旬犹抱病写《细说聊斋》。听师母相告，老师那段时间清晨即起床写作，至夜深方安歇，终因劳累导致心衰，住进了医院。我去探望时，老师身体略有好转，可以在病床上坐起来，但说话还有些气促，见了我就兴致勃勃地谈起他的细说名著写作计划。写完"细说聊斋"系列，如果身体尚可，他还要写"细说红楼"系列。周老师说，退休以后，没有其他杂务，状态比以前好，文思无滞涩之处，写作赏析古典名著的文章他觉得很快乐。但"细说聊斋"第一部出版以后，老师的身体就不允许他长时间伏案工作了。心衰、眩晕，他连读书都颇感吃力。一个读书人因二竖为虐读不了书，遑论写作，这是老师不能忍受的，也是他毅然冒着风险决定接受手术的原因。

周老师走了，他的《细说聊斋》系列没有写完，《细说红楼》系列尚未开笔。博尔赫斯设想天堂是图书馆的模样，我相信周老师如今一定优游其中，继续他在尘世未竟的事业。

2019 年 1 月 10 日于京西澹宁斋

忆周先慎老师

张秀贞

在我心中，周老师是很博学多才的，不单在古典文学领域有崇高的地位，他对不同领域知识的追求，也令我印象很深。最记得周老师喜欢摄影及集邮。此外，他对使用新的科技工具也很有心得。多年前，周老师来香港授课，我们一班同学还与老师一起到信和中心闲逛，因为这个商场有很多新的科技及潮流物品。及后，我们去了"饮茶"吃点心，老师跟我们分享了很多有趣的摄影经验及集邮心得。

周老师对于科技工具的运用，不但在日常生活，也应用在教研上。尤记得周老师的讲稿及文章写作都是用中文计算机输入的。他的打字速度快，又熟悉网上的电子数据库，令我体会到掌握科技工具对于学习的重要性及优点，亦启发了我往后到美国深造电子图书馆学。此外，周老师的治学态度严谨，对我的影响很深。在北大撰写毕业论文时，周老师常常提醒我要检查及核对原文的出处，不可以有错。另外，论点要鲜明，论据要有力正确，思维要清晰，要具有逻辑性等，老师的教导至今仍历历在目。"多读、多想及多写"是老师教我的座右铭。不论任何学问，都可从广泛阅读中吸取不同的知识，然后思考、归类及分析，进而为文。只要努力，持之以恒，知识及经验就可以一点一滴地累积起来。周老师的治学方法，令我获益良多，不但在学习，也是我在社会工作的良方。

冬去春来，时间总是匆匆的流逝。周老师虽然离开了，但永远在我们的心中，就如他留下的丰富著作，将继续启发我们。在撰写本文，我再次翻阅周老师所赠的《古典小说鉴赏》（北京大学出版社）。此书收录了周老师对短篇及长篇古典小说的选目分析，引导我从新的角度赏析及细味不同类型的古典小说。这本书已陪伴我多年，每次阅读，都会忆起上课的情景及与老师相聚的时光。

最后藉此机会，衷心感激，十分谢谢您，周先慎老师！

我与师爷爷的一面之缘

常雪峰

　　周先慎教授是我们导师周阅老师的父亲，我们都称周老教授为师爷爷。

　　第一次听说师爷爷是在我研究生刚入学时，当时研二的师姐在介绍我们导师的时候说："咱们导师是北京大学古代文学周先慎教授的女儿。"当时我只闻师爷爷其名，没读过师爷爷的书，更没见过其人。根据我导师的形象推测，师爷爷应该是温和、儒雅的人。后来，从一位师姐的微信朋友圈里知道，师爷爷是高中语文教材中《简笔与繁笔》的作者，真正的教科书里的人物啊。对于中学时代的我们来说，教科书里边的作者，都是中国语文教育领域中殿堂级的人物，是神圣而遥不可及的。

　　在后来读研的日子里，在与导师接触过程中，我们几乎都没听过她提起师爷爷的名字，提到师爷爷时也只是说：我父亲帮我修改论文，我父亲让我读文言文，我父亲在我高中时让我帮忙抄教案……我们几乎从来没听导师说过"我父亲是周先慎先生"。记得有一次看到我导师写的《我的父亲周先慎先生》一文时，她在文中提到一件事："上高中时，语文老师让学生们自己从课本中认领一篇课文给全班同学分析讲解，我选择了《简笔与繁笔》，这是父亲的文章。当我得意地向父亲汇报时，父亲提醒我不要显示出来自己是作者的女儿……直到毕业，大家都不知道这篇课文的作者离自己如此之近。"原来导师谦逊、低调的品格是从师爷爷那里继承的。

　　第一次见到师爷爷是在 2018 年 2 月 5 日下午，天气有些寒冷，但是内心噗通噗通跳个不停。导师带着两位师姐（一位师姐是在读学生，一位已经工作）和我，一行四人去了当时师爷爷住的养老公寓。为我们开门的是师奶奶，师爷爷笑脸盈盈地站在客厅中间等着我们。活在教科书里的、曾经遥不可及的殿堂级人物，如今就站在我们面前，亲切、慈祥得像邻家的爷爷。师爷爷特别清瘦，头发花白，在冬日的暖阳照射下，周身带着金光。等我们都落座后，师爷爷挪到椅子旁，在椅子上坐下，同我们聊天。师爷爷的声音比较低沉，但我们都可以很清楚地听到师爷爷的话，他先后了解了我们的学习和工作情况，并鼓励我们好好学习、好好工作。笑容在师爷爷的脸上一直没有离开过。其间师奶奶一直给师爷爷递水，帮师爷爷预约检查时间。临走前，师爷爷拿出提前准备好的三本书要送给我们，并向我们解释道：因为家里没有三本同样的书，只剩下两本《中国文学十五讲》和一本《简明中国文学史》（与孙静合著），让我们三人自己选，并在每本书上都写了寄语，并签了自己的名字。他在书桌前与我导师反复确认我们的名字是哪个字，生怕写错。师爷爷是如此的谨慎、仔细。考虑到师爷爷的身体，我们的探望时间大约半个小时，但这半个小时弥足珍贵。

听导师后来说，我们离开后，师爷爷还是站在客厅目视着我们离开的方向以示送别，久久才去休息。当时师爷爷身子其实特别虚弱，就连从客厅走到门口、大约十步的距离都困难，自己在家吸氧，讲话多了也累。我们那时才知道，师爷爷最大的心愿是继续从事学术研究，但无奈身体不允许，如今只能作罢。

师爷爷在入住安贞医院后不久，就要接受手术。在手术的当天（周二），我发微信问候了师爷爷，希望师爷爷一切顺利。导师把我的祝福传达给师爷爷，导师回复我说：师爷爷在听到你的祝福后特别开心。但师爷爷在手术后不久，就进入 ICU 抢救。导师凌晨在群里发微信告知我们状况，希望不要耽误我们的课。周三她要给我们上一天的课，上午是硕士的课，下午是我们的师门讨论课。我们心疼两位周老师，劝导师停一次课，情况特殊，同学们都能理解的，但她坚持上午给硕士生上完课后，中午才赶回医院。下午的导师讨论课由博士师姐主持，导师对没能给我们上课这件事感到十分抱歉。在师爷爷生病及后来抢救期间，周老师没落下一节硕士生的课。从导师身上看出，师爷爷应该也是对学生非常负责的人。但老天没有看到周老师的孝心和辛苦，师爷爷最终还是离开了我们。

最后一次见到师爷爷是在师爷爷的葬礼上。2018 年 4 月 22 日，早上 9 点多，我们到安贞医院同师爷爷的遗体告别。师爷爷是在 4 月 20 日 22 点 50 分离开的，4 月 22 日告别仪式后，师爷爷的遗体被送到殡仪馆，最后捧出来的是一个小小的盒子。我全程参加了师爷爷的葬礼。按照师爷爷的心愿葬礼一切从简，不麻烦任何人，不给别人增添负担。最后，陪伴师爷爷的只有鲜花。

送别了师爷爷，也送别了师爷爷的一生。这也是我人生中第一次去殡仪馆，在殡仪馆中，我一直在思考：生命是什么？生命的意义何在呢？没有答案。但从师爷爷的身上又隐约得出一些答案：我们不仅要好好做学问，更要好好做人。

如今，我只能在书中与师爷爷相见了。

师爷爷，我们聊会儿天吧

陈琳静

师爷爷：好久不见，您还好么？您站了一辈子讲台，徒子徒孙无数，估计您已经不记得我了吧。师爷爷，我一共见过您三次：第一次在您回龙观的家里，我跟随导师段江丽教授、师姑詹颂教授去看望您；第二次在中日友好医院的病房里，我帮导师拎着水果、酸奶去探病；第三次在安贞医院太平间，作为徒孙向您鞠躬，与您永别。

师爷爷您想起我了么？每次见面都好像太匆匆，您好像也从未来得及和我说上几句话。师爷爷，我们聊会儿天，好么？

您在我心中好像很熟悉，段老师上课时会经常提到您；您的女儿周阅老师在北语工作也是我的恩师；我考博的战友胡元奉您为偶像，每每神情兴奋地说起您如何影响她把专业从国际贸易转到古代文学；每当我说起段老师毕业于北大，总有人追问："她是谁的博士呢？"我就骄傲回答"周先慎教授"。可是您对我来说又很陌生，见到您之前，您是百度百科上有一大串研究成果的陌生人。

2016 年的冬天，我第一次见您，我怯生生地跟着段老师去您位于回龙观龙腾苑的家，脑子里不停出现百度百科上您的照片，想象年过八十的您现在是什么模样，您会是个沉默严肃的学者么？您会是个脾气古怪的老头么？您会问我最近的研究成果么？进小区了，进您家了，越来越紧张，终于见到您和师奶奶。您比想象中高、比想象中瘦，在方框眼镜和颧骨的对比下，下巴有点尖，印象最深的是您眼眸中有睿智的光芒，眼神中透露出某种坚韧，好像是某种桀骜不驯，又好像是某种不容分说的霸气，充满不怒自威的力量。您站起来欢迎我们，身体已经伛偻，单是站立身体也似乎在微微颤抖。您一面安排我们坐下，一面让师奶奶为我们打开无线网，随口说起网络对生活的改变，二维码的发明与推广。您说话缓慢而有力，说完一句稍稍停顿一下，笑的时候会微微露出一颗门牙的一角。段老师介绍我在安徽读完本科后考到北京语言大学。您问我："是安徽师范大学么？"我一时非常紧张，在北京求学多年，我深知通行的"本科鄙视链"，每当身边的同学半调侃半炫耀地说起"清华多么无聊""山大多么落后""南开多么坑人"时，我总会抽动嘴角笑笑，来自普通本科的我，缺少自嘲的资格。您是北大的教授，我多怕您会嫌弃我这个毕业于普通本科的徒孙。我涨红脸，很窘迫很急切地说："不，不，我本科在淮北师范大学，是我们市的一个大学。"您肯定是看出了我的窘迫，马上提高音量，有点激动，盯着我的眼睛说："普通本科怎么了？做学问和在什么学校读书没有必然关系，北大中文系的刘勇强老师他的学问做得很好！他的本科就不是在北大读的，学问在于自己读书、思考。"说完您还是看着我，眼神里是鼓励、是安慰、是告诉一个脸红的小孩不要自卑，要相信自己。我只是不住地点头，什么也说不出来。见您之前，您在我心中是高高在上的北大教授，是严谨博学的学者，是这个时代值得尊敬崇拜的人。可是学识渊博的学者从古至今多如繁星，他们和我又有什么关系呢？在我心中您永远都是心疼过我、鼓励过我、和蔼可亲的师爷爷。师爷爷，我想您了。

　　2017年12月的一个夜晚，我随导师来到中日友好医院去看望您。段老师说您刚刚做过一次小手术，为另一个大手术做准备。我很揪心，我真的很害怕疾病夺走您的骄傲与光芒。一进门就看见您双手抱在胸前，两腿叠在一起，很悠然地躺在病床上微笑着，您只是更瘦了，眼睛里依然是亮亮的光。您一边介绍同病房的室友，一边云淡风轻地讲述手术的过程。面对生死，您真坦然，没有一丝丝恐惧，没有一丝丝困惑，边说边笑，还是微微露出一颗门牙的一角。段老师又一次介绍我，您看着我，笑了一下说，"我不记得了"。我丝毫不介意您不记得我。在我眼中，您就像武侠小说中看破江湖的遁世长者，豪气又可爱。您坦然面对自己的疾病与衰老，坦然面对自己的虚弱与健忘。我当时就在想，时间可以带走人的躯体，每个人都是殊途同归于"土馒头"，可是岁月的酝酿也能赋予不甘平凡的人以坚韧、豪迈、骄傲。师爷爷，您让我第一次真切地感受到文人的傲气、霸气、豪气。也许这就是古代文学学者应有的胸怀，我们既能感受新燕啄春泥、天地万物新生的欣喜，我们也能坦然面对生而为人浮生一梦的短暂。师爷爷，您不只是我心中儒雅的书生，您还是我心中豪气坦荡的英雄。

师爷爷，我多想听您讲课，我想听您讲《三国》。您讲"舌战群儒"该是何等的慷慨激昂！您讲"樯橹灰飞烟灭"该是何等的大气磅礴！师爷爷，我多想活成您的样子，哪怕只是有一点像。

师爷爷，最后一次见您，是和您在太平间告别。您的学生、徒孙们在地下室楼道里排着队，静静地等候。医院的地下室很安静很压抑，队伍中不时发出小声的抽泣声、叹息声。殡仪馆的车已经等在外面了，司机是个胖胖的小伙子，可能等待让他觉得很无聊，他开始打开外放看手机视频。手机里传来热闹的声音，小伙子也不时发出爽朗的大笑声。我理解出于职业的原因，灵车司机对死亡已经麻木，我不能忍受的是，您站了一辈子讲台，一生斯文体面，在最后诀别时竟有人在嬉笑。于是，我走过去对司机说："您好，我们是来与师爷爷告别的，他是我们特别敬爱的老师，您能把视频的声音调小一点么？"小伙子听说您是老师，眼睛里闪过一丝愧疚，一边道歉一边把视频关了。我慢慢走向您，最后一次见到您，死亡夺走了您脸上桀骜不驯的光彩，那颗您说话时、微笑时总是露出一角的门牙，也失去了生命的光泽。师爷爷，说实话，看到静静地躺在棺椁中的您，我有点害怕，心中旋即涌起巨大的悲伤。我们一个个手持鲜花，缓缓走过去，向您鞠躬。每个人鞠躬时，师奶奶都会俯在您的耳边轻声说，某某来看你了！死亡把您的一切都带走了，除了您和师奶奶的爱情。您一生从事自己热爱的工作，与师奶奶生儿育女共白头！师爷爷，我是多么多么羡慕您，羡慕您带着深深的爱离开这个世界。

　　师爷爷，随着您的远去，关于您的记忆永远凝固了。短暂的相处您向我展示了一个知识分子、一位老师、一位长者的斯文体面、博学睿智、豪气坦荡、慈爱善良。我曾无数次想起第一次去您家，您和段老师、詹颂师姑聊得正高兴，一会儿临近午饭时间，段老师和师奶奶商量让我去附近的大鸭梨饭店占个位置，我急忙冲向玄关换鞋子，临出门还听到您在抱怨："干嘛这么着急，位置不重要，我还有很多话要对小陈讲……"

2019 年 3 月

纪念未曾谋面的周先慎先生

蒋永国

今天在回桂林的路上，看到师门群里周阅老师转发了一篇她父亲周先慎先生的文章《我的古典小说研究》。本以为仅是周先生的文章推送，可是打开一看，让我大吃一惊："惊悉周先慎先生仙逝，深感哀痛。在短短不到一个月的时间里，李时人、沈伯俊、周先慎三位古代小说研究界的资深学人相继辞世，学界同仁无不感到震惊和悲痛。周先生道德学问，堪称学界楷模。古代小说网微信公众号特刊发周先生谈其人生与治学的一篇文章，以表哀悼。愿先生安息，您所点燃的学术薪火将永远流传。"看后我想给周阅老师打个电话，可觉得不妥，就赶紧在微信群里转发了这篇文章，题写了："周先生千古！"

2011 年的春季我和周阅老师见第一面，只知道她毕业于北大，研究川端康成，是年轻的博士导师，并不晓得她父亲是北大中文系的老师周先慎先生。此后，在跟随周阅老师学习的两年半时间里，她从未透露她父亲是谁。后来在一个偶然的机会，有位古代文学专业的同学说我导师是周先慎先生的女儿，并且说周先生有一篇文章《简笔与繁笔》入选高中语文课本。博士毕业到广西师大工作两年后，记得是 2015 年 10 月下旬，我请周阅老师来文学院讲学，她给我带了一本《周先慎先生八十寿诞纪念文集》。周阅老师送我书的时候，没有介绍她父亲，只是说带了一本纪念她父亲的书给我。等周阅老师讲学结束后，我就认真地读了这些纪念文章。纪念文集分为三部分：上篇是治学之道，收有 4 篇文章和著作编年目录，第一篇文章是周先生自己写的《我的古典小说研究》，其他3篇是周先生的学生谈老师的治学，著作编年目录由周阅老师整理；中篇是薪火相传，收录19篇文章，最后一篇是周阅老师的《川端康成与儒家思想》；下篇是师生情缘，收有9篇文章，最后一篇是周阅老师写的《我的父亲周先慎先生》。

读完这部文集后，我有两个方面的感受。一是周先生的治学给我莫大的启发。周先生一直谦虚地说，他取得的一点成绩是吴组缃先生教育和影响的结果，他把他的研究概括为三个字：细、深、广。周先生所说的"细"，用比较文学的术语说就是文本细读，他通过精读，避免了人云亦云，大胆挑战了文学鉴赏和文学批评的成见。从周先生在文章中的引述和介绍就可看出，他刷新了对《柳毅传》的主题思想的认识，洞悉了《杜十娘怒沉百宝箱》这个悲剧的真正社会原因。面对传统经典文学作品，要读出新意，文本细读是最好的方法之一。比如研究鲁迅，成见太多，日本人为什么能读出新意，最重要的是他们善于进行文本细读。丸尾常喜《"人"与"鬼"的纠葛》就是这方面研究的典范，据尾崎文昭说他去世之后，留下了分析《呐喊》几篇小说的记录，一个小本子里把鲁迅的小说一页一页的粘贴，很多词语都查字典，不仅查权威的汉语词典，而且还找了吴语专家解释，写了密密麻麻的笔记，才找到了几个比较好的答案；还有北冈正子所写《〈摩罗诗力说〉材源考》对文本的精细分析，让我们清楚地看到鲁迅早期思想的知识谱系。由此可知，周先生把握了文学鉴赏和研究的根本出发点，真是值得我们后辈认真体会和学习。

如果仅仅停留在文本细读上是不够的，所以周先生提出了"深"，就是通过细读的功夫由表及里、以小见大。他举例子谈到他对"宝玉挨打"的细致分析和心理探微，把贾政这个没落阶级代表人物的空虚灵魂和家长权威的深层社会内容揭示出来，还把王夫人哭宝玉的真实目的是维护自己的地位和权利展示给读者，真是令人耳目一新。李陀讲文学创作到了最后实际上是思想形式，作为鉴赏者和研究者应该"披文入情、沿波探源"，去努力把握作者所要表达的丰富思想和社会内容。现在的很多研究者不能认真读书，喜欢讲空话和大话，特别是拿理论做大旗，表面上看很深，其实是不落实处的假深。周先生这种以小见大的治学路径就克服了这个弊病，所以特别值得学习。

有了"细"和"深"，周先生又提出了"广"。他认为第一方面要有广阔的历史知识和生活知识，第二方面要整体把握作品，着眼于全篇的人物关系，揭示出情节与情节、人物与人物之间的关系。文学作品是历史的产物，脱离了历史环境的解读是不得要领的，回归历史现场是文学鉴赏和研究的基本要求，然后在此基础上把握作品整体，这样就在横向上使文学鉴赏和研究宽广起来。

周先生所讲的"细""深""广"是他一生治学的经验结晶和理论提升，总结了文学鉴赏和研究的基本道理和方法，他通过言传身教把这些治学的经验传递到他的学生那里，取得很多成就，这是周先生在中国古典文学研究方面的薪火相传。读后不仅让我很感动，也引起了我对自己过去求学和研究的反思，使我从中获得了很多营养。

二是这部文集教给了我为人处世的道理。我发现在整部书的编排上，每一个板块，周阅老师的文章都放在最后，可见周先生无处不在的家教。在阅读《我的父亲周先慎先生》时，这段文字让我记忆深刻："父亲不但教我怎样为文，更教我怎样为人。在'低调'这个词尚不流行的年代，父亲就已经为我树立起了这一做人的标准。上高中时，语文老师让学生们自己从课本中认领一篇课文给全班同学分析讲解，我选择了《简笔与繁笔》，这是父亲的文章。当我得意地向父亲汇报时，父亲提醒我不要显示出来自己是作者的女儿，讲得好不好关键在于对文章内涵和意义的分析是否到位。所以直到毕业，大家都不知道这篇课文的作者离自己如此之近。在如今这样一个自我包装、全民浮夸的时代，父亲的点拨越发使我感受到坚守谦逊的重要。一次，父亲审阅我的文章，看了作者简介中写着'北京大学比较文学博士'，就指出，直接写文学博士就可以了，不需要写上'北京大学'。我从小生活在燕园，没有意识到北京大学在很多人心中的神圣位置，经过父亲的这次提醒，我在言谈举止中便多了一份谨慎和谦逊。"我明白了周阅老师四五年来未曾向我说及她父亲的原因，当然也知晓了她送我这本书并不仅仅是让我了解她父亲，而可能是提醒我在这方面还要努力学习。现在要低调做人真是很难，各种诱惑使得大家都比较浮躁，要做到周先生那样的低调，只能靠内在操守和顽强的意志力。

周阅老师 2016 年在日本访学一年，回来后我听她说及她父亲心脏疾病越来越重，家里人一直纠结要不要做手术。2017 年 9 月末，周阅老师来桂林参加学术会议，我们在一起聊到周先生的病，她说已经很严重了，但又不敢冒险做手术。我能切实地体会到女儿对父亲的感情，心里琢磨着要去看看周先生。正好当时北语比较文学所在 10 月份举行 20 周年所庆，拟邀请所友回家参加庆典，我也准备去，就预计了多余的时间，并请周阅老师帮忙约时间去看她父亲，周阅老师也帮我约好了。出发前，我准备带上一本拙著送给周先生，请他指正。可是临去北语的那一天，院里突然有急事，院长和书记让我不要走了，这样我就没去成北语，当然就没能见到周先生。12 月份的时候，我去人大旁听一次会议，又准备请周阅老师帮我约时间去看周先生，但不巧周阅老师正好去广外讲学，又没能去拜见周先生。此后，我时不时会通过周阅老师问问周先生的病情，还一直想着找个时间去看周先生。最近一个月来，因为忙着写论文和工作，又回家探亲，就没有问周阅老师关于周先生的近况，没想到今天惊闻周先生逝去，这于我是极其难过的事情。

我不是学古代文学的，对周先生专业领域的诸多贡献所知甚少，只能谈一些初浅的感受。当前的语境对于学人并不理想，看到周老先生留下的治学经验和为人处世态度，我也多了很多勇气和动力。我想周先生的治学态度，对于任何人文科学的研究都具有启示。他说："什么是治学态度？很简单，从比较抽象的精神层面来说，就是要有传统士君子的弘道精神，要有较高境界的学者品格和学术目标，只有这样才能淡泊名利，潜心学问；从比较具体的操作层面来说，就是要做到用材料说话，务真求实、精益求精。总之，正确的治学态度就是要有崇高的学术精神和严谨求实的学风。"周先生的话是针对中国的学术现实而发，他用坚守和努力书写了一个有良知的学者的一生。今天的社会，追求真理、守卫学术底线已经很难了。作为学人，我们不能去要求别人，只能努力回到自己，哪怕做点修修补补的工作，在自己的研究领域里有一点推进，也算继承前辈的遗志吧。

7月份我去北京，拜访了周阅老师，和她在北语的咖啡厅里聊天，她红着眼圈和我谈及周先生的去世。她说4月份的时候经过全面会诊，医生给出建议可以手术，并且成功几率高。当时一家人都非常高兴，周先生也很高兴，甚至还计划着自己的写作，哪里知道周先生被送进了手术室出现了这样的结果，这真是让周阅老师及其家人始料不及！周先生走了！周阅老师哀痛！我们学生难过！可又不知如何表达！在此只能以小文略表纪念之情和敬仰之心！愿周先生一路走好！

2018 年 4 月 22 日初稿，8 月 26 日改定

忆师爷爷周先慎先生

靳慧卿

翻开《简明中国文学史》的扉页，看到周先慎先生的题字"慧卿存览"，便回想起今年春节前，师姐妹三人随周阅老师拜访师爷爷和师奶奶的场景。我们不像是初次登门的后辈学生，反像是久未归家的游子，在冬日的午后如沐春风。

周先慎先生的面容像他的字，清俊、落拓，有文人气。周阅老师的字与他的字有七分相似，更多几分娟秀，有血脉相连之感。周先生步履虽缓，精神头却很好，思维依然敏捷，不像一位82岁高龄的老人。两位老人一边用茶和水果招待我们，一边和我们谈学术、谈生活，温文而亲切；他们和我们分享了孙女芸芸为《冰雪奇缘》做英文配音的小短片，小女孩的配音像电影原声一样精彩，引得我们连声赞叹，周先生和钟老师像所有宠爱孙女的爷爷奶奶一样，神情骄傲又慈爱。

周先生父女俩的相处亦师亦友，令人十足羡慕。在女儿面前，周先生流露出了孩子气的一面，他期待做手术的心情，像少年人殷殷期盼一件向往已久的礼物——他想要写的书，想要做的学问，以目前的身体情况是不能实现的，如果能够尽快做完手术，他便不只是"活着"，他的生命会重新丰富而有意义起来。我不禁想到：周先生有一颗永恒年轻的爱学、好学之心呀！

那次会面中，我印象最深的一句话，是周先生对作为学术期刊编辑的永怡师姐说，做编辑毕竟是编辑别人的文章，未来还是要积累，要是能写出自己的文章来就更好了。可见他对于学术和创作的追求，他这样的追求，也深深影响着我们这样的学子。这句话烙在我的脑海里，如启明星一般，照耀着我前进的路。

犹记第一次知道我的师爷爷是周先慎先生，是在 2015 年的冬天。某日课后，周阅老师送给了我一本周先生的八十寿诞纪念文集，她把书送给我们时并没有特意介绍周先生——周阅老师素来低调谦逊，提到她的父亲时从未说过他的名字——如果不翻开这本书，我不会知道高中时学过的课文《简笔与繁笔》的作者"离我如此之近"。我读这本书时，对周阅老师的文章和段江丽老师的文章印象尤为深刻，文中周先生对学生和女儿在学术上和生活上的教育、引导和关怀令我敬佩又神往。三年后再读这两篇文章，更觉感同身受——跟随周阅老师学习的时光里，她不只教我们如何做学问，更教导我们如何为人。周先生的精神在周阅老师的身上延续着，她是周先生赐予世界的珍宝。

周先生治学严谨、为人师表，是真正能影响后辈的学之大者。他在古典小说研究领域创造的宝贵财富，与他永恒年轻的爱学、好学之心和对学术研究的追求分不开，更与他的高尚品格分不开。他的生命深而广，他与我们常在。

2018 年 12 月 23 日

明月心思秋水文

——怀念周老先生

李赫宇

  周阅教授是我的博士生导师，周先慎先生是恩师的父亲，按照传统称谓应该称作师爷或师公，对于自幼习武修文、沉浸于中国传统师徒教育模式下的我来说，周老先生在我心中的地位不仅是至高至重的，而且还有着某种神圣意味。

  周阅教授曾对我说，在她的弟子中我是唯一一个和周老先生有"学术联系"的人。对此我一方面觉得无比荣幸，另一方面又觉得无比遗憾，遗憾之处在于我和周老先生始终只是神交，未曾当面聆听教诲。在这些"学术联系"中，有两件事格外值得书写。

  第一件事，是在我博士论文即将定稿之时，由于我的论文涉及到大量道家思想、道教文化、武文化等古典文化元素，所以导师建议我找一位精研古典文学的专家给最后把把关，提出修缮意见。但是，要在非常紧急的时间里找到合适的专家，而且还要恳求人家在同样紧急的时间里耗费心力审阅数十万字的论文，实是难事。第二天，正在我一筹莫展之时，导师打来电话，说可以联系周老先生来帮这个大忙，只是当时周老先生年事已高，基本不再看学生的大部头论文，但是她愿意尽力沟通一试。又过不久，导师电话告知沟通顺畅，周老先生愿意"出山"。我当时大喜过望，恩师为了自己的弟子，出面烦劳年迈的父亲大人，而我则因此有幸得到如此学识渊博、德高望重的名家指点，这样的事情，真的只能说是"可遇不可求"的巨大幸运。

至今我还清晰记得，周老先生在评阅中认为，论文有宏阔的会通视野，古典文化功底深厚，选题有填补空白的意义，进而提出了许多宝贵的修改意见。一位学术名家对一位无名晚辈作此褒奖，背后是谦逊的胸怀，是属于那个年代的大师古风，是提携后辈的殷切厚意，对于我来说则是巨大的鼓舞与勉励，这份恩情我感铭于心。

第二件事，是在周老先生的《细说聊斋》即将出版之时，他通过周阅教授转告我，邀我为他的新书撰写一篇评述性文章，或许还会以此代为序言。得知此事，我的脑海中一直盘旋的就是"受宠若惊"四个字，想不到周老先生的厚爱一至于斯，同时也更觉得任务艰巨。

《细说聊斋》的写法，融合了西方的"文本细读"和中国古典的"涵咏白文"、眉批评注等风格，以有情有义之文字，呼应《聊斋》至情至性之篇章。周老先生的写作，是人如其文，将自己的"三观"渗透于文本的审美评鉴与意蕴阐发之中，同时轻巧自然地引入对当代社会世事人情的批判与劝导，从而为《聊斋志异》世代相传的整体"效果历史"贡献了一块重要基石。所以要写好这篇书评，就必须更多地了解周老先生其人其事，为此我查找了若干资料，印象尤为深刻的是当时看了一部北大学生自制的优秀教师短纪录片，片中学生们对周老先生的赞美之词自不待言，我想说的是虽然只见到寥寥几段授课镜头，却当真是"隔着屏幕都能感受到淡定而强大的气场"，而且令人如沐春风。

书评撰写完毕，忐忑地发给周老先生，特意附上两句话："惶恐撰文，关心则乱，用力过猛，疏漏难免，万望海涵；感谢信任，无上荣幸，顿首再拜。"幸好周老先生对书评表示满意，令我欣慰非常。

学术锻炼和武功修炼是相似的，在投入个体生命的时间、心力与精神情感的同时，往往独自抵抗身心锻造的艰苦与漫长，不断思考与校正最终的目标甚至出发的原因，仿佛置身于迷雾缭绕中暗夜行路，稍有差池，便会陷于泥淖、误入歧途。在求知、研究与创作过程中，面对这些张力与困境，无论是诚意正心、格物致知的专注，还是虚静守一、道进乎技的方法，个人的力量都仍然会显得渺小无助；而师长的传道解惑，则经常在关键时刻为学术之路上的蹒跚行者注入前进的信念和持续的动能。无论是恩师周阅，还是周老先生，都是曾经给我传道解惑的人、给我扶持导航的人、给我注力注能的人。

对于导师周阅教授，我一直深怀感恩之心，她通过言传身教树立的严谨学术态度和高洁人格典范，令我敬仰与效法，并使我在此过程中终生受益；在我博士毕业之后的生活与工作中，她也依然持续性地给予温暖有力的精神支持和具体创作的指导。细想发现，从周老先生到恩师，他们那清通圆融的心怀，既宽和又严谨，既温润又坚韧，是一脉相承的。

《圣经·耶利米书》中有一段极精彩的话："他必像树栽于水旁，在河边扎根，炎热到来，并不惧怕，叶子仍必青翠，在干旱之年毫无挂虑，而且，结果不止。"我想，这或许可以作为对周老先生的怀念之辞，也可以作为对"传道、授业、解惑"的师长们最好的评价，更可以用来表达我们对师长最好的感谢与祝福。

怀念师爷爷

李蕊沁

周先慎先生是段江丽老师的博士生导师，而段老师是我的硕士导师。作为无知小儿的我，就这样很荣幸地成了周先慎先生的徒孙！

2015 年夏天的一天，我第一次见到了师爷爷本尊，而之前我已经以一种特殊的方式，与师爷爷有了"近距离"的接触。

当时为了庆祝师爷爷的 80 寿诞，他的弟子们计划编辑出版纪念文集，主体部分之一是收录弟子们的学术论文，以示学术传承。其中，任教于香港某中学的黄嘉蕴老师的论文《从唐传奇名篇看两性关系——以〈莺莺传〉为中心》是早年的硕士论文（2002 年），作者本人只有繁体字 PDF 扫描文档，无法编辑操作；而且篇幅有 5 万余字，不便全文收入"文集"，因此，需要重新录入简体字版并做适当修改，而黄嘉蕴老师又因工作繁忙无暇顾及。我从导师那里得知这一信息后，主动请缨承担了这一任务，修改初稿并录入电脑。在我，是希望以特殊的方式向师爷爷致敬！

这项工作说起来非常简单，但我做得小心翼翼，生怕一不留神哪里打错了或漏掉了或注释位置标错了，也担心有其他难以察觉的失误；由学位论文体修改为普通论文刊发体，更是一项需要动脑筋的工作。最后，这项工作如期顺利完成，并得到了作者本人和段老师的认可。在文章修改、录入过程中，我学到了很多知识，我坚信，如此内容丰富的硕士论文，作者本人和指导老师一定付出了很大的努力，因此，对早就慕名崇拜的师爷爷更加敬佩了！

　　7 月中旬的一天，师爷爷 80 寿诞庆典活动上午在北京大学中文系举行，下午移师北京语言大学，进行学术研讨并举行晚宴。我们几位段江丽老师和成敏老师的在校研究生，作为师爷爷的再传弟子代表，很荣幸地获邀参加了晚宴。我们几个徒孙一起为师爷爷、师奶奶献花，场面非常温馨感人！这是我第一次见到师爷爷和师奶奶，他们头发花白，师爷爷腿脚不太灵便，但是气质非常儒雅。师爷爷和师奶奶都非常和蔼可亲，让我们这些小字辈一点也不感到紧张。当日的聚会可谓"群贤毕至，少长咸集"，三代同堂、其乐融融的情形至今历历在目。

　　2018 年 4 月，我从网络上看到了师爷爷驾鹤仙去的消息，心中感到非常悲伤。当我想以文字表达对师爷爷的怀念之情时，总会想到司马迁《史记·李将军列传》中的那句话："桃李不言，下自成蹊。"

　　我于 2013 年考入北京语言大学人文学院读硕士研究生，有幸成为段江丽老师的弟子，承教膝下。无论是课堂教学，还是指导学位论文写作，段老师都极为认真。这份"认真"包含许多方面，它们都让我受益匪浅，不仅培养了我的学术研究能力，更重要的是，让我理解了学术的意义、学者的情怀，从而对学术有了应有的敬畏之心。回忆段老师对我的指导，有两点印象特别深刻。

　　首先是"文本细读"。这是要求对文本进行精细的阅读，记得在课堂上段老师曾带着我们一字一句地读《红楼梦》选段，然后提醒我们理解每一个字、词乃至标点符号的含义和用法。老师的耐心使我和同学们都惊呆了：像段老师这样的资深学者竟然用这么"笨"的、"小学生"式的方法做研究？但是经过一段时间的训练，我们不得不承认，跟着段老师的方法读《红楼梦》，我们对于书中的人物、事件以及故事背后的内涵等等有了更加深刻、贴切的认识。等到再写论文的时候，不觉间文笔也顺畅了，论据也更准确了……

　　其次是"严谨"，包括学术研究的态度、方法、语言表达、资料使用等各个方面，段老师都一再强调一定要严谨。学术研究的态度一定不能急功近利、弄虚作假；学术研究的语言一定要繁简得宜、精炼准确；观点一定要从材料中提炼出来，而且一定要尽量使用第一手资料，不得已使用二手资料时要确保准确无误，等等。我至今还珍存着段老师给我指导的课程论文和毕业论文修改稿的稿本，那些标记在字里行间的修改文字及各种提示性符号，时刻鞭策着我要用严谨的态度去对待学术研究和我所从事的编辑工作，做一个诚实、认真的人。

后来，我在《周先慎先生八十寿诞纪念文集》中读到段老师《师缘·师恩》一文，老师在介绍了师爷爷对她的教导和影响之后说：

> 老师的一些告诫，已经融入血液，成为我从事学术活动的信条与准则，诸如"踏实""严谨""兼容并包""读书—思考—写作三环紧扣""对别人的观点可以不同意但是要尊重""将研究对象置于坐标系中前后左右关联比较"，等等……
>
> 除了为学，还有为人。老师说，要行君子的忠道与恕道，与人为善、推己及人；老师还说，任何时候都要能够保持平和的心境，得意时要想到自己的不足、不骄傲，失意时要想到自己的长处、不气馁。

看到这些文字，我不禁乐了：原来段老师所践行的，正是当初师爷爷的"教学法"！20 余年前，师爷爷的告诫已经融入段老师的血液，成为她从事学术活动的信条和准则，而段老师对我的告诫也已融入我的血液，成为我从事编辑工作和学术研究的信条和准则！

实事求是、严谨踏实，学术事业薪火永相传！我想，这应该是我们对师爷爷最好的纪念！

2019 年 3 月 24 日

山高水长忆师公

苏永怡

我在 2008 年成为周阅老师的学生，开学不久，有一次去周阅老师的办公室请教学习事宜，见到一位清癯、和蔼的老者，周阅老师介绍说是她的父亲，这是我第一次见到周先生。周阅老师很低调，我对周阅老师的家庭了解并不多。后来，才听身边人谈起，周阅老师成长于燕园，父亲是周先慎先生。我才知道我之前见到的老者是我熟悉的作者"周先慎"，周先生的《简笔与繁笔》是我中学时期熟读成诵的篇目。敬仰之余，感叹于周老师的低调。后来得知，周阅老师的这种低调正是父亲所教。

多年前，周先生的心脏便有些问题，后来听周阅老师谈起应该保守治疗还是应该手术，当时大家都倾向于保守治疗。2017 年，周先生的心脏问题更加严重了。由于心衰无法维持正常的读书生活，周先生感叹生活没有质量。周先生热爱生活，热爱学术，一心盼望能通过手术解决这一问题，正常读书生活，完成手头的一些学术计划。这期间，历经多次检查、住院，希望能以最好的状态，通过最佳的手术方案，解决令人头疼的心衰问题。2017 年冬季，在周先生住院期间，我送给先生一瓶云头艳墨汁，先生很是喜欢，期待康复之后可以享水墨之乐。2018 年 2 月 5 日，正值戊戌狗年春节前夕，我和师妹靳慧卿、常雪峰一起到金手杖老年公寓看望周先生。周先生当时的精神状态很不错，和我们一起谈论了很多做人与为学之道，思路清晰，笑声爽朗。周先生问起我在社科院现在具体做些什么，我便向先生介绍了我在《世界文学》《外国文学动态研究》的具体工作。先生说，我虽然是做中国古典小说研究的，但是对《世界文学》也有一些了解，这是一个有着光荣传统的杂志。先生嘱咐我，一定要做学术型编辑，不断提高自己的学术能力，这样才能做一个好的学术编辑，中华书局和商务印书馆等老一辈编辑前辈中，有很优秀的学术编辑，要向他们学习。谈及因为工作原因，我主要关注当代的作家。周先生提醒我，杂志有自己的关注方向，你可以在当代外国文学方面多下功夫，但一定不要忘记从经典文学中汲取营养，以经典中锻就的眼光审视当代外国文学及其研究，这样会拥有历史的、宏观的视野，参与到当代文学的经典化历程中，将历史与当下结合起来。

2018 年我开始跟随周阅老师攻读博士，每周有三个小时学术著作精读课程，每周会布置下一周的精读内容，下周师门同学一起讨论。硕士期间，我也曾跟随周阅老师学习"中日比较文学研究方法"课程。算起来，跟随周阅老师学习已近十年。周阅老师的研究，既有宏观的视野，能够从东亚文化圈的视角开展中日比较文学研究，又有文本细读基础上细致入微的分析，而"广"与"细"又都是建立在深入的思考与研究之上。周先生在《我的古典小说研究》中指出，自己受了吴组缃先生的影响，先生将自己的古典小说研究概括为三个字：细、深、广。周阅老师是周先生的女儿，也是周先生的学生，深受周先生的影响。因此，周阅老师的学生们都亲切地称周先生为师爷爷。每次听到我们喊"师爷爷"，师爷爷总是笑呵呵的，眼睛眯成一条缝。我是周阅老师的学生，十年来，不断受到周阅老师润物细无声的教育，而这种滋养一定程度上传承自周先慎先生。作为一个学术路上的起步者，在以后的日子里，我定当争取做出"细、深、广"的研究成果，不辜负曾经教育和帮助过我的老师和朋友。

2018 年 4 月 20 日深夜，周先生离开了我们。4 月 22 日是一个阴郁的日子，暮春细雨连绵，低垂的天空使人憋闷。因为周先生生前坚持不举办任何仪式，我们只能怀着沉重的心情在安贞医院的太平间跟周先生作最后的告别。我和几位同门向先生鞠躬之后，站立在灵柩一旁的师奶奶钟老师缓步走到周先生身边，俯身耳语道："你的徒孙来看你了，你看到了吗？你开心吧……你放心吧，她们一定会照顾好小阅的！"周阅老师膝下无子女，周先生一直放心不下。周阅老师传道授业解惑尽心竭力，教育学生如何为学，同时教导学生如何做人、做事。另外，对学生的生活也很关心。古人云"一日为师，终生为父"。我觉得，周老师更多把学生当成了自己的孩子，倾注了很多心血。中国社会科学院一本历史悠久的名刊诚意满满地向周阅老师发出了工作邀请，周阅犹豫再三，最后还是婉拒了这份邀请。据我了解，一定程度上是因为周阅老师不舍得身边的这群学生。我承教于周阅老师多年，周阅老师待我如同母亲一般，不只是一位老师。作为学生，我们定当照顾好周阅老师。

告别时，最让我动容的是师爷爷与师奶奶钟老师的伉俪情深。太平间只给大家留下了半小时的告别时间。首先是钟老师单独跟周先生告别，然后大家顺次与周先生遗体告别。钟老师与周先生单独告别的时间持续了大约十几分钟。时间太残酷，医院的规定也是冷冰冰的，十几分钟，哪能诉说完满腔不舍。最后，我们给灵柩周边撒上鲜花，随后盖上白布、合上灵柩之时，一直守在旁边的钟老师又轻轻打开了刚刚覆盖上的白布，万分不舍地看着先生，满眼尽是温柔，小心翼翼地整理着先生的遗容，动作极其轻柔，生怕碰坏一般。钟老师始终克制着自己的情感，保持着自己的仪表，不过我能够感受到平静面容之下的汹涌的感情。有那么几个片刻，我看到她已经几乎克制不住自己了，眼底的泪在眼圈里打转。60 多年的相濡以沫，钟老师的生活都以周先生为中心，无限的深情都化为了不舍与思念。周先生离开之后，听周阅老师说钟老师的状态一直不太好。今年 9 月，钟老师启程前往加拿大与儿子同住一段时间，希望天伦之乐能稍稍缓解思念之情。

云山苍苍，江水泱泱，先生之风，山高水长。转眼，周先生离开我们已经半年有余。好在薪火相传，吾辈定当谨遵教诲，砥砺前行。

2018 年 12 月 26 日

绿道① 之恋
——谨以此诗悼念妹夫周先慎

钟必伟

你一生走过多少景点，
独把这青城绿道留恋。
这里山峦叠翠，古树参天，
鸟语虫鸣，春花烂漫。
一条大道，平平坦坦，
把仙山与人间紧紧相连……
是欣赏这里的青山绿水？
还是喜欢这里的空气新鲜？
你几次邀弟妹们来这里游玩，
当弟妹们已经走得很远很远，
你还在那古老的碑亭里
流连，流连……

绿道呵绿道，
绿道是一个梦：

---

① 2016年4月，先慎、必琴偕同兄妹共8人，在青城前山"顺河苑"欢聚，不远处有一绿茵覆盖、古树参天、宽阔平坦的大道，直通青城山大门，人称"绿道"。

那未名湖的涟漪，

亲人们的笑脸，

都在你的梦中呈现……

绿道是一片天：

天上云飞雾卷，气象万千，

写不尽你藏在心底的苦辣酸甜……

呵，绿道本是一个缘！

兄妹们在此相聚，

促膝谈心，嘘寒问暖；

回忆父母恩似海，

谈笑风生忆当年。

父母恩，兄妹情，

点点滴滴刻在你心坎。

你拖着病体，尽心竭力，

为亲人们留下一部深情的影集

——《思念》！ ①

绿道呵绿道，

绿道就是你的化身，

绿道就是你的夙愿：

坦坦荡荡，作人作事；

勤勤恳恳，笔耕不倦！

_____

① 先慎平生好摄影，电脑里积存了父母和儿孙们的许多亲情照片。青城聚会后，先慎把父母和亲人们的照片精心挑选，加以编排，配上解说词和抒情的音乐，辑成一部影集，取名"思念"，发给大家留念。每每观看，睹景思情，总不禁潸然泪下。

夸你清高不清高，
说你平凡不平凡！
你是一个学生仰望的教授、学者，
又是亲人眼里和和气气的"服务员"。
一生苦读，不要人夸学问好，
潜心钻研，只求清气满人间！
如今你虽已魂归天国，
但你那亲切的身影，
却深深留在我们心中
——永远、永远……

大哥必伟于 2018 年 11 月

忆姐夫

钟必秀

在我的印象里，姐夫周先慎是个对学问极为认真、不停深耕的文人。每次去姐姐家，总见他在书房不是看书就是写作。他一生不求财富多少，但对学问却求尽善尽美。现在许多地方都存在物欲横流、金钱至上的风气，但姐夫从不利用他的名气和他的身份去索取份外的收入。他曾指着书房里满墙的书架和堆得满满的书对我说："这就是我一生最大的财富。"我在他身上看到了一个文人的满身正气。

到了老年，他身体已经每况愈下，心衰严重地折磨着他，但他心里装的还是那未完的写作计划。我是个学工科的，开始，我不理解，我以为是为了挣钱或者为了出名。但是后来，我知道了他写的那些书，出的文集不仅不能挣钱，有时还得往里填钱。姐姐告诉我，姐夫曾说他多年的探究和积累当中有些是只有他自己才有的体会，同事和学生也这样说。姐夫说把这些想法写出来给后人参考，不仅是他自己的心愿，也是他的义务和责任。我想，这就是一个研究中国古代文学的学者对国家、对社会所能做出的贡献吧。

他的病做手术是有很大风险的，不做手术好好休养或许可以多活几年，但是不能累，不能写作。做与不做两条路摆在面前，他选择了前者。他说："如果要我放弃写作，活着还有什么意思。"所以，他选择了一条冒险的路，希望新的手术方案能拯救他的生活，帮助他实现研究计划。遗憾的是"小概率的突发意外"夺去了他的生命。风骨犹存，然壮志未酬身先逝也。

研究古典文学难免会带有一种学究气，但闲下来时姐夫还是很有情趣的。年老了还学会了做PPS。最令兄弟姐妹感动的是他花了很多时间和精力把父母一生的照片整理成一个缩影集。这个PPS寄托了他对父母的深情和感恩，也成了全体兄弟姐妹追忆父母最好的依托。他也爱上了摄影，对花木尤其喜欢。每次团聚出门游玩时看到他弓着腰从各种角度认真拍照的身影，就感到他又充满了活力。他还是一个用情极专极深的人。2017年去他家看到桌上正摆着一首小诗，是写给我姐姐80岁生日的，他说还在润色修改，等生日到时再送给我姐。自那时起我才知道我姐生日他常送诗一首。我当时又感动又羡慕，感动的是老夫老妻几十年保持情深意切，羡慕的是文人的笔墨。此诗虽只有几句，但饱含深情厚意，比起那些99朵玫瑰或花重金举办的生日宴来，意境更高更深。

人已去也，往事难忘。愿我们能学他的风骨和他的长处，让老年生活更加简明清正，充满活力，充满快乐。

2018 年 11 月 18 日

回忆周哥哥

钟必荣

周先慎是我的大姐夫。我们都亲热地叫他周哥哥。

2016 年 4 月，兄妹 8 人相聚在成都青城山，住在顺河苑。我们在那里度过了愉快而难忘的 8 天。分别的那天上午，我们的车来接我们去火车站。周哥哥和姐姐还要等一会儿，接他们的车还没来。他们俩在顺河苑门口送我们上车。车窗闪过，只见周哥哥一脸温和的笑容向我们挥手告别！唉！想不到那就是我们和周哥哥的最后一面！

周哥哥儒雅博学，待人温和，对弟妹们很友爱，我们从心里敬爱他，把他当亲哥哥一样。一次，我在教中学语文课时，教到了他的文章《简笔与繁笔》，崇拜之情便油然而生！年轻时，大家天各一方。各自忙于工作和生活，很少相聚。退休后，兄妹间的聚会便多了起来。

周哥哥是一个热爱生活的人。我们曾共游人间仙境九寨沟。那时，周哥哥在翠海叠瀑间照相摄影，显得雄姿英发，神采奕奕！我们曾聚会重庆南山。周哥哥对南山植物园的奇花异草特别钟情，一个一个拍了特写。他还赞美南山的仙人掌种类比北京植物园还多！在大哥家吃饭时，他特别欣赏重庆凉面，还和弟妹们抢着吃。那时，我们好快乐啊！我们也曾小住成都黄龙溪。那里的绿树、翠竹、清溪使他流连忘返。他还对那里的特产"三大炮""一根面"饶有兴趣，用相机详细地记录了制作过程。那时，他的心脏已很不好，腰也弯得厉害。但是，他拍照的时候，就忘记了一切。

最难忘的就是 2016 年 4 月，兄妹在成都青城山相聚。每天晚饭后，我们都要出去散步。沿途溪水潺潺，槐花飘香。周哥哥拄着杖，尽管走得慢却精神焕发！我们进青城山好几次，每次都要经过长达十几里的绿道。我们有时乘车，有时步行。绿道两边，古木参天，空气清新。碑亭相接，鲜花盛开。远处层峦叠嶂，云雾缭绕，令人心旷神怡！周哥哥感叹道：唉！这绿道真好！我好想每天都来走一次啊！

每次出行，周哥哥都是我们的摄影师。他弯着腰，拄着杖，胸前挂着不离身的相机，沿途照个不停。姐姐如同他的保镖，背着一应物品：药品、衣服、水，包括重重的电脑，紧随身旁护卫。

周哥哥就是这样一个热爱生活、热爱大自然的人。他对生活的态度，他的坚强、乐观的精神永远激励着我们！

今年 4 月，周哥哥在北京住院行心脏手术。兄妹情深，我们只有为他祈祷！祈盼他手术成功！身体康复！不久，噩耗传来，我不觉嚎啕痛哭……

永别了！敬爱的周哥哥！

2018 年 8 月 25 日

冬天的怀念

钟必健

　　周哥哥离开我们已经数月了，他的音容笑貌依然停留在我们的脑海中！

　　住院之前，我和姐姐通电话、视频时，周哥哥都要在旁说几句，视频里也要看看我们。所以，得知噩耗时，我脑子一片空白，瞬间掉入黑暗，泪水夺眶而出，我不相信这是真的！周哥哥分明还在，只是住院了，他会醒过来，会回来的！

　　那几天经常睡不着，迷糊中老是听到周哥哥叫"八妹"的声音。周哥哥没有妹妹，把我当亲妹妹看，和姐姐一起牵挂着我，关心着我。家中大事小事我都愿意和他们说，和姐姐姐夫打电话聊天，经常一说就是一个小时。周哥哥没有一点大教授的架子，他时而劝慰，时而鼓励，时而帮我分析。总之，每次打完电话，我心里都豁然开朗！最艰难的那些年我就是这样，在姐姐姐夫的呵护下，一步一步走过来的。

　　从小我就非常崇拜周哥哥的学问，在复习高中课程时，常常自豪地指着课本对同学们说："看，这篇《简笔与繁笔》是我姐夫写的！"现在该文已经收入百度文库了！

　　记得那年我们一起去杭州看望爸妈，周哥哥带我去苏州参观了好多地方，每到一处都要给我讲解典故、诗词。记忆深刻的是寒山寺，"月落乌啼霜满天，江枫渔火对愁眠，姑苏城外寒山寺，夜半钟声到客船。"姐夫问我是否记得这首诗，我摇头，他并不嫌我懂得少，而是耐心地教我，到现在我都还记得当时的情景！姐夫的渊博学识和修养，使我充满敬佩！

周哥哥一生不追求名利，在他身上有着文人的傲骨和正气，不随波逐流，保持着自己独立的人格，当社会上有许多所谓"作家"，以文致富，追名逐利时，他依然每天勤勤恳恳研究着他的古典文学，兢兢业业带着他的学生，哪怕物欲横流，金钱当道，他自清高！家里满墙的书籍就是他留下的一生的财富！

周哥哥和我们兄弟姐妹的感情非常好。2009年国庆节姐姐姐夫回到四川，我们记得当时的情景：在成都的亲人都非常高兴！大家一起到青城山小住几日。那时的周哥哥很是年轻，有精气神。他喜欢在山清水秀、空气清新的地方和我们兄弟姐妹们一起拉家常，这次大家玩得非常开心！2012年的5月，是我们兄弟姐妹聚会最齐全的一次！我们相聚在大哥家，回忆父母恩深似海，刻骨铭心，道兄妹感情血浓于水，心有灵犀，忘不掉的童年趣事，说不完的牵挂深情，最后依依不舍，愿来年再相聚！2014年姐姐姐夫再回川，周哥哥拄着拐杖和我们一起去黄龙溪，跋山涉水，忘记了病痛，脸上挂着喜悦的笑容，人也年轻了很多，忙前忙后给大家照相，高兴得不亦乐乎！2016年4—5月我们相聚于青城山，绿道两旁的松柏苍劲挺秀，各种花儿争相吐艳。清新的空气、美丽的风景，让周哥哥流连忘返，他拍了花儿拍树木，拍了树木拍亭子，忙上忙下，那么专注又那么愉快欣喜，这些情景还深深地印在我的脑海里！我们沿着悠悠古道慢慢往上爬，听着清流潺潺……这是我们的最后一次相聚。

周哥哥是那么热爱生活，那么充满爱心，尽管忍受着病痛的折磨，还是尽力去感受生活的乐趣！

周哥哥走了，走得那么匆忙，那么让人难以置信！

在这个冬天，让我摘下一片雪花，捎去你所在的地方，捎去我真诚的祝福：愿天堂没有病痛，愿你一切安好，愿你在那里幸福快乐！

姐弟周年奠

张 伦

姐弟俩，虽历经磨难和沧桑，仍旧勇敢地，于生命最后一段，坦率地向死而生……在他们最后的日子里，留给我们这些后代最弥足珍贵的财富是：对生命意义重新的考量、启发和更加深刻的认知。可能，每到冬天的这个时段，注定是我们心有戚戚而不能言，眼有泪光却不堪流出的特别时刻。毕竟，在血亲深处暗自疼痛的新伤，岂止是时间可以轻易稀释，并且迅速愈合的？又岂止是"遍插茱萸少两人"那么简单？妈，舅，向死而生的乐观豁达，那才是你们留给后代用之不竭的伟大财富，是活着就要力争活好的绵长力道。此生，有缘做你们的后代，真是件幸福而骄傲的事情。假如还有下一次，假如我们还是一家人，有多好……？！

是为奠。

先慎的爱

钟必琴

先慎走了，带走了疾病和痛苦，留下了爱和思念。

先慎爱家乡，他的家乡在四川省崇庆县（今崇州市）。家乡的一草一木、儿时的生活情景、他的学校、他的老师，回去的机会越少，他越是惦念于心。是家乡、母校哺育他成长，奠定了他人生的基础。

有一年，我陪他回母校崇庆中学，走进那已和当年大不一样的校园，看着那充满时代气息的校舍，听着老师们的介绍，他激动兴奋之情溢于言表。他骄傲地对我说："别看这是个小地方，我们崇庆中学水平不错的。现在高考，常有人考到北京，考入北大、清华。"前些年，每有到北京上大学的年轻学子来拜望他，他都和他们忘情交谈，难掩欣喜之情。

每次家乡有人来采访他，他都觉得是一次爱的交流，是家乡对这个游子的爱和关怀，而这些采访也成为他对家乡之爱的表达。

先慎爱他的母亲和姐姐。对于勤劳一生的母亲，他却要忍受"子欲养而亲不待"的痛苦。在母亲孤独地忍受病痛折磨时不能陪在她身边，甚至在母亲无助地离开人世时，做儿子的也没能见上一面。他对母亲的爱永远留在了摆脱不掉的遗恨中。先慎爱他的姐姐。他姐姐从最初三十几元的工资里拿出钱来供他上学，直到大学毕业，他才有了后来的一切，才能成为北大的教师。他们是在心灵上相依相伴走完人生旅途的姐弟俩。

先慎爱我。我们从大学相识，相知，相恋。在一个教室听课，一个食堂吃饭；漫步荷花池畔，赏花植物园中；闻着芙蓉花的清香，看着池水泛起的涟漪；图书馆里并坐攻读，小楼陋室相伴温习。毕业后我们一起分配到北京，半个多世纪的相守，黑发变成银丝，儿女事业已成，争吵生气变成了温馨的回忆，体贴关心早已刻骨铭心。我60岁生日，他为我赋诗："共道桑榆好，何伤近黄昏。"我们趁着美好自由的桑榆晚景，国外国内跑了许多地方：国外如瑞典、韩国、日本、新马泰、柬埔寨，国内如香港、青岛、江西、贵州、云南……我们还曾三次到海南三亚过冬，看日出日落，听潮涨潮退。我们一起拍照，看照片，做PPS。这段时间先慎学术研究上也硕果累累，不但写了很多有独特见解的论著，还到中央电视台《中华文明之光》《百家讲坛》，到现代文学馆、国家图书馆，到北大远程教育等做各种或专业或普及的文学、文化讲座。

我70岁时，先慎题写"执子之手，与子偕老"相赠，爱尽在不言中。因为不忍我的辛劳，他决定住进老年公寓；为了减轻我的负担，他选择了手术。然而我并不觉得辛苦。那是"执子之手"的生活，正如《牵手》所唱："也许牵了手的手，前生不一定好走；也许有了伴的路，今生还要更忙碌。"凡他住院，我每天必去陪他，不管寒冬酷暑，无论刮风下雨。那不是辛苦，那是相伴，能相伴就是幸福。能执手60年，相伴到白头，就是上天赐予的恩典！

现在，我看着墙上先慎给我的80岁生日赠诗，那过往的情景一一浮现眼前：他弯着腰，拄着杖，步行几公里，找到"书画一条街"去买书写赠诗的"十竹斋信笺"；他在住院的间隙，迫不及待地用颤抖的手一遍一遍地书写赠诗；他催着女儿去装裱，以便赶上我的生日。记得终于赶在生日前把装裱好的赠诗挂在墙上时，我们三人一起欣赏着，评论着，那么高兴，那么满足。可那时谁也没想到诗的结尾"人生终有尽，来世还相守"竟成谶语。如果我知道那两句诗不只是先慎心愿的深情表达……唉，我不禁敬畏于冥冥之中主宰一切的命运！

现在，我摸着床头照片上先慎的手。那张照片是2000年北京语言大学退休科请中国照相馆给退休人员照的。那照相师摆出来的姿势总让我们感到有些做作，所以就把照片扔在儿子的杂物柜里了，直到这次儿子搬家才把它拿回来挂在了老年公寓的床头。我摸着照片上先慎的手，感到的不是相纸的粗糙，而是像他生前一样，那么柔软，那么温暖，这温软伴随着爱流进了我的心里。女儿也最爱摸老爸的手，她感受到的，应该不只是温暖，还有满满的父爱和无尽的力量。

先慎爱儿女。从自己做卡片教他们认字，到教他们背诵古诗；从手把手教他们写字，到教他们骑车、游泳。他还曾自制冰车，拉着他们在未名湖滑冰，更和他们一起在湖边戏水摸虾。他呕心沥血，为了儿女成长为正直善良、诚实上进的人；他言传身教，享受着儿女健康成长回报给他的幸福。他对儿女爱之深、期望之切也许只有我才知道。女儿是他的掌上明珠，儿子是他的宝贝，孙女是他的明珠宝贝。每当听到孙女那稚气的大人话，他就赶紧记下来；在视频里听到她祝爷爷生日快乐的钢琴声，他连说"高兴得晕了"。类似"乖得不得了""真的非常可爱"这样的话在日记里频频出现。他多么希望能长长久久地享受这难得的天伦之乐，多么希望能送孙女走入婚姻的殿堂啊！

先慎爱学生。对学生，他既是严师，又是慈父。他用自己一生的治学经验指导学生，要求学生"读书、思考、写作"。自然，这不是捷径，但却是一条为学的正确道路。他以此为基础培养学生严谨的学风。他认为："严谨的学风，也是严谨的工作态度和人生态度的表现，所以培养学生怎样做学问、怎样作文，也就是在培养他们怎样严肃地对待工作、事业，严肃地对待人生。"对学生的文章，不管是小的读书报告，还是大的毕业论文，他都认真审阅，仔细批改。一个标点、一个错字也不放过。他很注重学生写作能力的提高。有个学生的文章很艰涩，读起来很费力，有时读到心里着急，甚至难受。但他仍一遍一遍地读，直至读懂，并做出批改。他说基础要打好，文风要正。这也是他对每个学生的要求。在严格要求的同时，他也非常关心爱护学生。有个学生犯了错误，他急得直说："这孩子，怎么能做这样的事！"生怕影响了学生的学业。也有学生遇到不顺心的事，在他面前放声大哭，他总是像慈父般为他们开解，安慰他们。学生离开学校，进入社会，走上各自的工作岗位，只要他们有需要，他仍一如既往地帮助他们。学生在工作中的成绩、学术上的成就会令他欣慰；他们结婚了，生孩子了，乃至当奶奶了，都让他高兴不已。

平时他总怕麻烦别人，更不愿给学生增加负担。这次住院手术，他既没告诉系里，也未让学生知道，直至最后离去，也没有任何仪式。可学生们不舍恩师，他们手捧鲜花来和老师告别，他们把花瓣撒在他身上，让鲜花带着他们感恩的心和不舍的情送恩师远行。

先慎不只爱他的弟子，外校外地有素不相识的青年或学生来信来访，他都热情回信或接待。有时突然翻检出一封因事搁置未回的信，他会责怪自己记性太差。北大中文系有两个其他老师的学生请他审阅他们的论文，他因当时正患眼疾而没能看，直到他们回国工作很久了，他提及此事还感到遗憾。

到了老年，他很高兴和年轻人接触，他认为传道授业是他作为一名教师的义务和责任，能为青年、为社会做点什么是义不容辞的。前几年华北电力大学请他去为学生做公益讲座，那时他已疾病缠身，却仍努力准备，满心欢喜地去给那些不同专业、素不相识的年轻人演讲。后来北大讲座品牌中心邀请他去给同学们做关于读书的公益讲座，当时他因心衰正在纠结是否手术，但出于对学生的爱和责任，他还是抱病认真准备，把他读书的体会、人生的感悟与同学们分享、交流。他还不辞辛劳接受了北大学生会《美丽人生》栏目的访谈。

前一两年，北大哲学系学生会要采访他，他当时刚犯心衰，但仍希望以老迈之身再为年轻的学生们做些事，因此答应待病好之后。2017年2月我们住进老年公寓，身体稍好时，他就一边梳理着访谈的内容，一边计划着可以借老年公寓的接待室"记忆小屋"接受访谈。如今，这访谈永远随他而去，同学们再也听不到他充满爱心和责任感的为学体会和人生感悟了。

但是，北大学生会《美丽人生》的访谈永远留下了他的声音，永远留下了他对学生的爱。

先慎爱他的专业。他很庆幸"文革"后他进入了古代文学教研室，从此，他的生命就融入了中国古代文学，主要是宋元明清文学，特别是明清小说。读书、写作对他来说是超级享受，徜徉在书海里，流连于笔墨间，他浑然忘我，乐在其中。有时他又像一个斗士，常常激愤地要向电视上、报刊中那些有损中国语言文化的言辞开战，他记下那些滥用的词语，写下那些曲解的说法，要著文加以匡正。他觉得每个文化人都应该是捍卫中国语言文化的卫士。他的写作因倾注了全部心血，投入了全部感情而具有生命力，他的生命也因写作而绽放光彩。有人评他的《周先慎细说聊斋》是"学问与才情结合的典范，解读与原著构成双璧"，有读者说"读他的书是一种享受"。读者对他的著作的高度评价使他"感到十分欣慰，感到生命的价值和力量"。

2012年6月先慎换了第二个起搏器，以后相当长一段时间，他的身体状况都不错。他把9月7日称为"最棒的一天"，他相信自己能够"继续努力，健康地活到90岁以上，并且写出几本有价值的著作"。2016年11月26日，他在日记中写道："今天是中国心衰日，……心衰是一切心脏病的最后阶段，三年存活率在70%左右，五年存活率不到50%。不过好好保养，充满信心，也是可以活到90岁的。"他认为"过了80岁，对死亡是无所畏惧的"，"只是想要完成的写作任务不能完成了，是一大遗憾"。为了健康地活着，为了能完成他的写作计划，他曾不怕麻烦去看老中医，也曾重拾医疗保健操，更是坚持练气功，期望气功能带来奇迹。

但是，随着病情的加重，心衰反复发作，他也反复住院。即便是出院在家休养，心衰也让他痛苦不堪。他多次在日记中写下类似的话："最痛苦的是不能读书、写作，整日无所事事，百无聊赖。"只要身体稍有恢复，他就"又想做一点事情了，不能无所事事地过日子"。

到了 2017 年 10 月间，一个视读书、写作如生命的人，我为了分散他对病痛的注意力，让他看看书，他不能看；我让他拿起笔，能写几个字就写几个字，他无法动笔。正如他日记中所记的："不能读书，不能写作，不能创造……这是一种难言的痛苦。"他常用"生不如死"来形容他的感受。面对他的痛苦，我是那么无用，一切安慰都是苍白无力的。有一天，我们认真长谈了一次，约定：我们携手，共同再做最后一次努力，如果行，就保守治疗。他在日记中记下了他的决心："必琴下午带泪开导我，我一定要争取做到乐观开朗，以积极的情绪影响身体。"我们一起和疾病抗争：我带他散步，我陪他下跳棋，我和他一起听音乐，我从小米盒子里找他喜欢看的电视节目放给他看。可没过多久，他告诉我，他实在受不了了。试想，一个迷醉在写作中可以忘掉时间、忘掉烦恼、忘掉一切的人，说出如此无奈的话，他是承受着怎样的痛苦啊。我可以尽全力照顾他的生活，但他自己什么都干不了。他的心是空的，他的灵魂无所依托，我怎么能忍心让他这样"生不如死"地活着呢？！终于，我决定了，尽我最大的努力，为他联系大夫，为他跑医院，希望能尽快做手术。

2018 年 3 月，当他等来了安贞医院开展"Mitral Stitch 二尖瓣经导管修复手术"的消息，"十分兴奋"。4 月 9 日，我们也"十分兴奋"地把他送入手术室，没有一句告别的话，安安心心地等待手术完成。我想，他也一定"十分兴奋"地设想着手术后就可以和他的书、他的写作不离不弃地在一起，就可以完成他那宏大的写作计划了。

这段时间，我常常一遍又一遍地读先慎写的《幽梦话凄凉——苏轼〈江城子〉赏析》。我们曾经共读此词的情景、他写作时与我切磋的细节、我初读这篇赏析文章的感动，都一如昨日，那么清晰、那么亲切。我不只一次对他说：你分析作品，剖析人物，探索作者的思想感情，都极细腻深邃，温柔委婉，简直是体贴入微，柔情似水，深入到了作品的细枝末节，人物的内心深处。先慎爱他的专业，爱中国古代文学，爱明清小说。他把满满的情、深深的爱，全部倾注在他的文章中，他是在用生命的激情研究和写作！

曾经，我对先慎有过不满，有过抱怨，但是现在看到那发黄的本子上密密麻麻的小字，看到那翻旧了的书里横七竖八的批注，我好心痛！好自责！心痛于我没能早一些理解他渗透在这些密密麻麻的小字里的爱；自责我没能帮助他把这些爱，把这些"一星半点闪光的体会"化作更多的文字、更多的作品，让更多的人阅读到他对这些古代文学作品的透彻分析，让更多的人感知到他对中国古代文学的爱，让更多的人触摸到他对这些作品人物、对这些诗词文章的温柔细腻的心，终于让他带着深深的遗憾离开了他的所爱。

先慎，如果真有来世，我会帮助你实现你的宏愿，把《聊斋志异》一篇一篇"细说"完，把《红楼梦》一回一回"细说"透吗？！

先慎爱北大。如果说他的母校崇庆中学和四川大学奠定了他为人为学的基础，那么北大就是帮助他成长并在学海翱翔的天地。他爱北大，为能成为一名北大教师而幸福和骄傲。

他不止一次被北大授予"教学优秀奖"（1991年、1998年）；他的《中国文学十五讲》被评为"北京市高等教育精品教材"；他的《明清小说（第二版）》被评为"北京大学优秀教材"；他参与主讲《聊斋志异》专题的北大"中华文化讲座电视系列片"也荣获首届"全国优秀教育音像出版物一等奖"（1996年）……更重要的是，他一直认真努力地学习，勤勤恳恳地教书，扎实严谨地研究。就像他所说的，在北大"既做教师，又做学生"。他留给北大的是朴实谦逊的身影；他在学生心目中是和蔼可亲的老师。他多么希望在北大这个广阔天地里翱翔得更高，多么希望能写出更多更好的学术著作来回报母校，回报北大，回报社会。

先慎的最后一本书《未名湖畔的足迹》是满含着他对北大的感恩，献给北大建校 120 周年的。遗憾他早早写完却最终没能看到它的出版。

如今先慎已是"竭尽自己之所能去努力工作，去奋斗，去创造"，进而凝成一滴"晶莹的小水珠，融进未名湖，成为北大不可分割的一部分"，而他"有限的生命也因此获得了永恒的意义"。

我看着未名湖畔的山，犹如看见先慎的身影；听着未名湖畔的鸟鸣，就像听到先慎的声音。未名湖的风带着先慎的爱将伴我走完余下的人生旅程。

先慎走了，他把爱留在了人间，留在了他的著述里，留给了北大，留给了我们。

写于 2018 年 8 月 27 日

改定于 2018 年 12 月 5 日

父亲是我的一片天

周　阅

在这个世界上，与我共同生活过的两位至亲先后走了，都是在我生生的守望和切切的目送之下。不知那一刻，他们的灵魂是否已离开千疮百孔的身体，带着挣脱之后的轻松与平静，俯视着我深入骨髓的悲伤……

父亲是 2018 年 4 月 3 日由安贞医院心脏外科接收住院的，经过近一周的检查和准备之后，在 9 日进行了 mitrastitch 手术。这是一种新的微创手术，针对父亲这样高龄的病人似乎是非常适宜的。当天下午，父亲沐浴更衣，还特意剃须洁面，他自己躺上了推车，一边躺一边满怀期待地说："一觉醒来我就重获新生了！"母亲和我亲手把父亲推往手术室，在手术室门口，我给父亲一个我们之间特有的飞吻动作，一如每一个在医院或养老公寓与父亲分别的时候那样。但所有人都没有料到，这是我们的诀别！

父亲是 20 日深夜 22 点 50 分走的，经过了整整 11 天的漫长煎熬。母亲说："实际上爸爸 4 月 9 号就离开我们了，9 号下午 16 点 50 分，我们把他送入手术室以后，他就再也没有和我们有过真正的交流……"20 日下午 3 点，我接到治疗团队张大夫的信息："患者今天情况不好，感染加重，消化道有出血。"当时我正和家人守在 ICU 外边，但却无法进入，无能为力。晚上 10 点，我们再次接到不好的信息，火速赶回医院，消毒更衣后终于得以来到父亲的病床前。我仿佛跟父亲一起，深深沦陷在各种仪器和管子当中。父亲的血压已降到 40—20，血管瘪得连针剂都推不进去了，但心电监护仪器显示心脏还在持续地跳动，值班医生说，这只是因为起搏器还在工作……那个夜晚，或者说是第二天凌晨，我不知道自己是怎样回到家的。不管我如何努力地去回忆，那段不远却漫长的路程都从记忆中永远消失了。

孔子说："亡之，命矣夫！斯人也而有斯疾也！斯人也而有斯疾也！"（《论语·雍也》）父亲退休后进入了厚积薄发的研究状态，他脑海中已有太多成熟的学术思考只待著述成书，如2015年出版的《周先慎细说聊斋》（上海三联书店）只是第一步，实际上父亲计划连续撰写四集《细说聊斋》，每集"细说"30—40篇，说完《聊斋》之后还要继续说《红楼》。父亲曾对我说："如果不把这些想法写出来，就永远带走了，不能留给社会了。"谁料一语成谶，上天竟真的未能假以时日！"噫！天丧予，天丧予！"我还来不及准备，我还不知如何应对……其实我知道，我永远都会措手不及，因为我跟父亲的感情太深太深！因为我与父亲的交流太多太多！

从那一刻起，我的人生出现了一个巨大的空缺，至今也无法填补。父亲走后，在给几位亲友的微信中我写道："我的天塌了……"确实，父亲就是我的一片天。这片天撑起了我的生活、学习和工作。

从我婴幼儿时期呀呀学语、蹒跚学步，到少女时代游泳骑车、写字作文，直到成年之后攻读学位、撰写论文，及至自己教书育人，父亲一直是我全方位的"老师"。而我，不管到了哪个年龄，也始终是父亲的"小棉袄"。父亲因无法全身心投入研究而深深焦虑的时候，因对治疗前景不甚明了而缺乏信心的时候，因生活琐事而不甚愉悦的时候，我都能有效地宽慰父亲。如今每每忆及，我都能从中得到些许慰藉。

我学语阶段最早说出的就是"爸爸"，这让父亲很是得意，在我成长的过程中每每听他提及。上幼儿园的时候，父亲开始教我认字。他把汉字写在卡片上，让我一张张识读。一次，我怎么也想不起卡片上的"席"

字该怎么念，忽然灵机一动，用眼角的余光瞥向旁边一个带有"文革"时代标志的木质小衣柜，衣柜的两扇门上分别印着大大的"忠"字，"忠"字上方呈弧形环绕着"毛主席万岁"几个字。我在背后掰着手指数"1、2、3"，随即答出"xí"！父亲并不戳穿我，而是笑着说："答对了！"也怪，从此我就认得了这个字，而且对于这次识字的经历记忆尤深。

上了小学，父亲开始教我书法。当时我都是用墨汁，日后才知道还有固体的墨。父亲有一块圆柱形的老墨（古人都讲究陈墨新茶），十分宝贝，轻易不用。后来因为一次小事故，那块老墨被摔碎了，父亲心疼不已，把碎块捡起来像拼积木一样拼接复原，然后用牛皮纸包裹扎紧，如供品般摆在书柜上。这样的举动使我在好奇中隐然对书法产生了浓厚的兴趣和莫名的敬畏。不过，童年的记忆中，书法带来的并不都是愉悦。那时候父亲规定我每天要写几篇毛笔字，写完才可以玩儿。我不想写，只贪恋外边的自由，经常是趴在窗台上眼巴巴地看着外面的小孩子们疯玩儿，到最后天黑了，字还没写。如今回想起来，对父亲的严格已由那时小小的不快变成了满怀感激。

读中学的时候，我开始为父亲誊抄文稿。那个年代没有电脑，所有文章都是在400字一页的绿格稿纸上一字一句写出来的，每修改一次就需要重新誊写。父亲一般都是自己边誊边改，遇到不再修改的定稿而又忙不过来时才让我抄写。在抄写的过程中，我知道了《聊斋》，知道了"三言二拍"，也开始思考父亲那样修改的理由。这成为在中学语文课之外我所接受的重要的中国古典文学的基础教育，以及怎样写文章的最初启示。

当我自己也开始撰写论文时，父亲则是我绝大部分文字的第一读者。每当完成一篇文章，我的第一个冲动就是赶紧发给父亲过目，这已成为我的习惯性心理。文章发出之后的等待，也总是因为急于听到点评而显得漫长。等待的焦灼和对文章水平的担忧，只有在得到父亲的反馈之后才能平复。父亲的反馈，大到文章的立意、论述的逻辑、见解的创新，小到字词的拿捏、语气的把握、标点的运用，都切中要害。这日积月累的一次次点评和修改，于我而言是通向学术圣殿的一块块路石，大小不一却参差有致，组合成美丽的小径。我经常对自己的学生说，好文章都是改出来的，这是我在研究和写作过程中获得的切身体验，而引领我在这条路上前行的，正是父亲！

父亲不但教我怎样为文，更教我如何为人。低调与平和，是几十年来父亲对我的言传身教和熏陶晕染。在"低调"这个词尚不流行的年代，父亲就已经为我树立起了这一做人的标准。上高中时，语文老师让学生们自己从课本中认领一篇课文给全班同学分析讲解，我选择了《简笔与繁笔》，这是父亲的文章。当我得意地向父亲汇报时，父亲提醒我不要显示出来自己是作者的女儿，讲得好不好关键在于对文章内涵和意义的分析是否到位。所以直到毕业，大家都不知道这篇课文的作者离自己如此之近。在如今这样一个自我包装、全民浮夸的时代，父亲的点拨越发使我感受到坚守谦逊的重要。一次，父亲审阅我的文章，看到作者简介中写着"北京大学比较文学博士"，就指出，直接写文学博士就可以了，不需要写上"北京大学"。我从小生活在燕园，没有意识到北大在很多人心中的神圣位置，经过父亲的这次提醒，我在言谈举止中便多了一分谨慎和谦逊。与外在的低调相伴的，是内心的平和，只有内心达到了真正的平和，才无须挖空心思拉关系，也不屑削尖脑袋与人争胜。父亲的名字出自《大学》"是故君子先慎乎德"，他也是如此教育我和弟弟的，始终要求我们做有品德的人。无论世风怎样变化，"先慎乎德"是我们内心应该坚守的。

父亲总说："在学术界立足，只看成果。"而成果的得来只有靠刻苦，父亲使我真正认识到刻苦是通向学术的必经之路。父亲常提示我，给自己一些压力才能出成果。在我刚刚开始读博士的时候，天津师范大学的王晓平老师向我约稿，希望我能够承担他主编的《人文日本新书》中的一册。我内心十分犹豫，因为我是在职读博，攻读学位期间仍然承担着每周 12 课时以上的教学任务，还要在短短的三四年内完成博士论文的构思和写作。当我把内心的犹疑告诉父亲时，父亲说："只要接了，就一定能完成。"这句话，促成了我第三本书的问世，几年之后博士论文的出版成为我的第四本书。如果没有父亲的鼓励，我可能会选择安逸，可能会在舒适的状态下习惯于怠惰。

父亲教导我的"刻苦"并非一味的"苦"，他常说做学问是先苦后甜，苦中有甜，而且品尝过苦之后得到的甜才是真正的甜。我遗传了父亲的神经衰弱，从高中就开始失眠，吃过不同国家的各种安眠药，或许是这个原因导致记忆力极差。有时为撰写论文翻查自己的藏书，在花费很多时间阅读之后竟发现书上赫然写着一行行批注，那些字迹千真万确就是自己的，可是对于书中的内容却了无印象！这种情况不止一次出现，每次都令我备受打击——记忆力如此之差，还有希望做学问吗？在我无比沮丧、自信尽失的时候，依然是父亲让我看到了希望。他开导我，记忆力差可以通过勤奋来弥补，无法过目不忘确实遗憾，但是一遍遍锲而不舍地翻阅查找也照样可以做学问。当年父亲在江西鲤鱼州下放劳动时同事们给他起了一个外号叫"巧克力"，那是因为他体格较为瘦弱，不能像膀大腰圆的壮汉那样使用蛮力，却能使巧劲而把活儿干得很好。体力劳动时要"巧克力"，在做学问时则需要"力克巧"，要不怕艰辛扎扎实实地下苦功夫。

父亲对周围的人从来没有架子，他常说自己是农民，小时候就干过农活儿，他认为无论城市的、乡村的、有学问的、不识字的，都具有各自的智慧。我正是从与父亲的闲聊当中真正领会了"三人行必有我师"的道理。他曾多次给我讲述下放到京郊斋堂养猪时的经历。那时候饲料先用来酿酒，之后再用酒糟喂猪。酿酒的师傅没有文化但有丰富的酿酒经验，他对父亲说："我造酒的这一套你们要听，但是也不能完全听我的，你们要慢慢造出自己的一套经验来。"父亲从这一朴素的道理中深受启发，他经常以酿酒师傅的这句话来教育学生，教育我，鼓励我们在学习、研究的过程中，摸索并创造出自己的路子、自己的经验，找到最符合自己学术个性的发展道路和方法。父亲一向反对学生亦步亦趋地跟着老师，失去自己独立的追求与创新，他认为真正有出息的学生是不该如此，也不会如此的。父亲从不要求学生全盘接受他的研究路数和学术风格。在我自己开始指导研究生之后，父亲的这一观念也产生了很大的影响。因此我从不强求学生按我的命题来作文，即便在他们为迟迟无法确定选题而苦恼时，我也采取启发式的、与他们共同探讨的方式，帮助他们找到适合自己的选题。父亲点点滴滴的教导，让我明白了训练自身的独立思考能力以及培养学生的独立思考能力，是何等重要。

对研究生，不仅在指导理念上，而且在指导内容与指导方法上，我都从父亲那里获益良多。记得刚刚开始指导研究生的时候，我缺乏经验，内心非常忐忑，一旦遇到拿不准的问题总是第一时间打电话向父亲求教。我常会送给新入门下的学生六个字——"读书、思考、写作"。这六个字就是父亲送给我的。这是他一生治学经验的总结，也是他指导研究生经验的总结。我从做学生到当老师的每一步，都伴随着父亲赠送的这六个字。读书是做研究的第一个阶段，在读书的同时必须思考；别人说的未必都对，别人所依据的材料也未必确实，因此需要自己动脑筋，去发现问题，去寻找现象背后的关联因素；发现问题之后就要进行研究，逐渐形成想法时才带着问题意识进入写作阶段。而只有在写作过程中，才能使思考所得，从最初的朦胧、肤浅、零碎，进一步地得到丰富、深化、提高，最后形成一个系统完整的学术成果。

刘烜老师在纪念文章《先慎学长的境界》中谈到父亲批改学生作业的用心与用功："他采用传统方法：精批细改。我看过他改过的本子，有总批、眉批、改错、圈点，一应俱全。"刘烜老师指出，在教师高喊"对学生有感情""正面鼓励为主",认为不放分"吃力不讨好""没有话语权"而一味给学生打高分的风气下,父亲"重职业操守,以自己的辛苦顶住压力,有反潮流的勇气",他说父亲的"专业精神达到很高的境界"。这句话非常触动我,因为这正是我的切身体会。一方面,我自己在学术道路上的每一个成果,都有父亲的"精批细改";另一方面,我对学生的指导,也秉承了父亲的"职业操守"。对学生们提交的文章——无论是我门下学生的毕业论文,还是普通选课学生的学期作业,我都会认真修改,细致到标点符号。一次在食堂吃饭,一个已经不记得姓名的学生主动坐过来说,她选过我的课,现在马上就要毕业离校了,收拾东西的时候把自己写的作业都扔了,只留下了我给她批改过的那一份,因为上面的满篇红字使她受益匪浅。她说一定会一直保留着这份作业。听了这话我十分感动。这感动一方面来自学生的真情,另一方面也来自对父亲平日教诲的深深感怀。因为认真对待学生的每一篇文章,正是父亲对待学生、对待我的态度。从某种意义上说,父亲也是我的学生的老师,是他们老师的老师。而我这些可爱的学生们,也亲切地称父亲为"师爷爷"。

虽然我也像天下许许多多的儿女一样与父亲有过矛盾,但是内心深处对父亲的感情却不曾稍减。父亲年老之后,我喜欢请他去喝咖啡,喜欢带他去"吃香香",喜欢给他买衣服鞋子,喜欢陪他去赏花拍照……而父亲对这一切也很享受,我则从父亲的满足当中获得一种无可取代的幸福感。

父亲有一双非常柔软的手,握着那双手,总能让我感到安心。如今,我再也握不到那双手,无法重温那种安心。父亲的腋窝非常温暖,冬天的时候,我总爱借搀扶父亲之机把自己冰凉的手伸到父亲的腋窝下取暖,如今,我再也无法重获那种温暖。声音可以重放,影像可以再现,但触感却永远无法复制。这样的丧失,着实让我难以承受。

每当我生病,都会无比怀念父亲的自行车,至今依然如此。因为小时候如果不得不去医院，总是父亲用自行车带着我，幼小时就坐在男式车前边的横梁上，把瘫软的身体俯向车把；稍大一些则坐在自行车的后架上，让无力的脑袋倚着父亲的脊背。神奇的是，往往在父亲的自行车上颠簸一阵，我的病就莫名地好了大半，屡试不爽！父亲上了年纪之后，因为心衰不能走远路，我买了轮椅，推着父亲外出，要是这轮椅也如当年父亲的自行车那样具有神奇的疗愈功能，该有多好！

多少次，我为某个问题所困扰的时候，会下意识地拿起电话拨出父亲的号码，紧接着却在下一个瞬间，猛然意识到我已无法再向父亲请教问题。多少次，看到网上热议的社会事件，我会不由自主地想转发给父亲，却同样在下一个瞬间怆然醒悟，我已无法再与父亲交流感想。多少次，在重要的体育比赛即将开始时，我又不自觉地要联系父亲开机观战，却在下一个瞬间错愕地发现，我已不能再与父亲一起欢呼和叹息……

父亲走后的这一年，我一直在编辑《周先慎先生纪念文集》，在这个过程中，我看到了很多以前还不够了解的父亲的侧面，对父亲的人生和学术，都有了比以往更深入的理解。我深深地感谢所有为纪念文集撰写文章和诗词的作者，感谢他们的付出，感谢他们让我在父亲走后还能更加走近父亲。

整整一年，365个日日夜夜，我一直想要写下纪念父亲的文字，但却总是无力动笔。直到今天，一个以凄清雨水开启的日子——父亲的周年忌日，我才终于在夜阑人静之时落笔。去年父亲出殡的那天，也下着雨，这或许都是冥冥之中的天意，上苍与我同泣。

今天，春雨洗去了一切繁华与喧嚣，曾经飙升到28度的气温又骤然回落。我在清寒中去未名湖畔探望父亲，因为父亲曾在《融进一滴水》中写道：

回顾我在北大将近四十年的工作和生活，大约经历了这样一个过程：从用眼睛观赏未名湖的自然景观，到用心接近未名湖所象征的精神，再到从精神上融进了未名湖。我觉得我是从许许多多我的老师和我教过的学生身上感染、领受到北大的精神，进而从中吸取营养，然后自己也凝成一滴小水珠，再融入到未名湖这一浩瀚的精神之海中去的。……

正是靠了一代又一代北大人的创造和凝聚，无数的水珠才汇成湖，变成海，充满生机，永不枯竭。而汇进未名湖的每一滴水珠，也因此将获得永恒的生命。

所以，每当思念父亲，每到一些特殊的日子，我都会去未名湖走走。看着湖面的涟漪，听着林间的鸟鸣，望着戏水的鸳鸯，抚着摇曳的垂柳……我都能真切地感受到父亲的气息。

亲爱的父亲！我总觉得，您在天上俯视着我，俯视着您爱的人们。您就是我的一片天，永远永远。

2019 年 4 月 20 日子夜

我的岳父周先慎先生

赵永前

我的岳父是北京大学教授，中国明清小说领域的专家，早在未认识夫人之前，我已经从中学课本上知道了岳父的大名。

我与夫人是经同学介绍认识的，结婚前第一次去拜见岳父母大人的情形，至今仍历历在目。

当时岳父母住在北大燕北园的一处旧楼里。进门以后，看见空间逼仄，家具陈旧，到处堆放着书，很难想象这就是北大教授的住宅。好在岳父母态度和蔼，很快打消了我的紧张情绪。为了我的来访，岳父还亲自下厨做了回锅肉等几道川菜，这实在是非常高的礼遇，毕竟自己做饭请客是一件辛苦的事情，在饭馆请客吃饭要省事得多。现在回锅肉的味道已经记不清了，但这次家宴给我留下了难以磨灭的印象。

虽然不住在一起，但与岳父的见面还是很频繁的。老两口后来在回龙观买了一套带小院的房子，作为退休养老的居所。新房南北通透，比燕北园的房子宽敞了不少。房屋装修是一件非常繁琐的事情，让很多年轻人都吃不消，但岳父不顾年事已高，对新房装修倾注了极大的热情，购买建材、家具，布置小院，事必躬亲。给我印象很深的是，岳父非常注重细节，对瓷砖的搭配、灯具的风格以及家具的颜色和摆放都做了细致的研究，体现了老人家对美好生活的热爱。我开车带着老两口满北京跑建材市场和家具市场，倒也乐在其中。

房子装修完毕后，亲朋好友来参观，大家对装修的效果和质量都赞叹不已。我是一个不太注重细节的人，陪着岳父母装修新房让我学到了很宝贵的一课：世界会狠狠地奖励做事认真的人。

岳父对小院尤其喜爱，种树种花种草，乐此不疲，其中一棵杏树是专门跑到延庆果园买来的，没几年就长成了大树，年年结果。后来由于年事已高，院子就慢慢疏于打理了。最近一次回去看到小院，但见杂草丛生，恍如隔世。

岳父的一生，著述颇丰。每一篇文章、每一本书都倾注了他大量的心血。我做过多年的学术出版工作，深知著书立说的艰辛，也见到了很多年轻学者在学风浮躁的大环境下粗制滥造的文章和专著；与此形成鲜明对比的是，岳父治学严谨，不管是自己的文章还是学生的文章，一个标点符号的错误都不会放过。从他的身上，我看到了老一辈知识分子对治学的坚守。为了写作，作为一名三〇后，他在儿子的指导下学会了使用电脑，自学了五笔输入法。退休后，不顾自己患有心脏病，继续把大量时间放在学术研究上，一边继续讲学，一边笔耕不辍，发表了很多篇文章，出版了数本专著。没有强烈的自律精神和对学术研究的热爱，这是很难做到的。作为晚辈，我做事的认真程度与老人家有天壤之别，这令我感到汗颜。

岳父潜心治学，平常对吃穿都不甚讲究，完全没有北大教授的派头，外出吃饭也是去普通的饭馆。在回龙观房子装修期间，我们经常就在附近的小饭馆解决吃饭问题，有一次碰到了我的一个原来的同事，看见我们一家在一个很破旧的饭馆吃饭，很是惊讶了一番。

岳父虽然年事已高，但对旅游有很大的热情，我们全家一起爬过九华山，游过海南岛，但由于年龄的关系，大多还是短途自驾游。只要双休日没有其他安排，我们就出游，把北京及周边名胜差不多都转了一遍，最北去了沈阳，最南到了保定，最西去了鄂尔多斯。记得在包头旅游时，正赶上包头博物馆的唐寅作品会展，我们看到了很多难得一见的珍品。

有一幅书法我很喜欢，便用相机拍了下来，回家后打印出来，配上相框，摆在案头，得到了岳父的赞许。

虽然希望晚辈事业有成，但在金钱上，岳父并未给我们任何压力。老人平日生活节俭，省下来的钱就用来投资，股票不懂就买基金，我们一老一小在出游途中经常切磋投资基金的心得，一度有些盈利就非常开心。2008 年股市暴跌，我在患得患失之间张皇失措，而老人则处之泰然，颇有泰山崩于前而目不瞬的风范，反过来安慰了我一番，说你的名字叫"涌钱"，能亏到哪儿去？

这份从容也让我获益匪浅。后来的事实证明，在基金投资方面，我的金融硕士学位和道琼斯通讯社的工作经验完败于老人家的从容心态。

今天是岳父去世一周年，特以此短文纪念我的岳父周先慎先生。

2019 年 4 月 20 日于北京

忆父亲

周　闰

一、难忘的两件小事

父亲走了，留下了数不清的记忆给我。父亲是一个卓有成就的学者，但于我，更是一个最亲近的普通人。记忆中最深、陪伴我时间最长的，就是两件普通得不能再普通的事情。

（一）橘黄的台灯

父亲母亲都是中文系毕业，随后在大学任教。姐姐亦随了父母的专业，中文系研究生毕业后成为了一名大学教师。只有我，自小语文不好，别无选择地进了工科。研究生毕业，虽然知道父亲非常希望我能留在学校，至少也是去研究所工作，但我最后还是选择了公司的工作。一路走来，限于专业的局限，父亲没能将他的所学一一传授于我，但是父亲做事情做学问严谨认真、面对困难面对难题从不退缩的态度，一直都在影响着我。家人一直津津乐道的，莫过于父亲工作时的专心，以至于真正到了"两耳不闻身边事"的程度——父亲在伏案写作或看书时，母亲叫他吃饭，我们跟他说话，父亲是一概听不到的。自从幼儿时期起，父亲伏案工作时认真的样子，就在一盏橘黄色台灯的映衬下留在了我的记忆里。

我是四五岁才上的幼儿园。父亲母亲选择的是全托，就是那种星期一送到幼儿园，星期五才去接回家的方式。第一天的记忆已经很模糊了，依然能够清晰记得的，是那天我被父亲送到了幼儿园，却无法接受不能回家见到父亲母亲的事实。于是在傍晚，趁大家都不注意的时候，我偷偷地溜出了幼儿园，凭着记忆，找到了住在幼儿园旁边的一个叔叔家。这个叔叔是我父母最好的朋友，也是父亲的同事，见到我，惊讶之余，他骑着自行车把我送回了家。

到家的时候，天已经全黑了。开门的是母亲，屋子里有些昏暗，只有写字台上的那盏台灯开着，父亲坐在写字台前，背对着门口，正在伏案工作，橘黄色的灯光隔着父亲的身体，很柔和地描绘出父亲的轮廓。父亲并没有立刻起身，而是直到母亲惊讶地看到我，大声招呼父亲，他才中断了工作，起身迎了过来。不知道是因为台灯的颜色，还是因为终于到家了，那橘黄色的灯光，以及勾勒出的父亲的身影，给我的感觉是那么的温暖和踏实。自此，父亲那专心伏案工作的身影也留在了我的记忆中。

从那时起，这样的场景一直伴随着我。几乎每次回家，父亲都是在写字台前坐着，就着一盏橘黄色的台灯，或看书或写字。后来，房子大些了，进了屋，要拐个弯才能看到那熟悉的橘黄色和熟悉的身影。后来，橘黄色的台灯被白色的节能灯取代。后来，父亲学会了计算机，不再是伏案工作，而是抬着头看着屏幕了。后来，我搬进了自己的家，不再每天回去，从而有了更好的待遇——进了家门，还没等我拐进书房，父亲就已经走了出来……再后来，写字台还在，计算机还在，台灯还在，父亲却已经走了。

（二）敲鸡蛋的声音

尽管父亲潜心于学问，但并没有因此而忽略了做父亲的责任。从小，我的生活中就一直有着父亲的记忆。在北大游泳池，父亲教会我和姐姐游泳。那个时候，父亲第一个，姐姐第二个，我第三个，排成队游泳，而我总是淘气的，游着游着就溜走去跟别的小朋友打水仗了。父亲最拿手的"拉长手指"的小把戏，不仅让儿时的我曾经百思不得其解，更是教会了我的女儿。小的时候，我的交通工具就是父亲的那辆凤凰二八自行车，"大梁"是我的专座，坐在上面，有父亲的臂弯围绕着我，安心舒适得可以睡觉。……心中的记忆，说上三天三夜也说不完。其中延续时间最长的，当属父亲每天早上"彭彭彭"敲鸡蛋准备早饭的声音了。

不知道是不是小孩子的通病，早上起床可以说是我小时候最困难的一件事情了。父亲总是起得很早，他负责叫我起床。但经常发生的事情，就是父亲把我叫醒了，转身去准备早饭，而我一转头就又睡着了。直听到父亲"怎么又睡着了，快起床，要迟到了！"的叫声，才赶紧结束我的美梦，穿衣起床。

好在我还知道不能总是迟到，于是跟父亲约定了各种方法，防止睡过头，及时起床。比如让父亲每次叫我之后，问我几道数学口算题，一动脑子，清醒了就不会再睡过去。后来，不知道从什么时候起，发现了一个更有效的可以防止我睡过头的事情：父亲敲鸡蛋的声音。

我家的早饭，一直习惯了牛奶面包加一个白水煮鸡蛋。父亲起得最早，会为全家人把早饭准备好。当然，"准备早饭"，最重要的一个环节就是煮好鸡蛋以后剥鸡蛋皮。父亲每次都是拿着煮好的鸡蛋在桌子上敲，"嘭嘭嘭"，声音并不大，但说也奇怪，我却对这个声音特别的敏感。每次再睡过去，都会被这个声音叫醒，而一旦听到这个声音，就知道，早饭做好了，可以起床了。

这"嘭嘭嘭"的敲鸡蛋声，伴随着我从高中开始，到大学，到工作，只要在家住，一天的开始总是始于这熟悉的声音。自己成家以后，也延续了早上吃白水煮鸡蛋的习惯，不同的是，敲鸡蛋的人换成了我，在听到"嘭嘭嘭"的声音的时候，总是会想起父亲。偶尔回父母家去短住，早上即便醒了，也会赖在床上，等着听到了熟悉的"嘭嘭嘭"的敲鸡蛋声，才会慢悠悠的起来穿衣服，仿佛通过这声音，我还能享受到小时候父亲对我的那种关爱和照顾。

这个最亲近的普通人走了，我知道他还有很多很多的愿望没有实现，他还想再为他最爱的人的生日赋诗一首，他还想再为全家编一辑生活影集，他还想着要参加孙女的婚礼……可他还是走了，留下了数不清的记忆给我，以前想起时，是思念；而现在想起，是心痛。

二、父亲与计算机

单独把父亲与计算机的故事写成一篇，是因为计算机在父亲的后半生中，扮演着非常重要的角色。可以说，除了母亲和床，计算机就是陪伴父亲时间最多的了。父亲在回成都探望我姑妈的时候，还专门请我表姐夫帮忙，在屋子里准备了一台计算机供使用。后来有了笔记本电脑，更是每次出行必带在身边，不论是去三亚小住，还是回四川参加同学聚会。

父亲与计算机的故事开始于 1993 年，父亲一位熟悉的香港学生向父亲提起了计算机，说到了新技术对学术工作的帮助会很大，一向喜欢学习新事物的父亲自然动了心。这位香港学生非常热心地帮忙从香港带来了一整套的配件和相应的软件，加上我从中关村买来的计算机电源、机箱、显示器等等，父亲的第一台计算机诞生了。那个时候，还是 Windows 3.1 加 Word 6.0 的年代，而父亲则是近 60 岁的年龄＋文科大脑＋计算机零经验，但这丝毫没有让父亲有任何的退缩，从那时开始，父亲的计算机生涯开始了。而我，也终于有了一件事情，可以当上父亲的老师。

熟悉了一些基本操作以后，父亲开始正式使用 word 学习文字编辑工作了。一天，父亲有些小小兴奋地问了我一个问题："我想学习五笔输入法，你觉得呢？"当时五笔输入法正是火遍大江南北的时候，大家都认为这才是高大上的输入方式，并以会用五笔输入法而自称为专业。我以为父亲也是受了这样的宣传的影响，才会冒出这个念头，于是很简单地告诉父亲："你还是别学了，很复杂，需要记很多的东西才可以。还是用拼音输入法吧，简单。"父亲当时没说什么。没成想过了几天，父亲再一次很严肃地告诉我，他还是决定要学习五笔输入法。因为父亲是南方人，鼻音边音容易搞混，所以使用拼音输入法并没有明显的优势，而五笔输入法的缺点虽然是需要特别记忆复杂的字根，但一旦记熟，输入文字的速度会因为重码率低而有极大的优势。我很惊讶父亲居然像做课题一样这么仔细地研究对比了两种输入法的优缺点，虽然对于父亲以这样的年龄是否真的能背下那么多的字根表示怀疑，但我还是帮父亲找来了字根表。经过一段时间的学习，父亲真的掌握了五笔输入法，而且正像父亲预期的那样，他的文字输入速度竟然已经超过了使用拼音输入法的我。自此以后，为父亲新买的计算机，五笔输入法成了必须要安装的软件之一。而在我，提起五笔输入法就会让我想起父亲。父亲走了之后，整理父亲计算机的时候，输入拼音字母却看到出现的文字不是我想要的，才发现默认用的是五笔输入法，面对着那个五笔输入法的小窗口，我怔怔地呆坐了半天。

父亲很快就掌握了最基本的操作，开始正式用计算机写作文章了。而这段时间，父亲在使用计算机的时候，是"痛并快乐着"。"快乐"自然不必说，看着自己的思想变成计算机屏幕上的文字，轻轻松松地编辑、改动，在大段文章里轻而易举地找到想要寻找的文字，这都是以前想也不敢想的事情。而"痛"，却也伴随着计算机的使用带给了父亲。那个时候，我已经在上大学，只有周末才会回家。一天，在按照惯例每天一次的电话里，听到父亲焦急地询问："我编辑的文字都没有了，怎么回事？"细问之下，知道是父亲在计算机上编辑一篇学术论文，不想第二天再次打开这个文件时，却发现前一天工作了一天的成果竟然没有了！在电话里，父亲不断地叹着气，几乎每个回答都会以"哎呀"开始或结束。问了半天，我还是没能帮父亲解决问题，电话里父亲的声音明显带着焦急，却仍然告诉我："哎呀……没关系了，你忙你的吧，大不了我重新再输入一遍好了。"一会儿，母亲接过了电话，大声地随便聊了两句，又换成小声，悄悄地问我："真的没有办法了么？你爸很着急，都吃不下饭了。"我知道，其实丢掉的不仅仅是文字那么简单，更重要的是昨天的思路需要重新找回来，而这个对于父亲，真的是无法接受的打击。这个时候，我这个计算机老师当然责无旁贷，好在学校离家近，挂了电话就赶回了家。一进家门，父亲一边嘴上说着"你怎么回来了，其实没关系的"，一边带着我坐到了计算机前面，用微微有些颤抖的手打开电源开关。好在问题很快就解决了——父亲在做文件备份的时候，用的是 word 里的"另存为"，做完备份后，父亲直接开始的编辑工作是在备份文件上而不是在原始文件上。看着自己一整天的成果终于被找回来了，父亲如释重负，绷得紧紧的脸这才松弛下来。如此之"痛"在父亲使用计算机的最初几年不断上演着，好在父亲从来没有被这些"痛"打败过。倒是我，每次看到父亲因为计算机的原因造成工作内容丢失时的焦急神态，都会为他心疼。

摩尔定律间接地也在影响着父亲的计算机，486 换成了奔腾 CPU，外设标配从 3 寸软驱变成了光驱，Windows 3.1 也一直升级到了 Windows 98。这个时候，父亲对于 Word 的使用，已经基本上可以说是得心应手了，甚至在一些比较专业的文稿处理功能上，父亲已经可以当我的老师了，比如如何添加页眉、页脚，如何添加脚注，如何设置章节。而互联网的兴起为计算机的应用带来了一轮新的高潮，同时也为父亲的计算机生涯带来了新的"痛"——流氓软件。父亲除了每天的文字工作，也开始越来越多地利用计算机做更多的事情，比如和朋友互发电子邮件，在互联网上搜索感兴趣的内容，通过互联网了解国内外时事。由此带来的后果就是，计算机常常会被莫名其妙地安装很多软件，进而运行速度变得越来越慢。那时的我，已经不再跟父母住在一起了，也由教父亲怎么使用计算机，转变成了父亲计算机的维护人员。每隔一段时间回家探望父亲母亲时，就会帮父亲检查一下计算机，而每次检查，发现了新安装的软件，都会跟父亲确认一下："这个是你安装的吗？你需要用吗？"而父亲总会像个孩子一样，一脸无辜地回答："这个软件是干什么的？我没有安装它啊……""我都是按照你说的，凡是问我要不要安装的时候，我都选择的'否'啊……"。对于这样的回答，我总是很无奈："肯定是你装的，只不过你不知道就是了。"每每至此，父亲便不再争辩，只是默默地坐在一边，看着我操作计算机。现在想起来，其实父亲在计算机使用上很是依赖于我的，真后悔自己当时没有给予父亲足够的耐心。

虽然父亲在使用计算机的过程中有各种各样的"痛"，但是这些经历却帮助父亲越来越多、越来越快地掌握了计算机的各种操作，而计算机对于父亲而言，最终还是归结到"快乐"上的。写作，本就是让父亲感到身心愉悦的一件事情，特别是文思泉涌的时候，再加上计算机这个工具，能协助父亲一气呵成，更是让父亲将写作视为一种享受。除了写作，计算机还带给了父亲更多的快乐。在父亲的晚年生活中，制作影集，就是父亲念念不忘的另一个享受。父亲年轻时就与摄影结了缘，那时家里还有一套冲洗放大照片的设备，家里的卫生间就是简易的暗室。后来因为工作的繁忙，父亲逐渐放下了摄影。退休以后，父亲重新捡起摄影，并真正地热爱上了摄影，而受到别人影集的启发，父亲决定自己学习制作影集（PPS），把所拍摄的照片变活。有了之前使用计算机的经验做基础，父亲学习制作影集几乎就是自学成才的。制作影集需要的知识比起使用 Word 进行文字编辑就要复杂多了，除了需要学习 PPS 的使用，还需要学习照片的后期处理，甚至连音乐文件的处理也需要学习。但一向不畏惧学习的父亲依然成功了，学成之后便一发而不可收拾，先后制作了十几辑的影集，包括金婚纪念影集、纪念外公外婆的"思念"影集、给我女儿做的影集、三亚湾影集以及各种花卉专辑等等。每一辑影集的制作，从拍摄照片，到在计算机上选取出精品照片，然后做适当的后期处理，再归纳成集，加入变换场景，配以适当的音乐，直至最后成品影集出炉，父亲都花费了很大的时间和精力。但每每做成之后，父亲与我们一起在计算机前，又或是电视机上一起欣赏，则是父亲最享受的时刻了，按照父亲的说法，这就是"娱心"（精神上得到愉悦）。

　　父亲有很多很自豪的事情，而以近 60 岁的年龄开始学习使用计算机，直到 80 多岁仍能熟练使用，就是父亲颇为自豪的一件。对于我而言，父亲使用计算机最重要的意义，一个在于让父亲真正感受到了精神上的愉悦，另一个则在于让我和父亲之间多了一个连接的纽带。

怀念敬爱的公公

张媛媛

4月20日晚10点50分，公公永远离开了我们。这段时间，学界一直在悼念他，纪念他在古典文学方面的贡献。在公众的眼里，公公是位治学严谨的学者，是古典文学学术界的翘楚，是受人尊敬的老师。然而，在我这个糊里糊涂跌入学者之家的儿媳妇眼中，公公更像是个平凡的老者。他喜欢照相，常常拿着相机照燕园的风景，照各色的鲜花，照青山绿树，照海边的日出日落。他喜欢吃椒盐味儿的点心。每次看望他我们总喜欢给他带牛舌饼、椒盐饼。他喜欢旅行，虽然年迈但仍常常带着婆婆去各地游览，回来大家一起看照片，听他和婆婆讲旅游的趣闻。

在学术界悼念公公的文章中，出现最多的词是恩师、翘楚、先生、文学、宋元明清……而在我的脑海里，怀念公公时出现的词是：水果刀、酸奶、妻管严、浪漫、书房……每次带着孩子去看望公公婆婆，公公总会拿起水果刀慢悠悠地为我们削水果，薄薄的果皮顺着刀锋优雅地在水果周围打着旋……那时候我总猴急得恨不得直接拿起一个苹果啃，现在想来，多希望还能吃到公公亲手为我们削的水果啊。我在美国出差的时候，和闺女视频，她总和我说最爱吃爷爷做的"豆腐酸奶"。回国后，每次到公公家，打开冰箱，总能看到里面放着几碗公公做的酸奶，酸酸的，甜甜的……都说一个伟大的男人十有八九妻管严。公公就是这样。婆婆说一，公公就笑眯眯地说一。婆婆不让公公吃肥肉，爱吃肥肉的公公就老老实实地遵从。婆婆刀工不太好，公公刀工超级棒！每次需要切丝时，不管公公在忙什么总准时来到厨房为婆婆切丝。一切就是一辈子。虽然公公 80 多，但他却是个浪漫的老头儿，金婚 50 年，他会亲自做金婚 50 年的 PPS；婆婆过生日，他会写诗给她，字里行间满满的爱——其实在我眼中，公公也是个"奇怪"的老头儿，他最喜欢的地方不是公园，不是沙发，不是紫藤架下象棋桌旁，而是那塞满书的书房。每次周末去看他们，为我们开门的 95% 是婆婆。进门后，我们都自觉地跑到书房，总能看到公公坐在书桌前查阅资料，写文章。当时我常常不理解他。大好的时光，为什么非要圈在书房？慢慢地我开始懂他，对公公而言，他的专业、他的学术就是他的生命。而此时我也明白，为什么公公会义无反顾地做手术……

现在，公公走完了他的一生。留给后人的，是那些宝贵的研究成果；留给我们子女的，是满满的怀念。

附录一　严谨求实　博观约取
——周先慎教授访谈录

段江丽

编者按　周先慎先生，1935 年 12 月生于四川崇州市（原崇庆县），北京大学中文系教授、博士生导师。1959 年毕业于四川大学中文系，随即分配至北京大学中文系任教。周先生的学术视野开阔，涉及小说、戏曲、诗歌、散文诸多领域，其中用力最勤的是中国古典小说；其研究以作品分析见长，尤以精深入微的艺术鉴赏在学界独树一帜。代表性著作有：《古典小说鉴赏》《古诗文的艺术世界》《中国四大古典悲剧》《明清小说》《中国文学十五讲》《古典小说的思想与艺术》等；代表性论文有：《〈东坡志林〉初探》《论苏轼对儒、释、道三家思想的吸收与融合》《中国古典诗歌的意境与读者的接受》《汤显祖和〈牡丹亭〉》《论〈水浒传〉的思想倾向和艺术构思》《〈莺莺传〉的文化意蕴和审美特征》《中国古典小说人物描写对形神关系的处理》等。本刊特委托北京语言大学段江丽教授就有关学术问题采访周先慎教授，整理出此篇访谈录，以飨读者。

段江丽　周老师，您好！我受《文艺研究》编辑部委托，特就有关学术问题向您请教。作为忝列门墙的弟子，能有这样一个宝贵的机会，进一步全面、系统地了解自己导师的治学理念和方法，与学界同仁分享，我深感荣幸！因此，除了感谢您慨允接受访谈，我也要衷心感谢《文艺研究》编辑部！

周先慎 谢谢你！谢谢《文艺研究》编辑部的邀约！

段江丽 我们知道，任何学术研究都是一个系统工程，牵涉到研究者的综合知识结构、学术素养和研究态度、方法等诸多因素。所以，尽管您的主要研究领域是中国古代小说，但是，我希望我们的访谈能关注小说而不局限于小说。结合您的研究特点和成就，我想我们的访谈主要从治学态度与方法、文学鉴赏的意义、小说鉴赏与传统评点的异同、传神论与中国古典小说人物形神关系的处理等方面展开，您看如何？

周先慎 好的。

严谨求实：学术研究的基本规范

段江丽 记得刚入学不久，您在北大五院一楼的古代文学教研室给我和同届的王冉冉同学做入学训导。当时，我密密麻麻地记了好几大页的笔记，可惜几次搬家，那个笔记本已经找不到了。不过，老师的一些告诫，比如说"踏实""严谨""兼容并包""读书—思考—写作三环紧扣""对别人的观点可以不同意但是要尊重""将研究对象置于坐标系中前后左右关联比较"，等等，都已融入血液，成为我从事学术活动的信条与准则。事实上，在北大中文系博士学习阶段，我感受最深、收获最大的，是您和其他各位老师对我们学术态度、方法和规范的训练，尤其是在学位论文开题、预答辩、答辩等各个环节，您和各位老师从版本选择到选题论证，从论文构架到遣词造句，从材料考辨到观点提炼，都一丝不苟地把关、指导，我们当时不懂事，有时挨了批评私下里还会抱怨老师们太"苛刻"，现在想来，那是怎样的一种幸运与幸福！这里，首先请您谈谈治学态度与方法的问题。

周先慎 我觉得，治学方法可以多种多样，每个人都可以根据自己的兴趣、才智甚至机缘，有所选择、有所偏重。至于治学态度，则的确是一个值得常谈的老话题，尤其是在学风普遍比较浮躁的当下，更有强调的必要。一个学者的研究是否值得称道，其研究成果是否经得起事实和逻辑的检验，说到底都得有一个最基本的前提保障，就是要有正确的治学态度。什么是正确的治学态度？很简单，从比较抽象的精神层面来说，就是要有传统士君子的弘道精神，要有较高境界的学者品格和学术目标，只有这样才能淡薄名利、潜心学问；从比较具体的操作层面来说，就是要做到用材料说话，务真求实、精益求精。总之，正确的治学态度就是要有崇高的学术精神和严谨求实的学风。而这一点，正是北大中文系历代学人一直坚守的优良传统。

段江丽　温儒敏先生在《北大中文系百年图史·序言》——《说说北大中文系的"系格"》一文中说，自由、严谨、求实的学风是北大中文系代代薪传的"系格"。能不能请您结合在北大治学和教学的经历，对北大中文系在学术精神和学风方面的优良传统谈得更具体一些？

周先慎　好的。我先谈谈学术精神问题。我于1959年到北大中文系任教，当时有王力、游国恩、魏建功、杨晦、林庚、吴组缃、王瑶、季镇淮、朱德熙等一大批学识渊博的著名学者，我不仅有幸聆听了他们的讲课，还有幸耳濡目染、近距离感受到了他们崇高的人品和精神境界。例如，当时担任北大中文系系主任的杨晦先生，曾对青年教师和学生们说，要有远大的学术目标，像登泰山一样，要一直望着峰顶前进，不要被路边的闲花野草所招惹而迷失方向。杨先生甚至毫无避忌，在公开场合指名道姓，批评当时红得发紫的姚文元和另外一位同样走红的青年学者不学无术，告诫青年学子千万不要向他们学习。再例如，20世纪80年代初，吴组缃先生曾主编《历代小说选》，并为之撰写了一万多字的《前言》，后来吴先生自己在誊抄过程中觉得新意不足，就坚决不肯拿出来刊发，而是另写了一篇一千多字的《编选说明》，就中国古典小说的发展脉络以及一些重要问题提出自己的看法。这篇短文虽然题为"说明"，其实是一篇高度浓缩的、有很高学术含量的好文章。1983年，民盟中央请各学科造诣极高的专家举办系列讲座，并将讲稿整理后分别收入《多学科学术讲座丛书》出版。吴先生应邀做了有关《红楼梦》艺术方面的演讲，讲稿据录音整理出来后，准备作为《丛书》第七辑出版。结果吴先生以已经讲过多次并已发表过内容相近的文章为由不同意出版，在他的一再坚持下主事者只好撤了书稿。后来，主持此项工作的钱伟长先生特为此在张毕来先生所著的《谈〈红楼梦〉》一书（此书原拟是收入张先生和吴先生两人关于《红楼梦》的演讲稿的）的前面写了一篇《声明》，除了说明情况，还特意对吴先生的崇高品格表示了极大的钦敬："吴组缃教授陈词恳切，风格高尚，是值得我们学习的，为此，我同意了吴组缃教授的要求。"杨晦先生的言教，吴组缃先生的身教，都鲜明地表现了北大中文系一直以来所坚守的学术精神。吴先生在创作和学术研究上，都坚持"宁可少些，但要好些"的原则，所写的作品或著述都不肯轻易出手，但问世的必是精品。北大中文系老一辈学者中那么多名家、大家，但真正著作等身的并不多，就是因为都像吴先生一样把学术质量放在第一位。我们应该学习和继承的，正是这种崇高的学者品格和学术精神。追求名利，粗制滥造，在北大中文系是遭到鄙弃的。

段江丽　很巧的是，我在孙玉明先生的《红学：1954》中了解到，在1954年那场轰轰烈烈的"《红楼梦》批判"运动中，一些知识分子在特殊环境下失去了应有的良知，而表现出人性的弱点和丑陋，也有一些学者面对外在的迫力却能坚守学术的良知和做人的原则，其中就包括杨晦先生的"厚道"和吴组缃先生的"为俞平伯说好话"。于细微处见精神，正是这些看似偶然的个别事件体现了杨先生和吴先生一以贯之的人格魅力。

周先慎　是的。我还要强调的是，杨先生、吴先生他们在北大中文系并非个案。在我所认识、了解的北大中文系众多前辈和同辈身上，这种品格和精神是大家普遍追求的。

　　再说说学风问题。我在应约为《古典文学知识》杂志撰写的一篇题为《漫谈治学》的小文章里曾谈到："什么是严谨的学风？就我的体会，最要紧的，就是那句从古传下来的老话，八个字：'持之有故，言之成理。'做学问要占有材料，凭事实说话，有一份事实，说一份道理，不无中生有，也不言过其实。做到这一点，文章的基本方面就可以保证严谨了。"

　　段江丽　记得我在北大中文系三年，在不少场合听到不同老师类似的告诫：任何观点，都得拿证据来。这些年来，我在教学与科研中越来越体会到，老师们的告诫是多么重要！而且，我发现，作为学术研究的基本规则，这句简单的话要真正落实，并不容易。记得前几年"秦学"正火时，您应《红楼梦学刊》编辑部的邀请，撰写了题为《学术规范与学术品格》的文章，您特别强调，"秦学"如果是学术研究，就理所当然应该遵守学术规范，而"学术规范的起码要求，是立论要有根据，论证要合乎逻辑，不能爱怎么想就怎么想，想怎么说就怎么说"。可是，正像您在文章中指出的，当时很多人，甚至包括一些知名学者，竟然将提倡和坚持最起码的学术规范说成是对刘心武先生的打压和封杀。还有，打开本科、硕士乃至博士论文，很多作者在《后记》中都会强调自己的指导老师治学是如何如何严谨，对学生的要求是如何如何严格，而实际上，有些论文本身的粗糙草率恰与"严谨"构成了强烈的反讽。这样的论文，不论挂在网上，还是公开出版，对于作者和导师，其实都是一件很遗憾的事。

　　周先慎　的确如此，"严谨"说说容易，要真正落实却是相当难的。严谨求实的学风，除了坚持传统朴学注重材料、言必有据这一基本原则之外，还要注意以下几个方面的细节：第一，注意材料的准确性，尽可能不用第二手材料。所谓第二手材料，就是指从别人文章中转引的或者从《研究资料汇编》中抄来的。第二手材料可以参考，但是如果要引用，最后一定要查阅原始出处。这一点，在北大中文系要求是非常严格的。

前几年，据说有位博士生，就因为有一条中国古籍的材料转引自国外汉学家的著述，结果论文被学术委员会否决了，这不是水平问题，而是学风问题。现在已是互联网时代，要获取材料很方便，可是网上的材料往往存在很多错误，如果图省事、取巧，很容易以讹传讹。有一些人不核对原始材料，甚至做伪注，听说有位年轻学者在著作后面的参考文献中列有一套丛书广告目录中的某一本书，而其实这本书后来根本就没有出版。这种态度是做学问的大忌。第二，严谨还和语言表达有关，语言表达不准确，即使有正确的思想观点，心里想的很明白，但写出来的和心里想要说的不一样，也会造成欠严谨的缺陷。所以，锤炼语言，不断提高自己的写作能力，也是不可忽视的。

段江丽　说到写作，我们都知道，您1981年12月18日发表在《人民日报》上的文艺随笔《简笔与繁笔》已被选入高中语文课本多年。您着重指出，写文章要繁简得宜、语言简练，而简练的标准是刘勰说的"句有可削，足见其疏，字不得减，乃知其密"。我的体会是，您不仅自己在写学术论文时非常注意文字的简练雅洁，也以"不可削、不得减"的标准来严格要求学生。我至今保存着博士阶段您给我批改过的几乎所有论文草稿。我交给您的第一篇读书报告是《理学与〈三言〉〈二拍〉中的道德说教》，结尾一句我的原文是："当然，对那些的确陈腐的东西则应该加以摒弃"，您修改为："当然，对那些确实陈腐的糟粕则无疑是应该加以彻底摒弃的"，这样一来，意思更加明确，表达也更加有力。还有一篇作业，原题为"乱世悲歌——《杨思温燕山逢故人》评析"，您把副标题修改为"《杨思温燕山逢故人》的思想内涵和叙事艺术"，这样，就由原来的笼统变得具体了。正是老师点点滴滴、密密麻麻、具体而微的手泽让我真正体会到了什么是"严谨"。

周先慎　谢谢你还记得这些细节。我在指导学生时，向来有个习惯，不但注意观点、材料、架构等，从大处着眼，同时也不放过细节。说到语言的表达，首先的要求是清通、文从字顺，然后再进一步，要简洁生动、有文采，给人以美的享受。朱自清、俞平伯、朱光潜、林庚、吴组缃等先生的文学论文，都有这样的艺术魅力。细节方面的"严谨"除了上述两个方面之外，还应包括两点：第三，注释格式要统一、规范；第四，标点符号要准确。

段江丽 正因为老师在标点符号这样的细节上也严格要求，我还特意去寻找相关文章来读，结果发现正确使用标点符号其实也是一门学问。比如说，它牵涉到语体风格问题。现代诗歌作为一种抒情性文体，多用感叹号或省略号，以表示强烈的情感或者跳跃性思维；而论文则属于说理文体，风格应该平实、客观、理性，所以，要尽量避免用感叹号和省略号。

周先慎 不错，要在细节方面做到严谨，认真踏实的态度很重要，但是，光有态度还不行，还要有相关的知识积累。比如说，我曾经先后遇到两个非常认真的编辑，都因为不了解词语的典故来源及内涵，而将我文章中的"文从字顺"错改为"文通字顺"。还有，经常在一些报刊杂志上看到将"入闱"误写为"入围"，甚至在词语的使用上还出现像"一查那笔支出原来是莫须有的"、"汪洋（按：指时任广东省委书记）就是这件事（按：指一个重大的改革措施）的始作俑者"等等贻笑大方的句子。像"入围"一词，现在已经是以误为正，没有人再写成正确的"入闱"了。这是由于语言文字的主管部门和研究机构的失职，使得"约定俗成"造成了不良后果。我曾经就此写过一篇文章，题目是《词语使用与文化传承》，在《中华读书报》上发表，也没有人理会。熟悉中国传统文化的外国汉学家，看到我们这样误写误用词语，不顾词语的出典和所承载的历史文化内涵，连传统文化都丢掉了，是会笑话我们的。这些细节上的错误，从作者到编辑，恐怕都不仅仅是态度的问题，而还有相关知识有所欠缺的问题。所以，学风严谨，还要有扎实的知识基础做支撑。

段江丽　我现在也兼做编辑工作。在大量来稿中，有些文章选题和材料、观点都有可取之处，可是就因为不注意学术规范，或者行文拖沓乃至多有病句而被淘汰，殊为可惜。受您的影响，我现在批阅学生论文，也是连标点符号、词句、语法等细节都会关注。

鉴赏：文学研究不可或缺的维度

段江丽　您在前面说到，治学方法是因人而异的问题，而您在学界主要以"鉴赏"著称。请谈谈您是怎样确定自己的研究兴趣和方向的，好吗？

周先慎　我的体会是，年轻学者，既要广泛阅读，尽量扩展知识面；又要注意发现和培养自己的治学特点和学术个性，搞清楚在自己从事的领域内适合做什么和不适合做什么，找准自己的学术路子和位置，这样才能扬长避短。我自己的情况是，以前对文献考证和审美分析都感兴趣，也搞过一点考证。但是后来因为长期失眠，吃了不少安眠药，严重影响记忆力，而文献考证要求积累资料、旁征博引，没有好的记忆力是不行的，于是，我就决定主要走审美分析的路子了。我的著作《古典小说鉴赏》和《古诗文的艺术世界》都主要是对作品进行思想和艺术的具体分析的。新近出版的《古典小说的思想与艺术》，中心也还是对名著进行具体深入的审美分析。有人瞧不起鉴赏，以为文献考证才是做学问的真功夫，这是不对的，是偏颇的。文献考证当然是学问，而且对文史研究来说是基础，非常重要，不能忽视；但是，文学研究归根结底应该是审美的研究，离开审美，不可能进入真正文学研究的层面。因此，对于文学研究来说，鉴赏是非常重要的、不可或缺的一个维度。要把文学当作文学来研究，如果没有鉴赏，或者不会鉴赏，只停留在文献考证的层面，那就还没有真正的登堂入室。

段江丽　我非常赞同您的观点。文学作品的审美功能和认识功能最终都要依靠文本来实现，作者、版本、成书年代等等外缘性考辨都是为了更好地为作品的思想分析和艺术分析提供可靠的基础和前提。在形式主义批评者看来，作品甚至可以脱离作者、脱离语境存在。这种观点和方法，虽然明显存在偏颇，却的确可以深化对文本本身的认识，同时，也从一个侧面证明了鉴赏批评的重要性。不过，我印象深刻的是，您一再告诫我们，自己不一定做考证研究，但是，不能不懂考证，不能不关心考证，在研究中一定要及时了解学术界相关的考证成果，尤其是明清小说，作者、版本、成书年代等问题都非常复杂，稍有不慎，就容易落入前提错误的陷阱。您在"《聊斋志异》专题研究"课上对版本问题的详尽、严谨的介绍，也给我们起到了很好的示范作用。

周先慎　没错，不做考证研究，并不是可以不重视考证。相反，考证工作在很多学科尤其是古代文学、文献学、历史学等传统学科中都是必不可少的前提和基础。所以，在北大中文系，研究生尤其是博士生的论文选题，老师们一般都主张考论结合。在毕业以后的学术研究中，不一定每个人都搞考证，但是，一定要有考证方面的专业训练，培养考证的意识和功底。从中国古代小说研究史来看，20世纪30、40年代，鲁迅、胡适、孙楷第、郑振铎、阿英、赵景深、谭正璧等一大批前辈学者在小说文献资料的整理和考据方面取得了巨大的成就，正因为有了扎实的文献基础，才有了此后小说研究的长足发展。

段江丽　的确如此，在具体研究中可以有所选择和偏重，但是，作为基本功，两者不可偏废。那么，能否具体谈谈您的鉴赏性研究的特点？

周先慎　我曾说过，我的小说鉴赏要说有什么特点的话，可以概括为三个字：细、深、广。"细"，主要是指文本细读以及细致的分析。"深"，则指深思，以及在细读、深思基础上对文本深层意蕴的挖掘和发现。"广"，是指视野、眼光要开阔，具体包括两方面的内容：一则要有广阔丰富的历史知识、生活知识；二则要对作品做整体的把握，要着眼于全书（篇）的人物关系，不论是分析一个人物或是一个情节，都要瞻前顾后，左顾右盼，揭示人物与人物之间、情节与情节之间实际存在的内在联系。

段江丽　我曾多次听您说到吴组缃先生的小说研究对您的影响，是不是也包括鉴赏性研究这一具体方法？

周先慎　是的。吴组缃先生在《古典小说研究》专题课中讲《聊斋志异》，前面有一段引言，简要而全面地介绍《聊斋志异》的思想、创作方法、文体、艺术手法、语言等方面的特点，接下来就是一篇一篇地进行深入、细致的分析，有些篇章比如说《王桂庵》《张鸿渐》《水莽草》等等，几乎是逐字逐句导读，精细警辟、阐幽发微，使听者得到了极大的思想启示和艺术享受。

在具体分析作品时，吴先生从来不做纯艺术的分析或纯思想的分析，而是十分强调用审美的眼光来整体看待。吴先生认为，优秀的文学作品，思想性和艺术性是不可分割的，因此，研究文学就应该从作品的艺术表现去发掘它的思想，从思想如何得到表现去品评它的艺术。在吴先生的教导和影响之下，我在研究古典小说时，也是努力将作品的思想和艺术结合起来，尽力发掘作品独特的艺术形式之下所包含的深邃的社会内容和思想意蕴。我曾在《古典小说鉴赏》一书的《前言》中说："鉴赏不是对艺术浮光掠影的观赏，鉴赏是一种发现"；"发现什么？发现作品所概括的丰富的社会内容，发现作品所包含的深厚的思想意蕴，发现作者'成如容易却艰辛'的艺术匠心。"我在研究中，就是通过思想与艺术相结合的分析，去力图有所发现的。

段江丽　我相信，很多读者会和我一样，对您在鉴赏中的"发现"深有体会，也深受教益。比如说，唐传奇代表作《柳毅传》，通行的文学史和不少论著都认为，其主题思想是通过神话的幻想情节，揭露和批判包办婚姻的不合理，肯定和歌颂青年男女的恋爱自由和婚姻自主的要求。而您却提出，这样的认识不符合小说艺术描写的实际。您从几个方面进行了细致深入的分析：第一，从人物设置看，小说的中心人物是柳毅，而不是包办婚姻的当事人龙女；第二，从作者对人物的态度看，作品对包办婚姻的实施者洞庭君和钱塘君完全持正面肯定的态度，他们不仅在龙女的爱情婚姻问题上通情达理，为龙女的遭遇而自责，而且还具有受恩知报、疾恶如仇的美德；第三，从主人公柳毅的思想性格看，他自觉地追求的是道德的高尚和完美，而非爱情；第四，从小说的情节结构看，龙女与其父辈之间并不构成矛盾，而是以龙女、柳毅、洞庭君、钱塘君为一方，以虐待龙女的泾川龙一家为另一方，构成矛盾冲突。而且，这一矛盾冲突也只是作为柳毅与龙女关系描写的背景来处理的，并没有具体展开。此外，您还特别指出，从细节来看，小说开头部分即介绍柳毅"应举下第"，这与全篇的主题也是有关联的。科举时代，考生落第是很不幸的遭遇。也就是说，作者特别强调，柳毅是在自己落魄时遇见龙女，他却不顾自己的不幸而慨然答应为龙女传书求救，这就更加难能可贵。经过这种抽丝剥茧的分析，您最后的结论是，《柳毅传》的主题思想，是歌颂性的而非揭露性的，是以包办婚姻所造成的妇女的不幸遭遇为背景，描写和歌颂美好的人，美好的人与人之间的关系，美好的人生。作品传达给读者的，是人格美和生活美的理想的光辉。您的分析，既有扎实的文本基础，又能结合相关时代背景、人生体验，有理有据，因而有很强的说服力和启发性。您对《搜神记》之《干将莫邪》、《世说新语》之《王蓝田性急》、唐传奇之《霍小玉传》、宋话本之《碾玉观音》、拟话本之《杜十娘怒沉百宝箱》、《聊斋志异》之《红玉》、《三国演义》之"赤壁之战"、《水浒传》之"风雪山神庙"、《红楼梦》之"宝玉挨打"、《儒林外史》之"范进中举"等等一大批作品或情节的分析，用的是大致相同的思路和方法，都有独到、精彩的见解。

周先慎　你刚才讲到我的研究结合了人生经验，这一点很重要。我一直认为，无论是文学创作还是文学研究，都与生活有着十分密切的关系。我在《琐碎中有无限烟波——〈红楼梦〉的欣赏》一文中，提出要从"映射、细节、语言"三个方面去把握《红楼梦》看似琐碎的日常生活描写中所包含的丰富深刻的社会内容，其中"映射"作为一种独特的小说艺术，强调的就是作家对生活的丰富复杂性的整体认识。我认为，曹雪芹就是一位最注意完整地把握生活和表现生活的作家，他从不孤立地写一个人、一件事，而总是着眼于生活的丰富性和完整性，从生活的内在关联中去把握和表现生活。比如说，宝玉挨打前向聋老婆子求助，而聋老婆子将"要紧"错听成"跳井"而且对金钏之死表现非常冷漠这一小插曲，既为后文贾母和王夫人的出场做铺垫，又巧妙地将金钏跳井一事映射到贾政、王夫人、宝钗、宝玉等众多人物身上，写出各色人等对金钏之死不同的态度。曹雪芹就是这样，以敏锐的眼光透过生活表层，从内在的关联揭示出发人深思的底蕴。

段江丽　所以，作为读者，我们同样应该调动自己的生活经验、完善自己的知识结构并培养自己的审美感受力，才能尽量理解、接近作者的创作意图。在我看来，您的鉴赏性研究既有对文本的精细研读，关注到不起眼的细节，又能"映射"全篇、整体把握，进而结合作者生平思想、时代背景等具体"语境"，从而对作品的主题思想和艺术特色做出实事求是的、有理论高度和穿透力的分析和评价。您的《论〈水浒传〉的思想倾向和艺术构思》结合作者的艺术构思分析《水浒传》的矛盾性内容以及产生矛盾的历史根源及社会内容；《论潘金莲悲剧》强调《金瓶梅》中女人世界的出现不能简单地看成作家个人意志和艺术追求的产物，而主要是社会生活的历史变化导致小说题材转变的结果，并且指出潘金莲的悲剧是追求者的悲剧，潘金莲是一夫多妻制的男权社会结出的恶果，她是施害的恶者，更是罪恶社会的受害者；《〈王桂庵〉的艺术构思和人物塑造》也是紧扣作者的艺术构思，从人物的出身和家庭环境分析王桂庵与芸娘的艺术形象及恋爱心理，等等。时过境迁，在新方法层出不穷的今天，重读您这些发表在 20 世纪八九十年代的论文，结论也许已为大家熟知，让人印象深刻、欲罢不能的是材料扎实、说理透彻的论证过程。

周先慎　我认同这样一种观点：对于研究者来说，结论可能还在其次，重要的是论证，即通过对大量材料进行理论的概括与分析，水到渠成地推出结论。

段江丽　说到小说鉴赏，不得不想到传统小说评点。能否请您谈谈两者之间的关联和区别？

周先慎　这是一个很好的问题。传统评点派细读文本的方法是鉴赏非常重要的第一步。但是，传统评点有个大家都公认的不足，它基本属于印象式、感悟式的批评，虽然也包含有社会批评、道德批评以及审美批评的内容，但是基本上是点到即止、直观随意，没有系统性和实证性可言。以王国维等人开启的现代学术则具有智性的、思辨的、逻辑的思维特点，王国维的《红楼梦评论》更是把理论眼光、理论体系和传统的考证精神综合起来引入古代小说研究，从而从根本上与传统评点派划清了界限。

段江丽　有人说，王国维借叔本华的哲学思想来解读《红楼梦》，是其优长同时也是其缺陷。请问您同意这种看法吗？

周先慎　这正是我接下来准备谈的问题。王国维其实深受乾嘉考据学的影响，甚至有著名的"二重证据法"之说，但是，在文学研究中他却有意识地突破考证，体现了独特的现代精神。他的《红楼梦评论》即是用个人的生命体验去领会叔本华的悲观主义哲学和美学，再用叔本华的哲学、美学思想以及个人的审美感受去解读《红楼梦》，从而构成了相对完整的理论体系。这对传统的评点批评是一种超越。问题是，这种方法的确存在"先入为主"的风险，而有些学者只是简单袭用王国维的批评方法，却缺少个人的生命体验和审美感受，这样与王国维的研究相比，未能发扬他的优长反而放大了他的缺陷和不足。因此，我们才强调，既要有系统的理论知识做指导，又要深入细致地阅读文本，并结合自己的人生体验，对文本的深层内涵进行系统的、逻辑的、实证的分析，这样的研究才站得住脚，才有说服力。

段江丽 您说的传统评点与理论分析的差别，我深有体会。比如"武松打虎"一节，金圣叹评点中多有"骇人之景。我当此时，便没虎来，也要大哭""神妙之笔，灯下读之，火光如豆，变成绿色"等等之语，生动、逼真地道出了评点者本人的阅读感受，但是却根本谈不上对"所以然"的分析。您的《〈武松打虎〉鉴赏》一文则多层次、多角度地分析了"武松打虎"这一经典情节中所蕴涵的人物性格和精神以及表现人物性格和精神的艺术手法，使我们清楚地了解到，小说作者写了什么、怎样写的以及为什么这样写。这样就超越感性的阅读感受而进入了理性的、逻辑分析的学术研究层面。

周先慎 的确如此。尽管古代小说评点也具有理论探索的价值，是古代小说接受过程中重要环节之一，与传播学、读者接受美学理论都有相通之处，但是，现代意义的古代小说研究不能停留在这个层面，一定要有理论的分析和论证，才能具有更高的学术品格和价值。

段江丽 在我的理解中，文学作品的审美感受本来不同于考证，很难实证，所以见仁见智是一种必然。但是，有理有据的理论分析可以使见仁见智的"感受"在很大程度上得到科学的论证，从而成为"观点""学说"，进入学术话语圈供学术共同体分享、讨论，使相关研究得到实质性的推进。这正是您所从事的文学审美分析与传统小说评点的本质区别所在。您的《古典小说鉴赏》自 1992 年初版以来，多次重印，广受关注和好评；您的《明清小说》和《明清小说导读》不仅广受读者的喜爱，而且还被多所大学用作教材。由此可见小说鉴赏的价值和影响力之一斑。

周先慎 我一直很感谢广大读者的信任和支持。正是这些鼓励使我更加坚信鉴赏研究的价值和意义。

传神：中国古代小说独具特色的审美特征

段江丽　其实，老师的研究不止是古典小说，还广泛涉及古典诗文艺术，《古诗文的艺术世界》就是您研究古诗文艺术的结晶，包括古诗文艺术鉴赏和作家作品综论、古典诗歌代表性作品鉴赏、古典散文代表性作品鉴赏等三部分内容。能否请您简单谈谈中国古代小说、诗文等不同文学文体在艺术上的相通之处？

周先慎　这是一个很大的问题，可以做多方面的探讨。我在《中国古典小说人物描写对形神关系的处理》一文中从形神关系这样一个很小的侧面涉及到了这一问题，我们可以从这个角度谈谈。我认为，中国古代文学审美的重要特征之一就是讲究"传神"。

段江丽　是否与中国古典画论中的传神论有关？

周先慎　正是。自从东晋画家顾恺之提出"以形写神""迁想妙得"的审美命题之后，"传神"观对后世产生了巨大的影响。要清楚地理解传神论的内涵，不妨从最初的出典入手。《世说新语·巧艺》篇有两则著名的关于作画的故事。其一："顾长康画人，或数年不点目精。人问其故，顾曰：'四体妍蚩，本无关妙处；传神写照，正在阿堵中。'""阿堵"是六朝时人的口语，即"这个"的意思，这里指眼睛。其二："顾长康画裴叔则，颊上益三毛。人问其故，顾曰：'裴楷俊朗有识具，此正是其识具。'看画者寻之，定觉益三毛如有神明，殊胜未安时。"这两则故事说明了两点：第一，好的绘画作品必须要传神，而"神"要借助于"形"来实现。故事中的"妙处""俊朗""神明"是指人物的内在精神，就是作品的"神"，眼睛和颊上三毛则是用来传神的形。第二，用来传神的"形"是多种多样的，因人而异、各有特点。

段江丽　这一绘画命题应该与庄子"得意忘言"与汉末魏初名家的"言意之辨"等理论有关吧？

周先慎 是的。虽然顾恺之最早用"传神"来评价绘画作品，可以说第一次明确提出了"传神论"，但是，他的这一理论并非无源之水。他所说的"神"，指人物的精神气质。我们知道，庄子的"得意忘言"与名家的"言不尽意"虽然一个以"意"为目的，一个轻"言""象"，但是，有一个共同点，都重"意"。魏晋时期，王弼等玄学家发挥了庄子及名家思想，将"得意忘言"之说扩展为解经、证玄乃至认识艺术的新方法。正是在这种背景之下，顾恺之提出了"传神论"。顾恺之认为，画人之妙，不在外在形体而在内在气质风貌——即神。传神论对中国绘画艺术有着深远的影响。到唐代，传神论已成为人物画的审美标准被普遍接受；到五代，山水、花鸟画兴起之后，写意论更为流行，传神论已渐渐成为肖像画的专用术语。另一方面，魏晋以来，在诗歌理论领域，风骨说、兴象说、诗味说、意境说、兴趣说等等各种独具民族特色的诗学理论层出不穷。这些理论尽管内涵各具特色，但是，各家所追求的诗歌作品的风骨、气韵、言外之意、味外之味，追根究底，都指向内在之"神"。

段江丽 这样说来，从某种意义上说，您上面所列举的诗歌理论其实与画论中的"传神论"有相通之处，或者说，中国古代诗歌艺术与绘画艺术、诗歌理论与绘画理论在"传神"这一美学追求上有共同之处，它们都是中国古代"言意之辨"这一哲学命题的产物。

周先慎 没错。其实古人早已看到这一点，并不乏深刻的论述。比如说苏轼，在"传神论"这一问题上，就明确提出了"诗画本一律"的观点。苏轼《书鄢陵王主簿所画折枝二首》其一云："论画以形似，见与儿童邻。赋诗必此诗，定非知诗人。诗画本一律，天工与清新。边鸾雀写生，赵昌花传神。何如此两幅，疏淡含精匀。谁言一点红，解寄无边春。"在这首诗中，苏轼从一位不太知名的画家所画的两幅《折枝图》入题；提出并阐发了两个相关的极为重要的美学命题：第一，艺术表现中形似与神似的关系问题；第二，"诗画一律"都以形神结合为最高审美标准。苏轼认为，如果形貌逼真就认为是一幅好画，这样的看法无疑与儿童一样幼稚；作诗如果局限于题，执着于题，不能写出题外不尽之意，那就不是一个真正懂得诗歌艺术的人。因此，绘画和诗歌虽然属于不同的艺术形式，却有着共同的规律和要求——"天工与清新"，即既要真实自然，达到形似，又要气韵生动，达到神似。

段江丽　具体来说，苏轼怎样看待形似与神似的关系？

周先慎　有些人曾经误解此诗，以为苏轼只强调神似而忽略了形似。事实上，苏轼并没有忽视更没有否定形似，他只是不满足于形似，更强调和追求神似，或者更准确地说，是追求形似与神似的统一。在上面所说的那首诗中，苏轼评价王主簿所画的两幅《折枝图》是"疏淡含精匀"，"疏淡"指构图设色的简洁和清淡，为欣赏者所目见，属于形似；而"精匀"则是指含蕴其间的内在的精神气韵，则主要属于神似方面了。末尾两句说："谁言一点红，解寄无边春"，正是简洁疏淡的花的形象寄托了无边的春意，可见形似是神似的基础，而神似是形象的终极意义。诗中还提到唐代画家边鸾和宋代画家赵昌，两人都擅长花鸟，苏轼分别以"写生"和"传神"对举称颂，似无褒贬之别。事实上，被苏轼称为善"写生"的边鸾，《唐朝名画录》即称其"最长于花鸟折枝，草木之妙未之有也"，《历代名画记》更是说，"边鸾善画花鸟，精妙之极"；而被苏轼称为"传神"的赵昌，本人即自号"写生赵昌"，范镇《东斋纪事》亦称"其为生菜、折枝、果实尤妙"，这些都表明，不管是边鸾还是赵昌，其画作都达到了形似与神似相结合的"妙"境。因此，苏轼这两句诗应该是互文见义，说的是边鸾与赵昌都是善花鸟的艺术高超的画家，其作品都由"写生"达到了"传神"的境界。

从"诗画一律"的观念出发，苏轼在《跋汉杰画山》《次韵子由书李伯时所藏韩干马》《书韩干牧马图》《韩干马十四匹》《书吴道子画后》《王维吴道子画》《画水记》等诗文中一再论及诗画作品中形神关系问题，其

《传神论》更是具体论述了"神似"问题。苏轼认为，要到达神似的境界，首先，要对客观事物进行深入细致的观察，力求准确地捕捉最能表现客观事物之精神和生命的特点；其次，与第一点相联系，传神不必"举体相似"，只要抓住并画出最能表现物象精神所在的个性特点即可；第三，注重形—神—理三者之间的关系，神似既要"尽其形"，还要"得其理"。这里的理近似于我们今天所说的事物客观存在的内部规律；第四，强调艺术家要做到与物神交，在精神上与审美对象融为一体，才能把握并表现出客观事物的精神和生命。关于苏轼的传神论，我在《略论苏轼的传神论》一文中做过较详细的论述，这里就不再具体展开了。

段江丽 我正是拜读了您的《略论苏轼的传神论》以及《中国古典小说人物描写对形神关系的处理》等系列论文才对传神论以及小说艺术中形神关系等问题产生了浓厚的兴趣。正如您刚才所说，顾恺之的传神论对后世产生了巨大影响。据了解，历来传神论者大体有两种意见：一种主张贵神贱形；另一类则主张形神兼得，由形似求神似。当然，前者并非完全否定形似，而是要求"约形"，一般文人写意画即是如此；后者也并非一味要求外形酷似，而是要求以形写神，对形的要求似乎更严格一些，宫廷、肖像画家一般属于此类。两者其实并非互相排斥而是互相补充的关系。到元代以后，关于传神论述已经取得一致的认同，画家应该整体、动态地观察和描绘对象，而不是采取孤立、静止的方法。

周先慎 在传神论发展过程中，苏轼的观点是很重要、很有代表性的一个环节，应该受到重视。

段江丽 您不仅对苏轼传神论做了全面深入的论述，还进一步将诗画艺术中的传神论引入到小说研究当中。您的《中国古典小说人物描写对形神关系的处理》一文在《文艺研究》2007年第7期发表不久，即被人大复印资料全文转载，由此可见其学术意义之一斑。这里，请您简单谈谈传神论在小说艺术中的表现。

周先慎　首先，我想强调一下，中国古典小说与诗画艺术一样，高度追求"传神"的审美品格，小说艺术中对"传神"的审美追求主要体现在人物形象的描写刻画当中。因此，对人物形神关系的处理可以说是中国古代小说的重要特色之一，而这一点在已有的研究中关注还很不够。具体说到形神关系，首先要弄清楚形、神不同层次的内涵。就"形"而言，第一层面指的是人物的形貌或外在形体动作；第二层面指生活的形态，包括人物的言语、行动、人与人之间的关系乃至人物所生活的环境等等内容。就"神"而言，第一层面指人物内在的精神风貌；第二层面指人物内在精神更丰富的内容，包括性格特点、思想感情、情趣格调、理想追求等等，乃至与这些内容相关联的生活的本质方面。因此，在具体作品中，"神"的内涵非常丰富，可以是人物的"神"，也可以是由人物之"神"扩展和提升到生活之"神"。在此基础上，还可以再进入到"神"的第三层面，即由艺术家在"迁想妙得"、物我交融状态下所创造、传达出来的境界，这种情况下的"神"，不仅具有客观对象本身所具有的神韵，也融入了艺术家的思想性格、爱憎感情、理想情趣等个性成分，是主观和客观融合的、更高的艺术境界。

段江丽　那么，在诗画艺术和小说艺术中，创作者主观之"神"的表现形式有什么不同？

周先慎　一般说来，诗画属于表现艺术，小说属于再现艺术，不同的文类特点决定了创作者主观之"神"在程度和表现形态上都有所不同。简单地说，诗画艺术重抒情写意，诗人和画家的主观之"神"可以表现得非常鲜明、强烈，以至于可能突破常见的生活常态，典型的例子如王维《袁安卧雪图》中的"雪里芭蕉"。在小说尤其是传统小说创作中，一般是以生活本来形态再现生活，作家的思想感情相对比较隐蔽，大都蕴藏在或者说是寄寓在他所创造的艺术形象之中，相对诗画艺术而言，突破生活常态的情况较为少见。

段江丽　您刚才说到，小说艺术中对"传神"的审美追求主要体现在人物形象的描写刻画当中。能否请您具体谈谈古代小说对人物形神关系的处理？

周先慎　具体来说，中国古代小说在描写人物时，非常注重"以形写神"乃至"遗貌得神"，这一点对于欣赏和正确评价古代小说的思想艺术非常重要。"以形写神"也分不同层次。较浅层次的以形写神往往体现为人物外貌与作者对人物爱憎感情的对应，比如说《三国演义》中写关羽温酒斩华雄，两人出场时的外貌描写，关羽显得英俊威武，高大中见豪爽，华雄则是在高大中见猥陋，清楚地体现了作者对人物的态度。深入一层的"以形写神"则往往能通过人物的活动包括言语、行为、人物关系等多种生活形态的描写，揭示出人物的精神面貌和思想性格，以及丰富的社会内容，比如说在《儒林外史》中，范进中举先后的种种表现，就写得非常传神；严监生临终前伸出两个手指头的细节对吝啬的刻画也是入木三分。当然，"以形写神"之"形"，不一定都是写实，有时也可以写得比较抽象，或者使用诗意和空灵的幻笔，《聊斋志异》中对那些美丽善良的花妖狐魅的描写大抵如此。

在人物的形神关系中，比"以形写神"更难察觉也更具中国特色的是"遗貌得神"或者说"遗貌取神"。顾恺之作画，在裴楷颊上添上"三毛"，也许不再"形似"却更加"神似"，这足以说明，要达到"传神"的目的，不能一味拘泥于"形"，有时甚至需要主动做"遗貌""背形"的处理。苏轼在《传神记》中就曾经明确提出，传神不必"举体皆似"，重要的是要能够"得其意思所在"，他还举例说，他曾使人画下自己在灯下投在墙壁上的面影，并无眉目，可是看到的人都知道是他苏轼。有趣的是，吴组缃先生也曾有过与苏轼类似的亲身体会。吴先生说，他在学校念书时有个美院的同学给他画像，用的正是写意的、神似的方法，只画了一个头，画了几笔头发，画了眉毛眼睛，底下就不画了，鼻子、嘴巴都没有，甚至连轮廓都没有。可是这幅画挂在走廊里，大家一看都知道是谁。吴组缃先生纳闷为什么简单几笔就画得那么像，那位同学回答："你的鼻子我没有看出特点，嘴巴也没特点，画它干什么？你的特点在上部。因此，就抓住这个，画出神似。"只要"得其意思所在"而不必"举体皆似"，甚至为求得神似而舍弃表面的形似，这一中国古代传神理论中非常重要的美学观念，正是包括古代小说在内的中国传统艺术追求"神似"的理论源头和支撑。对中国古典小说"遗貌得神"的美学特征的认识和把握，常常关系到我们对作品艺术描写成败得失的认识和评价。典型的例子如《三国演义》中对诸葛亮空城计的描写，有人批评其不合逻辑，就是过分拘泥于"形似"的结果。"空城计"一节可以当作遗貌得神的典范来看，小说作者正是为了着力突出和表现诸葛亮的大智大勇这一人物内在之"神"，而无意或者有意地忽略和背离了某些有"形"的日常生活逻辑。《红楼梦》中有更多、更出色的"遗貌取神"的艺术处理，典型如"黛玉葬花"，正像吴组缃先生分析指出的那样，在现实生活中，宝玉不可能隔了几十米远将黛玉哭着吟诵的"葬花词"一句句、一字字听清楚并记下来，因此，这一场景肯定不"形似"，但是，却抓住了黛玉形象以及宝黛关系的"神"，成了"传神"之作的经典。红学界曾就黛玉进府时宝黛年龄到底多大、龄官是否可以在有限时间里画出"几千个'蔷'字"等问题展开过争论，其实，以遗貌取神的美学标准来观照，这些争论并无必要。要求"举体皆似"、处处都要符合生活逻辑，有时反而不利于实现"传神"的艺术目标。

段江丽　李贽在评《水浒传》时说："妙处只是个情思逼真"、"无限烟波，只是个真"、"其妙处都在人情物理上"；无碍居士（冯梦龙）在《警世通言叙》中也指出："人不必有其事，事不必丽其人，……事真而理不赝，即事赝而理亦真"，明确提出，"事"是否真并不重要，重要的是"理真"。在李贽和冯梦龙之后，小说评点家们对"情理逼真"的论述随处可见。俄国文学理论家车尔尼雪夫斯基曾经说过："艺术来源于生活而又高于生活。"这些观点或者说理论与您所说的"传神"论其实都有相通之处。

周先慎 事实上，任何理论都是对现象的解释，艺术理论来源于艺术实践。因此，各种不同的理论之间都存在相通和互补的关系，我们在思考问题时应该要举一反三、融会贯通。

段江丽 我会牢记老师的教诲。我觉得，通过与老师的交流，我对"严谨求实"的学风有了更具体、更深刻的体会。而老师独树一帜的鉴赏分析以及对中国古代小说人物"形神"关系的深入研究，则使我想到苏轼"博观而约取，厚积而薄发"（《稼说》）之说。我知道，您无论是对众多诗文戏曲小说作品阐幽发微的鉴赏分析，还是对"传神"美学命题的深入研究，都建立在广博的知识、敏锐的艺术感悟力和深厚的理论功底之上，正所谓"成如容易却艰辛"。（王安石《题张司业诗》）严谨求实、博观约取，是您的治学经历给我最深的印象和启发。学生虽不能至，心向往之。恭祝老师和师母健康长寿、生活美满幸福！

（原刊于《文艺研究》2011 年第 12 期）

附录二 故乡赋予我真善美的力量

——访北京大学中文系教授周先慎

杨 黎

有好几次，在身临其境的自然景色中，我突然感到我看见了自己的故乡。我的整个心都悸动了。——著名作家榴红《画框里的故乡》

初冬的北京，碧空如洗。78岁的周教授在自己位于昌平区回龙观的寓所迎接我们。按照周老的安排，在家里聊一会儿天后，就带我们去北大他工作的地方看看，并体验品尝一下在北京高校中颇有名气的北大食堂的普通饭菜。

可是，见到老乡的亲切，让大家都忘记了时间。访问告一段落后我们发现，已经中午了。老教授依然沉浸在对故土、故人深情的怀念中。周老曾在一篇文章里说："'美不美，故乡水；亲不亲，故乡人'，这通俗的谚语，我真正懂得，却是在离开家乡几十年之后。"在与我们的亲切交谈中，也时时流露出这种感情。

难忘母校，给我健康的人格

周先慎，崇州廖家镇人，在崇庆中学完成初中、高中学业。他少年时期家庭比较困难，学习刻苦努力，成绩优秀。直到姐姐从西南财大毕业后，从每月40多元的工资中接济他11元，经济状况才得以改善。1955年，周先慎以优异成绩从崇庆中学考入四川大学中文系。

周老回忆说，当年的崇一中，可以说集中了川西坝子最优秀的教师。

比如教过他的语文老师陈思雄、范伯威、杨永廉，英语老师屈永叔，化学老师胡广渊，历史老师唐孟柳，数学老师袁用书、俞子犹，还有班主任兼化学老师戴迪之等，不仅学问好，教学水平高，品德也很高尚，极有学者风范。而几任校长，周毅强、刘朗云和王才秀诸位先生，都对他的学习成长给予了很大的关心和影响。他最难忘的是周毅强校长给他的毕业赠言："文学是人学"。他说："这句话，在后来漫长的学习和工作中，对我都有很大的启发和影响。母校，不仅给了我知识，也给了我健康的人格。"后来，周校长被错误地打成右派，听说命运多舛，生活很苦，但始终没有再跟他取得联系，"至今也非常想念他。"

在周老的印象里，母校的老师们不仅教学上有学者风范，生活中也颇有名士风度。在川大读书期间，有一次暑假回家，他与同学在罨画池边喝茶，没有留意到一位老师也在一旁。等到茶席散去付账时，老师已经离去，茶倌说，刚刚旁边的老师已经替你们付过账了。

谈美食，最怀念家乡的味道

不知怎么我们聊起了家乡的小吃，周老兴致勃勃地屈指数来：天主堂的鸡肉、锡灯竿的肉粽子，还有荞面、三大炮等等。很多年后第一次回乡，在怀远镇一家叫"廉美鲜"的饭店用餐，久久不曾细品故乡滋味的周老应老板的请求，欣然题词："饭菜味道好，无愧廉美鲜"。

周老开玩笑说，现在想来，我们读书的时候学校有那么多的名师，大概是被崇州的美食给留住了。

说到美食，周老特意从书房拿出我们《蜀州报》创刊十周年的副刊辑选《罨画池》一书，兴致勃勃地说起收录其中他写的《乡音·乡酒·乡情》一文。多年前，家乡人送给周老一瓶"蜀泉酒"，清雅的名字，古朴的包装，一下子激发了周老对故土的思念。他说："那瓶酒我珍藏了好久，不舍得喝。后来用来款待一个外国友人，他大呼好酒。我不善饮酒，但是在我的感觉里，乡酒的醇美，是超过了很多名酒的。"

故乡山水常萦梦中

20世纪80年代初，周老带北大的外国留学生到四川寻访古代诗人踪迹，参观游览了峨眉山，青城山，长江三峡等自然名胜和人文景观，并特别带留学生们回到自己的故乡崇州，寻访罨画池，拜谒陆游祠，探幽九龙沟。这是他离开家乡40年后第一次回到故乡。

直到今天，周老还清楚地记得再回家乡时的心情："心都快蹦出来了。"

令他十分意外的是，那次游历，给留学生们留下深刻印象的并不只是峨眉山的秀丽、青城山的清幽，也不只是长江三峡的壮美，同时还有我们崇州秀美精致的罨画池，特别是那时尚未开发、自然生态保存得非常好的九龙沟，被留学生们公认为是那一次印象最深、风景最优美的景点。

后来，中央电视台与北大合作拍摄一套大型的人文电视片《中华文明之光》，其中有一集是《陆游》。周老特别向栏目组推荐了崇州的陆游祠。央视栏目组在拍摄过程中真的到崇州来了，而且非常感叹，认为崇州的陆游祠无论是建筑格局还是人文积淀，都不输于放翁家乡的沈园，而且某些方面还更好。

78岁高龄的周老仍然笔耕不辍，交谈中他给我们看了他近期发表的学术论文。他说，有生之年，愿意为家乡的历史文化发掘做一些工作，比如他提到出生于我们崇州街子镇（古味江镇）的唐代诗人唐求，尽管不为更多的人了解，但是他的诗很有特点，我对他的定位是"乡里诗人""隐逸诗人"。还有，陆游与崇州，清代名将杨遇春等等，都是可以发掘整理，值得好好研究的。尽管因为年迈和身体原因，周老不太方便回乡，但是故乡的一草一木，却是常萦梦中的。

（本文初刊于《罨画崇州》2013年冬季版）

附录三 "故乡为我夯实了做人和做学问的基础"

——记周先慎教授二三事

周文良

第一次知道周先慎教授的名字，是在 20 世纪的 80 年代初。

1980 年，我从师范学校毕业被分配到怀远中学，执教两个高中班的语文课。当时的高中语文教材上有一篇文章叫做《简笔与繁笔》，由于文章引用古典文献资料较多，所以课文注释也较为繁复。我在备课中，对其中的一个注释有一点质疑。于是，年轻气盛的我，不揣冒昧地给教材的责任编辑、人教社的朱堃华老师写了一封信。大约过了半个月的时间，我收到了朱老师的回信。信中朱老师针对我提出的质疑作了很详细的解释，朱老师肯定了我的观点，并就相关的教学重点和难点，给我提了一些非常珍贵的意见和建议，使我这个刚步入教坛的青年教师受益匪浅。最后，朱老师在回信中还热情地鼓励我，就如何上好这篇课文可以直接给文章作者北京大学教授周先慎先生写信请教。

于是，在朱老师的鼓励下，我试探着给周先生写了一封求教信，信是用挂号寄出的。从邮局回学校的路上，我惴惴不安，心想周先生不一定能收到这封信，就算先生能收到信，但百忙中的他也未必会拨冗给我这个无名小辈回信。想着想着，我还真有点后悔写了这封很有可能泥牛入海的信，从而徒增自己的不安。不过，我又转念一想，"开弓没有回头箭，既然信已经寄出去了，就听天由命吧！"话虽这样说，但我心里却还是有一个侥幸的"小我"在不断地安慰着现实中的"大我"——"耐心等等吧，说不定会有结果呢！"

常言道"苦心人，天不负"。大约过了一个月左右的时间，我终于收到了邮局送来的一封挂号信。我一看牛皮纸信封上有"北京大学"四个字，就知道是周先生的回信。先生的这封信是用北大的方格稿纸写的，行书体，一字一格，工工整整。他在信的开头就说自己也是崇庆县人，在家乡读完小学、初中和高中。1959 年 7 月在四川大学汉语言文学系毕业后，于当年 8 月被分配到北京大学中文系任教。周先生说，虽然多年以来远离故土，但自己对家乡的一草一木常常是梦牵魂绕，今天能收到来自家乡的"同行"（当年我读到此处时，真是大汗淋漓，惭愧至极！）的问候信，倍感亲切和高兴，真是乡音如金啊！周先生在信中详细地给我讲了《简笔与繁笔》的写作背景和有关情况，他还肯定了我对人教社注释的一条修正意见。同时，先生还对教材编审在处理该文时对部分文字的删节和改动表达了一些不同意见。但他虚怀若谷，对人教社能把此文编入高中语文教材也感到高兴和欣慰。

经过此事后，尽管我还没有和先生见过面，但先生为人谦和、为学严谨的风格已经在我的记忆里留下了深刻的印象。

时间过得真快，转眼到了 1999 年，这一年我终于有机会得以面见仰慕已久的周先生了。其时，我已经担任崇庆中学校长一年多了。这年学校要筹办将于当年 8 月举办的 80 周年校庆活动，需要收集校友资料，而周先慎教授作为崇庆中学 1955 年高中毕业的杰出校友，理所当然要被邀请回母校参加校庆活动。

记得大约是那年的初夏，受崇州市委和市政府的委托，我随当时的市委常委、宣传部长范维一起，飞赴北京，辗转到了先生家里。先生和师母在北大简陋的教工宿舍里，热情地接待了我们。刚一落座，我举眼一看，先生狭小简朴的居室、书房和客厅里，书籍占据了大半的空间，置身其间，令人有一种被书海拥围和托举的感觉。

这时，我才仔细打量起眼前已过"知天命"之年的周先生来——先生中等个子，身材偏瘦削，背略微弯曲，面容清秀白净，鼻梁上架着一副深度近视眼镜，雪亮的镜片后面，镶嵌着一对明亮的眼睛。一阵寒暄、一杯热茶后，我们首先向先生转达了市领导和母校师生对先生的问候和祝福；同时，我们还向先生汇报了校庆的筹备工作，并代表校庆筹委会虔诚地邀请先生届时光临母校参加校庆活动。

当我们把从家乡带去的照片一一展示给先生看时，先生非常高兴，他不断询问着家乡的人和事，我和范部长也如数家珍似的，一一为先生和师母作了汇报。每当听到激动处时，先生便习惯地用手抬抬眼镜，瞪大眼睛，孩童般地惊喜道："是吗？""真的啊？""太好了！"

遗憾的是后来校庆时，周先生因故未能亲临庆典活动现场，但他为校庆发来了热情洋溢的贺信，为校庆的成功举办增添了独特而亮丽的色彩。

进入新世纪后，周先生曾经回过一趟母校，但由于我当时出差在外，竟失掉了一次亲自陪同先生参观母校、再次聆听先生教诲的宝贵机会。

就在撰写此文的前一天，我和先生在电话里摆了将近20分钟的龙门阵。先生在电话里讲，前些年他和老伴心脏都有些不适，特别是周先生还先后两次安装了心脏起搏器。"不过，现在已经没有什么大碍了，间或还可以参加一些公益活动"，先生在电话里很乐观地说。而今，周先生虽年事已高，但仍博闻强记，对当年我和范部长去他家的事情还一清二楚。他说话时语速不紧不慢，中气很足。尤其是那略带一点川味的普通话，让我这个同乡晚辈听起来格外亲切。先生说："我在崇州完成了小学、初中和高中的学业，是故乡和母校为我夯实了做人和做学问的基础，我这辈子都不能忘记！"

"是啊，土厚方能根深，根深才会叶茂，无论何时何地，都不要忘了生你养你的故乡啊！"和周先生通完电话后，我心情久久不能平静，一个人独坐在书桌旁，一边回味先生刚才的那番话，一边喃喃自语着。

周先生生于 1935 年，按中国的阴历算法，先生今年虚岁刚好 80。作为新中国成立后在北京工作的第一批崇州籍学者，半个多世纪以来，先生在科研、教学和写作等方面均取得了令人瞩目的成果，成为母校莘莘学子学习和敬仰的楷模。早在 20 世纪八九十年代他的《中国文学》《历代小说选》《聊斋志异欣赏》《古典小说鉴赏》《中国文学答问实录》等专著就已经很有影响了。直到前两年我还得知年高德劭的周先生还常常应邀在中国现代文学馆讲授中国古典文学，而且由于先生的渊博学识和高尚风范，使得先生的精彩讲演受到听众的高度赞赏和好评。

2014 年 4 月 3 日

（本文初刊于《今日崇州》2014 年 4 月 11 日副刊，刊发时有所删减。）

附录四 周先慎先生著作目录

《历代小说选》（第一册　上、下）（合著），中国青年出版社 1982 年版。

《聊斋志异欣赏》（主编），北京大学出版社 1986 年版。

《中国文学》（宋元明清部分），北京大学出版社 1986 年版。

《中国文学讲稿》（二），北京大学出版社 1986 年版。

《中国文学史参考资料简编》（下册　宋元明清部分），北京大学出版社 1989 年版。

《历代小说选》（第二册　上、下）（合著），中国青年出版社 1991 年版。

《古典小说鉴赏》，北京大学出版社 1992 年版。

《聊斋志异评赏大成》（合著），漓江出版社 1992 年版。

《中国四大古典悲剧》，新华出版社 1993 年版。

《中国文学答问总汇》（合著），北京十月文艺出版社 1994 年版。

《苏轼散文赏析集》（主编），巴蜀书社 1994 年版。

《语文修养和中学语文教学》（合著），北京大学出版社 1997 年版。

《简明中国文学史》（合著），北京大学出版社 2001 年版。

《中国古代文学作品选注》（合著），北京大学出版社 2002 年版。

《古诗文的艺术世界》，北京大学出版社 2002 年版。

《明清小说》，北京大学出版社 2003 年版。

《古典小说鉴赏》（增订本），北京大学出版社 2003 年版。

《〈明清小说〉导读》，北京大学出版社 2003 年版。

《中国文学十五讲》，北京大学出版社 2003 年版。

《中国语文》（大学理科版）（合编），重庆出版社 2007 年版。

《中国语文》（新型大学语文教材）（合编），北京大学出版社、重庆
出版社 2009 年版。

《古典小说的思想与艺术》，北京大学出版社 2011 年版。

《周先慎细说聊斋》，上海三联书店 2015 年版。

《未名湖畔的足迹》，北京大学出版社 2018 年版。

后 记

2018 年 4 月 20 日深夜，周先慎先生离开了我们。

遵照周先生遗愿，家属没有惊动北京大学中文系，没有举办遗体告别仪式和追悼会，让周先生在一个细雨霏霏的日子静静地走了。

2018 年初夏，我们决定编辑出版《周先慎先生纪念文集》，白雪华先生主动帮助联系出版社。征稿函最初通过微信平台等途径，先后通知到北京大学中文系以及中文系七七级同学群等圈子，同时通过家属和学生的个人联络，通知到学术界的老前辈、周先生的老同学等各界人士。一年过去，我们共收到 103 人的纪念文稿 101 篇。

有些作者是从不同途径偶然获知纪念文集的编辑，遂主动联系编者并赐稿。还有些作者不顾年事已高，手写稿件并邮寄给编者，令人感动！如刘烜教授因中风行动不便，无法用电脑操作，便一字一句地手书文稿并反复修改。86 岁的段宝林教授从刘烜教授处获悉消息后掷下大稿。乐黛云教授 89 岁高龄，在轮椅上口述了纪念文章。由此可见老一辈学者之间的深厚情谊，也足见周先生的学问与人品得到了各界人士的高度肯定和广泛尊重。

本书由图片（包括周先生照片及手迹）、周先慎先生生平简介、周先慎先生学术人生纪略、纪念文章或诗词以及附录等几个板块构成。主体部分——纪念文章或诗词，又分为六大部分，依次为：中国古典文学界朋友、北京大学中文系同事、各界学者及友人、周先生的老同学（包括中学和大学同学）、学生（包括曾经接受周先生亲授的学生、入门弟子和再传弟子）、亲属（包括亲戚及家人）。除最后的亲属部分按长幼齿龄排序之外，其他各部分均按照作者姓名的汉语拼音音序排列。

关于来稿，约稿时未做任何限制，编辑时原则上也不做任何改动，仅统一体例并修正误植。对于个别记忆有误之处，也均与作者进行了核实修订。

本书的出版得到国家图书馆出版社的大力支持，廖生训先生认真负责，积极热情地推动此书的出版，责任编辑王雷女士耐心细致，不厌其烦地反复校对、调整，谨在此表达最诚挚的谢意！同时，也再次向各位作者致以由衷的谢忱！

《周先慎先生纪念文集》编者

2019 年 5 月